THE RICH GET RICHER
AND THE POOR GET PRISON
Ideology, Class, and Criminal Justice

富人更富
穷人进监狱

美国刑事司法制度的双重标准

第10版

〔美〕杰弗里·雷曼 ◎著
保罗·莱顿

孙伯阳 焦永霞 ◎译

华夏出版社
HUAXIA PUBLISHING HOUSE

目录
CONTENTS

第 10 版序言 … 1

第 1 版致谢 … 1

导　论　透过现象看刑事司法的本质，或转败为胜 … 1

第 1 章　美国对犯罪行为的控制：失败乃成功之母 … 1
　　引言 … 1
　　不可避免的失败 … 2
　　需要关注的三个方面，或如何才能降低犯罪率? … 20
　　犯罪的根源 … 28
　　降低犯罪率的措施 … 52
　　埃里克森、达克赫姆和福柯关于未能减少犯罪的观点 … 54

第 2 章　其他名称的犯罪 … 63
　　名称能代表什么? … 64
　　狂欢节上的哈哈镜 … 66
　　刑事司法是一种需要创造力的艺术 … 74
　　其他名称的犯罪 … 78

第 3 章　穷人进监狱 … 125
　　豁免富人 … 125
　　金融诈骗犯罪 … 162

　　　　　　穷人进监狱　　　　　　　　　　　　　　　　183

第 4 章　被征服者属于战利品：谁在打击罪犯的失败战争中获胜？　189
　　　　　　为什么刑事司法体系是失败的？　　　　　　　　190
　　　　　　罪犯的贫穷和贫穷的犯罪　　　　　　　　　　　197
　　　　　　意识形态如何在更长的时间里欺骗更多的人？　　209

结　论　刑事"司法"或"犯罪"司法　　　　　　　　　221
　　　　　　司法犯罪　　　　　　　　　　　　　　　　　　221
　　　　　　修订后的美国刑事司法　　　　　　　　　　　　224

附录一　刑事司法的马克思主义批判　　　　　　　　　　241
　　　　　　马克思主义与资本主义　　　　　　　　　　　　243
　　　　　　资本主义与意识形态　　　　　　　　　　　　　247
　　　　　　意识形态与法律　　　　　　　　　　　　　　　251
　　　　　　法律与道德　　　　　　　　　　　　　　　　　258

附录二　哲学与犯罪学之间的关系　　　　　　　　　　　263
　　　　　　一般社会科学的哲学假设　　　　　　　　　　　264
　　　　　　犯罪学特殊的哲学需求　　　　　　　　　　　　266
　　　　　　富人更富　穷人进监狱　　　　　　　　　　　　270

英文索引　　　　　　　　　　　　　　　　　　　　　　279
译后记　　　　　　　　　　　　　　　　　　　　　　　293

第 10 版序言

《滚石》杂志的专栏作家马特·泰比在 2011 年 3 月 3 日发表了一篇题为《一切都糟透了，没有人去坐牢》的文章，指出："为什么不是华尔街的人进监狱？金融骗子破坏了世界经济，但联邦调查局的官员却正在保护他们免受起诉。"这一观点显然是被人们普遍认同的，并且作为一个由纽约抗议华尔街的运动演变成全球性的抗议华尔街运动的事件的开端。然而，抗议者由于扰乱社会治安秩序而遭到逮捕，而那些严重扰乱世界经济秩序的投机者却不断得到奖励并照常营业。

近三十五年以来，《富人更富 穷人监狱》一书已经指出了大量的经济不平等的问题，并提出疑问："为什么刑事司法体系不能保护美国人民免受掠夺性的商业行为，以及不能惩罚那些造成严重经济损害的富人？"

本书认为，我们的刑事司法体系作为一种武器，它的目标主要是针对穷人，而忽略或者淡化了造成严重经济破坏的富人。读者将会看到，如果它的目的是放纵富人，而不保护大部分人免受犯罪行为的侵害，那么呈现在我们眼前的景象是——在法院、监狱、报纸以及电视上——穷人占到了监禁人口的绝大多数。事实也恰恰印证了这一点。通过传播关于给美国民众造成真正危险的人主要来自于社会最底层的穷人，而不是富人这样的信息，将有利于权贵阶层的利益。从整体看刑事司法体系，这种观点使得刑事司法政策变得更有意义，而不是接受如下观点：刑事司法体系的真正目标是保护民众的生命以及财产免受犯罪行为的侵害。所有这一切都可以归结为：富人更富，穷人进监狱。

刑事司法体系的目的是在监狱里面关押大量的穷人犯罪分子。要支撑这样的观点，需要维护两个主要的命题：（1）刑事司法体系能够降低社会的高犯罪率，但却最终没有实现这样的目标；（2）刑事司法体系的每一个环节都在歧视穷人。第二个命题意味着对于同样的犯罪行为，穷人比富人更有可能被逮捕；如果被逮捕，穷人更有可能被起诉；如果被起诉；穷人更有可能被定罪；如果被定罪，穷人则更有可能被监禁；如果被监禁，穷人还更有可能被判处较长的刑期。这一命题所反映出的含义是：对于穷人的歧视一开始就存在并且没有改变；对于这一点，立法者首先会决定什么样的行为应该被定义为犯罪行为。富人所实施的许多危害社会的行为（如致命的污染、提供不安全的工作环境、导致目前出现的金融危机的有害做法等），甚至没有被界定为犯罪行为，但是这些行为比那些被界定为犯罪的行为给大众的生命、健康以及财产造成的危害更严重。

那么，第一个命题意味着什么呢？意味着刑事司法体系可以降低社会的高犯罪率，但事实却并非如此。最近几年，虽然社会犯罪率在显著下降，但监狱里面关押的罪犯人数却在大量增加。这只能证明一小部分社会犯罪率的下降可以归功于刑事司法政策。"富人更富"的主旨在于证明刑事司法体系未能预防大量的犯罪，以至于呈现在大众眼前的是大量的穷人犯罪分子。当我们刚开始撰写本书的时候，现实情况比现在也好不到哪儿去。尽管这几年社会犯罪率在下降，但仍然居高不下（与美国人口密度和财富类似的国家相比仍然很高），而且民众对犯罪行为仍然感到很恐惧。同时监狱里面关押的罪犯大多是一些比较贫穷的、没有稳定工作的或者是进监狱之前就已经失业的人，而不是那些拥有财富和权势的人。

此外，刑事司法体系（我们指的是从立法到执法的整个体系）长时期不去实施那些能够减轻贫穷的措施，也不能大幅度降低社会的高犯罪率。正如本书所阐述的，对于富人实施的一些有害的行为，刑事司法体系并没有采取任何措施将其作为犯罪行为来对待，也没有采取任何措施来降低该体系对穷人的歧视。总之，尽管刑事司法体系在降低犯罪率方面取得了一些轻微的成就，但这只能说明，我们仍然处在一个可怕的、由贫穷犯罪分子犯罪为主的社会环境当中，而富人是极少犯罪的；刑事司法体系仍然不能保护大众免受富人所实施的危害行为的侵害，因为富人实施的这些危害社会的行为并没有按照犯罪行为来处理。通过对这几年社会变化的观察，富人越来越富了，而越来越多的穷人却被送进了监狱。

在修订本书第10版的过程中，我们试图通过比较最新的刑事和非刑事伤害数据（比如那些可以预防的职业犯罪行为和环境污染所导致的社会伤害）来证明这些观点的真实性，以及通过对上一版当中的一些相关研究成果进行整合来证明我们所提出的观点的真实性。和往常一样，我们试图尽可能地不违背上一版的论点来提供一些新的论据。

本书的研究结果所依据的是2011年最新公布的数据。然而，当我们比较刑事危害行为与非刑事危害行为所造成的相对损害时，我们通常使用2010年的数据，即这一年中关于这两类伤害的数据。当最新的统计数据无法获得时，我们就做了相应的假设，即早期的统计数据具有持续性，能够从过去预测到现在，但前提是必须具有合理性。在所有的情况下，我们所做的假设和估计都是比较保守的，以便于我们的论证更具说服力。除了一些新的研究结果和数据，我们也会持续报道一些时间跨度比较长的、能够引人注目的研究结论，主要用来证明我们的刑事司法体系是如何根深蒂固地存在歧视的，同时也说明我们所做的最新研究结论不是特例、不仅仅是一种传递现象。

最新的四个版本的序言指出，近年来在社会学与犯罪学学术期刊上所登载的刑事司法方面的文章在逐步减少，而主要登载一些关于经济地位、逮捕、定罪与量刑之间关系的文章。这一点值得在本版本当中重复。当本书第一版于1979年正式出版时，就有许多很有警示作用的研究结论被约翰逊总统用于现实的操作，他于1965年下令成立了执法和司法总统委员会。这些研究结果一致显示，对犯罪嫌疑人从逮捕开始的每一个刑事司法程序阶段都存在着针对贫穷阶层犯罪嫌疑人的歧视。本书的每个后续版本，对这一问题的研究相对减少。所以到现在，再次回顾该领域的主要学术杂志，我们发现新的研究成果少之又少。不过尽管如此，现存的研究仍表明，针对穷人的歧视实实在在地存在，而且还非常明显。此外，这也是我们第10次针对美国白领犯罪的数量和造成的损失进行统计。有专门的组织对白领的一些犯罪行为进行研究，如保险诈骗，但是当我们从字面上专注于"普通"犯罪的统计数字时，却没有任何公共或私人的机构定期对白领犯罪进行全方位的跟踪统计或者定期发布报告，更不用说年度报告了。那些专注于社会问题的框架和解决途径的社会学家将会疑惑，为什么在刑事司法领域对经济层面的研究较少，以及没有对白领犯罪进行全方位的研究？

从评论者的意见来看，我们很高兴地获悉，本书持续地受到赞同本书观点的或不赞同本书观点的专家的关注。本书的目的是引发大众的思考，包括持赞同意见者和反对意见者，而不是收集追随者。多年来，一些评论家提出了很多建议，其中有许多已被采纳，而且我们相信，这些建议提高了本书的质量。而另外一些如讨论认识论和科学方法的建议，与我们的理论观点相冲突的证据，用来解决本书中所确定的关于在刑事司法体系当中存在问题的建议，呼吁推翻资本主义制度的建议，等等，我们均未采纳，因为这将有违本书的初衷。本书并不是对刑事司法体系的一个完整调查，也不是对美国社会问题的完整调查，更不是一个完整的固定调查模式，它同时也不是一种保守与进步观点的平衡。本书的目的更有限但也更为集中：它旨在向读者说明我国刑事司法体系在一定程度上违背了社会公平正义的理念，同时也提出证据来证明它并没有按照它所承诺的初衷来运转，或者并没有按照它确立的目标来发挥作用；然后根据读者可以理解的失败道德评价体系勾勒出一个整体的理论视角。为了达到这样的目的，本书使用了通俗易懂的语言，而且内容简短。

虽然我们不愿意改变本书的基本结构，但是本版还是增加了许多重要案例来进行探讨，从而使本书更加实用。从本书第3版开始，内容总结和问题探讨部分就被增加了进来。而在这一版本当中，我们在每一章的开头都增加了章节概览部分，以便帮助读者理解每章的主要观点；章节后面的总结有助于强化文章的主要观点；章节后面的问题探讨部分有助于读者回忆他们之前所阅读的内容并批判性地思考这些问题。

我们也意识到需要补充一些额外的材料，这些材料可以通过以下几种方式获得：

1. 本书的附录一和附录二。

2. 杰弗里·雷曼和保罗·莱顿主编的阅读文选《富人更富：读者》，波士顿：培生教育出版公司，2010年。

3. 作者维护的网站：http://www.paulsjusticepage.com/reiman.htm。以及保罗·莱顿的Twitter账号：@poorgetprison（或网址：https://twitter.com/#!/poorgetprison）。

本书的附录一是杰弗里·雷曼写的一篇论文，题目为《刑事司法的马克思主义批判》。这是专门为那些需要更多理论知识的人准备的，其中主要概述了"富人更富"的理论观点。该论文主题涵盖了从资本主义、意识形态和法律的一般性观点到刑事司法的马克思主义理论，以及该理论所引导的关于犯罪与罪犯的道德判断。该论文与刑法学、犯罪学密切相关。它还解决了一些迫切需要解决的问题，这些问题与本书所讨论的问题大致相同，从而提供了理解这些问题的替代性理论框架。不过，虽然这种替代理论框架与本书提出的理论框架相互兼容，但本书中的争论性观点并没有涉及这样的替代理论。

附录二也是杰弗里·雷曼写的一篇论文，题目是《哲学与犯罪学之间的关系》。附录二与本书的争论观点相互分离，但是却扩展了正文当中的主要观点；与附录一不同，附录二是从个人角度提出的观点。你可能会说，这篇论文的目的是将雷曼教授的学术生活的不同部分拼接在一起，因为他是一位对刑事司法感兴趣的哲学教授。他认为犯罪学特别需要哲学的反衬，而其他社会科学则不需要，所以他就有意识地将哲学框架嵌入本书的理论中。与本书的所有内容一样，如果该论文会被它的批判者或它的赞同者关注，那么我们将会非常高兴。

本书的另一位作者保罗·莱顿管理和维护的网站可随时浏览（网址见上页）。网站内容包括本书章节概述和与文章摘要相关的额外衔接资料，以及基于互联网的学习检测。另外，我们撰写的关于公司犯罪的几篇文章也可以在这个网站上看到。读者也可以访问保罗·莱顿的 Twitter 网站（账号见上页）来探讨与本书观点相关的最新论点。

我们是在修订，而不是在重写本书，但我们仍然要感谢那些帮助我们撰写最初版本的朋友，见本书关于第 1 版的致谢。从本书第 9 版开始，保罗·莱顿与杰弗里·雷曼共同参与本书的修订工作。保罗·莱顿是东密歇根大学社会学、人类学和犯罪学系的专职教授，大约在 20 年前本书第 4 版出版的时候，就曾协助雷曼教授做了许多工作。也就是从那时起，保罗·莱顿就对本书的修订工作承担了越来越多的责任，直到现在；他对于刑事司法体系的广泛研究和对于批判犯罪学的研究成果已经深深地融入到了本书的内容当中。

我们也非常感谢坂茂宫尾，他将本书第 9 版翻译成了日文。当宫尾先生在美国攻读犯罪学硕士学位的时候，就对本书产生了浓厚的兴趣。当时他就认为很有必要将此书翻译成日文，以用来警示日本同胞，避免日本犯同样的政策失误。他对此书寄予的厚望以及用实际行动将此书的读者范围进行的扩展，使我们都深感荣幸。另外，他还适时地指出了本书的一系列技术错误，并为其中的一些网站提供了备用网址，同时也为一些原始资料提供了更好的来源，在此我们一并表示感谢。宫尾先生还专门加了译注来帮助日本读者更好地理解刑事司法术语，以及了解美国的历史和人民。我们已经将他的建议加入到最新的版本当中，以此来帮助那些没有特定学科背景知识的读者更好地学习。宫尾先生的翻译工作对我们来说是一个礼物，因为本书第 10 版的内容质量有了较大幅度的提升，这在很大程度上应归功于他出色的翻译工作和良好的建议。

我们还要感谢戴纳·鲁达兹，她是内布拉斯加奥马哈大学的博士生，本书的索引以及宫尾先生的许多建议都是她专门负责整理的。东密歇根大学的硕士研究生 Seyed Mirmajlessi 热情高涨地参与了数据的收集，并且他所收集的数据最终被纳入正式版本中，我们对他所付出的努力深表感谢。还有好几位我们以前的研究助理为这个版本的修订做了大量的工作，他们是：雷切尔·斯塔克、嘉莉·比伊斯特和唐娜·塞尔曼等，我们一并表示感谢。我们也要感谢下列的朋友：阿林和培根出版集团公司的编辑凯伦·汉森，她为我们的许多版本提出过好的建议，也付出了许多努力；另外，黛比·瑞安，她有效地处理了我们提交的手稿与出版商之间衔接必须要做的各项工作；Sudeshna Nandy 做了许多细心而专业的编辑工作；Rashmi Tickyani 为协调审稿工作付出了许多努力。

杰弗里和保罗还要感谢他们各自的大学（即美国大学和东密歇根大学）为他们提供的物质支持和良好的工作环境，从而使这项工作这么多年以来能够愉快地完成。

杰弗里将此书献给他的妻子兼朋友、伙伴和同事——Sue Headlee，因为 35 年以来，她持续地给予他鼓励、支持、启发和帮助。保罗将此书献给他的妻子兼最好的朋友——Satoko，以及他们的双胞胎——Sala 和 Aiko，正是他们激发了他为减少社会暴力而努力工作的热情。

杰弗里·雷曼
保罗·莱顿

第 1 版致谢

本书是在司法学校（之前是司法行政中心）七年教学工作的成果，是美国大学华盛顿分校的一项多学科刑事司法教育计划。美国大学气氛活跃，并且拥有多学科背景的教师队伍和优秀的学生团队，在这样的环境下工作我受益匪浅。尽管他们不一定同意我书中的观点，但是我深深地认同并相信这些年来从我的同事身上所学到的知识，由此对他们深表感谢。另外，当学生们进行测试、确认、拒绝或扩大根据他们自己的经验在课堂上所学的知识时，老师们从学生们身上获得的反馈信息将被绝对认可。我要感谢那些在美国大学校园里与我共同分享他们学习和生活感受的成百上千的学生，尤其要感谢 Elizabeth Crimi、Bernard Demczuk 和 Lloyd Raines 这三名学生，他们的鼓励、忠诚和智慧已经深深地融入到了本书的思想观点当中。

我还要衷心感谢美国大学为我提供了一个暑期研究资助项目，这使我在 1976 年的夏天能够全身心地投入到本书的写作工作当中。我也要感谢 Bernard Demczuk，他在 1975—1976 年这一学年期间担任我的研究助理，帮我收集了大量的研究数据。同时我还要感谢 Cathy Sacks 帮我在电脑上高效、仔细地输入和打印出最终手稿。

Bernard Demczuk、Sue Hollis、Richard Myren、Lloyd Raines、Phillip Scribner, I. F. Stone 和 John Wildeman 帮我审阅了本书的全部或部分初稿，我很感谢他们提出的许多可行的建议，而且我也在最终的版本当中采纳了他们提出的建议。尽管他们为我做了很多，但我还是在写作过程中出现了很多错误。

最后，把此书献给 Sue Headlee Hollis，是她教我关于朝鲜蓟的知识、历史的意义以及其他无数的奥秘。

杰弗里·雷曼
1979 年

导 论

透过现象看刑事司法的本质，或转败为胜

> 不可避免的结论是：社会无法阻止犯罪，也需要犯罪，并从对犯罪处理不当的状态中获得一定满足。
>
> ——卡尔·门林格，《惩治犯罪》一书作者[①]

刑事司法体系就像一面镜子，其中可以看到整个社会的轮廓，包括阴暗面。而我们关于正义与邪恶的观点，也可以通过这面镜子体现出来。通过这面镜子，还可以从一个完全不同的视角来看到美国的刑事司法体系的状况（最终看到它所反映的整体社会状况）。

特别需要指出的是，我国的刑事司法体系的目标不是消除犯罪或实现正义，而是为了给美国民众构建一种值得信赖的形象，即给美国社会造成威胁的主要是来自于穷人实施的犯罪行为。为了做到这一点，刑事司法体系必须要为民众提供大量的穷人犯罪分子。而要达到这个目的，刑事司法体系必须在打击穷人实施的犯罪行为斗争中失败，或者换句话说，不能大幅度减少穷人犯罪分子。当然，社会犯罪率偶尔也可能会下降，就像最近犯罪率略微下降一样。这在很大程度上是由刑事司法体系以外的因素所导致的。

需要解释最后这两句话。社会犯罪率下降的情况已经迅速被各级官员（从白宫到地方警察局的官员们）作为一种炫耀的资本来向人们展示有关打击犯罪行为的司法政策是成功的。近期社会犯罪率下降的一些原因，如非法毒品交易的稳定，并由此导致那些与毒品有关的暴力行为大幅减少，这与刑事

---

① 卡尔·门林格：《惩治犯罪》，纽约：维京人，1968年。

司法政策的成功没有任何关系；如果非说有关系不可的话，那么非法毒品交易的稳定，或者所谓的毒品战争，就是长期存在的司法政策失败的标志，也即毒品交易并未终结，而是在"正常营业"。不过尽管如此，我们仍不可以说，刑事司法政策对社会犯罪率的下降没有做出任何贡献。

近年来，美国的监狱人口已经翻了两番，并且像纽约这样的城市允许警察自由盘问和搜查他们认为可疑的人。没有人能够否认这样一个事实，即如果一个国家的监狱里面关押了足够多的人，并赋予了警察更大的权力来干涉公民的自由和隐私，那么这个国家最终将能防止一些可能发生的犯罪行为。另外，我们应当指出的是，这种减少犯罪的措施成本非常昂贵和低效——投入大量资金用于建造新的监狱、给城市生活造成了破坏性的影响以及针对警察暴行的投诉增加等。可以肯定的是，这些成本昂贵的措施确实对减少犯罪做出了一定贡献，但在本书中，我们指出美国的刑事司法体系是失败的，这是指这些高成本的投入并不能消除社会的高犯罪率。现在监狱里有大量的穷人犯罪分子存在，而我们的犯罪预防策略并没有涉及产生犯罪的社会原因。我们的公民仍然担心近期的犯罪率在略微下降之后会有所反弹，而美国的犯罪率仍然远远高于世界上其他国家。关于这一点，我们将在本书第1章中来论证刑事司法体系的这种失败。

需要提醒读者的是，当我们提到刑事司法体系时，其涵盖的范围已经超出了我们所熟悉的警察机构、法院和监狱，它是指整个体系的运行，从立法者决定什么样的行为是犯罪，到警察决定谁应该被逮捕，再到法官、陪审团和假释委员会决定谁由于实施了犯罪行为而需要被监禁，等等。

人们会理所当然地想要去了解我们的社会是如何去容忍以及为什么会容忍一个失败的打击犯罪的刑事司法体系的存在的。本书中有相当一部分内容是专门回答这些问题的。然而，目前一种关于刑事司法体系颠倒的观念是如何产生的简短解释，将会更好地对这样的问题进行解答。

大约四十年以前，杰弗里·雷曼为他的研究生们举办了题为"惩罚与矫正哲学"的系列研讨会，其中的许多学生是执法人员或在矫正领域的工作人员，如缓刑官员、狱警和法律服务人员等。他们一起讨论了有关法律惩罚的各种哲学理由，然后将注意力转向了国家的司法矫正系统。在那一年的大部分时间里，他们一起探讨了刑事司法体系存在的无数矛盾和残酷的事实，以及非理性的因素；探讨了罪犯被判处监禁的随意性，以及这些罪犯在监狱里面受到的惩罚的随意性；探讨了对罪犯的隐私缺乏保护，对罪犯人格尊严的剥夺，无时不在的身体暴力，以及缺乏有意义的心理疏导或在监狱里面缺乏职业培训；探讨了假释犯存在的不利因素，不可避免的"前科"烙印，社会拒绝向罪犯提供赎罪的机会，以及缺乏为刑满释放人员提供合法的工作机会，等等。他们反复讨论了这个社会为了预防犯罪而大量建造监狱的非理性因素，也非常清楚这个社会不会认真尝试去放弃监禁手段，以及放弃那些能够导致较高再犯率的社会矫正措施，因此，刑满释放人员再犯的可能性较大。我们怎么能如此惨败呢？我们既不是邪恶的人，也不是愚蠢的人，甚至不是贫穷的人。我们怎么能继续将我们的精力和来之不易的税收投入到毫无效果的犯罪预防工作当中呢？

在那次研讨会的最后，杰弗里·雷曼要求学生们设计一种能够维持相对稳定和显而易见的"罪犯类型"体系（而不是让他们设计一个用于减少和预防犯罪的刑事司法体系）。这种体系将会是怎样的呢？最后得出的结论令人震惊。下面几个代表性的观点是在这次讨论中得出的：

第一，这种体系将有助于国家通过立法来反对吸毒、卖淫和赌博——法律禁止的行为是那些对受害的被害人实施的行为。这将使许多罪犯认为这样的行为是一种正常行为，并增加他们实施二级犯罪的需求（吸毒者需要通过盗窃来支付购买毒品的费用；妓女需要皮条客来提供保护，因为警察是无法提供有效的保护的，等等）。

第二，如果赋予警察、检察官和法官更大的自由裁量权来决定谁应该被逮捕、被起诉以及被判处监禁，这不会是一件好事。这就意味着，几乎每一个受到监禁的罪犯都可能会知道那些犯了同样罪行但并没有被逮捕和起诉甚至被审判的其他违法犯罪人员。这将会使相当一部分的监狱罪犯会感受到刑事司法体系的专制和不公平，因此他们会非常愤怒，其结果是他们的反社会心态更加强烈，而不会去真心悔改，并且将会使他们感到社会规范的约束越来越多。

第三，罪犯在监狱里面的经历应该不仅是痛苦的，而且是有损尊严的。失去自由的痛苦或许会阻止他们再次犯罪。但是通过将他们置于一种没有隐私、无法控制自己时间和行为的强制执行的环境当中，以及通过将他们置于一种不断受到欺凌和殴打的环境当中来加以贬低和惩罚，这种措施肯定会通过削弱罪犯的自控能力来抑制监狱的威慑效果。事实上，通过羞辱和暴力殴打囚犯，肯定会增加他们潜在的暴力倾向。①

第四，监狱既不应该对罪犯进行职业技能的培训，也不应该为刑满释放人员提供工作。他们的监狱记录应当作为一种永久性的烙印来阻止雇主雇用这些刑满释放人员，这样，他们才可能不会受到诱惑而再去实施犯罪行为。

第五，"刑满释放人员"的称谓意味着他们永远与"体面公民"有所区别，他们永远不能清偿其对社会所犯下的罪行，应该用下面的方式来对待他们：剥夺他们一些终身权利，比如选举权等；② 他们应该被警察作为"犯罪嫌疑人"来进行骚扰，或被假释官员随心所欲地做出假释决定，因为这些假释官员随时都可以威胁他们要将他们送回监狱，理由是他们离开了自己的住所，或酗酒，或与"不该交往的人"接触，等等。

总之，当要求学生们设计出一种能够维持和鼓励相对稳定的、显而易见的"罪犯类型"体系时，这些学生却构建了美国的刑事司法体系。

这一体系是由什么构成的呢？首先，当然只有部分真相。在逮捕和量刑环节上，一些措施已经被用来约束并降低一些官员所拥有的自由裁量权的随意性。一些监狱官员也试图去维护罪犯的尊严和尊重他们的隐私，并让罪犯在非自愿监禁的机构里最大限度地发挥他们的自主决定权。一些监狱甚至为囚犯提供有意义的职业培训。一些假释官员不仅很公正，而且还帮助他们的"客户"找到工作，并使其合法化。很多人由于实施了一些社会所不能容忍的行为而被逮捕，比如强奸、谋杀、暴力袭击和武装抢劫等，也有许多人由于

---

① 考虑以下几点内容：梅雷迪思·布巴博士是一位社会心理学家，也是埃尔迈拉大学心理学系的一名副教授。他指出，除了我们的普通监狱以外，其他地方很难刻意去塑造一个更为有效的滋养暴力行为的温床。就个人观点而言，布巴博士写道："当我给学生上社会心理学课程时，我花了一个星期左右的时间来熟悉导致暴力行为发生的社会原因或习俗原因（例如挑衅、模仿、惩罚、极度沮丧、与暴力行为相关的角色和社会规范因素、身体不适、拥挤、与暴力行为相关的枪支和其他物品等）。等学生们把这些内容消化以后，我要求他们想象一个可怕的幻境，这个幻境包括所有已知的能够导致暴力行为发生的社会和环境因素。这会是什么样的情形呢？一个典型的监狱。"，见李·格里菲斯：《监狱的衰落：〈圣经〉关于废除监狱的观点——大急流城》，密歇根州：埃德曼，1993 年，第 65 页。

② 目前有将近 500 万美国公民被剥夺了投票权，因为他们被判处了重罪。参见杰弗里·雷曼：《自由党和共和党反对剥夺罪犯的选举权》，载《刑事司法伦理》，第一卷，第 24 期，2005 年，第 3～18 页。

侵犯了同胞的利益而被送进了监狱。所以这些都是真实的。复杂的社会现实只不过是复杂而已，不可能出现全好或全坏的局面。不过总体上，能够真正帮助罪犯改过自新的"成功"的体系、"良好"的监狱和重返社会教习所（吸毒犯或年轻人刑满释放前的矫正场所）仍然是例外情况，因此不能被认为是未来趋势的良好开端。当然，如果我们将这些措施看作是为了保持社会犯罪稳定而不是减少犯罪的手段，那么刑事司法体系的大部分探索将不会更有意义。

这种说法需要予以解释。我们的解释是，刑事司法体系给公众展示的关于"现实的犯罪行为是真正威胁社会的行为，以及这些犯罪行为主要由穷人实施"的画面是一个扭曲的画面。这个画面对于拥有权力和财富的人来说意义重大，因为它反映了美国中产阶级对穷人产生的不满和敌意，而穷人不会对富人产生这样的态度。如果这一解释很难具有说服力的话，那么需要进一步指出的是，它不仅解释了刑事司法政策未能保护大众免受犯罪行为的侵害，而且也解释了为什么刑事司法体系从逮捕到定罪的每一个阶段都对穷人有所歧视。事实上，即使在法律诞生早期阶段，当犯罪行为被确定为一种法律现象时，该体系就首先侧重于穷人实施的掠夺行为，并倾向于排除或淡化那些富人实施的同样的或更危险的掠夺行为。

总之，我们认为，刑事司法体系未能有效地打击社会犯罪行为，反而使人们认为犯罪主要是由穷人实施的。这就传达了一种信息，即那些体面的、守法的美国中产阶级面临的真正威胁主要来自于社会经济地位较低的穷人，而不是来自于社会经济地位较高的富人。这种信息对现实社会中存在的财富、特权和机会的不均等等现状表示认可，因此会有益于美国的权贵阶层的利益——这些人如果不满意目前的司法政策，就可以改变这样的政策。

因此，让人们通过"镜子"来审视刑事司法体系是非常合适的：一方面，它表明了人们的共同期望出现了逆转。这可以扭转人们对于刑事司法体系的期望，并让人们持有一种观念，即刑事司法体系的真正目标与它对外宣称的目标完全相反。另一方面，镜子当中的画面表明，社会上普遍存在着一种超越现实的画面。我们的观点是，该体系是在按照它自己的方式进行运转的，因为它维护了一种特定的犯罪格局：一种关于犯罪威胁主要来自于穷人的格局。当然，要想使这样的格局可信，必须要有现实的支持。该体系必须真实地打击犯罪或至少打击部分犯罪，但前提是它仅仅能够防止犯罪失控，并能最大限度地给公众展现其打击犯罪的生动形象，而从来不会大幅度减少或消除犯罪。

我们将刑事司法政策所具有的这种离谱的应对犯罪的理论称之为"得不偿失的胜利"的理论。"得不偿失的胜利（pyrrhic victory）"原指的是一种军事上的胜利，这是一种需付出极大代价而获得的胜利，因此它相当于一种失败。"得不偿失的胜利"理论认为，刑事司法体系的失败给那些有钱有势的人带来了好处，因此也被认为是付出代价后的一种胜利。接下来，我们会通过展示美国权贵阶层从刑事司法体系的失败当中获得的好处来解释刑事司法体系未能减少犯罪的原因。从政策制定者的角度来看，美国的刑事司法政策的结果只是失败，没有成功。请读者们保持一种乐观开放的心态，并自己确定"得不偿失的胜利"的理论是否能给刑事司法政策和实践带来更多的意义，以及它是否比传统的观点——刑事司法体系的目的是要显著地减少犯罪——所具有的意义更大。

"得不偿失的胜利"的理论包含几个部分。首先，它必须提供一种解释，即未能减少犯罪的失败的刑事司法体系是如何让一些人（罪犯以外的任何人）受益的。这是本书第4章要承担的任务，其标题是"被征服者属于战利品——谁在打击犯罪的失败战争中获胜了？"，这个标题的含义是，未能大幅减少犯罪的失败的刑事司法体系给美国民众传达了一种潜在的意识形态的信息，这种信息通过将目前的财富与特权两极分化的社会秩序合法化，以及将公众的不满和反抗情绪从权贵阶层转移到了贫困阶层，以此来保护这个社会的有权有势者，并使这些人受益。

然而，不是任何失败都能提供这样的好处的。失败的刑事司法体系必须要传达一种特定的信息：它必须在打击犯罪的斗争中失败，同时也要让人们认为一些严重的犯罪行为以及威胁社会的危险行为主要是由穷人实施的。该体系通过该做什么和不该做什么来实现这样的目标。第2章标题为"其他名称的犯罪"，本章主要讲述刑事司法体系拒绝为富人实施的大量危险行为贴上"犯罪"的标签，而这些行为比穷人实施的犯罪行为更能够侵害人们的肢体和生命。第3章"穷人进监狱"，展示了刑事司法体系如何从开始到结束都带有一种偏见，这种偏见能够确保若犯下同样的罪行，穷人比富人更有可能被逮捕、被定罪和被监禁，从而为人们提供了生动的"例证"，即威胁主要来自于穷人实施的犯罪行为（第2章"刑事司法是一种需要创造力的艺术"中的一节，其内容阐述了构成"得不偿失的胜利"的理论的核心观点）。

谨慎是关键因素。第1～4章的论点不是"阴谋论"。社会分析的任务是找到社会行为的模式,然后解释这些模式。当然,当我们发现一些模式时,特别是为一些人的利益服务的模式时,我们会倾向于将这些模式看作是那些获得利益的人故意操纵的,这在某种程度上被看作是现实的,因为这些模式给他们带来了利益。这种思维方式通常被称为"阴谋论"。后面我们也会指出这种思维方式的缺点,并详细解释"得不偿失的胜利"的理论与它的区别。然而,需要指出的是,虽然我们说刑事司法体系没有动力去减少犯罪,以及未能显著地减少犯罪,从而给整个社会的权贵阶层带来了利益,但是我们并不认为权贵阶层是在故意操纵该体系来为他们的利益服务。我们的观点是,在长期的司法实践中,这种头痛医头、脚痛医脚的刑事司法体系并没有成熟,无计划和无意图的做法导致它不仅未能显著地减少犯罪,反而为权贵阶层的利益服务。这一事实导致的后果是,那些能够改变该体系的人觉得没有必要这么做,因此该体系能够长期保持不变。

我们的刑事司法体系具有一些特点,比如关于什么是罪犯的信仰、如何对待罪犯的信仰等,这些特点在工业社会之前就已经存在。该体系针对犯罪行为的态度已经深深根植于传统的观念之中了,并且显得非常自然,因此它不是任何人有意识计划的结果。为什么刑事司法体系在没能保护大众免受犯罪行为侵害的情况下仍然能够持续存在?要理解这个问题就必须认识到:一方面,那些最容易受到犯罪行为侵害的人都是些没有能力制定和实施政策的人,因而将更频繁和更严重的犯罪行为主要指向了穷人,而不是富人。另一方面,刻意识别穷人实施的犯罪行为以及刑事司法体系未能减少犯罪的情况能够给富人带来大量的好处,因此那些有能力改变刑事司法体系的人并没有压力,也没有动力来做出改变。总之,刑事司法体系在很早的时候就已经存在,一直持续到现在,即使它是失败的(事实上是由于方式的失败),也无法因有一定的有效需求而改变。当我们提到刑事司法体系的失败是由于"设计上的失败"时,其含义不会超过以上的解释。我们将这种失败的刑事司法体系持续存在,解释为"历史惯性",这在第4章中有所体现。

本书总结部分提出了一个论点,即第1～3章中所描述的条件(不论人们是否接受我们在第4章中针对这些条件所作出的解释)降低了刑事司法与犯罪行为本身之间所存在的基本的道德差异。总结部分的标题为"刑事'司法'或'犯罪'司法",该部分给我们的刑事司法体系提出了一些改革的建议。这些建议并不是"改善"刑事司法体系的方式，而是一种必需的基本条件，即建立该体系对待犯罪行为本身所要求的道德条件。

"得不偿失的胜利"的理论就像西方社会理论当中描述的关于父母对待孩子的婚姻状况的几种观点一样。虽然这在后面的讨论当中所占的篇幅较多，但它从一开始就明确指向了孩子的父母和祖父母。犯罪学家德凯姆认为，犯罪是社会的一个重要功能。关于公共政策可以被认为是为社会中的权贵阶层的利益服务的观点是由卡尔·马克思提出的。埃里克森认为，旨在打击犯罪行为的制度反而有助于犯罪行为的存在。理查德·昆尼的观点是，"现实"的犯罪行为主要是从立法到执法的过程中产生的，具体来说，就是从法律上将某些行为定义为犯罪行为到执法机构对实施这些行为的罪犯进行惩罚的过程中产生的。"得不偿失的胜利"的理论将这些观点综合为一种理念，即当我们了解到刑事司法体系创造了一种关于现实的犯罪行为主要是由穷人实施的思维定式时，刑事司法体系未能减少犯罪行为的现实就变得可以理解了，因此就会给大众塑造一种关于该体系为美国社会权贵阶层利益服务的印象。

虽然"得不偿失的胜利"的理论借鉴了我们刚才提到的一些观点，但是在运用过程中却发生了变化。例如，该理论偏离了传统的马克思主义法律制度的理论观点，因为这些理论观点一般强调刑事司法体系的专政功能，而我们的观点是强调其意识形态的功能。马克思主义者倾向于将刑事司法体系看成是一种压制穷人从而为权贵阶层利益服务的工具。而我们的观点是，刑事司法体系主要是通过它的失败，而不是通过它的成功来为权贵阶层的利益服务的。不用多说，该体系在某些方面是失败的，而在其他方面却是成功的，而这两方面是不相容的。然而，倾向于刑事司法体系的意识形态功能，而不是倾向于其专政功能，能让我们关注的焦点主要集中于其所传达的失败印象上，而不会集中于它在惩罚穷人方面取得的成功上（关于马克思主义理论及其意识形态的影响与刑事司法的探讨主要集中在附录一当中）。①

---

① 自上世纪60年代以来，新一代的马克思主义理论家（主要是法国人）已经开始专门研究国家机构的意识形态功能了，相关研究成果见路易·阿图塞：《意识形态和意识形态国家机器》（摘自《列宁和哲学》，伦敦：新左翼书屋，1971年，第121~173页），以及他的其他论文。另参见尼科斯·普兰查斯：《法西斯主义与专政》（伦敦：新左翼书屋，1974年，第299~309页）。这些学者认为安东尼奥·葛兰西开创性地提出了国家机构的意识形态功能。参见昆丁·霍尔和杰弗里·诺维尔－史密斯主编的《安

我们已经对"得不偿失的胜利"的理论进行了归类,并希望用一句话来概括关于犯罪行为与经济之间的关系。我们认为,社会秩序(毫无疑问是由经济体制塑造的)对社会大部分犯罪行为负有不可推卸的责任。这适用于社会上的所有阶层,因为一种拒绝为其所有社会成员提供体面生活并充满竞争的经济体制,将会采取任何可能的方式把压力强加给其社会成员,以此来提高社会成员的经济地位。这样的经济体制贬低和鄙视穷人,但是却鼓励富人的贪婪。[①]尽管如此,穷人却要承担严峻的经济压力,因为他们非常艰苦的条件和相对低的改善经济条件的机会极大地加大了他们犯罪的几率,而事实上这些犯罪行为存在于社会的各个阶层。

如果不考虑上下文的意思,这些观点可能会导致另外一种自相矛盾的观点。有确切证据显示,我国社会各个阶层当中都存在大量的犯罪行为。与此同时,有人会认为贫穷是犯罪的一个来源——我们指的是"来源"而不是"原因",因为贫穷与犯罪之间的联系不是一个简单的因果关系。贫穷并不会强迫穷人去实施犯罪行为;相反,穷人所面临的现实是他们没有能力(与富人相比)去满足一些合法的需求,如果他们走传统的合法道路,得到的回报可能会很少。因此,与富人相比,他们不仅要面对更大的生存压力,而且还要抵制犯罪的诱惑,甚至还要沿着缺乏吸引力的非刑事司法途径前行。因此,尽管大多数穷人没有犯下严重的罪行,但是有证据表明,贫穷的特定压力会促使穷人大量实施一些人们害怕的犯罪行为,比如杀人、盗窃和暴力袭击等。这种观点与我们认为的关于某些富人实际实施的犯罪行为比我们通常认为的犯罪行为(包括普遍让人恐惧的和不太让人恐惧的犯罪行为,比如白领犯罪)要多的观点并不矛盾。因为我们将会看到,即使实施了同样的犯罪行为,穷

东尼奥·葛兰西狱中札记选》(伦敦:劳伦斯和威沙特出版社,1971年),以及卡尔·博格斯的《葛兰西的马克思主义》(伦敦:Pluto 出版社,1971年)。其他更为广泛的对于国家机构与意识形态之间关系的马克思主义分析,可参见拉尔夫·米利班德的《资本主义政权》(纽约:巴西克出版社,1969年,第179~264页),以及尤尔根·哈贝马斯的《合法性危机》(波士顿:灯塔出版社,1975年)。重视刑事司法实践意识形态理念的当代学者是戴维·加兰,其代表作为《惩罚与现代社会》(芝加哥:芝加哥大学出版社,1990年),尤其是书中的第11章《作为文化主体的惩罚》(第249~276页)。

① 如见约翰·布雷斯韦特的《贫穷、权力和白领犯罪:萨瑟兰和犯罪学理论的悖论》,载基普·施莱格尔和威斯勃德编辑的《再论白领犯罪》,波士顿:东北大学出版社,1992年,第78~107页。

人被逮捕的可能性要比富人大得多，而且富人中的白领很少因为犯罪而被逮捕，这与前述的观点并不矛盾。因此，如果逮捕记录与真实的犯罪率保持一致，那么富人的犯罪记录很可能会远远超出目前的记录，即使有大量的贫困人口（甚至比现在更多）仍然实施一些让人恐惧的犯罪行为而被逮捕也如此。除此之外，我们还认为，某些富人不仅实施了一些尚未被定义为"罪行"的危险行为，而且还实施了一些让人们更为恐惧的危害社会的犯罪行为。因此，如果我们对哪些人是在真正威胁整个社会有一个清晰的认识，那么就会有理由相信某些富人才是威胁整个社会的主体。在此基础上，我们提出了以下命题，如果这些不同层次的分析没有区别，就有可能会出现矛盾。

第一，社会未能保护其成员免受严重犯罪行为的侵害。造成这种现状的原因在于（除其他原因以外），社会拒绝减少那些导致犯罪的贫困因素（在第1章中将论述）。

第二，刑事司法体系未能保护其社会成员免受危险行为的侵害。其原因在于没有将富人实施的危险行为按犯罪行为来对待（将在第2章中论述），以及未能运用法律手段来严厉打击那些富人实施的被定义为"罪行"的危险行为（将在第3章中论述）。

第三，由于这些失败和其他方面的缺陷，刑事司法体系成功地创建了一种关于犯罪行为几乎全是由穷人实施的印象，这种印象能够为美国的富人阶层带来利益（将在第4章中论述）。

关于社会秩序要对社会成员的犯罪行为承担责任的观点并不意味着个人对其实施的犯罪行为完全没有责任，或者说，我们不应该有一个刑事司法体系来保护大众免受犯罪行为的侵害。引用欧内斯特·范登哈格的话来说，就是"由于只是怀疑未着火而拒绝去救火是非常愚蠢的"。社会上存在犯罪分子的事实是没有理由回避一些现实情况的，即许多犯罪分子都是非常危险的，必须要认真对待。此外，大众虽然因为一些社会成员的犯罪行为而去埋怨社会并可能会减少人们对犯罪分子的谴责，但它并不要求人们完全不进行这种谴责，或否认犯罪分子所要承担的责任。特别需要提醒的是，穷人实施的大部分犯罪行为针对的受害人都是穷人自己。把那些有可能导致穷人去剥夺其他人利益的独特的社会压力指出来，其目的是为了向人们说明，这种压力可以用来减轻犯罪分子的罪责，而不是免除他们的罪责。实际上，受到剥削和压迫的受害者有一种道德义务，即不去伤害那些没有侵犯他们利益的人或帮他们分担压力的人。

书中引用的部分资料名称缩写

Challenge 《犯罪在自由社会中的挑战：一份关于执法和司法行政委员会的总统报告》（华盛顿特区：美国政府印制局，1967年2月）。

Sourcebook 安妮·帕斯托雷和凯思琳·马奎尔主编：《刑事司法统计资料汇总》。对于此类年度出版物当中所引用的早期版本数据，将在本资料当中以编年体的形式展现出来。早期的版本可能是由不同的编辑共同完成的。《刑事司法统计资料汇总》的数据只能通过电子数据形式获得，具体参见网址：http://www.albany.edu/sourcebook。

StatAbst 美国人口调查局：《美国统计摘要》。此类年度出版物所引用的数据，将通过《美国统计摘要》以编年体的形式展现出来。具体参见网址：http://www.census.gov/prod/www/abs/statab.html。

UCR 美国司法部、联邦调查局：《美国的犯罪状况》（也作《统一犯罪报告》）。此类年度出版物所引用的数据，将通过《统一犯罪报告》以当年所统计的数据来进行展现。与《刑事司法统计资料汇总》一样，其数据只能通过电子数据形式获得，并且可以追溯至1995年，具体参见网址：http://www.fbi.gov/about-us/cjis/ucr/ucr。

BJS 《司法统计数据》，本书中引用了多种渠道的数据。司法统计局是美国司法部的一个机构，它是司法程序运行过程当中的重要部门，其中也包括司法协助局、国家司法研究所、青少年司法与预防犯罪办公室，以及被害人办公室。司法统计局的报告由美国政府印刷局在华盛顿特区公布。美国司法统计局的网址为：http://bjs.ojp.usdoj.gov/。

第1章

美国对犯罪行为的控制：
失败乃成功之母

有犯罪必有惩罚，还是因惩罚导致犯罪蔓延？

——引自罗伯特·约翰逊的《附近的动物园》

当局者迷，旁观者清。

——无名氏

引　言

本章共有三个主要目的：（1）针对美国的高犯罪率来评论警察和监狱的反应，以及警察和监狱在控制犯罪率方面的作用；（2）进一步了解美国高犯罪率的原因，并在此基础上思考相应的对策；（3）运用"得不偿失的胜利"的理论来解释为什么美国的犯罪控制政策不成功，尽管此政策已经实施了多年。本章的副标题"失败乃成功之母"引出了一个不小的争论：即便美国的犯罪率在持续走高的情况下相对略有下降，但为什么其刑事法律制度也被认为是失败的？严厉的犯罪预防政策对犯罪率的降低毫无益处，过多地滥用监禁只会导致更多犯罪行为发生的负面效应。截至目前，美国的犯罪率与其他发达国家相比仍然很高。这些发达国家在经历了20世纪70年代把犯罪行为视为社会的毒瘤之后，其犯罪率在逐步降低。由于美国没有针对犯罪源头（歧视、枪支泛滥、滥用监禁、毒品政策失效）来制定预防犯罪的对策，以及推行经实践证明有效的预防犯罪措施，所以其刑事司法政策会导致较高的犯罪率也就不足为怪了。如果要想让一种制度成为高犯罪率的催化剂，那么美国的刑事司法制度则正好符合这一要求；而对于那些"犯罪值得论"或者"制度失范论"的人来说，高犯罪率或许是一件值得庆幸的事。

不可避免的失败

在过去的 50 年时间里，美国犯罪率时有起伏，其中 20 世纪 90 年代之前处于上升趋势，之后大幅度下降。尽管美国推行形式多样的严厉的预防犯罪政策，而且这些政策促使美国成为世界上监狱最多的国家[1]，但美国目前的犯罪率仍维持在 60 年代的水平上。在 1980~2000 年间，美国建造了比以往任何时候都要多的监狱[2]，创立了被称为"监禁疯狂"甚至"监禁狂潮"或"监狱泛滥"的时代。[3] 以大量的财政投入、种族歧视以及诸如社区组织崩溃等为代价的预防犯罪政策，使美国成为世界上监禁率最高的国家。虽然这种政策有助于降低犯罪率，但其作用却微乎其微，而且在有关刑事司法的政治讨论当中，严厉的犯罪预防政策已逐渐被人们忽略，所以需要对一直以来不成功的政策作进一步反思。

在 1960 年代，美国总统约翰逊针对持续走高的犯罪率提出了一系列有关消除犯罪根源的措施，这些措施包括反贫困计划和把经济发展成果分享给更多社会大众的经济刺激计划。同时，消除社会歧视的措施也被认为是预防犯罪的有效措施，因为社会歧视触及了犯罪的根源问题。约翰逊总统宣称："一个总统候选人为了街头暴力犯罪行为而抱怨，但是却投票反对消除贫困的战争、反对《民权法案》、反对重要的教育议案，这无疑是一个严重的错误。"[4]

---

[1] 乔尔·戴尔：《永久的监禁机器》，科罗拉多州博尔德：西景出版社，2000 年，第 2 页。
[2] 林恩·维尔雷蒂斯、托米斯拉维·科万季奇、托马斯·马维尔：《促使犯罪行为发生的监禁因素》，载《犯罪学与公共政策》，2007 年第 3 期，第 589~622 页。
[3] 约翰·欧文、詹姆斯·奥斯汀：《美国的监禁狂欢时刻来临了》，加州贝蒙特：沃兹沃斯出版社，2001 年第 3 版；华康德：《复仇美国的阶级、种族和超级监禁》，2010 年第 3 期，第 74~90 页；欧内斯特·德鲁克：《监狱泛滥：美国大规模监禁的流行》，纽约：自由出版社，2011 年。
[4] 凯瑟琳·贝克特、西奥多·沙逊：《不公正的政治：美国的犯罪行为与惩罚》，加州千橡市：塞奇出版社，2000 年，第 52 页。

而尼克松总统的"法律与秩序"运动却明确反对约翰逊总统的一系列政策措施,他在1970年发表的《国情咨文》中指出:"我们必须赢得针对那些威胁我们城市、家园、生命的犯罪分子的斗争。"[1] 但是在卡特总统任期的四年当中,严厉的犯罪预防政策并没有得到很好的贯彻实施,他甚至建议取消对拥有少于1盎司大麻的犯罪分子的处罚。[2] 直到1980年里根总统上任以后,严厉的刑事政策才重新引起人们的重视,并一直持续到1990年代(这一时期的犯罪率开始降低,直到2008年出现金融危机后才有所回升)。

在犯罪率上升的三十年当中,政治家们从来没有为犯罪行为的大幅增加而承担过任何责任。他们倾向于鼓吹"法律与秩序"制度,或者推行形式多样的严厉的刑事政策[比如扩招警察、实行严厉的判决、强制执行最低标准、实施"三振出局法"(three-strikes-and-you're out laws)以及增加死刑]来安抚选民们对犯罪行为的恐惧。一旦犯罪率有所下降,这些政客们就会邀功请赏。富兰克林·齐姆林教授称这种现象为"双赢模式",即若犯罪数量减少,则归功于严厉的惩罚措施;若犯罪数量增加,对政客们来说也是有利的。[3] 克林顿总统在1994年发表的《国情咨文》中有这样一段话:

> 对美国人来说,我认为来自国外的威胁要远远低于来自国内的威胁……暴力犯罪行为以及由此引发的恐惧对我们的社会极为不利,甚至会限制我们的人身自由或使我们家破人亡。[4]

不过好消息开始出现了,暴力犯罪大幅减少的报道出现在了1996年《纽约时报》的头版头条上。[5] 报道中提到克林顿总统赞同他自己提出的犯罪预防政策,认为这些政策(增加在街道上巡逻的警察数量、规范手枪和攻击步枪的买卖等)在犯罪数量的减少上做出了很大的贡献。

---

[1] 参见理查德·尼克松总统在1970年发表的《国情咨文》,网址:http://www.presidency.ucsb.edu/ws/index.php? pid = 2921。
[2] 参见吉米·卡特在1977年向国会提交的《药物滥用报告》,网址:http://www.presldency.ucsb.edu/ws/index.php? pid = 7908。
[3] 参见富兰克林·齐姆林:《刑事司法的新政治》,载《犯罪与司法视角:1999~2000年的系列讲座》,2001年第3期,第3页。
[4] 参见1994年1月26日《华盛顿邮报》刊登的《国情咨文》,第13版。
[5] 参见福克斯·巴特菲尔德:《暴力犯罪行为大幅回落》,载《纽约时报》,1996年9月18日,第14版。

在接下来的两周时间里，《美国新闻与世界报道》发表了题为《玩偶（popgun）政治》的文章，声称既不是克林顿也不是他在总统竞选期间的竞争对手参议员鲍勃·多尔揭示了犯罪问题的事实。例如，克林顿总统声称他推行的招募10万名新警察上街的政策在犯罪率的降低上起到了很大的作用，但该杂志却报道称克林顿为4.4万名警察赢得了资金，而实际只招募了2万名。专家们认为警察的数量不能阻止犯罪行为的大量发生。① 以一年为一个周期计算，这些警察要轮流值班，还要正常休假等，所以在一定区域内至少要为5名警察配备1个官员。② 那么在一个周期当中，在2万名警察中实际也仅有4 000名警察在街道上巡逻而已。

这样的事实令人难以置信，克林顿总统在1997年的广播讲话中讲道：

> 我们制定了全面的打击犯罪行为的计划，包括让10万名新的社区警察上街巡逻以及公布新的更为严厉的惩罚措施等……这些计划已经付诸实施。
>
> 本周联邦调查局的报告称，去年的犯罪率较往年下降了3%，而且连续下降了5年，是过去25年当中跌幅最大的一年。这是一个好消息。

我们应如何看待这则消息呢？克林顿总统继续讲道："现在我们终于有效地预防和控制了犯罪，但我们还要继续加倍努力。"③ 两年以后，他在1999年发表的《国情咨文》中传达了同样的意思：

> 我提出了一个《21世纪预防犯罪议案》，以部署最新的技术和战术，使我们的社区更加安全。通过财政预算，我们将在犯罪最严重的地区投入5万多名巡逻警察，并给他们装备诸如犯罪映射计算机和数字成像器材等新的工具。④

在美国总统乔治·W. 布什的第一个任期内，他就犯罪率的下降发表了讲话："很不幸，美国社会仍然过于暴力。美国的暴力犯罪率在工业化国家当中

---

① 《玩偶政治》，载《美国新闻和世界报道》，1996年9月30日，第41页。
② 大卫·贝利：《警察谬论》，载《纽约时报》，1993年8月13日，第17版。
③ 1997年1月11日美国总统通过广播向全国发表的演说，资料来源于美国白宫新闻秘书办公室。
④ 1999年1月20日克林顿总统发表的《国情咨文》，网址：http://www.washingtonpost.com/wp-srv/politics/special/states/docs/sou99.htm。

仍然是最高的。"① 这次讲话是建立在布什总统"新的宏伟蓝图"之上的，该蓝图包括提出用于监狱建设和增加私人监狱②空间的 8.21 亿美元，以及用于建设额外拘留所的 1.4 亿美元的计划。③ 犯罪率的下降与 2001 年 9 月 11 日的恐怖袭击相互映衬，把美国总统克林顿之前描述的美好前景彻底颠覆了。美国人更关心来自于国外的威胁，而把国内的犯罪问题放在了脑后。但是 2005 年的一份声明显示，政府号召人民大力支持《帮派威慑和社区保护法》（Gang Deterrence and Community Protection Act），同时指出："在过去的 10 年时间里，积极的执法和严厉的刑事法律在犯罪率的减少方面，尤其是暴力犯罪的减少方面发挥了巨大的作用。"④ 2006 年司法部的预算提出，需要 12 亿美元以关押更多的罪犯，因为政府强硬的执法措施将导致违法犯罪者大量增加。⑤

作为总统候选人，奥巴马并没有否定过去 10 年强硬的刑事政策，只是称那样的政策既强硬又效果显著。⑥ 在《政治家》杂志上发表的一篇题为《奥巴马总统支持严厉的刑事政策》的文章指出，奥巴马修改了过去的联邦刑事政策，比如关于晶体状和粉末状可卡因的量刑标准由原来的 100∶1 减少到 18∶1 就是一个显著的变化。⑦ 这一变化是美国几十年来在毒品量刑标准上的首次降低，尽管从 1995 年以来，美国量刑委员会就一直在宣传这一政策。这篇文章

---

① 乔治·W. 布什总统：《总统评论社区安全项目》，2001 年 5 月 14 日，网址：www.presidency.ucsb.edu/ws/index.php?pid=45608。
② 私人监狱是指那些由营利性的公司建立或管理的监狱，属于刑事司法工业园区的一部分，能够获得利益。本书第 4 章将详细论述。
③ "打击犯罪和滥用毒品行为"，为《新的宏伟蓝图：为民众负责的美国财政预算》第 9 章，华盛顿特区：美国政府印刷局，2001 年，网址：www.gpoaccess.gov/usbudget/fy02/pdf/blueprnt.pdf。
④ 美国总统行政办公室：《管理政策声明：1279 号决议，2005 年帮派威慑和社区保护法》，2005 年 5 月 11 日，网址：www.presidency.ucsb.edu/ws/index.php?pid=24850。
⑤ 管理与预算办公室：《司法部 2006 年财政年报》，网址：www.whitehouse.gov/omb/budget/fy2006/justice.html。资料显示，联邦政府继续支持切断 10 万名警察的资金，因为评估程序"没有显示出结果"。
⑥ 参议员巴拉克·奥巴马：《霍华德大学评议会上的言论》，2007 年 9 月 28 日，网址：http://www.howard.edu/newsroom/news/2007/071001Remarks of SenatorBarackObama.htm。
⑦ 联邦法律要求对涉及 500 克（约 1 磅）粉末状可卡因或 5 克（大约 1/6 盎司）晶体状可卡因的罪犯强制判处 5 年监禁。本书第 3 章将详细论述。

讨论的其他事项只是对量刑实践的一般评论，尤其是对儿童色情问题的评论。① 这些评论的结果可能导致刑罚减轻，但是从建议的提出到最终的付诸实施既是漫长的，也是不确定的。

为了防止人们认为犯罪率的降低是从克林顿总统执政期间开始的，奥巴马政府的总检察长在举行的记者招待会上宣称："在2011年的前6个月时间里，社会犯罪率下降了。"他说："我们将继续支持我们的国家、州和部落联盟，并实施严厉的、有效的刑事政策，争取在打击和预防犯罪方面有所作为。"② 尽管2005年美国国家统计部门发布的一份报告显示，"在1993—2000年期间，社会整体犯罪率下降了26%，其中的1.3%归功于社区警务服务计划"。奥巴马政府为克林顿总统倡导的社区警务服务计划提供了大量的资金。③ 作为一名候选人，奥巴马说："美国应该减少对非暴力罪犯的盲目的、适得其反的监禁。"④ 但是司法政策研究所的一份报告显示，2010年的司法部预算方案减少了青少年司法程序方面的支出，增加了监狱系统的开支，包括在监狱内增加1 000张新床位（为私人监狱提供）和两座新的联邦监狱，这样将会增加4 800张新床位。⑤

更为普遍的是，自由主义杂志《理性》在头版发表了标题为《坏消息：美国总统奥巴马原来是另一名毒品战士》的文章，文章指出，奥巴马总统提出的毒品政策与他前任的毒品政策非常相似（晶体状可卡因判决除外）。⑥ 令人惊讶的是，在当选总统之前，奥巴马的政治观点截然不同，他说，"我们不

---

① 乔什·格斯坦：《奥巴马总统支持严厉的刑事政策》，载《政治家》，2010年9月11日，网址：http://www.politico.com/news/stories/0910/42004.html。
② 埃里克·霍尔德：《司法部部长埃里克·霍尔德在2011年发表的初步统计犯罪报告》，2011年，网址：http://www.justice.gov/opa/pr/2011/December/ll-ag-1666.html。
③ 美国国家审计局指出，警察为20世纪90年代犯罪率的下降做出了一定的贡献。华盛顿特区：国家审计局06104号文件，2005年，网址：http://www.gao.gov/new.items/d06104.pdf。
④ 参议员巴拉克·奥巴马：《霍华德大学评议会上的言论》，2007年。
⑤ 司法政策研究所指出（日期不明），奥巴马总统用于长期解决犯罪问题的财政预算太少，反而可能有助于监禁率的上升，网址：http://www.justicepolicy.org/images/upload/09-05-FAC_FY2010%20Budget%20Factsheet-PS.pdf。
⑥ 雅各布·萨姆、萨默：《坏消息：美国总统奥巴马原来是另一名毒品斗士》，载《理性》，2011年10月，网址：http://reason.com/archives/2011/09/12/bummer。

能把自己置身于毒品危机之外",他认为打击毒品的政策是"失败的政策",甚至主张吸食大麻非犯罪化。① 根据 2010 年的民意调查,65% 的美国人认为打击毒品犯罪的战争已经失败,52% 的美国人赞成吸食大麻合法化。《理性》杂志报道称:"甚至体现在医用大麻的政策上,奥巴马政府在某些方面也比布什政府显得更为激进和严厉,比如缉毒局频繁的检查、严厉的 IRS 审计以及对药房和销售人员的严厉监控等。"②

因此,无论犯罪是一个突出的问题,还是一个不太显眼的问题,失败的政策继续存在(尽管有人似乎了解这些政策所存在的问题)。可悲的是,至少在 2008 年金融危机之前,联邦政府和地方上的政客们一般都遵循之前总统规划的方向来实施严厉的刑事政策。国家和地方财政预算大幅降低的后果,很可能使监禁数量首次在以后的几十年时间里持续减少。③ 各州现在都急于通过释放非暴力罪犯和大幅修改严厉的法律来减少进入监狱的囚犯,这也证明了这些法律对公众安全所起的作用极其微小。事实上,从"严厉的刑事政策"到"宽松的刑事政策"的转变本身就承认了"严厉的刑事政策"是失败的。

此外,对具有证据支撑的政策的突然青睐不应该忽视其不合理的层面,虽然这些政策已被普通大众所接受。事实非常清楚,那些几乎没有严重犯罪问题的初犯认为可以固化执法人员处理犯罪问题的方式,因为这些政策一直以来都是主要的政策。在 1980 年至 2009 年之间,被关押在州和联邦监狱里面的罪犯多了三倍多,从 32.9 万人增加到了超过 150 万人。如果加上拘留所里的罪犯,那就有将近 230 万人待在美国制造的钢筋围墙里面,这一数字接近犹他州或者是内华达州的人口数量。④ 2003 年,司法统计局的报告称,如果 2001 年的监禁率保持不变,那么有 11.3% 的男性和 32% 的黑人男性将会在

---

① 雅各布·萨姆、萨默:《坏消息:美国总统奥巴马原来是另一名毒品斗士》,载《理性》,2011 年 10 月,网址:http://reason.com/archives/2011/09/12/bummer。
② 同①。
③ 原始资料:表 6.28, 2009。
④ 埃利奥·柯里:《美国犯罪与惩罚》,纽约:国际都市图书公司,1998 年,第 12 页;司法统计局:《2009 年美国的矫正人口》,NCJ123681,2010 年 12 月,表 1,第 2 页;2011 年统计,表 12,第 18 页。

监狱里度过他们的一生。①

这些政策的不足之处在于，用来资助监禁热潮的资金主要是从犯罪预防、福利、教育和穷人的医疗预算当中划拨出来的，因此从长远来看会削弱预防犯罪等的效果。犯罪学家威廉·钱布利斯写道：

> 加州曾经因其高等教育系统而成为其他州的羡慕对象，现在它变成了"令人羡慕"的拥有大量惩教人员和刑事司法人员的地方。在1984年至1994年期间，其惩教所增加了超过2.5万名员工。而与此同时，其高等教育系统则减少了超过8 000名员工。②

到2010年，加州在监狱系统上花费了占比11%的财政总预算，而在高等教育系统上只花费了总预算的7.5%，导致当时的加州州长施瓦辛格向国会提出了宪法修正案，来为高等教育争取更多的财政支持（至少比监狱系统多）。美国《高等教育纪要》指出，这个提案要想通过困难重重。③ 相比2011年加州最高法院释放3.7万名囚犯来使监狱系统的承载能力下降至137.5%，以及改善那些法院认为能够导致不必要的痛苦和死亡的监禁条件，这一提案的意义更为深远。④

加州曾经不是、现在也不是唯一的教育经费下降而监狱经费上升的州。自上世纪80年代末起到整个90年代，纽约公立大学的教育经费下降了29%，而监狱经费则增加了76%。⑤ 皮尤慈善信托基金会（Pew Charitable Trusts）2008年发布的一项研究报告指出，在1987年至2007年期间，监狱惩教系统的经费增加了127%（通胀调整以后），而高等教育系统的经费只增加了21%。该项报告同时还指出，有5个州的惩教系统的经费与教育系统的经费

---

① 司法统计局：《罪犯统计》。网址：www.ojp.usdoj.gov/bjslcrimoff.htm（最后修改日期为2005年5月27日）。
② 威廉·钱布利斯：《权力、政治与犯罪》，科罗拉多州博尔德：西景出版社，1999年，第127页；柯里：《美国犯罪与惩罚》，第30~36页。
③ 凯勒，乔希：《加州州长提出修宪，以加强高等教育》，载《高等教育纪要》，2010年1月6日。网址：http://chronicle.com/article/Calif-Governor-Proposes/63440/。
④ 布朗诉帕尔塔，第09-1233号。网址：http://www.supremecourt.gov/opinions/10pdf/09-1233.pdf。
⑤ 詹姆斯·奥斯汀、马里诺·布鲁斯、利奥·卡罗尔、帕特里夏·考尔、斯蒂芬·理查兹：《美国的监禁使用》，载《批判犯罪学》，2001年第10期。

大致持平，其他州甚至比教育系统更高。一篇题为《1%：2008年美国的入狱人口》（参照美国监禁人口的数量与美国成年人口的比值）的文章指出："监狱经费在财政预算中所占的比值越来越大，而罪犯再犯率却没有降低。"① 自1992年以来，暴力犯罪有所下降，而整体犯罪率依然很高。例如，在1992年，美国联邦调查局的报告指出，每10万人中有758人实施了暴力犯罪。而在2010年，联邦调查局的报告显示，每10万人中只有404人实施了暴力犯罪，略高于1972年统计的401人的人数。② 犯罪学家埃利奥特·柯里说："近期犯罪率的降低是高峰期过后的适当回落。"③ 也就是说，被关押的囚犯比原来少时，犯罪率就会回落。总之，只要犯罪率有所下降，美国的领导人就开始往自己脸上贴金，但事实是，即使在犯罪率非常高的情况下，犯罪率适当回落的概率也是非常高的。

例如，在1999年，《华盛顿邮报》刊登了一篇题为《犯罪率连续7年下降》的文章，但里面介绍的也不全都是好消息。如凶杀率下降到每10万人中有6人被谋杀。这一数字与1967年持平。但即使是在1967年，这样的凶杀率也非常高了。同时，青少年凶杀率是5年前的一半，是15年前的2倍。④ 一篇更为讽刺的文章出现在1999年的另一份《华盛顿邮报》上，标题为《虽然被掩饰，但暴力犯罪率依然在攀升》：

> 根据一份新的报告显示，犯罪率从近10年以来的高峰期转向短期的下降，于是有人自信地认为国家的整体犯罪率在下降，但是却忽视了自1960年代以来，暴力犯罪率在宏观上处于上升趋势。
>
> 美国暴力犯罪原因及预防委员会持续30年的突破性研究发现，自1969年以来，向美国联邦调查局报告的各大城市的暴力犯罪数据上升了40%。
>
> 这项新研究的目的是针对目前所谓的犯罪率下降的乐观报告进行反

---

① 皮尤研究中心：《1%：2008年美国的入狱人口》，华盛顿特区：皮尤慈善信托基金会，2008年。网址：http://www.pewcenteronthestates.org。
② 2010年《司法统计报告》，原始资料：表1和表3.106.2009。
③ 埃利奥特·柯里：《新世纪的犯罪和犯罪学思考》，载《西方犯罪学评论》，1999年第1期。网址：http://wcr.sonoma.edu/v2n1/currie.html。
④ 洛林·亚当斯、大卫·怀斯：《犯罪率连续7年下降》，载《华盛顿邮报》，1999年10月18日，第A2版。

驳，认为美国仍然具有很高的暴力犯罪率，同时也给美国人民敲响了警钟。①

上面提到的 1999 年的研究由米尔顿·艾森豪威尔基金会（Milton S. Eisenhower Foundation）发起，这是一个致力于持续研究早期由 1969 年美国暴力犯罪原因及预防委员会，以及 1968 年美国内乱咨询委员会确定的研究项目的组织。该基金会的研究报告指出，美国的暴力犯罪率与其他工业化国家相比还是比较高的，比如在 1995 年，死于枪口之下的被害人，其中新西兰人有 2 名、日本人 15 名、英国人 30 名、加拿大人 106 名、德国人 213 名、美国人 9 390 名。② 基金会主席柯蒂斯（他曾经是 1969 年的暴力犯罪研究项目组的一员）说："看到这个结果，我们应该保持乐观心态，因为 1990 年代中期与末期的社会环境大致相同。60 年代末，人们都认为犯罪现状是如此糟糕，以至于需要有专门的委员会来进行研究。"③ 所不同的是，在 1969 年，州和联邦监狱里关押了 197 136 名囚犯，而到了 1999 年，这一数字增加到了 1 496 629 名，增加幅度超过 700%。数字的增加意味着数十亿美元的资金被消耗，监狱的犯罪纪录被大量的非暴力罪犯打破，甚至意味着我们的城市社区被破坏。事实是，犯罪数量确实没有大幅减少。④

下图 1.1 我们通过比较暴力犯罪率和监禁率（只包括监狱里的囚犯，而不包括看守所里的嫌犯）来说明以上事实。如果读者咋一看图，可能会产生错误的印象，会认为从 1990 年起，图中数据显示的高监禁率导致了低犯罪率。但从长远来看，则揭示了一个更为复杂的现实：在大部分时间里，当监禁率持续提高时，犯罪率也呈上升趋势。

此外，从图 1.1 中也可以看出，美国目前的犯罪率偏离了高峰期，回落到了 1970 年代的水平。在那时，犯罪率的增加持续了十多年，成为人们最为关心的话题，而现在，同样的犯罪率却成为人们庆祝和自满的资本。正如美

---

① 大卫·怀斯、洛林·亚当斯：《虽然被掩饰，但暴力犯罪率依然在攀升》，载《华盛顿邮报》，1999 年 12 月 5 日，第 A3 版。
②③ 同①。
④ 1998 年资料，表 6.48，第 502 页；2004 年的监狱人口，第 1 页。参见大卫·怀斯、洛林·亚当斯：《虽然被掩饰，但暴力犯罪率依然在攀升》，载《华盛顿邮报》，1999 年 12 月 5 日，第 A3 版。

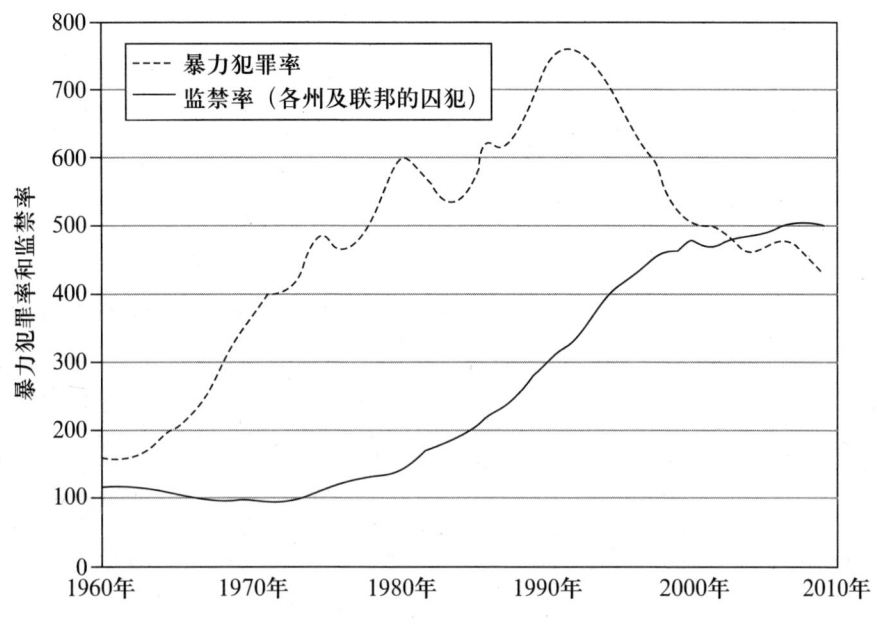

图 1.1 暴力犯罪率和监禁率（1960—2009）

资料来源：原始资料，2009 年，表 3.106；2009 年，表 6.28。

国总统小布什的白宫办公室第一任主任约翰·迪尤莱欧指出的：

> 美国对公共和私人领域的犯罪预防进行了大规模投资，并实施了更为严厉的刑事政策，以寻求社会大众更为安全的生活方式。这些措施到2010 年已经持续了半个世纪。然而，对于这一切，从宏观上看，犯罪率与 50 年前相比没有明显降低，甚至在某些方面比国家第一次拉响犯罪警报时更为糟糕。在 1960 年代初，犯罪问题被联邦政府提上了议事日程，此后历届政府针对犯罪和毒品的战争已经牺牲了神圣的公民自由。今天，接近 250 万人生活在监狱里面，同时有数百万人居住在门控社区里面。①

（一）理解犯罪率降低的原因

虽然许多美国人对犯罪率是否提高或降低感到困惑，但是自 1992 年以来，犯罪率呈整体下降趋势。社会犯罪数量的减少塑造了一个"成功"的刑

---

① 约翰·迪尤莱欧：《再次反思犯罪》，载《民主：一本杂志的观点》，2010 年，第 16 卷，第 46~57 页。网址：http://www.democracyjournal.org/16/6739.php。

事司法体系的形象，而刑事司法系统又导致了社会犯罪率的下降。然而，通过查阅刑事司法文献，我们会发现监狱和警察对犯罪率的降低所起的作用十分有限。犯罪率的降低用非刑事司法因素进行解释更具说服力，比如晶体状可卡因使用的减少、1990年代经济的持续改善以及1970年代启动的减少空气铅含量的计划等。在本章中，我们将对影响犯罪率下降的因素进行研究，以评估其重要性，首先从刑事司法政策开始。

1. 监狱。把罪犯投入监狱意味着他们不再危害社会，因为他们丧失了民事行为能力，所以监狱人口的增加对犯罪率的降低有一定的作用。但是这种策略有一定的局限性和负面效应。例如，犯罪学家发现，有一小部分犯罪分子所犯的罪行数量极大，因此对他们进行定罪和监禁确实有助于提高公众的安全感。然而进一步提高监禁率意味着把那些罪行和社会危害性不太严重的犯罪分子关进了监狱，这样反而会降低公众的安全感。此外，随着年龄的增大，罪犯的犯罪倾向会降低。如果监狱服刑期限（因为是在美国）足够长，长到让这些罪犯老去并丧失实施暴力犯罪的能力，此时再延长监狱服刑期限也并不能提高公众的安全感，同时也不能降低犯罪率。

监狱也有一定的负面效应，而且这些效应可以对公众的安全利益造成一定的影响（在下面关于监狱作为犯罪源头的论述中将进行评论）。例如，在监狱里，罪犯之间相互影响，并且处在责任缺失和没有改造希望的环境当中，所以监狱充当了"犯罪学校"的功能。有犯罪前科的人减少了参加工作的可能性，因为刑事记录和刑事司法的影响可能会降低他们遵守法律的承诺。监狱对个人不仅有犯罪基因（产生犯罪）方面的影响，而且对家庭的建立和社区福利也有影响。例如，囚犯的孩子在学校的表现也不是太好，而且更容易变坏。另外，在高监禁率的情况下，囚犯往返于监狱和家庭之间会导致社会的混乱。[1]

威廉·斯佩尔曼教授在一篇题为《监狱扩张的有限性》的文章中讲道："如果监狱扩张没有发生过，那么犯罪率就会比现在低27%。"[2] 理查德·

---

[1] 琼·皮特西里亚：《社区矫正》，见詹姆斯·威尔逊和琼·皮特西里亚的《犯罪与公共政策》，牛津：牛津大学出版社，2010年。

[2] 威廉·斯佩尔曼：《监狱扩张的有限性》，见阿尔弗雷德·布鲁姆斯坦和乔尔·沃尔曼主编的《美国的犯罪率下降了》，纽约：剑桥大学出版社，2000年，第123页。

罗森菲尔德教授运用不同的方法总结出监狱的扩张对犯罪率的降低只作出了25%的贡献。[1] 哈佛大学社会学家布鲁斯·韦斯顿教授通过详细分析认为，"在1993~2001年期间，监禁率的上升对犯罪率的下降只作出了2%~5%的贡献，大约相当于1990年代犯罪率下降的1/10"。[2] 著名犯罪学家富兰克林·齐姆林强调，犯罪率具有周期性，并指出监禁对犯罪率影响的最好预测是犯罪率能够达到10%~27%的降幅。[3] 虽然一些犯罪学家认为监禁率上升对犯罪率下降有一定的贡献，但是他们也承认监狱人数的增加肯定会导致高昂的成本，不仅会给罪犯及其家属的生活造成严重影响，而且政府也要投入巨额的资金。[4]

监狱对犯罪率只有适度的影响，因为美国的司法管辖权一直尽可能地监禁暴力罪犯。但监禁狂潮席卷了越来越多的只犯有轻微罪行的人。对危险性相对较低的罪犯实施监禁，意味着会降低监禁对公众安全的影响。

> 联邦监狱关押的严重暴力犯罪分子的比例实际上已经从57%下降到了48%。从1980年到1997年，暴力犯罪分子的数量增加了1倍，非暴力犯罪分子的数量增加了3倍，毒品罪犯增加了11倍。截至2001年年底，估计有120万名非暴力犯罪分子关押在美国的监狱里，关押这些罪犯的成本每年是240亿美元。[5]

此外，那些认为由于条件不成熟而赞成撤销假释刑罚的人倾向于把大量罪犯投进监狱，而不是因为这些罪犯被指控和被认定犯有新的罪需要投进监狱。

监禁狂潮对犯罪率降低有重大影响的另一个值得怀疑的原因是，监狱人数的快速增加并没有导致犯罪率的下降。这一观点是由美国前众议院议长和1994年共和党"美利坚契约"的缔造者纽特·金里奇提出的，他曾经提出议

---

[1] 罗森菲尔德：《1980年至1995年成人的杀人方式》，见布鲁姆斯坦和沃尔曼主编的《美国的犯罪率下降》，第130~163页。
[2] 布鲁斯·韦斯顿：《美国的惩罚和不平等》，纽约：罗素·赛奇基金会，2006年，第191页。
[3] 富兰克林·齐姆林：《美国的犯罪率急剧下降》，牛津：牛津大学出版社，2007年，第55~131页。
[4] 约翰·康克林：《犯罪率为什么下降》，波士顿：阿林和培根，2003年，第200页。
[5] 希拉迪：《投资教育，而不是监狱》，载《新闻日报》，2002年8月29日，第A39版。

案，要求对进口超过2盎司大麻的罪犯判处终身监禁。

在过去的7年里，佛罗里达州的监禁率上升了16%，纽约的监禁率下降了16%，然而纽约的犯罪率下降的比例是佛罗里达州的2倍。换句话说，纽约花了更少的钱，却为公众提供了更安全的社会环境。①

对该结论解析最全面的观点认为，监禁率的大幅上升与犯罪率的大幅下降没有必然的联系。② 著名犯罪学家琼·皮特西里亚指出："大约有10%～15%的罪犯可以被安全地释放。"③ 菲利普·库克和詹斯·路德维格对经济犯罪工作小组的研究结果评估时提出疑问："如果想把刑罚的平均期限缩短到1984年的水平，那么我们能够做什么？"在犯罪控制方面，答案可能是"不会那么简单"。④

2. 警察。另一种流行的说法是警察为犯罪率的降低做出了很大的贡献。在评价这个观点时我们必须清楚，国家统计局的数据显示，招募10万名警察的措施只为犯罪率的下降做出了5%的贡献。同时也要记住，警察执行逮捕和驱逐罪犯的效果成为关于监狱部门的讨论的热门话题。因此，警方的策略应该成为评估的对象，比如预防和治理犯罪的"热点问题"，以及积极执行枪支管控来降低犯罪率等。研究表明，这些策略是可以有所作为的，但是还没有足够的证据表明这些策略能够在全美国范围内实施并对犯罪率的下降做出重大的贡献。

纽约市是一些专家愿意提供警务战术来帮助降低犯罪率的地方，这里的谋杀率和重罪率因此大幅下降。其中的一些警务战术是由于前纽约市警察局局长威廉·布拉顿鼓励实施积极的治安措施的结果。这些积极的措施可能有

---

① 纽特·金里奇、帕特诺兰：《监狱改革：为国家省钱的聪明方式》，载《华盛顿邮报》，2011年1月7日。网址：http://www.washingtonpost.com/wp_dyn/content/article/2011/01/06/AR2011010604386.html。
② 迈克尔·林奇：《大监狱，大梦想》，新泽西州皮斯卡塔韦：美国罗格斯大学出版社，2007年。
③ 琼·皮特西里亚：《超越监狱泡沫》，载《国家司法研究所期刊》，第268卷（2011年10月）。网址：http://www.nij.gov/nij/journals/268/prison-bubble.htm。
④ 菲利普·库克、詹斯·路德维格：《控制犯罪：如何用更少的资金做更多的事情》，载《犯罪报告》，2011年11月14日。网址：http://www.thecrimereport.org/news/articles/2011-11。

助于降低社会犯罪率,但在1994~1997年期间,大众通过平民申诉委员会对警察的投诉增加了62%,投诉的原因包括滥用权力、过度使用武力以及态度无礼等。① 布拉顿说:"黑人和拉美裔领导人认为,一些纽约警察局的警察故意歪曲布拉顿推行的积极措施,造成了恶劣的影响,这种行为实在是太可恶了。"②

另一方面,埃利奥特·柯里也指出,加利福尼亚州许多城市的犯罪率在降低,主要是因为这些城市的警察参与了"积极的治安措施和社区警务计划"的结果。但是值得关注的是,有些城市的警察几乎在犯罪预防策略上没有任何改善,但其暴力犯罪率也在显著下降。③ 约翰·康克林在他的书《犯罪率为什么会下降?》一书中也承认,没有任何理由来支持警察和犯罪率之间存在关联。④

3. 非刑事司法因素。刑事司法政策以外的因素成为研究犯罪率下降的主要方面。阿尔弗雷德·布鲁斯顿认为,在1980年代末和90年代初,暴力犯罪率急剧上升,主要是青少年使用枪支实施谋杀引发的"凶杀泛滥"潮造成的。同时,在这一时期,晶体状可卡因流入了城市社区,青少年参与到了毒品的买卖当中,其部分原因是由于年龄大的毒贩被关进了监狱,而未成年人不太容易受到成人刑事司法制度及相关措施的惩罚。⑤ 与此同时,有大量的手枪涌入城市,而这些手枪往往比传统手枪威力更大、速度也更快。矛盾和冲突极易升级,因为年轻人不知道用和平的方式去解决争端。原来可以用拳头和刀具解决的冲突,现在越来越多地使用枪支来解决,而这些枪支往往都是极具杀伤力的半自动手枪。在此期间,因实施杀人犯罪而被逮捕的青少年数量急剧上升,而24岁以上被逮捕的男性数量则相对稳定。

到1993年,谋杀案的数量开始下降,同时青少年因谋杀行为而被逮捕的数量也在下降。尽管阿尔弗雷德·布鲁斯顿承认监禁狂潮对这一时期犯罪率的下降起到了一定作用,但是他认为监禁所起的作用微乎其微。首先,在

---

① 约翰·康克林:《犯罪率为什么下降?》,第69页。
② 埃里克·珀利:《一个好苹果》,载《时代周刊》,1996年1月15日,第54~56页。
③ 埃利奥特·柯里:《新世纪的犯罪和犯罪学思考》。
④ 同①,第71页。
⑤ 阿尔弗雷德·布鲁斯顿:《犯罪率为什么下降——下降了吗?》,见国家司法研究所《犯罪与司法视角:2000—2001年系列讲座》,第16页。

1980年代，犯罪率仍在上升，而监狱人数也已经增加了10年。其次，从整体上来看，青少年参与毒品买卖不会受到监禁，因为他们太年轻了（32岁是监狱中囚犯的平均年龄）。最后，由于这些未成年人频繁地实施暴力行为，年龄大的毒贩被关进监狱，所以监狱人数的增加为暴力犯罪率的上升做出了一定的贡献。① 布鲁斯顿认为：

> 带有讽刺意味的是，暴力犯罪率由于手枪泛滥而提高，至少其部分原因是由于毒品战争监禁了大部分上了年龄的毒贩……老毒贩离开了街道，毒品市场转向了年轻人，特别是城市当中的非洲裔美国人……毒品交易人员年龄的降低必然会带来暴力犯罪率的提高，即毒品交易行为倾向于年轻人，暴力犯罪率就会上升。②

暴力犯罪数量急剧增加的另一个原因是，城市内部贩毒集团之间发生的地盘之争。大规模的争斗过后，或大或小的稳定的地盘被重新划定，且伴随着暴力犯罪率的降低，这不是因为警方已经取得了成功，而是由于（尚存）毒贩成功地创建了一个更为稳定的毒品交易市场。已故的詹姆斯·法伊夫曾经是约翰·杰伊刑事司法学院的特聘教授和前纽约市警察队长，他说："当一种新的既非法又盈利的物质出现时，要想控制这种物质，战斗和摩擦是必不可少的……毒贩之间相互残杀，当交易市场稳定以后，暴力犯罪率才会降低。"③ 所以，贩毒团伙之间的地盘争夺战是1980年代末和90年代初毒贩的主要活动……这样的战斗，现在主要被犯罪学家詹姆斯·林奇所说的"常规化的毒品交易"所取代。④

犯罪率进一步下降的原因主要是由于晶体状可卡因数量的减少造成的，它不但降低了毒品市场的盈利能力，而且也减少了相关的暴力犯罪行为。阿尔弗雷德·布鲁斯顿指出，"晶体状可卡因有害的信息被人们广泛接受并四处传播后，它就变成了一种不受欢迎的毒品……并减少了新增用户"。另外，由

---

① 布鲁斯顿：《犯罪率为什么下降——下降了吗?》，第19~21页。
② 布鲁斯顿：《美国暴力犯罪的兴衰》，见布鲁姆斯坦、沃尔曼主编的《美国犯罪率的下降》，第4~5页。
③ 汤玛斯：《出现了逆转，美国凶杀案件数量在减少》，载《华盛顿邮报》，1995年12月31日，第A8版。
④ 《玩偶政治》，载《美国新闻和世界报道》，1996年9月30日，第33页。

于警察部门施加的压力和社会团体清理社区行动的开展，青少年使用枪支的数量在减少；同时，强劲增长的经济为许多青少年提供了合法的就业机会，并且政府设立了奖励机制，以避免违法行为的发生；此外，晶体状可卡因和甲基苯丙胺数量的持续减少等，这些都可以用来解释近期犯罪率下降的原因。国家药品使用和健康状况调查报告显示，从2006年到2010年，甲基苯丙胺的用户数量减少了一半多，可卡因的使用者也下跌了大约40%。

最后一个需要考虑的非刑事司法因素是关于在环境中减少铅含量的行动，这一行动是1970年代发起的。儿童在成长过程中摄取较低含量的铅，他们就不太容易冲动和激进，对青少年和成年人来说也一样。长期积累的数据显示，铅能够导致永久性的神经行为障碍（尤其是学龄前儿童），以至于在1974年，环境保护署制定了一个计划，即把目标转向无铅汽油的使用和防止汽车尾气中的铅排入空气中。

环境与健康经济学家杰西卡·雷耶斯认为，"在1992~2002年期间，逐步过滤汽油中的铅为暴力犯罪率的下降做出了56%的贡献，而且在未来，暴力犯罪率可能还会进一步下降"。[1] 工业经济学家戴维·内文也支持这一结论，认为铅含量的减少是犯罪率下降的主要原因。他在美国和欧洲一些国家做过研究，主要是通过在不同的时间里交替使用无铅汽油，结果发现暴力犯罪和铅之间有很强的关联性。[2] 根据《华盛顿邮报》的报道，持续多年的老法规对犯罪率的降低比现行的刑事司法政策做出了更大的贡献，许多人可能对此会感到很惊讶，而约翰·霍普金斯大学环境健康科学领域的教授艾伦·西尔伯盖尔德却说，在神经毒理学领域，戴维·内文的研究结果是不会令人吃惊的。[3]

---

[1] 杰西卡·雷耶斯：《环境政策成为社会政策？铅对儿童犯罪的影响》，载《经济分析与政策专业期刊》，2007年第1期，第1~43页。网址：http://www.bepress.com/bejeap/vol7/iss1/art51。

[2] 戴维·内文：《了解国际犯罪趋势：铅对幼儿的影响》，载《环境研究》，2007年第104号，第36、315页。网址：http://www.precaution.org/lib/crime_trends_and_preschoolUead_exposure.070501.pdf。

[3] 夏卡·维丹塔姆：《铅含量与犯罪行为相联系的研究》，载《华盛顿邮报》，2007年7月8日。网址：http://www.washingtonpost.com/wp-dyn/content/article/2007/07/07/AR2007070701073.html。

所以，当政治家们为了犯罪率的短期下降而邀功请赏时，他们实际是忽视了犯罪率下降的真实情况，即在过去几十年中，监狱人数的大幅攀升及警务战术的过度使用，在某种程度上导致了犯罪率的降低。但是犯罪率下降的大部分原因可以归功于刑事司法体系以外的因素，比如晶体状可卡因的用户在减少、强劲的经济增长期、经济衰退期的失业保障以及从环境当中清除铅含量的公众健康行动等。这些因素综合起来使原来的高犯罪率降低到现在的低犯罪率水平上（尽管还很高）。总之，虽然政治家们欢呼和自满，但犯罪依然很猖獗，政治家们和刑事司法政策的制定者们都不能改变这一事实：刑事司法政策可能会偶尔赢得几次小冲突，但它在打击犯罪行为的战争中仍然失败。

总之，当我们回顾政客们声称的暴力犯罪率已经下降的情况时，现实情况却是现行的刑事司法政策并没有让我们的生活更加安全。那么该如何理解这样的结果？看来，政府未能履行其最根本的治理社会任务，即未能维护街道和房屋的安全，实现我们的开国元勋们提出的"国家安宁"的梦想，以及为大众提供文明社会的最低条件。很明显，拥有各种现代化装备和技术的新世纪，并不比古罗马时期治理野蛮和混乱的力量更强大。针对这样的失败，政客们可以有许多方法来应对，其中之一就是确认失败是不存在的。例如，戴维·加兰德在面对"监狱对犯罪率的下降没有作用"这样的断言时争辩说："如果通过评估监狱剥夺罪犯自由的能力（根据法院的命令）、评估监狱在一定时期内把罪犯隔离在社会之外的能力、评估监狱对罪犯造成精神痛苦的方式来满足公众的正义感，那么其唯一的失败是偶尔的操作失误和不必要的仁慈。"① 可以肯定的是，如果我们对监狱的所有要求是除了监狱还是监狱，也就是说，能够把一些人关押在不理想的环境当中并待上一段时间，那么这样的监狱就是好监狱。然而，我们必须对我们所熟知的政治家们的陈述保持清醒的头脑，这些陈述指的是通过监狱减少犯罪来使我们的社会更加安全，从而支持增加监禁率。如果是这样，那么我们应该拥护监狱和刑事司法部门的其他措施；如果我们真的这样做了，那么这些政治家们就彻底失败了。

应对失败的另一种方法是查找失败的原因。这也是我们将要做的事情，但

---

① 戴维·加兰德：《惩罚与现代社会》，芝加哥：芝加哥大学出版社，1990年，第66、165页。

主要是为了表明他们不支持我们这样做。

一个众所周知的诊断是：我们的法律和法院太过仁慈，所以我们不能降低犯罪率。换句话说，我们没有降低犯罪率是由于我们还不够强硬。其他的原因则指向了现代生活的一些特征，如城市化和人口增长（尤其是 15 岁到 24 岁之间的犯罪多发年龄段的人数大量增加），这些因素对犯罪率的提高负有一定的责任。也就是说，刑事司法体系没有能够降低犯罪率，因为减少犯罪是不可能的。

接下来，如果我们更详细地来分析这些原因，就会发现这些原因也不能很好地解释为什么不能降低社会犯罪率。我们将用证据来支持我们能够降低犯罪率以及减轻犯罪造成的危害的论断。所以，"我们如何来理解在降低犯罪率方面的失败？"这个问题依然摆在我们面前。通过仔细分析这些原因和快速增加的关于有效减少犯罪的相关政策，我们就会发现失败是可以避免的。需要解释的不是不能够减少犯罪数量，而是不想减少。奇怪的是，这种矛盾的结果为我们指明了回答我们问题的方向。

毕竟，失败是旁观者的看法。如果一个选手想要赢得比赛，当他在比赛中最后一个冲过终点线时就失败了；如果这个选手想要失败，那么失败其实也是成功。这里的关键是如何理解刑事司法体系——政策和制度的失败可以为既得利益者服务并给他们带来成功。

如果我们认为刑事司法体系"确实要"减少犯罪，那么这是一个我们无法理解的非常糟糕的失败；如果我们认为刑事司法体系"不希望"减少犯罪，那么这样的体系就是非常成功的，只不过我们需要了解的是为什么刑事司法体系的目标不是减少犯罪。如果我们能理解这一点，那么这个体系的"失败"以及其顽固地拒绝执行能够抵消这方面"失败"的政策就变得完全可以理解了。换句话说，假设这个体系的目标是维持犯罪率而不是降低犯罪率，那么这个体系就变得很有意义了。

本章的其余部分将探讨控制犯罪失败的原因，并提供证据来支持我们提出的主张，即减少犯罪的措施确实存在，只不过我们未能实施。然后我们简单地介绍一下"得不偿失的胜利"的理论与卡伊·埃里克森和埃米尔·达克赫姆的犯罪学理论之间的关系，并指出这两种理论的相似性。本章最后用米歇尔·福柯著作中的一段话来结束，他的观点和本书中所叙述的观点大致相同，然后再讲述其他内容。

需要关注的三个方面，或如何才能降低犯罪率？

1965 年 7 月 23 日，美国总统林登·约翰逊签署了一项行政命令，准备建立总统执法和司法行政委员会来调查犯罪的原因和本质，归纳现有的刑事司法体系的知识，并提出建议来使刑事司法体系更好地面对自由社会中犯罪的挑战。早在 1967 年，该委员会就向总统提交了一份数据充分和许多建议的报告。该项报告发布以后的四十多年时间里，大量的资金投入到了社会犯罪控制的工作当中，而结果却是前面所讲述的惨淡的业绩。该委员会报告称，每年估计有超过 400 亿美元投入在国家、州和地方政府的警察、法院和惩教设施上，目的是打击犯罪。① 但自那时以来，暴力犯罪率从 1965 年的 2‰ 攀升至 2010 年的 4.04‰，财产犯罪率则从 22.49‰ 攀升至 29.42‰。② 截至 2007 年年底，每年向公众公开的关于这项打着"维护国内安宁"旗号的犯罪预防措施的成本投入超过了 2 270 亿美元，再加上刑事司法体系中 245 万雇员的开销。③ 根据司法统计部门的报道，如果把司法开销总额的增长幅度限定在 1982 年以来的通胀率（184%）水平上，那么，2003 年的司法经费支出大约为 657 亿美元。④ 因此，根据发生变化后的通货膨胀率，刑事司法体系的总支出大约是 1965 年以来的 3 倍，这还不包括每年有超过 100 亿美元的资金投在私人安保措施上，或者是门控社区的额外开销上。如果当局认为它是在投资犯罪控制项目，那么在花费同等资金的情况下，这个项目的投资是很难给人留下深刻印象的（在下述第 4 章中，我们将论述私人监狱和在刑事司法体系持续扩张过程中具有金融利益的刑事司法工业体系）。

面对持续增加的开销、人员、研究和知识，预防犯罪的成本在成倍地增加，这也是犯罪率没有显著下降的原因。下面有三个足够有说服力的理由可以让政治家们以"得不偿失的胜利"的理论为支撑进行深入思考，这也是我

---

① 《挑战》，第 35 页。
② 2003 年资料，表 3.106；2010 年《统一犯罪报告》，表 1。
③ 司法统计局：《2007 年美国司法开支与就业统计》，NCJ 231540，2010 年 9 月，表 1 和表 2。
④ 司法统计局：《2003 年美国司法开支与就业统计》，NCJ 212260，2006 年 4 月，第 3 页。

们给他们提出的建议。

（一）我们太仁慈

一个原因是我们对待犯罪行为太仁慈。[①] 这一观点在非专业人士（2003年的民意调查发现，有65%的被调查者认为法院还不够严厉）和刑事司法政策的保守批评者当中普遍流行。例如，已故的欧内斯特·范登哈格认为，"非惩罚性"是导致社会犯罪率飙升的主要社会原因。[②] 这种观点很难反驳，因为无论我们有多么严厉，人们总是可以说，我们应该更严厉。然而，有证据表明美国的刑事政策已越来越严厉，比如从1970年代开始进行的"法律与秩序"运动到"对犯罪的战争"、"对毒品的战争"，以及其他严厉打击犯罪的措施等。上面提到的证据表明，即使刑事政策严厉了，但犯罪预防的效果仍然不是太好，因此，可能会有一些易导致犯罪发生的因素存在。

此外，通过国家之间的比较也不能认定美国在打击犯罪的任何一方面是软弱的和仁慈的，比如既不在法律所涵盖的行为范围内（特别是吸毒和卖淫），也不在有可能被逮捕、被指控、被定罪、被判刑的热点问题上，更不在执行刑罚的过程当中，甚至也不在有可能被假释和缓刑的撤销方面（尤其是在技术操作层面，而不是因为新的犯罪）。[③] 在2009年年底，美国的监禁率（包括监狱和看守所）是7.43‰，英国为1.55‰，德国为0.87‰，比利时为0.97‰，加拿大为1.17‰。[④] 在近期犯罪率下降的前后，通过与同等发达的欧洲国家甚至是我们北边的邻国相比，我们有更大比例的监禁人数没有被曝光。

[①] 在这个问题上，我们已经进行了充分的讨论，具体参见维克多·卡普勒、马克·布隆伯格、加里·波特的《犯罪和刑事司法的神话》，第3版，伊利诺伊州展望高地：威武兰出版社，2000年，第72、257页。

[②] 希瑟·梅森基弗：《公众对司法系统的看法：公平，但还是太仁慈》，载《盖洛普民意调查》，2004年2月3日。网址：http://www.gallup.com/poll/10474/Public-Justice-System-FairSttll-Too-Soft.aspx。欧内斯特·范登哈格：《当罪犯逍遥法外时：比犯罪更严重》，载《国家评论》，1992年1月20日，第50页。

[③] 詹姆斯·林奇、威廉·亚历克斯·普赖德莫尔：《国际视野的犯罪》，见詹姆斯·威尔逊和琼·皮特西里亚编译的《犯罪与公共政策》，牛津：牛津大学出版社，2010年。

[④] 国际监狱研究中心，http://www.prisonstudies.org/info/worldbrief/wpb_stats.php。英国的数字是从2011年开始统计的，并不包括未成年人或那些在移民拘留中心关押的罪犯；德国是从2011年开始统计的；比利时是从2010年开始的；加拿大则是从2009年开始的。

研究表明，通过与我们的高犯罪率相比，甚至与我们的致命暴力犯罪水平（被认为是西方国家中最高的）相比，我们的监禁率与其他国家没有太大差别。① 虽然所有的国家都在严厉惩罚暴力犯罪行为，牛津大学出版社出版的《犯罪与公共政策》一书指出，娱乐性毒品的使用是否被认定为犯罪还未形成道德共识，因此"《禁毒法》的制定和实施只能作为决策因素，而不是必要条件"。② 美国并不是把持有毒品和销售毒品确定为犯罪的唯一国家，但美国更有可能使用监禁手段，美国关于毒品案件的监禁率是 67%，其次是荷兰，其毒品案件的监禁率为 46%，瑞士为 38%。美国关于毒品犯罪的监禁刑期也较长（平均为 23 个月），是位居第二的国家的 2 倍。③

这样的政策决定与葡萄牙刚好相反。葡萄牙在 2001 年把持有所有毒品的行为都合法化，并被视为个人使用。④ 2003 年，加拿大把持有少量大麻的行为合法化，并开始接受为大剂量毒品使用者设置"安全注射中心"。⑤ 为应对政府的挑战，加拿大最高法院一致裁定，认为注射屋项目应该保持开放，"注射屋起着挽救生命、改善健康并且不增加周边地区毒品使用率和犯罪率的作用"（这些信息由温哥华警方提供⑥）。

但是，即使我们的监禁率在整体犯罪率的基础上和其他国家相比具有相同的比例，这仍然表明，我们并不比其他国家更具有容忍度。当然，不容忽视的是我们是西方工业化国家中唯一拥有死刑判决的国家，更不要说（至 2005 年）我们是唯一对 18 周岁以下的未成年人执行刑罚的国家。截至 2010 年年底，州和联邦监狱总共关押了 3 158 名被判处死刑的囚犯，其中

---

① 詹姆斯·林奇、威廉·亚历克斯·普赖德莫尔：《国际视野的犯罪》，第 25 页。
② 同④，第 38 页。
③ 同①，第 38 页。
④ 凯特琳·休斯、亚历克斯·史蒂文：《从葡萄牙的非法毒品非犯罪化当中我们能学到什么?》，载《英国犯罪学杂志》，第 50 号，2010 年第 6 期。
⑤ 大卫·蒙哥马利：《哇！加拿大！大麻合法化。同性恋婚姻。和平。到底是怎么回事，嗯?》，载《华盛顿邮报》，2003 年 7 月 1 日，第 C01 版；迪尼·布朗：《对静脉吸毒者的容忍：温哥华在保护吸毒成瘾者，而不是惩罚他们》，载《华盛顿邮报》，2001 年 8 月 21 日，第 A01 版。
⑥ 加拿大（总检察长）诉 PHS 社区服务协会，2011 年 SCC44。网址：http://www.cbc.ca/news/canada/montreal/story/2011/09/29/bc-insite-supreme-court-rulingadvan-cer.html。

在这一年共执行了 46 名死囚的死刑。① 自美国最高法院于 1976 年恢复死刑判决以来，北卡罗来纳州在 2005 年 12 月 2 日进行了第 1 000 次死刑执行。与其他西方国家相比，美国是一个广泛使用终身监禁且没有假释可能性的国家。

最后需要指出的是，我们的监禁率不包括目前被执行缓刑和假释的人。如果把这些人也算作是被监禁的人，那么在 2010 年处于某种形式的惩教监督下的"成年人"数量将超过 700 万，也就是说，每 31 个美国成年人当中就有 1 个被判处监禁、缓刑或假释，占美国总人口的 3.2%。这意味着自 1980 年以来，被监禁的数量增加了近四倍，当时只有 184 万人处在惩教监督之下。② 几十年来，社会的高犯罪率和致命的暴力犯罪行为面对的是越来越严厉的刑事政策，以致犯罪学家形成了用严厉手段处理犯罪的态度，这种处理犯罪的态度作为保守的社会经验已经被证明是失败的。③

（二）现代生活的附属品

另一个理由是，在任何一个复杂的、人口众多的工业化社会里，犯罪都是一种无法回避的附属品。当社会变得更复杂、人口更多、工业化程度更高，尤其是城市化程度更高时，将有更多的犯罪是不可避免的，就如同有更多的腐败和交通拥堵一样，这些都是现代生活的成本；且现代生活给人们带来的好处比比皆是并明显超过成本，所以，除了死亡和税收，犯罪也是生活成本的一部分。我们可以打击和预防犯罪，但是不能完全消除犯罪，所以我们不应该为了犯罪而绞尽脑汁。

这似乎是消极的解释。此外，一个被忽略的事实是，其他复杂、人口众多、高度工业化和技术先进的国家的犯罪率比我国的犯罪率低得多，比如日本。日本的人口比美国人口的一半还要少，其国土面积还不到美国国土面积的 4%。在 2008 年，日本每 10 万人中有 1 297 名杀人犯和大约 28 起暴力犯

---

① 司法统计局：《死刑，21009——统计表》，NCJ236510，2011 年 12 月，第 1 页。
② 司法统计局：《2010 年美国的矫正人口》，NCJ236319，2011 年 12 月，表 1；原始资料，表 6.1.2009；2010 年美国皮尤研究中心：《三十一分之一：美国矫正工作的长期性》。网址：http://www.pewcenteronthestates.org/report_detail.aspx?id=49382。
③ 埃利奥特·柯里：《面对犯罪：美国的挑战》，纽约：万神殿，1985 年，第 12 页；引自卡普勒等人的《犯罪和刑事司法的神话》，第 2 版，第 207 页。

罪，而美国每10万人中却有16 272名杀人犯和456起暴力犯罪；同一年，日本东京有1 290万人口，记录在案的有129起凶杀案，而整个德克萨斯州有2 430万人口（几乎是东京人口的2倍）和1 374起凶杀案（超过整个日本的凶杀案数量）。[1] 在2004年，美国的凶杀比例为每10万人中5.6起，日本的凶杀比例为每10万人中有0.5起，肯尼亚为每10万人中有6.7起，瑞士为每10万人中有2.9起，丹麦为每10万人中有0.8起，法国每10万人中有为1.6起，加拿大为每10万人中有2.0起。[2] 埃利奥特·柯里梳理了世界各国的数据并指出，"即使是在发达的工业社会里，也存在着严重暴力犯罪水平的巨大差距"。他认为凶杀案的数据能够提供最可靠的比对，他说：

> 美国的暴力犯罪致死风险是仅次于其发达程度的工业化国家（加拿大）的2倍多，大约是欧盟平均水平的6倍。在2005年，美国的暴力犯罪致死风险是德国或澳大利亚的10倍，是英国的12倍……在美国，年龄在15～29岁的青少年由于故意暴力犯罪行为而死亡的概率是荷兰和丹麦的10倍，是挪威的16倍，是德国的25倍还多。事实上，暴力犯罪行为致死率对美国青年来说更接近于俄罗斯和拉美国家的水平，而不是其他工业国家。[3]

在我们这个现代化的、复杂的、人口众多的、城市化的国家里，"现代生活的成本"或"城市化进程"的因素也无法说清犯罪率之间存在的巨大差异。2010年，美国凶杀率的范围从新罕布什尔州的十万分之一到路易斯安那州的十万分之十一点二。[4] 1968年的《时代周刊》曾经报道：

> 在德克萨斯州，发生在家里的枪战和通过手枪离婚，导致每年有1 000起凶杀案，超过其他14个州的总和。休斯敦是美国的谋杀之都，每

---

[1] 《2011年日本统计年鉴》，表2-3，第39页；表25-2，第776页；2008年《统一犯罪报告》，表5。

[2] 联合国毒品与犯罪办公室：《2004年国际杀人案件统计》，第1~10页。网址：http://www.unodc.org/documents/data-and-anatysisIIHS-rates-05012009.pdf。所有数据来源于2004年或2005年联合国关于犯罪趋势和刑事司法系统运行的调查数据。

[3] 埃利奥特·柯里：《暴力行为与社会政策》，见沃尔特·迪凯西尔迪和莫里·德吉威茨主编的《批判犯罪学手册》，纽约：劳特利奇出版社，2012年，第466页。

[4] 《统一犯罪报告》，2007年，表4。

年平均有 244 起谋杀案，比英国还多（英国当时的人口超过 4 500 万）。①

截至 2010 年年底，德克萨斯州（1 249 起凶杀案）位居第二，领先于佛罗里达州和纽约州（分别为 866 起和 987 起凶杀案），位继加利福尼亚州（1 809 起）之后。休斯敦"谋杀之都"的名声已经去掉，2010 年，休斯敦报道了 269 起凶杀案，而纽约为 536 起，洛杉矶为 293 起，甚至底特律也为 310 起。②

这种变化不限于谋杀罪。针对（美国政府划分的）标准大都市统计区（由人口超过 5 万的核心城市以及周边的县市组成，具有大都市的一些特征）进行的暴力犯罪率和财产犯罪率的对比，揭示了犯罪率与人口规模之间没有必然的联系（我们可以采取合理的、粗略的都市化指数和现代化的其他标志，比如复杂程度和工业化程度，这些可以用来解释犯罪率的高低）。参见下表 1.1，表格当中有人口数量不同的大都市的犯罪率数据。

表 1.1　2010 年大都市人口和 FBI 统计的犯罪率

城　市	人口	暴力犯罪率（每 10 万人）	财产犯罪率（每 10 万人）
纽约市	11 678 308	496	1 659
德克萨斯州休斯敦市	5 978 213	620	3 944
亚利桑那州凤凰城	4 229 275	371	3 535
科罗拉多州丹佛市	2 555 601	337	2 771
马萨诸塞州波士顿	1 908 436	565	2 409
田纳西州孟菲斯	1 313 722	1 007	4 625
加利福尼亚州弗雷斯诺	926 736	537	4 251
堪萨斯州威奇托市	621 313	582	3 799
阿拉斯加州安克雷奇市	313 181	813	3 506
新墨西哥州法明顿市	126 955	646	2 193

资料来源：2010 年《统一犯罪报告》，表 6。

从另一方面来说，犯罪与死亡和税收同等重要，这是现代化和城市化不

---

① 引自泰勒和索迪主编的《暴力：美国生活的一个元素》，波士顿：霍尔布鲁克出版社，1972 年，第 49 页。
② 2010 年《统一犯罪报告》，表 5 和表 6。

可避免的附属品。但这样的理由也不能解释刑事司法体系打击犯罪失败的原因。即使死亡和税收是不可避免的（很不幸，不应该这样排序），但还是有一些过早死亡或死因可疑以及税收承担不均衡的情况发生。所有这些意外都是可以避免的，也是相对重要的，犯罪也一样；退一步说，即使犯罪在现代社会若是不可避免的，但在犯罪率和犯罪类型的变化上却是可以改变的，而且也是意义重大的。事实上，在现代化的城市和国家之间，犯罪率呈现的不同的结果证明了犯罪的严重程度并不是城市化造成的，或许还有其他原因可以解释这样的结果。这些差异表明，虽然有些罪行可能是城市化过程中不可避免的，但这也绝不是为失败的犯罪预防策略找借口，至少针对某些现代化城市甚至国家的低犯罪率是这样的。

（三）青少年是犯罪的主力军

第三个理由归因于青少年犯罪，尤其是 14~25 岁的青少年。这种理由的解释如下：在我们的社会当中，年轻人，尤其是男性，发现自己摆脱了童年无忧无虑的社会环境，进入到一个负有责任的、混乱的成年人社会里。成年人社会能够为精力充沛但还不成熟和不负责任的年轻人提供合理的发泄渠道来舒缓压力，但却没有有效的制度规范这些年轻人。因此，这些青少年通过模仿有男子汉气概来攻击社会，原因在于这个充满暴力的社会曾经恐吓和忽视了他们；再加上这个年龄段的人口快速增长，这样就为放弃犯罪预防和控制提供了另外一种解释：我们不能期望降低犯罪率，就如同我们不能消除青春期一样。我们可以打击犯罪，但是如果我们能够想出一个办法，即把每个人成长过程当中的青春期消除掉，那么犯罪就不会伴随着我们。

从犯罪数据统计来看，青少年确实占了很大的比例。1975 年，《时代周刊》曾经报道："全国 44% 的谋杀者是 25 岁以下（包括 25 岁）的青少年，10% 的谋杀者是 18 岁以下的青少年。在被逮捕的街头犯罪行为人当中（不包括谋杀者），年龄在 25 岁以下的占到了 75%，18 岁以下的占到了 45%。"[1] 在 2010 年，15~24 岁的青少年占国家总人口的 14%，他们占了所有犯罪者（被逮捕）的 39%。[2] 不过，把犯罪归因于青少年也存在许多问题，其中最重

---

[1] 《时代周刊》，1975 年 6 月 30 日，第 11 页。
[2] StatAbst – 2011，表 8，第 12 页；2010 年《统一犯罪报告》，从其表 38 中计算得出的数据。

要的问题是犯罪率的提高比青少年的绝对数量或青少年所占的人口比例增加更快。参见表1.2，表格中把1960—2010年的40年里的犯罪率和14~24岁的青少年人口比例作了比较。

表1.2　1960—2010年犯罪率与青少年人口比例

年份	暴力犯罪率（每10万人）	财产犯罪率（每10万人）	14~24岁人口比例（%）
1960	161	1 726	15.1
1970	364	3 621	19.9
1975	488	4 811	20.8
1980	597	5 353	20.4
1985	558	4 666	18.2
1990	730	5 073	16.2
1995	685	4 591	15.2
2000	507	3 618	15.4
2005	469	3 430	15.6
2010	404	2 942	14

资料来源：2003年原始资料，表3.106，第278~279页；2005年《统一犯罪报告》，表1；2010年《统一犯罪报告》，表1；StatAbst－2011，表8，第12页；StatAbst－2008，表7，第10页；StatAbst－2001，表11，第13页；StatAbst－1995，第17页；StatAbst－1992，第14－15页；StatAbst－1987，第14页。

需要注意的是，虽然犯罪率的升降和青少年的人口比例之间存在一定的关联，但也有重要的意见分歧：对青少年人口在总人口中所占的比例进行统计发现，2000年和1960年的数据差不多，但是2000年的青少年犯罪率却是1960年的近4倍。很明显，犯罪率的提高不能完全归因于青少年。同样的情形发生在1970年和1975年，当时青少年人口在总人口中的比例略有增加，但是犯罪率却迅速提高。或许还可以通过比较1980年和1990年的数据来证明这个观点，在1990年，青少年人口的比例比1980年下降了近4%，而犯罪率却显著提高。同一时期，15~24岁的青少年人口数量减少了566万，而犯罪人数的增加却超过了100万。[①] 国家犯罪受害调查委员会使用的数据也支持

---

① 1990年《统一犯罪报告》，第50页，表1；1985年《统一犯罪报告》，第41页，表1；StatAbst－1992，第14页，表12。

了同样的意见分歧结论。

更为重要的是，处于青少年人口下降时期的纽约正好也存在犯罪率迅速提高的情形；即便是现在犯罪率有所下降，但也不能回到1940年代的水平，当时16~24岁的青少年人口比例大约为14%，和现在的比例大致相当。[1]

我们不能否认大量的社会犯罪行为是由青少年实施的。然而，事实表明，尽管人们认为青少年人数对犯罪率有重要的影响，但也不能把罪责全部归因于青少年，或者另一个极端认为与青少年无关。青少年与老年人相比具有更高的犯罪率并不意味着青少年能够始终保持相同的犯罪率。当青少年人口数量下降时，社会犯罪率也下降，但与青少年人数的下降不成比例。当青少年人口数增加时，社会犯罪率会提高得更快。与青少年人数相比，如果犯罪率迅速提高或缓慢下降，那么青少年人数的增减也不能用来解释犯罪率的升降。如果15~24岁青少年的犯罪率有所变化，那么肯定不能用青少年人数来进行解释。其他原因相对于青少年相关的数据更能够解释为什么青少年与其他年龄段的人相比具有更高的犯罪率。[2]

在任何情况下，即使青少年犯罪的可能性大，也不能用来解释犯罪率的提高，至少对于青少年人数的增加（或急剧增加）来说是这样的。所以我们的另一个理由也不能成立。要得到刑事司法政策真正的目的从表面上来看是降低犯罪率这样一个观点，让我们看一下犯罪的根源和宏伟的犯罪预防计划。

犯罪的根源

柯里指出，在一个国家当中，大量的犯罪行为和暴力行为受社会政策的强烈影响，甚至由于社会政策的影响而大大缓解或急剧增加。一个社会犯罪率的水平代表了一种社会和政治的选择，而不是个人的选择，甚至也不是抽象的、凌驾于个人干预之上的纯客观力量运作的反应。总之，在很大程度上，是社会政策使周围的世界充满了暴力。[3]

---

[1]《纽约的严重犯罪率再次上升》，载《纽约时报》，1988年3月22日，第B1、B6版。
[2] 康克林通过研究还指出，在1901年和1970年之间的日本和苏格兰，年轻男性在总人口中的比例和杀人率之间并不存在相关性。康克林：《犯罪率为什么下降？》，第155页。
[3] 埃利奥特·柯里：《暴力行为与社会政策》，第466页。

我们同意这样的观点,并认为美国的犯罪率居高不下,主要应该归因于美国对待犯罪根源的政策。请注意,我们这里所说的根源不是指犯罪的直接原因,因为犯罪的根源比起简单的因果关系来说更间接、更复杂。众所周知,贫困、贫民窟、失业是街头犯罪的根源,它们都是社会制度培育出的异化产物,它们阻碍了社会的健康发展。我们也知道有许多(不是大部分)贫困的、失业的贫民窟居民并不参与街头犯罪。然而,这样说也意味着我们并不知道贫穷和我们下面将要讨论的其他条件是暴力犯罪的根源,就如同我们说我们不知道射中头部的子弹是致命的一样,因为有幸存者,或者是因为我们不能完全理解受伤导致生命终结的生理过程。

(一)贫困和不平等

对被逮捕的人数的统计显示,青少年占了很大一部分,但不包括所有阶层的青少年。虽然在被逮捕的中产阶级青少年中,有一部分被媒体报道,也有很大一部分未被报道,但暴力犯罪率起伏不定的状况主要是由城市贫困家庭的青少年占很大比例体现出来的。这一群体的收入非常低,失业率徘徊在25%左右,未充分就业率(失业、兼职或低工资工作的人所占的百分比)仍然很高。这是一群没有现实机会(除特殊个体以外对任何人而言都有的机会)的人,他们没有机会通过进入大学或积累大量资金(通过合法途径)来开创一番事业,或进入到高薪水、技术含量较高的行业。贫穷虽然是犯罪的源头之一,但政府几乎没有为城市中的大量贫困人口提供任何改善生活的机会。他们和以往一样贫穷,并面临着削减福利和其他服务的处境。

贫穷是犯罪的根源并没有被日益增多的白领犯罪所否定,我们将在后面论述白领犯罪。事实上,由贫穷导致的犯罪主要是出于需要的动机,而由富裕导致的犯罪主要是出于贪婪的动机。犯罪学家约翰·布雷斯韦特认为,经济上的不平等本身就能促使穷人和富人实施犯罪行为:它一方面增加了富人犯罪的机会,但却降低了富人被追究刑事责任的可能性;而另一方面增加了穷人的羞耻感,因为穷人被"美好生活"的景象所诱惑,从而感到有责任因为他们的贫穷而去获取财富。[1] 最近几年,社会经济上的不平等尤为严重。

---

[1] 约翰·布雷斯韦特:《贫穷、权力与白领犯罪》,见基普·斯莱格尔和大卫·韦斯伯德主编的《再论白领犯罪》,波士顿:东北大学出版社,1992年,第78~107页。

在上世纪 80 年代和 90 年代之间，美国贫富差距非常严重。1970 年，20% 的最穷困家庭的收入只占国家总收入的 5.5%，而 20% 的最富裕家庭的收入却占国家总收入的 41.6%。到 2010 年，20% 的最穷困家庭的收入比重下降了 3.3%，但同时，20% 的最富裕家庭的收入比重上却升了 50.2%。从 1980 年到 2010 年这一段时间里，5% 的最富裕家庭的收入比重从 14.6% 上升到了 21.3%。2010 年，被美国官方确定为贫困人口的数量为 4 620 万人（大约每 8 个美国人中就有 1 个属于贫困人口），1990 年为 3 010 万人，1980 年为 2 520 万人[1]（根据美国人口普查局的统计数据，2010 年公布的贫困人口数字是自 1952 年以来已公布的贫困人口数字当中最多的一年[2]）。截至 2010 年年底，22% 的美国人口生活在贫困之中。2009 年，大约有 36% 的黑人儿童和 33% 的拉美裔儿童生活在贫困线以下的家庭里，而白人儿童的相应比重只有 12%。

由于放松金融管制的激进政策导致了 2008 年爆发了严重的金融危机，所以贫富差距进一步拉大。另外，削减对穷人的福利而降低富人的税收这样的政策，毫无疑问将导致贫富差距进一步拉大。1982 年，由 34 名著名经济学家组成的团队尖锐地批评了里根总统的经济政策，认为这样的政策给整个社会造成了严重的经济衰退，并导致在中产阶级、穷人以及富人之间的财富与权力的重新分配，甚至将更多的税收从商业领域转移到中低收入的消费者身上。[3] 与此同时，城市研究院公布的一份研究报告指出，"里根政府的政策不但以牺牲穷人利益为代价来帮助富人，而且还进一步扩大了贫困地区和富裕地区的差距"。[4] 这项研究报告还指出，"政府的税收和削减社会福利的政策所产生的综合效应是对处于贫困线附近的接受社会福利的工薪家庭的惩

---

[1] StatAbst-2004-5，表 672，第 447 页；StatAbst-1972，表 528，第 324 页；卡门·德纳瓦斯-沃尔特、伯纳黛特·普洛克特、杰西卡·史密斯，以及美国人口普查局：《人口现状报告》，第 60~239 页；《2010 年美国的收入、贫困和医疗保险覆盖面》，华盛顿特区：美国政府印刷局，2011 年。

[2] 《2010 年美国的收入、贫困和医疗保险覆盖面》，第 14 页；哥伦比亚大学国家贫困儿童中心：《美国的贫困儿童是些什么人？》，2011 年 3 月，第 4 页。网址：http://www.nccp.org/publications/pdf/text_1001.pdf。

[3] 《华盛顿邮报》，1982 年 9 月 6 日，第 2 页。

[4] 同[3]，1982 年 9 月 14 日，第 1、4 页。

罚……并创建了不利于经济发展的工作环境"。

美国总统乔治·布什推行的减税政策具有同样的社会效果,因为有25%的税收进入到了收入最高的1%的富人手里,同时大约有50%的税收进入到了收入最高的10%的富人手里。在1979年至2001年之间,美国国会预算办公室和无党派预算与政策研究中心的数据显示:

> 排除通货膨胀因素的影响,美国1%的最富裕家庭的税后平均收入上涨了40.9万美元,或者说增长了139%。在过去22年的时间里,20%的中产阶级人口的平均收入缩减了6 300美元,或者说降低了17%。另外,20%的低收入人口的平均收入缩减了1 100美元,或者说降低了8%。[①]

此外,在过去几十年里,失业率忽高忽低,而社会底层的失业率仍然高于全国平均水平。例如,在过去45年中,黑人失业率一直是白人失业率的两倍多。在1967年,有3.4%的白人失业,而黑人的失业率为7.4%。到2011年,8%的白人失业,而黑人的比例则达到16.7%。在16~19岁的犯罪多发年龄人群当中,12%的白人青少年和46.5%的黑人青少年(几乎接近一半)没有工作。[②]

在美国,贫穷和不平等表现得最为明显的另一个方面是有关财富的分配,即个人的总资产减去债务所剩的价值,这也是每一个人积累一生的财富。爱德华·沃尔夫指出:

> 上世纪30年代至70年代均衡发展的趋势,在80年代发生了急剧的逆转。现在的贫富差距比1929年以来的任何时候都要大。自70年代末以来,不平等现象加剧,与曾被视为欧洲西北部的阶级分化社会相比,美国的财富分配更不平等。[③]

---

① 大卫·朱利安、伊萨克·夏皮罗:《研究揭示了政府减税政策的影响》,美国政策与预算优先中心,2004年。网址:http://www.cbpp.org/cms/index.cfm? fa = view&id = 2116。
② 美国劳工统计局:《与种族、性别和年龄有关的民用非机构人口的就业状况》,2011年8月的数据。网址:http://www.bls.gov/news.release/empsit.t02.htm。见《海湾种族:黑人的希望——1968年提出的肯纳报告主要是无法实现的目标》,载《华尔街日报》,1988年2月26日,第1、9页;《今天的当地人》,载《时代周刊》,1986年12月1日,第26~29页。
③ 爱德华·沃尔夫:《头重脚轻:美国财富不平等现象日益严重的研究》,纽约:二十世纪基金出版社,1995年,第2页。

2007 年的数据显示，美国最富有的 1% 的家庭拥有 33.8% 的美国财富，次富裕的 10% 的家庭拥有另外的 37.7% 的财富，而 50% 的贫困人口只拥有 2.5% 的财富。这些数字还是保守的，因为这些被调查的对象不包括福布斯榜公布的最富有的 400 个美国人。在 2007 年，福布斯榜统计的这 400 个富人的财富至少为 13 亿美元，他们拥有的财富占国家总财富的 2.3%。①

这一结论得到了"收入流动性"研究项目的支持，这一研究项目的目的是确定阶层流动和财富分配的最重要的因素。芝加哥联邦储备银行的经济学家指出，"收入流动性在过去的 20 年里有所下降"。一篇题为《美国梦的实现遭遇一个瓶颈》的文章指出，"大多数美国人并不相信阶层流动性有所下降，同时学术研究也表明，美国的收入流动性确实不比法国和英国好"。②《纽约时报》关于阶层流动性的连续报道揭示了同样的状况，并恰当地总结为"流动性肯定会发生，只不过没有我们之前想象的那样迅速而已"。③

约翰·罗尔斯——已故的哈佛大学道德与政治哲学家，被人们称为 20 世纪的约翰·斯图亚特·穆勒，在他的重要著作《公平的正义》一书中讨论了一种社会制度，他称这种制度为福利国家资本主义。在福利国家资本主义中，财富与收入存在着极大的不平等，而且这种制度对穷人来说只是一个最低限度的"安全网"——只保证为他们提供基本的物质需求，除此之外没有任何福利。罗尔斯认为，在资本主义福利国家中，有可能培养出气馁和沮丧的社会底层群体，而这个群体将长期依赖福利。这个群体的某些成员会感到被社会遗忘，甚至不参与任何公共政治活动。④

毫无疑问，罗尔斯描述的是美国社会。奇怪的是，为什么一个社会只为

---

① 阿瑟·肯尼克尔：《池塘和小溪：1989 年至 2007 年美国的财富与收入》。网址：http://www.federalreserve.gov/econresdata/scf/scf-workingpapers.htm。
② 大卫·弗朗西斯：《美国梦更加边缘化》，载《基督教科学箴言报》，2005 年 5 月 23 日。网址：http://www.csmonitor.com/2005/0523/p17s01-cogn.html。格雷格·巴拉克、保罗·雷顿：《阶层、种族、性别与犯罪问题》，第 3 版，马里兰州：菲尔德出版社，2010 年。
③ 珍妮·斯科特、大卫·伦哈德：《美国的阶层仍存在明显的界限》，载《纽约时报》，2005 年 5 月 15 日，第 A1 版。
④ 约翰·罗尔斯：《公平的正义》，第 146 页。

最贫穷的社会成员提供最基本的生活必需品（最多也就这么多!）?① 为什么这些贫穷的社会成员会实施犯罪行为? 罗尔斯的分析告诉我们, 经济上的不平等可能导致犯罪行为的发生, 且不能认为实施犯罪行为是出于简单的物质需要, 而是由于贫困阶层感到他们被社会所"冷落", 因而对这个社会不太忠诚甚至背叛。

美国罗格斯大学刑事法学教授托德·克利尔提议:"让我们开始投资那些真正能够减少犯罪行为发生的事情, 比如为年轻的父母及他们的孩子们提供一个好的学校、工作以及一个好的未来。"② 为什么我们不去做呢?

(二) 监狱

我们知道, 监狱制造的罪犯比它改造的罪犯要多。早在1973年, 国家刑事司法准则和目标咨询委员会就建议取消修建新的成人监狱。因为监狱、少年管教所和拘留所空有一个头衔, 有大量证据表明, 这些机构在制造犯罪而不是在预防犯罪。③ 我国建造了大量的监狱, 目前关押在全国监狱和看守所里的罪犯当中有超过70%的人不是第一次犯罪。司法统计部门的最新研究表明, 在1994年释放的罪犯当中, 有67.5%的人在接下来的三年之内由于实施更严重的犯罪行为或严重不端行为而再次被捕, 其中52%的被捕者再次被送进监狱。④ 皮尤慈善信托基金会发起的一项研究主要针对1999年和2004年释放的罪犯进行为期三年的跟踪调查, 它的研究方法与司法统计部门的研究方法虽略有不同, 但得出的结论完全一致: 再犯罪率一直保持稳定态势。⑤ 研究认为, 继续加强对罪犯的关押⑥是一个可以预见的趋势, 而不是为罪犯提供有意

---

① 美国最全面的健康体检调查发现, 有1 000万美国人受到饥饿的困扰, 其中包括400万儿童。参见阿莱莫的《美国的粮食紧缺: 第三次全国健康和营养调查结果 (NHANES III)》, 载《美国公共卫生杂志》, 1998年第3期, 第88卷, 第419~426页。
② 托德·克利尔:《越严厉越愚蠢》, 载《纽约时报》, 1993年12月4日, 第21页。
③ 米歇尔·亚历山大:《新吉姆克劳》, 纽约: 新媒体出版社, 2011年, 第8页。
④ 司法统计局:《1994年刑满释放的累犯》, NCJ193427, 2002年6月, 第1页。
⑤ 美国皮尤州务中心:《累犯的状态: 美国监狱的旋转门》, 华盛顿特区: 皮尤慈善信托基金会, 2011年, 第2页。
⑥ "关押"是一种特定的监禁风格, 意味着将犯罪分子关押在监狱里面, 从而让他们离开街头, 但是却没有使他们改过自新。见约翰·欧文:《仓储监狱》, 牛津: 牛津大学出版社, 2007年。

义的改造措施或帮助他们能够尽快地融入社会。事实上，除了给罪犯们提供在社会上需要的谋生技能以外，监狱似乎什么事都能做。监狱剥夺了罪犯们的自主权和隐私权，罪犯们甚至会受到侮辱和暴力行为，这些都是监狱里罪犯受到的常规惩罚方式，而且这些方式由于监狱人满为患而进一步加剧。截至2010年年底，有20个州的监狱系统已经超出了它们的承载能力，联邦监狱系统也已经超出了其能力的36%。[1] 一项对于中西部4个州的监狱进行的调查研究发现，大约有20%的男性囚犯在监禁期间感受到巨大的压力或受到强迫性事件的袭击，其中大约有9%的男性囚犯声称他们曾经被强奸过。[2]

罗伯特·约翰逊和汉斯·托克在《监禁的痛苦》一书中描述了一个可以预见的结果：监狱的幸存者变得更强硬、更加好斗，甚至不能感受到他们自己和其他人的情感状态，而监狱里的弱势群体却变得越来越脆弱、敏感，不能控制他们自己的生活。[3] 因此，无论在监狱内外，囚犯们都被剥夺了参加培训的机会，甚至剥夺了用竞争和建设性的方式来处理日常问题的能力。拘留国际组织（前身为阻止囚犯被强奸的组织）报道称："一旦发生强奸行为，会给被强奸的男性囚犯留下心理创伤，并使这些囚犯习惯以暴力行为方式继续加害其他囚犯；囚犯们所积累的愤怒情感一直被压抑，当这些囚犯被释放以后，就更有可能具有反社会的暴力行为。"[4] 人权观察组织的一篇标题为《无处可逃：美国监狱的男性强奸与被强奸》的文章称："许多囚犯认为，避免重复性虐待的唯一方法是进行猛烈的反击。"该报道援引一位监狱强奸受害者的话说："一旦你成为被侵害的目标，其他囚犯就开始剥夺你的权利。"[5] 这样看来，与囚犯进入监狱之前的社会相比，监狱更是一个容易让他们受到伤害的地方。

这些罪犯们离开监狱以后还背负着监狱的耻辱记录，甚至没有任何谋生

---

[1] 司法统计局：《2010年囚犯》，附录表23。
[2] 斯塔克曼－约翰逊、辛迪、大卫·斯塔克曼－约翰逊：《性胁迫概率》，见中西部七所男性监狱的《监狱学刊》，2000年第4期，第80卷，第379~390页。
[3] 罗伯特·约翰逊、汉斯·托克：《导论》，见罗伯特·约翰逊、汉斯·托克主编的《监禁的痛苦》，加利福尼亚比佛利山：赛奇出版社，1982年，第19~20页。
[4] 拘留国际组织：《囚犯强奸概览》。网址：http://justdetention.org/en/fact_sheets.aspx。
[5] 人权观察组织：《无处可逃：美国监狱的男性强奸与被强奸》。网址：www.hrw.org/reports/2001/prison（不再适用）。

技能，所以能够找到一份工作非常不容易。这些影响对美国的不同群体来说也不一样。《恶意忽视：美国的种族、犯罪和惩罚》一书的作者迈克尔·汤瑞认为，"由于这些监禁污点对许多黑人青年的影响，使黑人家庭被美国的刑事法律进一步忽视了，对于黑人青年来说，能够接受教育和找到一份好工作非常困难"。汤瑞教授在2007年美国犯罪学学会做主席致辞时进一步说："如果美国刑事司法体系的目的是降低黑人男子获得体面生活的机会，或者是降低黑人男子顺利结婚并成为一个好爸爸的机会，或者是降低其融入社会并具有亲社会价值观的机会，那么它就不会把这些事情做得更好。"[①] 此外，"量刑项目"的一份研究表明，数量庞大的非洲裔美国人（这些人被判定犯了重罪，因此剥夺了他们的投票权）对黑人社区参与政治进程的能力有深刻的负面影响。[②]

由于最近监狱人数的大量增加主要是贫民区的黑人男性造成的，而这些黑人在被逮捕和监禁之前曾参与家庭活动以及至少从事合法的兼职工作，所以一些社会学家开始研究监禁造成的社会影响，比如大量监禁正在破坏黑人家庭和其他社会机构，正在剥夺黑人孩子们的父亲的榜样以及作为妻子的丈夫的家庭经济支撑能力。犯罪学家们通过一些证据证明，大量监禁可能会弱化贫民区的非正式社会控制机构，且从长远来看，会导致犯罪率的进一步上升。其他争论则认为，过高的监禁率可能会弱化罪犯的耻辱感，因此也会削减监禁的威慑价值。另外，监禁还可能会强化监狱帮派和街头罪犯之间的关系。[③]

如果我们知道我国的监狱系统（包括我们不能为有犯罪前科的罪犯在释放后提供一个有价值的非刑事替代措施）是犯罪的源头之一，那么我们能否真正地采取行动？难道我们真的应该假装我们不知道为什么之前的罪犯出狱后会再次犯罪？累犯之所以会发生，是因为之前的罪犯忘记了他们的"母

---

① 迈克尔·汤瑞：《犯罪与人权》，第24页。
② 福克斯·菲尔德：《更多的黑人在二十多岁的时候就触犯了法律》，载《纽约时报》，1995年10月5日，第A18版；皮埃尔·托马斯：《研究表明黑人男性监禁率严重影响政治过程》，载《华盛顿邮报》，1997年1月30日，第A3版；杰弗里·雷曼：《自由党和共和党反对剥夺罪犯的选举权》，载《刑事司法伦理》，2005年第1期，第24卷，第3~18页。
③ 约翰·康克林：《犯罪率为什么下降？》，第83~84页。托德·克利尔：《监禁社区：大规模监禁如何使处于不利地位的社区更糟糕》，牛津：牛津大学出版社，2009年。

校"。事实上，如果监狱要阻止累犯的发生，一个值得期待的措施是对释放的刑满人员进行威慑，因为对有犯罪前科的人来说，他们对监狱的惩罚与剥夺的感受比其他人更真实。因此，对于监狱准备为它的"毕业生"提供再犯的机会来说，累犯是一个双重痛苦的见证。然而，我们根本没有改变监狱的性质或为刑满释放的人提供切实有效的服务措施。

小布什总统在2004年发表的国情咨文演讲中提到美国每年有60万刑满释放人员被释放到社会当中，这似乎表明他至少理解一部分累犯问题。他说："长期的经验告诉我们，如果这些刑满释放人员在社会上找不到工作，没有家庭或者得不到帮助，那么他们就会去实施更多的犯罪行为，并再次回到监狱。"2008年4月，《第二次机会法案》最终成为法律，并经过授权在接下来的4年时间里共获得4亿美元的财政支持。当把这些钱平均分给将要在4年时间里被释放的240万名刑满释放人员时，每个人大约是167美元。司法部2012年为这项法案通过的财政预算从每年1亿美元减少到每年的6 300万美元[1]，而为了节约监狱成本，越来越多的囚犯将被提前释放。这些都根本不足以确保美国是一个具有"第二次机会"的国家——当监狱的大门打开时，前面的道路应该是一条通往美好生活的道路。[2]

（三）枪支

许多人都知道"枪不会杀人，而是人杀人"，但是枪能够让人更容易地实施杀人行为，所以大量的民用枪支（尤其是手枪）是美国枪支凶杀案的原因。牛津大学出版社出版的《犯罪与公共安全政策》一书认为，美国的枪支凶杀率与其他工业化国家相比是非常高的。[3] 而且，使用枪支抢劫致人死亡的概率

---

[1] 司法政策研究所：《联邦的愚蠢》，2011年。网址：http://www.justicepoiicy.org/uploads/justicepolicy/documents/fy2012_congressional_budget-factsheet.pdf。

[2] 2004年1月21日，共和党全国委员会提供的美国国情咨文。网址：www.gop.com。国会预算办公室的预算估计，H. R. 1593 – 第110届国会（2007年）：2007年《第二次机会法案》。网址：http://www.govtrack.us/congress/bill.xpd？bill = hl10 – 1593&tab = reports（2008年10月19日访问）。

[3] 库克、菲利普、安东尼·布拉加、马克·摩尔：《枪支管制》，见詹姆斯·威尔逊和琼·皮特尔斯连编译的《犯罪与公共政策》，牛津：牛津大学出版社，2011年，第260～261页。

是使用刀具抢劫致人死亡的3倍,是使用其他武器抢劫致人死亡的10倍。像意大利和澳大利亚这样的国家与美国相比,其最终导致死亡的抢劫犯罪率要低得多。①

说到上世纪80年代末和90年代初暴力犯罪行为大量发生的现象时,加伦·温特穆特坦率地说:"截至1993年年底,美国所增加的所有凶杀案件都是由枪支造成的。"② 越来越多的凶杀案件都是由极具杀伤力的半自动手枪造成的(同一时期,左轮手枪造成的凶杀案件数量急剧下降)。医院称,受到枪伤的被害者数量在增加,从被害者身上取出的子弹数量也在增加。这种现象与手枪的生产趋势紧密相连。从80年代末开始,美国枪支制造商开始生产大容量、中等口径的半自动手枪,而且价格也很便宜。几乎所有的半自动手枪都是由加州南部的一小部分枪支制造商生产的。③

无党派国家研究委员会的一项研究表明,截至1999年年底,民用枪支的储存数量为2.58亿支,大约43%的美国家庭每家至少拥有一支。④ 哈佛大学公共卫生学院的研究人员估计,美国家庭私人拥有枪支的总数量在2.18~2.81亿支之间。他们指出,"在加拿大、新西兰、德国、法国和瑞士等国家,估计每100个人大约拥有25支手枪;而在美国,根据我们调查,估计每100个人至少拥有93支手枪"。⑤

约翰逊总统的预防犯罪委员会报告说,在1965年,5 600起凶杀案、3.47万起重度攻击行为以及6.84万宗持械抢劫案件都是利用枪支实施的。在1960—1965年间被谋杀的278名执法人员中,只有10名犯罪分子不是利用枪

---

① 菲利普·库克、延斯·路德维希:《枪支暴力:真正的成本》,牛津:牛津大学出版社,2000年,第15、34、35页。
② 加伦·温特穆特:《枪支与枪支暴力》,见布隆斯腾、沃尔曼的《美国犯罪率下降了》,第52页。
③ 同②,第54~57页。
④ 国家研究委员会:《枪支与暴力:批判性的回顾》,加强对枪支的研究信息与数据的调查委员会,查尔斯·韦尔福德、约翰·派佩尔、卡罗尔·皮特里,以及法规及司法常任委员会、行为与社会科学和教育事业部,华盛顿特区:国家科学院出版社,2005年,第57~58页。
⑤ 赫伯恩、米勒、亚兹拉尔、海明威:《美国的枪支库存:2004年全国枪支调查结果》,载《伤害预防》,2007年第13期,第15~19页。研究人员指出,他们估算的数据不包括调查之前的3%的持枪人数,因为这些人平均每人持有的枪支超过25支。

支实施加害行为的。该委员会的结论是:

> 超过一半的故意杀人案件和武装抢劫案件,以及五分之一的重度攻击行为都是利用枪支实施的。要是没有有效的枪支管理法律,暴力犯罪行为和重度伤害行为比起其他的犯罪行为来说将很难减少。①

自该委员会提出警告以后,暴力犯罪形势又进一步恶化了。美国联邦调查局称:"在1975年,66%的谋杀者(15~19岁)是利用枪支作案的,而在1992年,这一比例上升至85%。数字的增长支持了一个观点,那就是现在的高中年龄段的青少年置身于能够接触到枪支的环境当中。"② 青少年司法与犯罪预防办公室称:"到1997年,15~24岁的青少年实施的凶杀案件率是十万分之十五点二,这一数字高于其他11个工业化国家的总和。另外,枪支是大约三分之二的谋杀者的首选武器。"③ 在2001年,小布什总统指出:"在美国,与导致死亡的所有自然因素相比,枪支更有可能让一个十几岁的青少年死亡"。④

疾病预防控制中心报告说:"在2009年,有31 228人死于枪口之下(包括自杀和意外事件)。另外,至少在2004年之前的40年时间里,交通事故和枪支是导致重伤和死亡的两大主要原因。"⑤ 枪支也给儿童造成了重大的伤亡。根据儿童保护基金会的一份报告,在1979—2003年之间,接近100万儿童被枪支杀害。⑥

面对这样的事实(很显然,当里根总统面对自己几乎被刺客射杀的事实时),当时的里根总统却拒绝支持任何试图控制手枪销售的立法。⑦ 他的继任

---

① 《挑战》,第239页。
② 1995年《统一犯罪报告》,第36页。
③ 青少年司法与犯罪预防办公室:《情况说明书》,1999年2月,第93期。网址:http://ojjdp. ncjrs. gov/ojstatbb/offenders/qa03l03. asp? qaDate = 2006。
④ 布什:《总统关于社区安全项目的谈话》。
⑤ 肯尼斯·基欧汉:《死亡:2009年的初步数据》,载《国家生命统计报告》,2011年第4期,第59卷,第20页。网址:http://www. cdc. gov/nchs/data/nvsr/nvsr59/nvsr 59_04. pdf。国家卫生统计中心:《1999—2005年间美国存在伤害致死犯罪的三大原因》,2008年5月。网址:http://www. cdc. gov/nchs/products/pubs/pubd/hestats/injury99-05/injury 99-05. htm。
⑥ 儿童保护基金会:《保护儿童,杜绝枪支》,2006年。网址:www. childrensdefense. org/child-research-data-publications/data/protect-children-not-guns-report-2006. pdf。
⑦ 1981年6月16日总统新闻发布会;《里根谴责控枪法案》,载《华盛顿邮报》,1983年5月7日,第A8版。

者乔治·W. 布什总统，也持同样的立场。[①] 1993年的感恩节，小布什总统的继任者比尔·克林顿签署了所谓的《布莱迪法案》，这一法案规定手枪销售必须一律等候5天，以便核查购枪者是否具有犯罪记录（美国各州做即时背景核查是不需要等待或设置"冷静期"的）。《布莱迪法案》把执行等候时间的权力留给了各州，甚至把借助警察来进行合理的背景调查的权力也留给了各州。然而，该法案没有为各州提供任何制裁措施，就其实质来看，只是为各州授予了提供资金进行核查的权力以及确定合理的核查方式的权力。[②] 从1994年开始，《布莱迪法案》正式生效。到2003年为止，共有110万份购买枪支的申请被拒绝。但是阿尔弗雷德·布鲁斯顿指出，"我们无从知道有多少购枪者最终从非正规渠道购买了枪支"。[③] 此外，虽然《布莱迪法案》禁止向有重罪前科的人销售枪支，但是这一规定不适用于私人卖家（只对经销商有效力）。而且，不幸的事实是（不同的研究表明），涉及枪支犯罪的被逮捕者中，只有大约1/2到3/4的人没有重罪前科。[④]

此外，许多州仍然存在较为宽松的枪支管控政策，其作用不言而喻。2008年，《华盛顿邮报》的一份报告指出，根据由超过300名美国市长组成的研究小组进行的研究，枪支管控比较宽松的州具有较高的手枪杀人率、致命的枪击警察行为以及大量的武器销售行为（用于在其他州实施犯罪）。进一步来说，几乎所有卷入犯罪的枪支，其最初的来源都是合法的。[⑤] 美国最高法院关于哥伦比亚特区诉黑勒案的判决（赋予个人拥有枪支权利的第二修正案

---

① "每当发生涉及枪支的犯罪，就会有各种各样的组织发表观点，其中的一些还非常具有说服力，认为应该禁止某些种类的枪支，但是我不赞同这样的观点。"乔治·W. 布什，引用乔治·维尔《玩枪》中的观点，载《新闻周刊》，1989年3月27日，第78页。
② 皮埃尔·汤玛斯：《〈布莱迪法案〉不包含处罚措施，也没有给各州资助任何资金》，载《华盛顿邮报》，1993年12月3日，第A3版。
③ 司法统计局：《2003年关于枪支转移的背景调查》，NCJ204428，2004年9月，第1页；布鲁斯顿：《美国暴力的兴衰》，第5页。
④ 劳伦斯·谢尔曼：《减少枪支暴力：该做什么，不该做什么？前景如何？》，载《国家司法研究所关于犯罪与司法的观点：1999—2000年系列讲座》，NCJ184245，2001年3月，第74页。
⑤ 谢丽尔·汤普森：《关于控枪法案与凶杀率和贩卖枪支之间关系的报告》，载《华盛顿邮报》，2008年12月5日，第A10版。

的解释）使得对枪支的监管更加困难。① 但是普遍禁止对枪支购买者的背景核查，以及禁止销售攻击性武器（快速攻击并携带大量弹药武器）都是不可能的。当我们的领导人反对枪支注册或反对枪支许可时，实际上就是放松了对枪支的销售和流动的管控，这样我们还能否相信我们的领导人是真心想要降低暴力犯罪率以及由此导致的伤亡，并将此作为一项国家政策来实施（许多人误以为普遍存在枪支注册和枪支许可行为，其实只有少数几个州在实施这项制度）？②

如果枪支不容易获得，暴力犯罪者将会使用其他武器来实施同样的犯罪行为或者给社会造成同样的破坏，我们会相信这一点吗？是否会有一种武器比手枪更迅捷并且允许它的使用者跟它保持一定的安全距离，甚至与犯罪行为实施者的体力（速度、勇气等）无关？一个银行抢劫犯能否用一把弹簧刀来控制一排出纳员，并使这些出纳员陷入绝境？研究表明，如果手枪使用者转向具第二杀伤力的致命武器——刀，并试图实施相同的犯罪行为，那我们肯定能够预测会减少三分之二的死亡率，因为刀造成的死亡率大约是枪造成的三分之一。换句话说，如果枪支被淘汰，而犯罪率保持不变，那么我们可以预计将挽救多达三分之二的枪支凶杀案的受害者。

（四）毒品

美国存在大量的毒品滥用和毒品成瘾问题。然而，有相当多的证据表明，如果我们试图去治愈毒品成瘾者，反而会使这一问题变得更糟（至少比问题本身更糟）。大部分人把毒品与犯罪联系在一起，主要是因为毒品成瘾者会实施偷盗或抢劫行为。但是毒品成瘾者实施偷盗或抢劫行为的原因却是毒品的费用太高。之所以毒品费用高，是因为在毒品交易链中的每一个人都需要有足够的利润来弥补他们被逮捕和关押的风险。大部分与毒品交易有关的暴力行为都是非法的，因为毒品交易掌握在犯罪团伙和犯罪组织的手中，而他们之间产生的纠纷不能通过市场规则或法律制度来解决。为了应对毒品问题，

---

① D. C. v Heller, 554 US 270（2008 年）。
② 《法律团体反对暴力》，载《美国更安全的模范法律》，2011 年。网址：http://www.lcav.org/publications-briefs/model-Laws/Model-Laws-for_a_Safer_America.pdf。

美国一直从事打击毒品犯罪的战争,并且消耗了数十亿美元的资金,监禁了数百万的毒品犯罪分子,但是对毒品问题的解决却没有起到任何作用。此外,与毒品有关的刑事犯罪削弱了公共卫生机构处理毒品成瘾的效果。保罗·戈尔茨坦对毒品与犯罪之间的关系进行了分类:

- **药理/心理后果**:犯罪活动是由毒品的化学物质作用于人的大脑而引起的。
- **经济原因/强迫犯罪**:吸毒者通过实施犯罪行为来获取金钱,以便能维持他们的吸毒习惯。
- **系统性犯罪**:暴力和腐败等犯罪活动是非法毒品交易的一部分,因为没有合理的监管措施以及缺少正式的纠纷解决机制。[①]

关于毒品的药理后果,阿尔弗雷德·布鲁斯顿说:"具有较强的药理作用的毒品是酒精……海洛因是镇静剂,所以海洛因的药理作用不强。并且,还没有证据能够证明其他严重的毒品对犯罪能产生强烈的药理作用,也没有一种物质能够和酒精相比,因为酒精对暴力行为具有较强的刺激作用。"[②] 五氯苯酚被证明是除了酒精以外能够对暴力行为产生药理作用的唯一毒品。大剂量的可卡因和甲基苯丙胺可能导致一些人精神病的发作,比如偏执症和妄想症等,当然也可能会诱发暴力行为的发生。

此外,与毒品的药理作用相比,对毒品成瘾者的定罪量刑可能会给人的健康造成更大的影响。例如,很少有证据能够证明海洛因是一种危险的毒品。詹姆斯·威尔逊是禁止海洛因和其他毒品的捍卫者,但他也承认:"很显然,到目前为止,还没有人由于使用海洛因而导致具体的病症,比如严重的疾病和生理的恶化等。"[③] 特罗伊·达斯特认为,"在1914年之前,任何人都可以进入药店购买海洛因和其他鸦片类药物,就跟我们今天购买阿司匹林一样,成千上万的正直的、守法的市民因此大呼过瘾"。[④] 但鸦片类药物成瘾本身却

---

① 布鲁斯顿:《犯罪率为什么下降——下降了吗?》,第13页。
② 《卡内基·梅隆大学教授阿尔弗雷德·布鲁斯顿的采访镜头》,载《执法新闻》,1995年4月30日,第422期,第11页。
③ 道格·班多:《毒品战争或美国的毒品战争?》,载《斯坦福法律和政策评估》,1991年,第246页。
④ 特罗伊·达斯特:《道德立法:法律、毒品与道德判断》,纽约:自由出版社,1970年,第3、7页。

并不是犯罪的原因，因为它只是一种镇静剂。[1] 阿诺德·特里贝奇说："毒品不会造成药理学上的影响，也不会造成生理和心理上的影响，所以不会促使吸毒者去犯罪。"[2] 以现有的科技水平来看，我们有充分的理由相信，抽烟、喝酒比使用海洛因更能让我们的身体受到致命的伤害。绝大多数与使用海洛因有关的身体伤害都有可能是停止使用海洛因后造成的，并且因为海洛因的数量本身就不多，它偶尔会出现缺货。像艾滋病和肝炎等这样的健康问题或多或少与毒品导致的犯罪行为有关。但把吸毒行为确定为犯罪以后，会阻碍公众健康机构有效地运作，比如清洁吸毒者使用的针具等。

四氢大麻酚是大麻中的活性成分，根据《大麻科学》的说法，它是一种非常安全的药物。[3] 1988年《外科医生的报告》指出，烟草是一种比大麻更危险的药物。[4] 美国缉毒局行政法官弗朗西斯·扬的调查结果认为，"尽管大麻的使用已经有5 000年的历史，另外还有数量庞大的社会吸食者，但是没有可靠的医疗报告来证明吸食大麻可能会导致死亡"。另外，也没有那么多的大麻可以让一个人去吸食从而导致其死亡。相比之下，每年由于阿司匹林过量使用而导致数百人死亡。[5] 警察基金会于2000年通过审查得出的结论是："依据危害的所有标准如死亡率、发病率、毒性大小、成瘾程度以及与犯罪有关的危害程度等来看，大麻比其他主要的非法药物的危害要小，甚至比酒精、烟草的危害都要小。"[6]

---

[1] 菲利普·布兰登：《毒品成瘾、犯罪与社会政策》，列克星敦：列克星敦出版社，1976年，第4~5页。

[2] 阿诺德·特里贝奇：《海洛因解决方案》，康涅狄格州纽黑文：耶鲁大学出版社，1982年，第246页。

[3] 莱斯利·艾弗森：《大麻科学》（第二版），牛津：牛津大学出版社，2008年，第58页。此外，"虽然有许多传言称，长期使用大麻会导致大脑不可逆转的损伤，但大量的科学研究未能证实这样的结论"。第167页。

[4] 马文·米勒：《大麻法律改革国家组织在由众议院毒品滥用和控制特别委员会举行的关于提议毒品合法化听证会上的证言》，1988年9月29日，第19页。

[5] 美国司法部缉毒局：《意见和建议的裁决》、《事实认定书》、《行政法官弗朗西斯·扬的决定和法律结论》、《关于大麻延期请愿》，第86~22号文案，1988年9月6日，第56~57页。网址：www.ukcia.org/pollaw/lawlibrary/young.php。

[6] 艾弗森：《大麻科学》，第186页。

特里贝奇指出,虽然联邦当局 1985 年记录在案的与当时最常使用的非法毒品有关的死亡数字是 2 177 名,但在同一年,酒精和烟草导致的死亡数字却是大约在 40 万~50 万之间。① 佛罗里达州在 2007 年进行的尸体解剖研究表明:"可卡因、海洛因以及甲基苯丙胺共导致 989 人死亡,而合法的其他类药物,如众所周知的强力止痛药维柯丁和奥施康定,共导致了 2 328 人死亡。"但是大麻却没有造成任何死亡。② 道格·班多——里根总统的高级顾问和美国卡托研究所研究员,他认为所有的非法毒品共造成了大约 5 000 人死亡,其中的大部分人是由于毒品被禁的负效应导致的,而不是毒品的药理作用造成的。③

一些人认为,毒品(尤其是海洛因和晶体状可卡因)的罪恶主要在于能够使人上瘾,因为致人成瘾是一件不好的事情,即使成瘾物质本身没有害处;一个人被化学物质奴役的形象是丑陋的,也是令人反感的。另外,人类的尊严在于有能力掌控自己的命运,这些都是不可否认的事实。然而,即便假设我们同意预防毒品导致的上瘾是件非常有意义的事,但由于某个人使用了能够导致上瘾的物质,那我们就应该通过监禁来惩罚这个人?或者用一种非理性的方式来表达对毒品成瘾者的关注?另外,用前后不一致的政策来对待容易使人们上瘾的其他嗜好,会不会把某些人变成伪君子?吸烟与吸食海洛因虽不同,但是却都能够提高癌症和心脏病的发病率。根据外科医师埃弗里特·库普的说法,尼古丁的成瘾性与海洛因差不多,却比可卡因更容易上瘾。再有,新吸食者更容易上瘾,而且一旦上瘾就很难戒掉。④ 美国大约有 1 500

---

① 阿诺德·特里贝奇:《众议院毒品滥用和控制特别委员会举行的关于提议毒品合法化听证会上的证词》,1988 年 9 月 29 日,华盛顿特区:美国政府印刷局,1988 年,第 11~12 页。
② 达米恩·凯夫:《合法药物杀死的人数远远超过非法行为——佛罗里达的说法》,载《纽约时报》,2008 年 6 月 14 日。网址:http://www.nytimes.com/200B/06/14/us/14jlorida.html。
③ 道格·班多:《毒品战争或美国的毒品战争?》,载《斯坦福法律和政策评估》,1991 年,第 3 期,第 245 页。
④ 外科医师埃弗里特·库普:《香烟和可卡因能让人上瘾的报告》,见道格·班多的《毒品战争或美国的毒品战争?》,第 249 页。

万酗酒者通过吸收酒精的方式来生活并最终走向坟墓。①

前华盛顿特区警察总监莫里斯·特纳解释了财产犯罪与毒品的关系：

> 如果你看到一个吸毒者正在进行戒毒，那么他一定处于痛苦之中……当他们吸毒成瘾时，他们每天需要100美元至120美元的支出。当他们养成这样的习惯时，他们将不得不去实施偷窃行为，而且偷窃的钱财大约是这个数字的6倍（因为在盗窃时财物不会被标上价格）。②

布鲁斯顿教授也同意这样的观点："你需要钱去购买毒品，而毒品的价格非常高，这就会激发出更大的作案动机去实施犯罪。"③ 对海洛因自身来说，其价格不会太高，而较高的毒品价格往往是由毒品的非法性导致的。一名吸食海洛因成瘾者每天要花费100美元或更多，而这些数量的海洛因完全可以通过合法生产来满足类似这批人的每天的需要，且成本不超过几毛钱。然而，一旦销售或藏有海洛因被定为严重的刑事犯罪时，各种不良后果就会随之而来。首先，海洛因的价格会上涨，因为海洛因销售者将面临严重的处罚，而需要者却非常迫切地想拥有。其次，毒品供应的数量（和质量）主要依赖于毒品代理商规避法律的程度。再次，吸毒成瘾者也不能保证未来有足够数量的毒品来供自己吸食，所以他们必须投入大量的精力和财力来获取。然而，他们也不太容易适应朝九晚五的工作时间，即使他们能够找到一份可以维持他们吸食毒品的工作。最后，获取毒品的所有困难加起来不仅对于毒品吸食者是一种激励，对销售者也是一种激励，因为这既能带来利润，而且也可以保证毒品供应相对稳定。因此，吸食毒品成瘾者会形成一种寻找和鼓励新吸食毒品者的动机。但是，如果毒品是合法的且价格低廉、容易获取的，那么就不会出现这些问题。

尽管我们的执法部门非常努力，但毒品使用从整体上来看仍很普遍，而且有可能增加。在这样的现实情况下，难道我们还会怀疑预防毒品危害的措施就是犯罪的原因之一吗？预防导致的结果是出现大规模的、持续性的抢劫

---

① "美国政府昨天报道，有史以来最大规模的毒品滥用研究显示，两种广泛使用的合法药物——酒精和镇静剂安定——应该为大量的与毒品相关的疾病承担责任。"斯图亚特·奥尔巴赫：《广泛滥用药物》，载《华盛顿邮报》，1976年7月9日，第A1版。
② 道格·班多：《毒品战争或美国的毒品战争？》，第250页。
③ 《卡内基·梅隆大学教授阿尔弗雷德·布鲁斯顿的采访镜头》，第11页。

和盗窃，而如果毒品合法化，这些行为都不会发生。安格林和斯佩卡特两位教授研究犯罪与毒品之间的关系后得出结论："至少在美国存在有力的证据表明，毒品成瘾与涉财犯罪之间具有很强的因果关系。"①

现在我们通过一些保守的假设来做个简单的算术题。假设有 50 万名吸毒者，每名吸毒者每天需要 100 美元；假设这些人每年只有 250 天吸毒（有时他们在监狱或医院）；假设他们只需要相当于平常一半的毒品数量。那么，他们必须偷大约三倍于毒品价值的财物，因为他们必须通过交易行为将这些财物转换成现金（这些保守的假设与美国的卫生、教育、福利部门在 1974 年做的一份报告有点相似，这份报告的题目是《毒品滥用的社会代价》，其中估计了海洛因成瘾者为了维持吸毒而不得不实施偷盗的涉案价值）。② 如果仔细计算，我们便可以得到下面的结论：50 万名吸毒者每年需要偷盗 187.5 亿美元的毒资来维持吸毒。这一数字超过了美国联邦调查局在 2010 年统计的关于财物犯罪导致的 157 亿美元的损失，③ 而且这一数字还不包括其他毒品上瘾者偷盗造成的损失，比如晶体状可卡因成瘾者等。

司法统计局的报告显示，在 2004 年，大约 1/6 的因犯（州监狱因犯的 17%，联邦监狱因犯的 18%）说他们犯下的罪行主要是为了获取钱财来支付毒资。④ 它通过对拘留所的罪犯进行统计发现，"大约有 25% 的财物犯罪分子和毒品犯罪分子通过实施偷盗财物来支付吸食毒品的费用，相比之下，暴力罪犯和公共秩序罪犯的比例在 10% 以下。"⑤ 如上文所述，海洛因的药理作用不可能导致犯罪的发生，仅仅是因为它非常昂贵和它是"非法"毒品，以及为了清除毒品的危害才导致财物犯罪的发生，而海洛因的毒瘾本身不是主要

---

① 道格拉斯·安格林、乔治·斯佩卡特：《毒品使用与犯罪：多重采样、多种分析方法》，载《犯罪学》，1988 年第 2 期，第 26 卷，第 226 页。
② 美国卫生、教育与社会福利部，公共卫生服务中心，国家酒精滥用与酒精中毒研究所，药物滥用防治专项行动办公室：《毒品滥用的社会代价》，华盛顿特区：美国政府印刷局，1974 年，第 20~21 页。
③ 2010 年《统一犯罪报告》。网址：http://wwwjbi.gov/about-us/cjis/ucr/crime-in-the-u.s/2010/crime-in-the-u.s.-2010/property-crime。
④ 司法统计局：《药物使用与依赖：2004 年州和联邦监狱》，NCJ213530，2006 年 10 月，第 1 页。
⑤ 司法统计局：《药物依赖、滥用与监狱因犯治疗（2002 年）》，NCJ209588，2005 年 7 月，第 7 页。

原因。这就是我们的司法体系坚决拒绝通过合法渠道向数量庞大的海洛因成瘾者提供海洛因的原因，但是这样一来，却最终导致从毒品的身体需要转向每年偷盗数十亿美元财产的物质需要。

这一结论有时也会被反驳。有研究显示，大部分具有毒瘾的刑事犯罪分子在他们上瘾之前就已经是刑事罪犯了。但是，安格林和斯佩卡特两位教授说："一些吸毒者在上瘾之前就参与财物犯罪活动，上瘾之后由于毒瘾导致的财物犯罪率也显著升高，由此可以看出，毒品使用的程度决定了财物犯罪率的高低。"① 因此，即便上瘾者之前就是刑事罪犯，但海洛因的成瘾性增加了这些罪犯需要偷盗财物的数量，并使这些罪犯继续走他们或她们的犯罪或卖淫道路。所以，海洛因的非法性是财物犯罪的一个原因之一，因为对于海洛因上瘾者来说，经济压力的加大迫使他们去偷盗更多或经常去偷。同样的道理也适用于其他非法的成瘾性毒品。

最后，大部分与毒品有关的暴力行为属于保罗·戈尔茨坦所说的第三个分类：系统性犯罪。在上世纪80年代末至90年代初，我们已经看到晶体状可卡因的交易与谋杀案件数量的增加具有关联性。② 毒贩所获得的大量现金与警务人员相对较低的工资成为腐败的诱因。在晶体状可卡因流行的高峰时期，《纽约时报》刊登的一篇文章指出："通过调查认为，目前在州和联邦法院里，每年有超过100例关于执法官员被指控或卷入毒品腐败的案件之中。"③ 美国海关总署内部事务助理专员威廉·格林说："毒贩提供的钱是如此之多，简直让人难以置信。"④ 莫伦委员会关于纽约警察腐败的报告指出，政府对整个警察部门的腐败"视而不见"，导致流氓警察大量增加，这些警察通常都是处理毒品案件和掠夺黑人以及西班牙裔社区官员的案件。⑤

---

① 安格林、斯佩卡特：《毒品使用与犯罪》，第197页。
② 《毒品战争将特区推向了杀人纪录的边缘：警方的努力付之东流，1988年的谋杀总数达到285例》，载《华盛顿邮报》，1988年10月26日，第A1版。
③ 《内部敌人：毒品资金正在腐蚀执法人员》，载《纽约时报》，1998年4月11日，第A1、A12版。网址：http://www.nytimes.com/19BB/04/11/us/enemy-within-drug-money-is-corrupting-theenforcers.html。
④ 同③。
⑤ 克利福德·克劳斯：《两年的腐败调查发现，纽约的警察部门存在"故意视而不见"的现象》，载《纽约时报》，1994年7月7日，第A1版。

美国审计总署通过审查发现，与毒品相关的腐败更有可能涉及多个官员，而不是个别官员。另外，通过审查与毒品有关的警察腐败时发现："值班人员更有可能从事严重的犯罪活动，比如：(1) 进行违宪搜查和扣押；(2) 窃取毒贩的金钱或毒品；(3) 销售被盗的毒品；(4) 保护毒品交易行为；(5) 提供虚假证言；(6) 提交虚假犯罪报告。"① 除此之外，还应该考虑边境管制人员的腐败以及一些军事官员参与拦截活动时的腐败。

对于海洛因，我们之前获得的经验毫无用处，因为我们曾经制定的对可卡因和晶体状可卡因的政策，产生了可以预见的结果，但是用同样的政策对海洛因却失败了。从1980年开始到现在为止，每克纯可卡因和海洛因的价格正在下降，这也意味着对于所有喧嚣的毒品战争以及对于监狱里面大量增加的毒品罪犯来说，都能保证有充足的供应。尽管自1971年以来美国发动了三次国际毒品战争，但全球非法鸦片产量从1971年的990吨上升到了1989年的4 200吨。另外，联合国的一份报告指出，"2007年，全球鸦片产量达到了1990年以来的最高点，为8 800吨"。② 由此可以看出，这是一次历史性的失败，很大程度上是因为美国徒劳地尝试向其他国家施加压力，以减少这些国家国内毒品的产量。当这样的压力发挥作用时，毒品生产只会转向别的地方；而当压力减轻时，又会卷土重来。

国家毒品预防政策办公室的数据显示，在上世纪90年代的整个10年时间里，海洛因成瘾者总共消耗了14吨海洛因，而在这段时间里，可卡因用户每年消耗的纯可卡因数量大约在270～450吨之间。③《华盛顿邮报》对2008年联合国开展的一项研究进行了回顾并指出："虽然国家耗资50亿美元来实施8年的毒品根除计划，但是在哥伦比亚仍有大片广袤的土地种植着古柯，古柯的叶子可用来制造可卡因。哥伦比亚的种植数量非常惊人。"通过对美国的毒品产量进行估算，专家指出，在2006年就存在"几乎一样多"的古柯种植面积，而这在2001年毒品根除计划开始前就已经存在了。④ 联合国对世界

---

① 总审计局：《执法：涉毒警察腐败的信息》（GAO/GGD-98-111），华盛顿特区：总审计局，1998年，第8页。
② 联合国毒品与犯罪办公室：《阿富汗鸦片调查：2007年内容提要》，第8页。网址：http://www.unodc.org/pdj/research/AFG07_ExSum_web.pdf。
③ 同②，第18页。
④ 胡安·福雷罗：《联合国安理会宣称，哥伦比亚大面积种植古柯》，载《华盛顿邮报》，2008年6月19日，第A10版。

可卡因生产的总量进行了估计，指出可卡因数量从 1990 年的 774 吨增加到了 2007 年的 994 吨。同样，对于美国拥有 8.8 万英里的海岸线①，试图利用美国海岸警卫队和美国海军来拦截由海上进入美国的可卡因也毫无所获，以失败告终。为了应对毒品"斗士"的说法——我们正在破坏可卡因的生产和流通，一篇题为《失败的毒品战争》的《纽约时报》社论指出，"当毒品缴获量增加时，出货量也在增加"。② 《华尔街日报》报道说，1 公斤可卡因的成本在 1981 年大约为 5.5 万 ~ 6.5 万美元，而在 1987 年大约为 2 万 ~ 4 万美元。③ 美国国家毒品情报消费者委员会报道称，在 1994 年，每公斤可卡因的价格低至 1.05 万美元。④ 2004 年国家毒品预防政策办公室对这些趋势进行总结时指出，"粉末状可卡因的价格自 1981 年以来已经下降了约 80%，纯度调整后的价格在 2003 年达到或接近历史最低点"。⑤ 尽管可卡因价格在过去的几年时间里已经从历史最低点开始回升，而《纽约时报》却报道称："一些专家认为，价格的回升主要是由强势的欧元以及欧洲快速增加的需求导致的。"⑥ 所有这一切都证明了我们昂贵的毒品战争彻底失败了，并且由保守的美国企业研究所在 2005 年制定的毒品政策所支持的目标也难以实现。⑦

1988 年，《国家法律周刊》调查了 181 位首席检察官和美国顶级的毒品代理商后报道说，将近有 2/3 的州和地方检察官对打击非法毒品的战争几乎

---

① 道格·班多：《毒品战争或美国的毒品战争？》，第 244 页；司法统计局：《毒品、犯罪与司法系统》，1992 年 12 月，第 44 页。
② 《失败的毒品战争》，载《纽约时报》，2008 年 7 月 2 日。网址：http://www.nytimes.com/2008/07/02/opinion/02wedl.html。
③ 《可卡因数量下降：迹象表明，美国的可卡因政策是宽松的》，载《华尔街日报》，1987 年 7 月 20 日，第 21 页。
④ 国家毒品情报消费者委员会：《NNICC - 1994：非法毒品供应美国》，DEA - 95051，华盛顿特区：NNICC - 1995，第 1 页。
⑤ 国家毒品预防政策办公室：《非法毒品的价格和纯度：1981 年到 2003 年第二季度》，NCJ207768，2004 年 11 月，第 5 ~ 6 页。
⑥ 同②。
⑦ 大卫·博伊姆、彼得·罗伊特：《美国毒品政策分析评估》，华盛顿特区：美国企业研究所，2005 年。"然而，尽管对成百上千的毒贩进行监禁，并坚定不移地试图阻止海外种植和贩运，但是毒品的价格越来越便宜，因此人们对这种战略的有效性提出了质疑。"（第 2 页）

没有起到任何作用。① 美国企业研究所的研究报告指出，"从宏观上来看，现在更没有理由相信目前针对非法毒品的政策是成效显著的"。② 这些失败的毒品战争在1999年大约耗费了美国联邦、州和地方政府330亿美元，而在1994年，这一数字大约为50亿美元。③ 2010年，国家毒品控制预算为259亿美元。④

总之，截止到目前的反毒品政策并没有达到预期的目的，只是对犯罪率的提高有一定的帮助。首先，有许多因吸食海洛因和晶体状可卡因而上瘾的人必须通过偷盗来维持长期吸毒；而许多受到巨大经济利益驱使的毒品商人（由于毒品非法而导致其的产生）为自愿吸毒者提供了大量的非法毒品。上述两者又进一步导致城市凶杀率和其他暴力犯罪率的升高，因为贩毒团伙之间也会为了大量的金钱利益而争斗。其次，存在许多由于无法抗拒大量金钱而腐败的执法人员。这些执法人员冒着生命危险工作，只是因为只有较低的工资。再次，还有其他的一些守法公民被判定为罪犯，因为他们使用了比烟草危害更小的可卡因，或者由于他们使用了比酒精更安全、比阿司匹林致死率更低的大麻。

最近监狱人数大增（上文已论述），这主要是由僵化的禁毒执法政策导致的，这一政策从里根总统执政始就一直持续到现在。在1968年，全国涉及毒品行为而被逮捕的人数为16.2万人，这一数字在2010年已经超过160万。同时，司法统计局的报告指出，在2010年，联邦监狱中的一半罪犯是由于毒品违法行为而被监禁服刑的。⑤ 实际数字肯定更为惊人。在2010年，联邦监狱关押了9.7472万名毒品罪犯，而早在1990年，联邦监狱只关押了30 470名毒品罪犯。⑥ 从各州监狱的情况来看，1990年，各州监狱总共关押了不到2

---

① 《检察官承认：看不到希望》，载《国家法律周刊》，1988年8月8日，第S2版。
② 大卫·博伊姆、彼得·罗伊特：《美国毒品政策分析评估》，第2页。
③ 司法统计局资料：《毒品资料汇总》，NCJ-167246，1998年2月。
④ 国家毒品预防政策办公室：《国家毒品控制预算——2012财政年度重点资金》。网址：http://www.whitehouse.gov/sites/default/files/ondcp/policy-and-researchfy12highlight_execsum.pdf。
⑤ 道格·班多：《毒品战争或美国的毒品战争？》，第243页；麦科伊、布洛克：《美国的毒品政策》，第6页；2010年《统一犯罪报告》，表29；司法统计局：《2010年监狱人口》，第1页。
⑥ 司法统计局：《2001年监狱人口》，第14页；以及《2010年监狱人口》，附表18。

万名毒品罪犯，而到2009年，共有24.22万名毒品罪犯被关押在各州的监狱里面。① 许多研究表明，在城市贫民窟里，当一些毒贩被逮捕以后，其位置迅速被其他毒贩接替。很明显，禁毒政策从一开始就不能减少非法毒品的供应②，它唯一的成功就在于使贫民窟里的青少年拥有犯罪记录，从而减少这些青少年获得合法工作的机会。所有这一切发生的时候，正是我们为了"毒品战争"而浪费金钱的时候（有许多证据可以证明），也是对毒品进行非犯罪化处理、对毒品生产和销售进行征税的最佳时机，甚至是增加对毒品成瘾者治疗和采取公共卫生措施的最佳时机。而这与毒品战争相比，成本要低得多，而且可以节约更多的资金来快速高效地打击诸如抢劫犯罪、强奸犯罪等，而不是去打击娱乐性的吸毒行为。在上世纪70年代，美国裁定拥有大麻合法的州共有11个，从这些州的数据可以看出，大麻合法化不会导致大麻使用率的上升。克林顿总统的前外科医生乔伊斯林·埃尔德斯介绍说："我们认真研究了毒品合法化的可能性，认为这种可能性可以作为减少暴力犯罪行为的一种手段，"并进一步指出，"推行毒品使用合法化的其他国家已经降低了犯罪率，而且没有导致毒品使用率的上升。"③ 例如，2001年，葡萄牙取消了所有归个人使用的毒品的刑事处罚。为了个人使用而拥有毒品可以举行听证会，听证会结束后也可以由毒品成瘾劝阻委员会（由3人组成的委员会，目的是劝阻毒品上瘾者进行戒毒）进行劝阻。发表在《英国犯罪学杂志》上的一篇评论说，葡萄牙不合理的毒品使用正在减少，并总结了葡萄牙的经验：

  从反面来看，毒品合法化并不必然导致毒品使用率的上升。毒品合法化可以减轻刑事司法系统的负担，也可以进一步为社会和健康福利做出更大的贡献。此外，当所有的非法毒品都合法化以后，这样的效果更加明显，这一点也更为重要，因为目前只有大麻被确定为合法毒品。④

---

① 司法统计局：《2010年监狱人口》，表16B。
② 迈克尔·汤瑞：《种族政治、种族差异与犯罪战争》，载《犯罪与违法行为》，第4期，1994年10月，第40卷，第487页。
③ 司法统计局：《1992年美国的矫正人口》，第31页；《国际先驱论坛报》报道外科总医师乔伊斯林的声明，1993年12月8日，第1页。
④ 休斯，史蒂文斯：《从葡萄牙非法毒品合法化中我们能学到什么？》，第1016页。

美国前巴尔的摩市市长卡特·斯科默克和前华盛顿特区的警察局局长杰瑞·威尔逊也曾呼吁毒品合法化。1990 年，华盛顿地区大约有 42% 的凶杀案与毒品有关。① 由美国医学协会提交的一份报告草案就曾建议大麻合法化，并对使用其他非法毒品进行非犯罪化处理。当这份报告被搁置时，一些医生表达了强烈的愤慨。② 最近，全球毒品政策委员会也在呼吁毒品合法化，这个委员会的成员包括：墨西哥、哥伦比亚、巴西、瑞士等国的前总统；联合国前秘书长；美国前国务卿；希腊总理；美国联邦储备委员会前主席及美国总统奥巴马的经济顾问。他们声称："全球对毒品的战争已经失败，并给个人和社会带来了灾难性的后果。"他们建议结束毒品的犯罪化政策，尝试推行具有代表性的法律监管措施，比如"削弱毒品犯罪组织的力量"，以及"提供相应的保健和治疗服务（至少对确实需要服务的人予以提供）"。③

通过对大麻、海洛因、可卡因等毒品的非犯罪化处理，将会减轻守法毒品吸食者的刑事量行，同时也会降低毒品的价格。这样一来，毒品成瘾者就不会为了购买昂贵的毒品而去偷盗。更进一步来说，毒贩和走私分子的经济利益驱动会降低，并阻止他们从事毒品交易和寻找新的毒品吸食者；甚至会节约出大量的人力、物力资源来有效地打击其他危害更为严重的犯罪行为。

面对这一切，我们不能不去感受芝加哥大学法学院前院长诺威尔·莫里斯的无奈："犯罪主要是由社会因素和经济因素导致的，这虽然是老生常谈，但它仍然是事实。可问题在于，人们是否会去关心这些因素。结论非常明显，那就是美国希望拥有更高的犯罪率。"④ 如果是这样的话，那么刑事司法体系的失败只是受害者眼中的失败，而对于政策的操控者来说，则是一个巨大的成功！

---

① 杰瑞·威尔逊：《花费巨大的毒品战争》，载《华盛顿邮报》，1994 年 1 月 18 日，第 A20 版。
② 克里斯多夫·雷恩：《美国医学协会有争议的毒品报告》，载《纽约时报》，1996 年 6 月 23 日，第 A22 版。
③ 全球毒品政策委员会：《毒品战争》，2011 年，第 2 页。网址：http://www.globalcommissionondrugs.org/。
④ 《时代周刊》，1975 年 6 月 30 日，第 17 页（重点强调）。

降低犯罪率的措施

犯罪学家埃利奥特·柯里对有助于降低犯罪率的措施进行了梳理，并指出："有四项措施非常重要，即防止虐待和忽视儿童，提高儿童的智力和社会适应能力，对弱势青少年提供支持和指导，以及对少年犯开展丰富多样的帮教措施。"关于这些措施，柯里通过观察后指出："它们的作用非常大，而且也非常出色，但这些措施在之前所发挥的作用非常有限，而且还缺乏资金的支持。"① 兰德公司在 1996 年 6 月发表了一份题为《转移儿童的犯罪生活：成本与效益的考量》研究报告，它总结道：

> 尝试去阻止青少年实施违法行为的方案（例如，对经常胡作非为的孩子的父母进行培训，或者通过激励措施使青少年能够顺利完成学业等）从长远来看，比强制性的长期监禁初犯以及累犯来达到预防犯罪的效果要划算得多。②

最近兰德公司又发表了题为《为我们的孩子投资：我们所知道的和不知道的关于儿童早期干预的成本与效益》的一份报告，得出了类似的结论。通过评估关于针对弱势儿童进行早期干预的 9 种方案，报告得出的结论是："这些方案能够促使青少年犯罪活动大量减少，同时也可以节约纳税人的钱。"③同样的结论在美国联邦政府推行的启蒙计划（Head Start）中也有所体现："对于 27 岁年龄段的青年，那些曾经参与过启蒙计划的，只有较低的逮捕率；同时有较高的受教育程度、能够赚取更多的收入甚至拥有自己住所的青年，也不太可能去接受社会的救助。"④

国民待遇改善评价研究中心（该研究中心是同类研究中心中最大的，由

---

① 柯里：《美国的犯罪与惩罚》，第 81、98 页。
② 福克斯·巴特菲尔德：《研究称早期干预的成本低于"三振出局法"》，载《纽约时报》，1996 年 6 月 23 日，第 A24 版。
③ 彼得·格林伍德：《儿童早期干预的成本和优点》，OJJDP 资料，第 94 期，华盛顿特区：美国司法部少年司法与犯罪预防办公室，1999 年 2 月。
④ 史蒂文·唐奇格主编：《真正的犯罪战争：国家刑事司法委员会报告》，纽约：哈珀永久出版社，1966 年，第 216 页。

联邦药物滥用治疗中心资助,拥有超过 5 300 名雇员)得出的结论是:

> 毒品和酒精的治疗方案能显著降低药物滥用、犯罪、无家可归等现象的发生……经过治疗以后,大部分非法毒品的使用与往年相比下降了 50% 左右……逮捕率由原来的 48% 大幅下降至 17%。①

兰德公司的毒品政策研究中心进行的一项题为"控制可卡因:供需计划"的研究发现,"与国内实施禁毒执法政策来减少可卡因的使用相比,治疗措施产生的效益是它的 7 倍。另外,与减少犯罪造成的社会成本和生产效益的损失相比,治疗措施能产生 15 倍的效益"。② 这项研究还得出结论说,实施治疗措施是减少暴力犯罪最有效的方式。③

通过对超过 500 份犯罪预防计划的评价进行回顾,我们归纳了一系列切实可行的措施。这些能够有效减少犯罪的治疗措施包括:(1)采取家庭治疗,对不良行为青少年和高危青少年的父母进行培训;(2)在学校里推行社会技能教育以及对高危青少年进行思想教育;(3)对成年刑满获释男性进行职业培训;(4)在犯罪高发地点加强警察巡逻;(5)利用特种警察来监禁高度危险的累犯;(6)推行对罪犯进行重点治疗的康复计划;(7)对监狱里面的吸毒罪犯进行社区治疗。④

2007 年,《犯罪学与公共政策》杂志对治疗措施领域的"重点措施"做了整期的报道,报道中的各篇论文除介绍一些著名学者对相关问题所持的立场(指出我们现在有足够的关于犯罪和刑事司法政策方面的知识)以外,并没有报道新的措施和政策。这些论文的题目是:《提高社区对付犯罪的能力》、《恢复理性的量刑政策》、《康复矫正的指导模式》、《树立青少年减少犯罪的目标》、《让儿童远离犯罪的环境》以及《保护个人免受强制性的处罚决定》等。⑤

---

① 《联邦政府资助的毒品与酒精项目在减少毒品滥用、犯罪与流浪行为方面成效显著》,载《精神病医疗服务》,第 11 期(1996 年 11 月),第 47 卷,第 1280 页。
② 《关于毒品滥用的国家报告》,第 15 期(1994 年 7 月 1 日),第 8 卷,第 2 页。
③ 兰德公司新闻稿。网址:www.ndsn.org/JULY94/RAND.html。
④ 劳伦斯·谢尔曼:《预防犯罪:什么起作用,什么不起作用? 前景如何?》,载《国家司法研究所研究简介》,国家司法研究所 171676 号文,华盛顿特区:国家司法研究所,1988 年 7 月。
⑤ 《犯罪学与公共政策》,第 4 期,第 6 卷,2007 年。

总之，有越来越多的证据显示，对儿童早期的干预措施、毒品治疗措施以及其他措施可以减少犯罪行为的发生。正如布鲁斯顿教授所说的："如果进行早期的干预，不仅可以降低监禁的成本，还可以减少犯罪造成的损失，进而让纳税人获得好处。"① 但是，正如兰德公司的研究员彼得·格林伍德所说的："最大的问题是谁去实施这样的措施。"②

埃里克森、达克赫姆和福柯关于未能减少犯罪的观点

我们在前言中已经指出，刑事司法系统必须能够打击犯罪行为，或至少能够打击一部分犯罪行为。虽然目前刑事司法系统没有能够大幅度减少或消除犯罪，但是却能勉强控制犯罪态势而不至于任其失控，并积极保持打击犯罪行为的气势（至少在公众眼中来看是这样的）。我们把这样的刑事司法政策所产生的效果称为代价高昂的胜利理论，或"得不偿失"理论。"代价高昂的胜利"最初指的是军事上的胜利，即通过部队的重大伤亡而获得的胜利，这样的胜利也相当于失败。"得不偿失"理论认为，失败的刑事司法系统对于那些拥有权力的人来说能够产生利益，所以它相当于一种成功（见第4章）。

（一）埃里克森、达克赫姆的犯罪学思想

"得不偿失的胜利"的理论大量借鉴了埃里克森编撰的《任性的清教徒》一书中的思想，他认为社会能够从现实存在的犯罪当中获得利益。因此我们有理由相信，社会机构工作的目的是为了保持犯罪的存在，而不是去消除犯罪。因此，如果我们把这种思想和埃里克森的思想进行对比，将有助于澄清我们的观点。

埃里克森教授的理论是基于一种犯罪的思想，具体体现在社会学理论的经典著作《社会劳动分工论》一书中，该书的作者是埃米尔·达克赫姆。这本书是在19世纪末完成并出版的，达克赫姆认为：

> 犯罪（或其他形式的越轨行为）实际上是社会必不可少的一部分，

---

① 福克斯·巴特菲尔德：《研究称早期干预的成本低于"三振出局法"》，第 A24 版。
② 同①。"旨在减少犯罪的前景广阔的项目列表"，见唐奇格的《真正的犯罪战争》。

主要通过愤怒的方式来吸引人们并使这些人纠合在一起，形成一个相互认同的群体。这些离经叛道的人经常违反社会的行为规则，这样就会使社会的其他群体产生一种优越感；当这些具有优越感的人走到一起来表达他们对某些罪行的愤怒和见证一些罪行的时候，他们之间就会形成一种强烈的集体认同感，并使他们的团体越来越团结。①

按照这种观点，社会群体的团结主要指把社会当中具有共同群体文化意识的成员紧密联系在一起。另外，这种团结也会使那些可以接受的行为和应受谴责的行为之间产生明显的区分界限。但对于已经存在的群体来说，要想使群体成员保持稳定，其成员就必须不断地学习属于该群体的"行为界限"。埃里克森写道，在戏剧性的冲突当中可以看出这些界限，即

>警察的特殊职责是守护群体文化的完整性。不管这些冲突是采取刑事审判、逐出教会听证会的方式，还是采取军事审判或者案件会议的方式，警察作为"行为界限"的维护者，他们所展示的是群体所实施的合法行为与非法行为之间的界限确定在何种程度上，这也是大多数人关注的问题。②

总之，这不仅意味着一个群体可以很好地去实施违法或越轨行为，而且意味着这个群体需要这样的违法或越轨行为。另外，违法或越轨行为不仅可以在认同合法行为的群体当中使用，而且也加强了具有集体认同感的群体成员之间的联系。从这一点来看，违法或越轨行为是社会当中不可缺少的组成部分。埃里克森教授继续写道：

>这就提出了一个微妙的理论问题。如果我们承认人类群体能够从越轨行为当中获得利益，那么我们能否假定这些群体是为获取这些利益而组织起来的呢？换句话说，我们能否假定社会当中存在这样的力量来招募罪犯，并把这些罪犯长期置于离经叛道的行列中呢？

从长远的社会历史角度来看这些问题，可以公平地得出这样的结论：监狱做了非常糟糕的工作，那就是把罪犯置于它们的监管之下。但是监

---

① 埃里克森：《任性的清教徒》，纽约：约翰·威利父子出版社，1966年，第4页。由约翰·威利父子出版社许可转载。
② 同①，第11页。

狱工作失败的一致性可能具有它们自己奇特的逻辑。或许我们很难改变糟糕的刑罚措施，因为我们期望监狱能够更严厉地惩罚那些实施违法行为的罪犯，并进一步把这些罪犯划归到实施违法行为的群体当中。①

借鉴达克赫姆关于社会能够从违法者身上获得利益的观点，埃里克森认为社会具有一种隐性的功能，这种功能可以用来招募和维持一定数量的违法者。通过调整我们的目标，埃里克森的观点将成为一种假设，那就是美国刑事司法体系之所以没有能够降低犯罪率，是因为一定数量的监狱人口对维持美国社会文化认同的"界限"，以及维护同一文化群体成员之间的团结是必不可少的。换句话说，美国刑事司法体系虽然有失败之处，但是它成功地为美国社会提供了一些必不可少的要素，使其成为"标准的社会"。

正如我们在前言当中提到的，这一观点是"得不偿失的胜利"的理论的其中一个方面，且这一观点也处于变化的过程中。在这里，我们的目标是承认达克赫姆和埃里克森的理论还存在不足，以及论述这一观点与我们将要捍卫的观点之间存在的差异。埃里克森理论的不足之处在于，社会群体有可能希望杜绝那些想要从社会当中获取利益的违法行为。而该理论认为刑事司法体系的失败可能是某种形式的成功，这是不恰当的。

他们的观点与我们的观点之间的差异在于：达克赫姆和埃里克森都跳出了一般的命题思路，认为在社会中保留违法行为能够促进群体成员之间的团结，并由此得出一个结论，即刑事司法体系的失败在一个特定的社会当中可以被解释为"能够促进集体认同感的形成"，并因此能感受到群体成员之间的团结。这个结论有一个疏漏，即它遗漏了一个社会群体是如何形成某种特定的集体认同感的，而却没有形成另外一种集体认同感。实际情况是，达克赫姆和埃里克森预先假定这样的集体认同感已经存在，并利用违法行为来凸显和加强这种集体认同感。这将会导致一种观点的出现，即社会群体所反映出来的认同感已经存在于人们的头脑当中，并在很大程度上被所有的群体成员自发共享。

我们认为，即使承认集体认同感（共识）能够加强群体成员之间的团结，那些预先为群体成员设定好的集体认同感也绝不会在人们的头脑当中事先存

---

① 埃里克森：《任性的清教徒》，纽约：约翰·威利父子出版社，1966年，第13~15页（重点强调）。

在，更不会自发共享。共识是后天形成的，而不是先天就有的。另外，我们也并不赞同后天故意形成的共识。共识是由社会群体共同达成的，而不仅仅是表面的反映。因此，允许违法行为的存在也不只是简单地强化已经存在的共识，而是达成特定共识过程中的一部分。在论述"得不偿失的胜利"的理论的时候，我们努力去展示失败的刑事司法政策是如何达成并强化特定的集体共识的，这些共识是关于世界的认识，关于什么是危险的和安全的认识，以及关于谁是否是对感情构成威胁的人的认识。这些共识不仅仅是用来支撑群体成员之间团结的一般情感，而且可以让这些情感附加到社会秩序（特指财富、权力存在巨大差异以及不公正的社会秩序）当中。

（二）福柯的刑罚思想

米歇尔·福柯是刑罚领域的思想家，他认为，失败的刑事司法体系（尤其是监狱）具有为社会服务的功能。他关于刑事司法体系失败以及其功能的观点和我们将要论述的观点有一定的相似之处，但也有差异。在他的著作《规训与惩罚》（Discipline and Punish）中，因为人们对监狱不能够阻止犯罪行为的抱怨（的确，监狱倾向于培养累犯来增加犯罪率）一直伴随着监狱的发展历史，以致福柯问道："监狱的功能是不是就是所谓的失败？"[1] 对此，福柯指出，监狱在制造罪犯方面做得非常成功，但它实际上是一个集中监管的社会场所，并把制造罪犯作为这个场所中的病态主题。[2] 也就是说，监狱制度将犯罪嫌疑人从一个违法者转变成为一个需要矫正的罪犯——一个需要治疗的异常的个体。监狱的这种发展思路为潜在的犯罪群体提供了一个永久监管的许可证。

福柯认为，19世纪法国实施新的监狱政策是为了回应一个"新的威胁"，这个"新的威胁"主要是由工人和农民反对"剥削劳工的新法律制度"[3] 导致的，他称这种制度为资本主义制度。这是对一种以阶级为基础的新监狱制度的解释。在这种制度中，犯罪行为毫无疑问地被确定在一种特定的社会阶

---

[1] 米歇尔·福柯：《规训与惩罚：监狱的诞生》，艾伦·谢里登译，伦敦：艾伦莱恩出版社，第271页。
[2] 同[1]，第277页。
[3] 同[1]，第274页。

层当中，即在社会秩序的最底层。① 在这样的监狱制度和与之相配套的司法制度所形成的优势当中，违法性被维持在一个较低的水平上，因此，它不会对社会秩序构成真正的威胁。另外一个优势是通过对穷人进行分层而导致贫困阶层的犯罪倾向进一步弱化（尤其对那些既是罪犯同时又是受害者的群体来说更是如此）。此外，福柯说："非法性的越轨行为是大部分违规群体的代理行为。"② 他还进一步指出，利润是由毒品和卖淫提供的，甚至认为利润是对"犯罪创造财富"行为的普遍容忍造成的。③ 这种观点与"富人更富"的观点相一致，因为"富人更富"的观点认为失败的刑事司法体系（不能大幅降低犯罪率以及不能对富人实施的危害行为定罪）通过建立一种共识来为权贵阶层的利益服务。这种共识主要是指对普通民众福利最大的威胁不是来自于富人，而是来自于穷人。④

福柯甚至走得更远。他还认为，违法行为与经过授权的警务措施共同组成了一种对人们永久监控的手段，这种手段更容易使罪犯利用自己或者是整个社会来实施监控。⑤ 对福柯来说，监狱是这些常规手段当中的一种，相当于一个永久的社会监控系统。从"圆形监狱"模式（在这种监狱里面，一个警察可以监控大量的囚犯，而他自己却不会被看到）逐步发展成为一种通过观察和研究犯罪行为的"科学"的犯罪预防机构，再逐步发展成为能够为每个罪犯建立档案的现代医学心理机构，无所不在的监控使罪犯们感觉到他们时时处处被监督，因而他们自己也成为规范纪律的代理人。因此，监狱扩展成为"监狱群岛"——包括心理学和医学等学科在内的各种机构和措施的综合系统，目的是实施监控"常态化"。⑥总之，福柯写道：

  常态化监控正在扩展。这种监控由无处不在的纪律机制承担，并以所有的监狱设备作为基础，它已经成为我们社会的主要功能之一。常态

---

① 米歇尔·福柯：《规训与惩罚：监狱的诞生》，艾伦·谢里登译，伦敦：艾伦莱恩出版社，第275页。
② 同①，第279页。
③ 同①，第288页。
④ 福柯写道，该系统包括试图去塑造"对罪犯的普遍看法：他们就在附近，无处不在，非常令人恐惧"，同①，第286页。
⑤ 同①，第281页。
⑥ 同①，第296~297页。

化的裁判无处不在，我们生活在充满教师裁判、医生裁判、导师裁判和社会工作者裁判的社会当中；常态化监控是以规范的、普遍的统治为基础的；每一个个体，无论他是否了解自己，都服从于他的身体、姿势、行为、性格以及他的成就。①

福柯把刑事司法措施放在一边，提出了一个关于现代社会普遍存在的本质理论，同时也把权力运作的阶级结构放在后面，这是福柯关于监狱系统起源的描述。现在，权力无处不在，每个人都可以对自己行使权力，也可以对其他人行使权力。② 毫无疑问，这涉及现代生活的一些方面，在这些方面，社会各阶层的人都受制于无数的常态化压力，比如从老师和医生的叮嘱到自助书籍和建议列表的忠告等，其目的都是为了让我们能更好地赚钱、关爱以及做最好的父母。的确，常态化的裁判无处不在。

但是这一理由也不能把社会权力运作的规律解释清楚。权力不会沿着可能会被淘汰的轴心运作，也不会服务于那些可能会被识别的和被批判的利益群体。权力有它自己的目标，这个目标是现代生活的一个普遍事实，即将"常态化监管"作为终极目标。监管无处不在，也没有特别之处，所以也没有明确的目标可以阻止。不但权力（尤其是刑事司法权力）运行的阶级结构在这里毫无层次可言，而且权力运行的道德地位也被模糊了。关于自由（与其他自由能够共存的自由）所必需的纪律形式与那些仅仅为权贵阶层利益服务的纪律形式之间的差异，是福柯分析的不足之处。福柯对"富人更富"的分析保持了刑事司法体系的阶级本质，但同时也让我们认识到了保护自由所必需的权力与那些仅仅为保护富人的利益所必需的权力之间的重要差别。

小 结

本章试图建立"得不偿失的胜利"的理论的第一部分，即打击犯罪行为的战争是一场失败的战争，但是犯罪是可以预防的：美国刑事司法体系（从立法到执法的整个过程）未能降低我们这个社会所特有的对公民的安全构成威胁的高犯罪率。在过去的几十年时间里，美国社会犯罪率一直呈上升趋势，

---

① 米歇尔·福柯：《规训与惩罚：监狱的诞生》，艾伦·谢里登译，伦敦：艾伦莱恩出版社，第304页。
② "福柯将西方自由民主作为社会监督的描述，目的是故意让人想起……极权主义。"加兰：《惩罚与现代社会》，第151页。

尽管最近几年有所下降。大量的社会和经济原因是造成如此高的犯罪率的罪魁祸首，因此，大多数人认为，近期犯罪率的略微下降不能归功于现行的刑事司法政策和措施。然而，我们也不能认为现有的公共政策不能降低犯罪率。无论是青少年数量的多少，还是城市化程度的高低，犯罪现象都不是一个简单的结果，或者不是一个不可避免的结果。此外，还有一些政策能够使我们有充分的理由相信我们可以降低犯罪率，这些措施包括有效的枪支管控、非法毒品合法化、改善贫困状况、防止虐待儿童和忽视儿童问题以及对青少年进行早期的风险干预措施等。然而，我们的政策却拒绝有效地实施这些措施。"得不偿失的胜利"的理论借鉴了达克赫姆和埃里克森关于犯罪本质的观点，认为社会可以促使一些行为的发生，而这些行为却是社会想要消除的行为（犯罪行为）。然而，与之不同的观点认为，有效的犯罪预防政策不只是简单地体现现存的共识，而是促成建立一个能够为我们的社会发挥作用的共识。本章最后对福柯的观点进行了论述，认为失败的监狱制度是现代社会普遍存在的纪律监督的一部分。他对这一制度最初的解释与我们讨论的阶级分析有一定的相似之处。然而，福柯在构建他的理论时对阶级结构只字不提，因此模糊了刑事司法体系权力运行的本质。

问题思考

问题一：犯罪学家齐姆林把犯罪政策比喻为"正反都是赢"的政策，这是什么意思？作者提出了什么样的证据来支持这一观点？

问题二：有助于犯罪率下降的刑事司法因素有哪些？这些因素的影响有多大？

问题三：有助于犯罪率下降的非刑事司法因素有哪些？它们的贡献是什么？

问题四：是什么原因导致我国不能降低社会犯罪率？如何评价这些原因？

问题五：犯罪的根源是什么？作者是如何区分"犯罪原因"和"犯罪根源"的？为什么要这样区分？作者所说的犯罪根源是什么？请解释犯罪的根源是如何导致社会较高的犯罪率的。

问题六：你认为是我们自己"让我们周围的世界充满暴力"吗？如果不是，为什么我们没能阻止？如果是，我们该如何降低犯罪率呢？刑事司法体系的解决方案对犯罪预防的效果如何？非刑事司法政策会对犯罪产生更大的影响吗？

问题七：关于"刑事司法体系注定会失败"以及"犯罪是社会的一个职能"的说法是什么意思？如何对"得不偿失的胜利"的理论与达克赫姆和埃里克森的理论进行区分？

问题八：请列出我们进行毒品战争的成本与收益。你认为值得吗？你认为全部或部分毒品合法化会降低犯罪率吗？如果你认为会，那么你会同意毒品合法化吗？

补充参考资料　杰弗里·雷曼和保罗·莱顿撰写的《富人更富　穷人进监狱》（波士顿：美国培生教育出版集团，2010年），收集了大量的文章作为"富人更富"理论的参照，并补充了生动的例证。其内容的划分与"富人更富"一章的划分类似，每个部分都是以作者写的主要内容介绍开始的，包括文章小结、背景知识和与"富人更富"内容的联系等。

此外，作者还提供了与本章内容同步的网站：http://www.paulsjusticepage.com/remain.htm。

第2章

其他名称的犯罪

> 如果一个人袭击另外一个人,造成被袭击者的身体受到伤害,进而导致被袭击者死亡,那么我们将这样的袭击行为称为过失杀人行为;而如果袭击者预先知道他实施的行为会导致他人死亡,那么我们可以把这样的行为称为谋杀。如果社会把成千上万名工人置于不可避免的过早死亡和非自然死亡的境地,那么我们也可以把这种行为称为谋杀;这样的谋杀如同他们被刺杀或射杀那样暴力……只要这样的境地一直持续存在,数以千计的工人将不可避免地被沦为牺牲品。如果社会知道这一点而不采取行动予以纠正,那也是一种谋杀。这样的谋杀和个人实施的谋杀都应该受到谴责。
>
> ——引自恩格斯的《英国工人阶级的状况》

基于对美国社会造成危害的各种因素的研究,本章我们将介绍一些人们所面临的危险行为,这些行为都是没有被贴上"犯罪"标签的行为。读者通过对犯罪造成的危害与非刑事危害行为造成的危害进行比较,以此来确定那些"严厉对待刑事犯罪分子、仁慈对待非刑事犯罪分子"的政策是否是明智之举。目前法律秩序的捍卫者回应道,非刑事危害行为中其实有许多犯罪行为的因素,因为有些非刑事危害行为是故意的或随意实施的。然而,某些非刑事危害行为往往被忽略或者由于刑事司法政策的存在而被忽视。刑事法律中包含了某些有害的行为,同时也排除了一些有害的行为,这就表明刑事法律也不能客观地反映有关"危险犯罪行为"的客观现实。刑事司法体系就像一面狂欢节上的哈哈镜,它扭曲了社会现实,其作用是把街头犯罪的威胁扩大化,同时缩小其他有害行为的威胁。难道刑事司法体系针对的重点是穷人实施的危害行为,而对富人实施的危害行为置之不理?

名称能代表什么？

在我们花点时间来阅读本章的内容，以及当我们阅读到本章最后一页时，在这么短短的时间内或许我们的 2 位同胞将会被谋杀，而同时会有超过 6 个美国人将会因不健康或不安全的工作环境而死亡。虽然这些与工作有关的死亡都是由于人的行为所导致的，但是这些行为不被称为谋杀。为什么这些行为不能被称为谋杀呢？难道其他名称的犯罪行为不会导致痛苦和灾难吗？这与行为的名称有何关系？

事实是，"犯罪"的标签不适用于美国所有的或者是最严重的犯罪行为，而这些行为却恰恰给美国人造成了痛苦和灾难。"犯罪"的标签主要是为穷人实施的危害行为而准备的。

1993 年，《纽约时报》刊登了一篇题为《矿工的死亡将使其所属公司被处巨额罚金》的文章。据报道，肯塔基州的矿业公司同意为其安全隐患处理不当的行为而缴纳罚款，这些行为导致"近 10 年来美国最严重的矿难事故"。在这次事故中，共有 10 名矿工死于瓦斯爆炸。该公司愿意为其安全隐患处理不当的行为承担责任，这些不当行为包括虚报甲烷含量、要求矿工在没有防护措施的环境中工作等。该公司的罚款数额为 375 万美元。这些矿工的领班是唯一被联邦政府控诉的人，但由于他配合调查，检察官建议给予其最低刑期的处罚，也就是 6 个月的缓刑。该公司的总裁对悲剧事件的发生表示遗憾，同时美国的律师也说他希望此次事件能够给社会发出一个明确的信息，即对违反联邦安全和健康规则且危害美国公民生命健康的行为绝不容忍。① 这一事件可以和科林·弗格森的故事进行类比。也就是在同一年，科林·弗格森促使美国《纽约时报》发表了一篇题为《发生在 5 点 33 分的大屠杀》的文章。② 科林·弗格森在宾夕法尼亚车站登上一辆通勤列车，手持一把口径为 9 毫米的手枪连续射击乘客，最终打死 6 人，打伤 19 人。科林·弗格森的确是一个谋杀者，或许可称其为大屠杀的凶手。我们的问题是，为什么矿工的死

---

① 《矿工的死亡将使其所属公司被处巨额罚金》，载《纽约时报》，1993 年 2 月 21 日，第 A19 版。

② 《发生在 5 点 33 分的大屠杀》，载《纽约时报》，1993 年 12 月 10 日，第 A34 版。

亡不是谋杀?为什么那些让10名矿工死亡的负责人不是大屠杀的凶手?为什么10名矿工的死亡属于一个"意外事件"或者是一个"悲剧",而6名乘客的死亡则属于"大屠杀"?"谋杀"预示着有凶手,而"意外事件"和"悲剧"指的是非个人力量导致的结果。但是对矿业公司的控告说:"他们经常把矿井的工作人员暴露在危险的环境当中,而这种环境却经常对负责执行《矿山安全法》的联邦检查人员隐瞒。"那些矿工的领班承认,在发生爆炸前,他已伪造了2个月的瓦斯含量记录。应该有人为导致10名矿工死亡的工作条件负责。那个人难道不是这一"大屠杀"的凶手吗?

　　这个问题有点夸张。我们的目的不是讨论这个事件,而是通过这样一个"意外事件",看到其对正义和勤劳的美国人民的生活有重大意义。因为类似的问题一直困扰着我们。2010年,发生在西弗吉尼亚州的上大支煤矿爆炸事故共造成29名矿工死亡。美国劳工部的报告指出,这次爆炸事故原本是可以避免的,并且认为非法的政策和矿主实施的措施是这次矿难发生的根本原因。通过调查发现,矿主曾经有计划、有预谋地采取一些措施来避免遵守安全与健康规则,甚至还发现这些矿主曾经试图去阻止联邦和各州检查员去检测那些不符合标准的安全措施。[①] 该公司最终支付了2.09亿美元的罚金,其中一人由于欺骗联邦检查员和销毁记录而被定罪。该公司的高级官员未被提出刑事指控。《纽约时报》发表社论说:"终结这个危险行业安全隐患的有效措施是对严重违反管理规定的管理者处以重罪,而不是让公司及其高管拿着公司的支票去支付罚金。"[②] 为什么没有出现这种情况?

　　在每一个案例当中,被调查的公司都存在着被调查的经历,以及会有某个人要为不当的记录行为而负责。公司会被处以罚金,但是没有一个人会被判定为犯了谋杀罪,甚至也没有一个人会被认为是谋杀者。为什么呢?因为如果将这样的人视为杀人凶手,那么那些矿工难道处在不安全的状况中吗?如果将实施这些行为的公司的高管被指控为犯罪分子,那么西弗吉尼亚州上

[①] 阿尔文·布朗:《2010年4月5日发生致命的地下矿井爆炸:罗利县,西弗吉尼亚州,上大支煤矿公司事故》,第46-08436号,未注明日期,第2页,华盛顿特区:美国劳工部,矿山安全与健康管理局。网址:http://www.msha.gov/Fatals/2010/UBB/PerformanceCoalUBB.asp。

[②] 社论:《上大支煤矿的不稳定司法》,载《纽约时报》,2011年12月7日。网址:http://www.nytimes.com/2011/12/0B/opinion/unsettled-justice-at-upper-bigbranch.html。

大支煤矿的矿工们怎么现在还活着？并且难道那些矿工没有权利去获得刑事司法体系的保护，甚至没有权利去反对那些结束他们生命的暴力行为？如果没有的话，为什么呢？

是否会有一位美国总统在耶鲁大学法学院发表演讲时建议对这样的人实施判处监禁？当他说下面这些话的时候，他是否特指某些特定的人？

> 这些相对较少但却造成如此巨大痛苦和恐惧的持续性犯罪是问题的真正核心。其余的美国人有权利免受那些暴力行为的侵害。[①]

一旦我们准备去认真对待这些问题的时候，我们可以看到，现实的犯罪（即某些行为我们称之为犯罪，某些行为我们认为是犯罪，某些事件我们按犯罪来对待）模式已经被重新创建，包括将什么行为确定为犯罪以及将谁按罪犯来对待，这样的决定都是由现实塑造的。

狂欢节上的哈哈镜

我们有时会很惊讶地发现，消除犯罪最便捷和最有效的方法是把所有的刑事法律都略过。有一种理由可以支撑这种观点，即如果没有刑事法律，那么确实也没有"犯罪"，不过危险行为依然存在。这种理由认为这就是为什么我们不能简单地解决现实存在的犯罪问题的原因。刑事法律给一些行为贴上了"犯罪"的标签，在贴标签的过程中，必须识别那些非常危险的行为，也就是说必须用刑事司法的极端方式来对付那些行为以保护大众。但这并不意味着刑事法律在创造犯罪，它只是对那些危险行为的一种反映。刑事法律的本质其实就是整个刑事司法体系的本质。如果警察不逮捕犯罪嫌疑人，检察官对其不起诉，法官将之不定罪，那么就不会有"罪犯"。不过这也并不意味着警察、检察官或者法官是在创造"罪犯"，至少不会比立法者做得多。他们所面对的是社会的现实危险。刑事司法体系（从立法到执法）是处在我们身边用来反映社会现实危险的一面镜子。

---

① 杰拉尔德·福特：《为了保障国内安宁，应强制性监禁严重刑事犯罪分子》，耶鲁大学法学院一百五十周年纪念集会演讲，美国康涅狄格州纽黑文：1975 年 4 月 25 日，参见《重要的演讲日》，第 15 期（1975 年 5 月 15 日），第 41 卷，第 451 页。

这面镜子的精确度如何？我们只有回答这个问题，才能知道刑事司法体系是否会保护大众免受现实危险行为的侵害，以及如何来保护大众免受危险行为的侵害。镜子照得越准确，它所反映的社会现实问题就越多；镜子越扭曲，它所歪曲的社会现实问题就越多。从这个意义上说，社会中存在的犯罪是可以人为创造的，即美国刑事司法体系是歪曲反映对大众构成威胁的危险行为的一面镜子，它反映的镜像与其说是社会现实问题，还不如说是对社会现实问题的扭曲。透过刑事司法这面镜子，我们能够看到什么？

1975 年，《华盛顿邮报》刊登了一篇题为《逮捕数据揭示了犯罪嫌疑人的一个侧面》的文章。文章报道了对华盛顿特区乔治王子郡的犯罪研究结果，部分内容如下：

> 在乔治王子郡，实施严重犯罪行为的典型代表是一个黑人男孩，年龄大概在 14~19 岁之间，居住在环城高速公路区域内。1974 年，华盛顿特区有一半以上的郡县共发生 64 371 起犯罪案件。研究显示，这些犯罪行为人基本上都是青少年；在乔治王子郡基本上每 8 分钟就会发生一起犯罪案件。[1]

以上内容不足为奇。该篇文章所描述的"典型的犯罪嫌疑人"的形象很可能是潜伏在具有犯罪恐惧症的美国人心目中的一个经过过分渲染的形象。这个形象和美国联邦调查局在同一年发布的《统一犯罪报告》中描述的整个国家的犯罪嫌疑人的代表形象相吻合。在乔治王子郡，14~19 岁的青少年有将近一半（45.5%）被指控犯有 1974 年《统一犯罪报告》中提到的罪行。[2] 美国联邦调查局报告称，1974 年，这个年龄段的犯罪青少年占到联邦调查局统计的因犯罪行为而被逮捕人数的 39.5%（杀人、强奸、抢劫、严重袭击、入室盗窃、盗窃、盗窃机动车等）。[3] 这些青少年大部分都是黑人男孩。在乔治王子郡，每 4 个严重犯罪行为人中就有 3 个是男孩。[4] 在这一

---

[1] 《逮捕数据揭示了犯罪嫌疑人的一个侧面》，载《华盛顿邮报》，1975 年 9 月 16 日，第 C1 版。

[2] 同[1]；另见马里兰州国家首都公园和计划委员会：《1975 年犯罪分析：乔治王子郡》，1975 年 8 月，第 86 页。

[3] 1974 年《统一犯罪报告》，第 186 页。

[4] 马里兰州国家首都公园和计划委员会：《1975 年犯罪分析：乔治王子郡》，第 3 页。

年，美国80%以上的罪犯都是男性。① 在乔治王子郡，黑人大约占到总人口的25%；而在所有的严重犯罪案件当中，黑人实施的犯罪案件大约占58%。② 在同一年，黑人占到美国总人口的11.4%，而他们实施的犯罪案件则占到美国的34.2%。③

这是1974年的典型犯罪状况。在以后的时间里，状况几乎没有任何改变。若我们更仔细地观察目前的刑事司法这面镜子，将会看到更多像这样的典型犯罪状况。

首先，这些罪犯大部分都是男性。在2010年被逮捕的1 310万罪犯当中，有75%是男性。由于暴力犯罪而被逮捕的人中，81%的人是男性。其次，大部分都是青少年。在被逮捕的所有罪犯当中，有接近一半（42%）的罪犯的年龄都在25岁以下，同样的比例也适用于实施暴力犯罪行为人的年龄。再次，这些人大部分都生活在城市。在超过25万人口的城市当中，因暴力犯罪而被逮捕的人数的比例为2.75‰；而在人口少于1万的城市当中，逮捕率只有1.46‰。④ "全美国所有的凶杀案件有一半发生在63个最大的城市当中，但是其人口只占到全美国人口的16%。"⑤ 第四，这些人大部分都是黑人。与黑人在总人口中所占的比例相比，黑人因暴力犯罪而被逮捕的比例是它占比的近3倍。2010年，黑人占全美国人口的13%，他们因暴力犯罪行为而被逮捕的人数却占所有因暴力犯罪而被逮捕人数的38%；同时，他们因实施各种犯罪行为而被逮捕的人数占所有被逮捕人数的29%。⑥ 第五，他们都是穷人。2002年，有近1/3（29%）的罪犯在被捕之前都没有工作（即没有全职或兼职

---

① 1974年《统一犯罪报告》，第190页。
② 《逮捕数据揭示了犯罪嫌疑人的一个侧面》，第C1版；马里兰州国家首都公园和计划委员会：《1975年犯罪分析：乔治王子郡》，第86页。
③ 1974年《统一犯罪报告》，第190页。
④ 2010年《统一犯罪报告》，表31和表42。
⑤ 劳伦斯·谢尔曼：《预防犯罪：什么起作用，什么不起作用？前景如何？》，载《国家司法研究所犯罪与司法观点：1999—2000年系列讲座》，国家司法研究所184245号文，2001年3月，第75页。
⑥ 2010年《统一犯罪报告》，表43A；2011年StatAbst，表6，第10页。新的人口普查程序允许多个种族的计算，所以那些仅仅标识为黑人的人只占13.24%（总人口为299 398 000人，其中黑人为39 641 000人）；标识为黑人和其他种族的人占到13.96%（总人口为299 398 000人，其中黑人和其他种族的人为41 804 000人）。

工作），他们的失业率大大高于普通人群当中成年人的失业率；几乎有一半（45%）的罪犯在被捕之前年收入不足 7 200 美元。① 四十年前，美国总统委员会的报告指出，"监狱里面的罪犯可能是这个国家当中经济和社会地位最低的社会成员"。②

这就是让大部分美国守法公民感到恐惧的典型的犯罪行为。穷人、青少年、城市中的大部分黑人男性组成了在犯罪预防战争中被打击的核心力量。他们被看成是一群邪恶的、毫无组织纪律的游击队，能够对守法的社会公民的生命、肢体、财产造成严重的威胁，因此，需要求助于武力和监禁等终极武器来共同防御。这种对待犯罪的观点被人们广泛认同。安东尼·布扎在他的书《如何制止犯罪》中写道："街头犯罪主要是贫穷的黑人青少年的游戏。"③ 我们再来看看杰西·杰克逊牧师所写下的令人忧伤的文字："对于我这个年龄段的人来说，当我们走在街上，听到身旁的脚步声就开始想是否抢劫，然后环顾四周，看到周围有白人心里才开始放松的时候，是非常痛苦的一件事。"④ 2005 年，原里根总统任期内的教育部部长（1985—1988）和小布什总统任期内的第一任"毒品沙皇"威廉·贝内特评论说："如果你想减少犯罪（我确定这是你真实的想法，并且（如果这是你唯一的目标）如果你可以中止这个国家黑色婴儿的诞生，那么犯罪率就会下降。"⑤ 在《犯罪的颜色》一书中，凯瑟琳·拉塞尔通过描述"犯罪的黑人男性"来描述其与流行文化之间的密切关系。⑥ 马乔里·扎兹则说："'犯罪的黑人男性'是一个关于黑人男性实施的犯罪行为对白人造成恐惧的组合概念，它变得如此强大和普遍，以至于在种族之间会发生恶作剧，即当一名白人罪犯指责一名非洲裔美国人

---

① 司法统计局：《2002 年监狱人口数据》，2004 年 7 月，NCJ201932。
② 《挑战》，第 44、160 页。
③ 安东尼·布扎：《如何制止犯罪》，纽约：普林汉诺出版公司，1993 年，第 57 页。
④ 乔治·威尔：《道德衡量》，载《华盛顿邮报》，1993 年 12 月 16 日，第 A25 版。
⑤ 布雷恩·费勒：《贝内特由于评论犯罪与黑色堕胎而受到严厉批评》，载《华盛顿邮报》，2005 年 9 月 30 日，第 A05 版。
⑥ 凯瑟琳·拉塞尔：《犯罪的颜色：种族恶作剧、白色恐惧、黑色保护主义、警方骚扰和其他大规模侵略行为》，纽约：纽约大学出版社，1998 年，第 3 页；马乔里·扎兹：《种族、性别和阶层在法院决策中的融合：展望 21 世纪》，载国家司法研究所的《2000 年刑事司法：刑事司法系统的政策、流程和决策》（第 3 卷），NCJ182410，第 507 页。

(通常是男性)时,就会演变成为犯罪问题,并得到刑事司法机构或普通民众的认可。"①

我们是从哪儿得到这些犯罪信息的?我们如何才能确知谁是罪犯,以及谁给我们的生活构成严重威胁,以至于我们必须使用武力和监禁措施来阻止这些行为?总统执法和司法行政委员会以及《自由社会的犯罪挑战》一书的作者告诉我们:"可以从逮捕数据、缓刑报告以及监狱统计数据中得出犯罪的各种信息。"② 这些数据不仅仅客观反映执法过程当中不同阶段的犯罪信息,而且每一个数据都是"人为决定"的。"监狱统计数据"和"缓刑报告"主要是关于陪审团对罪犯罪名的认定、法官对缓刑或刑期长短认定的一种反映;"逮捕数据"则主要是对犯罪嫌疑人采取拘留措施进行犯罪调查决定的一种反映。所有这些决定都建立在最根本的决定基础之上:立法者将哪些行为首先贴上"犯罪"标签的决定。

总之,我们对犯罪的描述反映了一个现实,即犯罪、逮捕、定罪、监禁等。但这样的刑事犯罪状况对刑事司法体系来说并不能客观地反映它所面对的威胁,因为这样的刑事犯罪状况是刑事司法体系在运行过程当中通过过滤大量的立法者和执法者的主观决定而形成的,即从立法者决定什么样的行为应该被确定为犯罪行为,到执法者决定哪些人应该划归到被执行的范围之内。刑事司法体系的效果还远不止这些,媒体(电视、报纸、网络)过分渲染并推动了社会中人们对刑事犯罪的认识。③ 在这里,主观决定是根本,新闻媒体夸大了一些不实的内容。而事实上,社会中有太多的事实要让我们必须做出一个选择,而媒体工作者也必须对哪些事实才称得上是新闻做出选择,同时,他们还必须对如何描述这些事实做出选择。

值得注意的是,我们在这里强调"主观决定"的作用,并不意味着事实上的犯罪是由个别"决策者"自愿和故意"创造"的。他们的决策受到社会制度的限定,就像一个孩子在他成长的社会制度下决定要成为一名工程师而

---

① 马乔里·扎兹:《种族、性别和阶层在法院决策中的融合》,第509页。
② 同①。
③ 格雷格·巴拉克:《信息时代的大量新闻已经成为最重要的交流信息,从而使普通人可以了解自己直接经验之外的世界》,载《媒体、过程与犯罪的社会建设》,纽约:加兰出版社,1994年,第3页。

不是成为一名武士一样。因此,为了对"现实的犯罪是如何创造的"这样的问题给出一个完整的解释,我们就有必要了解我们的社会结构,因为这种社会结构能够使人们做出自己的决定。换句话说,这些决定是用来解释部分社会现象的,而不是用来解释人们自己。

但是由于以下原因,我们目前的讨论主要强调主观决定的作用。首先,主观决定是社会中的焦点问题,比较容易发现,而且有实例可证。其次,这些主观决定旨在保护大众免受危险行为的侵害,因此大众可以把这些决定所确定的危险与真正的危险进行比对,以确定这些决定是否能够真正应对社会当中存在的真正危险。再次,由于现实的犯罪(给特定行为贴上"犯罪"标签,对个人进行定罪量刑,以及在新闻当中我们经常看到犯罪分子被警察逮捕、被法院判刑、最后被监狱关押的过程)来自于这些主观决定,因此我们可以判断这些犯罪是否与社会当中存在的真正危险相对应;只要现实的犯罪与社会当中存在的真正危险有对应之处,我们就可以说现实的犯罪反映了社会的真正危险。当现实的犯罪不能准确地反映社会真正的危险时,我们就可以说是这些主观决定"创造"了犯罪的现实。紧接着,我们就可以调查社会制度在鼓励、加强和塑造那些决定时所起的作用。

为了获取观察那些被决定的犯罪与社会当中存在的真正危险是否对应的方法,我们有必要将刑事司法体系作为一面镜子。在这面镜子当中,我们看到的人和行为是由"谁是罪犯"以及"什么行为是犯罪行为"所决定的。那些贫穷的、年轻的、生活在城市当中的黑人男性,不仅仅对社会上的其他人构成威胁,而且还为警察逮捕记录和监狱人口的增加做出了很大的贡献。如果一个人实施的行为没有被贴上"犯罪"的标签,如果他实施的行为不会被逮捕,如果他聘请律师来说服陪审团判他无罪或说服法官抹去他的犯罪记录,如果他没有被认定为是必须监禁的人或他实施的犯罪行为不是必须监禁的行为,那么,即使他实施的行为非常危险,也不会出现在刑事司法这面镜子里。我们在刑事司法这面镜子当中所看到的犯罪状况,都是这些决定的结果。我们很想知道我们在镜子当中所看到的犯罪状况,是否准确反映了在社会中威胁大众生命财产安全的真实危险。

这些主观决定和创造的现实状况并不是没有创造出任何东西的,如抢劫犯、强奸犯、杀人犯、小偷和强盗等,都会对大众的幸福生活构成了一定程度的威胁,因此,应该用一种有效的方式对这些罪犯行为进行处理,并把这种威胁降低到最低程度（刑事司法体系本身不会对大众的生命和自由构成威胁）。然而，至关重要的是，那些由典型的刑事犯罪行为所构成的威胁并不是大众所面临的最大的威胁，也并不是威胁大众的唯一行为，但也不是威胁大众的诸多行为。正如前文所提到的，在我们的社会当中存在着某些因素，这些因素能够导致人们被杀害或被伤害的概率增大，有时甚至会特别大，比如职业病或者疾病的危害、不必要的手术、伪劣的医疗服务等，而不是我们经常听到的暴力袭击或者是杀人行为。然而，即使这些因素对大众的幸福生活构成的威胁比黑人青少年实施危险行为造成的威胁更加严重，但它们也没有出现在联邦调查局的《统一犯罪报告》中，而造就这些因素的负责人也没有出现在警察的逮捕记录上，甚至更不会出现在监狱的统计数据上。这些因素从来不会成为现实犯罪的一部分，也不会反映在刑事司法体系这面镜子里，虽然它们构成的危险至少和那些犯罪行为造成的危险同样大，有时甚至更大。

同样，与美国联邦调查局报告的财产犯罪所造成的损失相比，偷税和漏税、欺诈和欺骗消费者以及贪污行为将会给大众造成更大的财产损失（见第3章）。然而，这些造成更大财产损失的行为不是犯罪行为；退一步说，即使是犯罪行为，如果是技术犯罪，也不会被起诉；而即使被起诉，也不会受到惩罚；即使受到惩罚，也只是轻微的惩罚。在任何情况下，虽然这些行为的负责人与那些典型的犯罪分子相比更能从普通民众的口袋里获取更多的钱财，但是他们却很少出现在被逮捕的统计数据当中。不，他们几乎从来没有出现在监狱的统计数据当中。尽管他们造成的损失和那些典型的犯罪分子造成的损失同样大，有时甚至更大，但是他们的面孔很少出现在刑事司法体系这面镜子当中。

因此，不可避免的结论是：刑事司法体系不只是简单地反映现实的犯罪状况，它还在创造我们所看到的现实犯罪状况；它放大了街头犯罪的威胁，同时最大限度地缩小了企业不当行为造成的危害。

我们可以从刑事司法体系这面镜子中看到一些丑恶的社会现象。因为该镜子所照到的都是一些丑恶的镜像，而不是其他；因为它把一些轻微的犯罪行为夸大处理，同时又把一些严重的犯罪行为按轻微犯罪行为来对待。这样，这面镜子所折射出来的图像就有点失真，就像一面哈哈镜当中的镜像。之所以如此，不是因为这些镜像是被凭空创造出来的，而是因为那些真实的犯罪状况被不成比例地扭曲了，即有些大的严重的犯罪行为变成轻微的，而有些轻微的犯罪行为却变成严重的。这样，刑事司法体系就像一面狂欢节上的哈哈镜，虽然世界上没有的东西不会在镜子里面出现，但是它扭曲的犯罪状况与真实的情况完全不符。

扭曲了真实犯罪状况的刑事司法体系这面镜子，使大众受到了双重的欺骗。首先，大众被迫相信刑事司法体系能够保护自己的幸福生活免受严重犯罪行为的侵害，而事实上，该体系只针对部分不严重的犯罪行为来对大众进行保护。大众习惯于自己受到刑事司法的保护，因此遗漏了易受侵害的一面。其次，欺骗只是这个体系的另一方面。如果大众相信哈哈镜的镜像是对现实社会真实的反映，即如果大众相信刑事司法体系能够真实地反映那些威胁到自己生命和财产安全的严重的犯罪行为，那么大众就会相信刑事司法体系针对的任何犯罪行为就都是威胁到自己生命和财产安全的严重犯罪行为。换句话说，如果大众认为刑事司法体系正在使用最有力的社会武器来应对最严重的犯罪行为，那么大众将会毫无疑问地相信：最有力的社会武器所应对的犯罪行为必然就是那些给社会造成严重威胁的行为。

当大众不加批判地认可刑事司法机构的合理性时，一个奇怪的炼金术就出台了：人为制定的刑事法律规范成为实施这些法律规范的证明。人们开始相信，监狱里的囚犯肯定是罪犯，因为他们在监狱里面；精神病院的病人肯定是疯子，因为他们在精神病院里面。刑事司法体系采用的极端措施（比如武力和监禁等）被认为是合理的，因为它们能够应对极其严重的犯罪行为。通过这个炼金术，我们就可以看出这些极端的措施已经成为严重犯罪行为的证明，同时，上文提到的第一个欺骗（这仅仅是误导公众相信刑事司法体系能够为自己提供实际的保护）即转向了第二个欺骗（它欺骗公众去相信刑事司法体系的目标是那些对自己的幸福生活构成严重威胁的犯罪分子和犯罪行为）。因此，该体系不仅不能保护大众免受一些危险行为（这些危险行为的危害程度和联邦调查局统计的犯罪行为的危害程度一样大，有时甚至更大）的侵害，反而通过创建一些虚假的安全信念使大众可能遭受更大的侵害。这些安全信念主要是指美国联邦调查局指出的，其犯罪统计报告所罗列出来的严重的犯罪行为才是真正威胁大众的行为，需要我们去控制和防范。

接下来，我们主要介绍刑事司法体系这面镜子是如何扭曲现实的犯罪状况的，以及它扭曲的理由。

刑事司法是一种需要创造力的艺术

"得不偿失的胜利"的理论解释了"失败"的美国刑事司法体系，认为它之所以失败（即它对犯罪率的降低没有做出任何贡献），是为了去设计一种给大众的特定的犯罪印象。本书第1章描述了刑事司法体系未能采取那些能够消除社会高犯罪率的政策，第2章揭示了现实的犯罪状况是主观人为创造的，并通过这种主观人为的方式来给大众建立一种特定的犯罪印象。这种特定的犯罪印象主要是指穷人实施了严重的犯罪行为，这些犯罪行为将对社会构成严重的威胁。

主观人为创造的现实犯罪的概念主要来自于理查德·昆尼的"社会现实的犯罪"理论。[1] 然而，与其他地方一样，"得不偿失的胜利"的理论观点在这里自始至终都在变化，因此，将这种观点与昆尼的理论进行比较，将有助于呈现本书的观点。

昆尼认为，犯罪是一个"社会现实"，而不是一个客观真实的现实。他的意思可以用一个例子来解释：何处存在着天然的货币？那些带有绿色印花的纸质货币当然不会天然就存在。货币的存在包含着一定的"社会"意义，这种意义主要来自于人们的"社会"行为。如果人们不采取一定的行为，那么绿色印刷纸的价值也仅仅是绿色的纸张，而不是现实存在的真实的货币。[2] 现实的犯罪作为一种"犯罪"也不是天然就客观存在于社会当中的行为。这种行为也被赋予了"社会"的意义，这种意义同样来自于人们的"社会"行为（尤其是刑事司法官员的行为）。昆尼的这种观点是正确的。当我们讨论现实的犯罪时，我们往往指的是由人的身体实施的行为，比如用刀刺和用枪射击等。我们的意思是，通过给这些行为贴上"犯罪"标签，或者把这些行为按犯罪行为来处理，使社会的现实犯罪被认为是由人的身体实施的行为。

---

[1] 理查德·昆尼：《犯罪的社会现实》，波士顿：小布朗出版社，1970年。
[2] 关于货币政策的讨论经常使用"法定货币"术语来传达美元是没有价值的观点，因为它与金本位或其他外在的价值相联系。法定货币具有价值，是因为政府宣布它具有价值，然后人们也相信它有价值，并以实际行动来维护这样的价值，就好像那些纸币和硬币确实具有价值一样。

昆尼进一步认为，这些现实的犯罪都是主观人为创造的。他的意思是，犯罪是一种由立法者和刑事司法决策者限定的行为。昆尼写道：

> 犯罪是一些人对其他人实施的行为的一种定义。法律的代言人（立法者、警察、检察官和法官）是社会政治组织的一部分，他们主要负责制定和执行刑事法律。一些人和一些行为被打上"犯罪"的烙印，主要是由这种犯罪定义所起的作用造成的。因此，犯罪现实是主观人为创造的。①

我们并不太赞同现实的犯罪是主观人为创造的观点。昆尼认为，犯罪是刑法确立的，刑法是人们创立的，因此，犯罪也是人们创造的。这虽是事实，但却并不完全正确。虽然从这个意义上来说，谁也不能否认犯罪是人为创造的观点，但只有那些被催眠后忘了前人们撰写的法律书籍的人才会否认"犯罪"是人类适用于某些行为的一个标签。

然而，这一标签是否被合理使用还存在争议。毕竟，"犯罪"不只是一种声音，因为它被赋予了人们普遍接受的含义。一般来讲，这意味着"犯罪"至少是"对社会有害的故意行为"。当然，"犯罪"也有一个较为狭窄的定义，即"刑法所禁止的行为"。刑法禁止一些行为的目的，是保护社会大众免受有害的或危险行为的侵害。因此，尽管刑法所禁止的任何行为从狭义上来说都是犯罪行为，但是刑法所禁止的行为并不都是合理的和恰当的，也就是说，并不是每一种危害社会的行为都被合理地、恰当地贴上了"犯罪"标签。要确定这些"犯罪"标签是否被合理地使用，我们必须使用更恰当的定义，当它被用于识别所有的或至少是最严重的危害社会的行为时，"犯罪"标签的使用才是合理的、恰当的；而当它用于无害的行为或者没有用于最严重的危害行为时，这样的标签使用就是不合理的；当我们讨论现实的犯罪是主观人为创造的时候，我们就会认为"犯罪"标签没有被合理地使用。当然，给抢劫和强奸行为贴上"犯罪"的标签是恰当的。不恰当的标签使用是指未对那些同样的危害行为或者是危害程度更大的故意行为贴上"犯罪"的标签。另外，不恰当的标签使用还在于通过刑事司法体系来传递所谓的"我们面临的最大危险来自于穷人实施的有害行为"的镜像。

---

① 理查德·昆尼：《犯罪的社会现实》，第15页。

有人可能会问：为什么不合理地使用"犯罪"的标签是"犯罪是人为创造的"一个理由？答案是：通过对主观人为创造的犯罪行为进行分析，我们会关注到一个事实，即人类的行为要对它负责。主观人为创造的犯罪行为指向的是人类的行为，而不是客观存在的犯罪行为，同时，它确定了社会当中现实存在的犯罪的范围。如果"犯罪"标签从始至终都被贴在那些最危险或者后果最严重的危害行为上，那么，它将会误导人们认为刑事司法的决策者们只会对标签使用的合理性负责，因为他们的决定源于令人信服的客观原因。这与主观人为创造的犯罪不同，因为这样的决定主要用于已经存在的现实犯罪。另一方面，如果"犯罪"标签没有被恰当地使用，那么，我们就可以推断原因主要在于决策制定者，而不在于客观的危险行为。这也意味着，当"犯罪"标签应用不当时，就有必要提醒人们应当对自己的行为负责。因此，毫无疑问，当"犯罪"标签被不恰当地使用时，也更进一步证明了现实的犯罪是主观人为创造的。

通过对现实的犯罪进行分析，我们要强调的是，人们应当对"犯罪"标签的应用范围负责。这里不是指对刑法的起草行为，而是指这样一个事实，即将什么行为标记为犯罪或按犯罪来对待的决定并不是来自于客观真实的危险行为。因此，要了解现实的犯罪，我们必须关注影响这些决定的社会进程。

再者，我们认为现实的"犯罪镜像"并不能真实地反映那些对大众构成真正威胁的危害行为所造成的状况。这些"犯罪镜像"主要来源于逮捕数据、监狱人口统计数据、政治家的演讲、新闻媒体以及虚假的演示等的综合成像。同时，这些"镜像"反过来又会影响到立法者和刑事司法政策的制定者。这些"犯罪镜像"不是简单地来自于社会生活中的真正危险，相反，它是经过创造后的艺术片段。在这些"犯罪镜像"中，有一些危险行为被描绘进去了，也有一些危险行为被忽略掉了。因为它们不能真实地反映客观存在的真正威胁，所以我们必须从其他地方来理解这些"犯罪镜像"。

这样的争论（本章和下一章的主要内容）将引导出五个关于"如何建立犯罪在公众心目当中的印象"的假设。这些犯罪印象肯定会反映一定的现实，但是现实的犯罪印象本身就是由那些在刑事司法应用过程中的关键时刻所做出的决定创造的。为了证明现实的犯罪是主观人为创造的，以及也为了证明刑事司法体系是一面哈哈镜（这面镜子给我们展示了威胁大众生命和财产安全的危险行为的扭曲形象），我们将努力去证明那些在刑事司法应用过程中的每一个关键决定都不能恰当地反映大众所面临的真实的和严重的犯罪行为。这五个假设如下：

假设一： 立法会议员的决定：刑法当中的犯罪定义并不能如实地反映唯一的或者是最危险的反社会行为。

假设二： 警察和检察官的决定：他们做出的有关逮捕和控诉的决定并不能反映法律所确定的"犯罪"是唯一的或者是最危险的反社会行为。

假设三： 陪审团和法官的决定：在那些被逮捕和被指控的犯罪嫌疑人中，刑事定罪并不能反映唯一的或者是最危险的犯罪行为人。

假设四： 法官的量刑决定：量刑决定并不能通过对犯罪造成的社会危害给予犯罪行为人以恰当的惩罚，来反映关于保护公众免受被确定为唯一的或者是最危险的犯罪行为侵害的目标。

假设五： 这些决定的集合：刑事司法政策的决定（假设一到假设五）反映的是对穷人实施的危险行为的隐性识别，这种识别是由媒体放大的犯罪印象所导致的。

"得不偿失的胜利"理论除了包括这五个假设外，还包括刑事司法体系不能降低社会高犯罪率的命题（第1章已论述）、这种失败是如何产生的，以及由于这种失败产生的意识形态的后果而未被矫正的历史惯性解释（将在第4章中论述）。需要注意的是，第五个假设超越了刑事司法体系的范围，并指向了媒体的作用。也就是说，在刑事司法实践过程中，媒体能够创造一个穷人实施犯罪行为的大众印象，并将这种印象再传输给公众。而问题是，媒体在传播过程中会产生扭曲效应，它不仅带着一些偏见来传播整个刑事司法实践过程中的"镜像"，而且还会放大这些偏见。因此，我们应当看到，媒体描述的犯罪大众印象（现实的和虚构的）过多地宣传了穷人实施的犯罪类型（即使富人实施的犯罪行为通过电视报道时也如此），并且掩盖了那些导致犯罪发生的社会因素（在本章和第4章中讨论）。我们会把刑事司法体系的实践过程和原因及历史惯性解释联系在一起，也就是说，我们会尽量说明那些创造扭曲的犯罪印象的决定是如何反映传统的犯罪观念并保持不变的，因为这些决定引起的成本与收益的分配能够使刑事司法体系自我强化。

其他名称的犯罪

随便想象一种犯罪，任何犯罪都行，想象一下出现在你脑海当中的第一种犯罪，你看到了什么？或许你不会想到一个矿业公司的管理者坐在他的办公桌前计算安全预防措施的成本，并决定不对这些预防措施进行投资。或许你在脑海当中想到的是一个人在攻击另一个人的身体，或者是利用身体攻击的方式对另一个人实施抢劫。仔细想一下，攻击者大概长什么样子呢？可以肯定的是，这个攻击者（当然，应该是一个男性）不会穿着西装和打着领带。事实上，你和我们一样，和美国的所有人一样，在脑海当中首先想到的是一个年轻的、强壮的、社会地位比较低的男性犯罪分子。你可能会想到一个像我们之前所描述的实施犯罪的典型犯罪分子。犯罪本身是指那些典型的犯罪分子针对一些特定的人士去实施暴力袭击行为或者是抢劫行为。

上述最后一点很重要，这表明我们脑海当中不仅有一个典型的犯罪分子形象，而且还有一个典型的犯罪行为的画面。典型的犯罪分子是指一个年轻的、社会地位较低的男性；典型的犯罪行为是指一对一的伤害行为（这里的伤害主要是指对身体造成的伤害，或损失一些贵重的物品，或两者兼具）。如果你对这样的典型犯罪行为有任何疑问，那么你可以看一下有关警察或私家侦探的任何电视节目。你是否经常在电视节目里面看到有关警察调查消费者欺诈行为的案例，或调查那些造成职业病原因的案例？当《法律与秩序》里面的侦探追查富有的犯罪分子时，几乎都涉及暴力犯罪，比如谋杀行为。一项涉及犯罪的电视节目的研究表明，电视画面里虚构的犯罪分子与美国联邦调查局的犯罪统计报告中显示的真实的犯罪分子相比，通常年龄会更大，也更富有。"电视里虚构的犯罪行为的暴力程度是现实世界中犯罪行为的十二倍。"[①] 通过对几十年的相关研究进行回顾，人们证实了暴力犯罪在电视新闻和虚构类的电视节目当中都曾有过被过分夸大的成分，那些年轻的、黑色皮肤的、社会经济地位较低的犯罪分子以及受害者的形象并未出现在电视节目

---

① 《华盛顿邮报》，1983 年 1 月 11 日，第 C10 版。

当中。而从现实世界当中来看却正好相反，那些非暴力的财产犯罪远远多于暴力犯罪。另外，在那些犯罪行为人和受害人当中，占主导地位的主要是一些年轻的、贫穷的、黑色皮肤的人。①

值得注意的是，有关犯罪的电视节目也会关注穷人实施的典型的犯罪行为，但是不会把这些犯罪行为当作穷人实施的唯一行为。这与"得不偿失的胜利"的理论并不矛盾，而且这种组合还会有力地证明"得不偿失的胜利"的理论的观点。这种组合的结果导致电视里的犯罪节目成为一把双刃剑，即既在犯罪节目里指出穷人实施的一对一的犯罪行为是典型的犯罪行为，又让观众知道富人犯罪分子与穷人犯罪分子一样，也会被定罪，同时还指出贫穷不是导致犯罪发生的唯一原因，刑事司法体系对穷人犯罪分子和富人犯罪分子将一视同仁。因此，当刑事司法体系在现实生活中主要针对穷人时，也并没有任何阶级偏见。② 换句话说，电视节目里最重要的是对犯罪类型的呈现，而不是针对特定的人。通过过分渲染单个人之间的暴力行为，电视传达给大众的常识是这些单个人之间的暴力行为就是威胁大众的犯罪行为。更进一步来说，因为在现实世界里这些犯罪大部分都是由穷人实施的，所以关于穷人对守法的美国公民实施的严重犯罪行为的画面很容易虚构。

除了在电视里面经常播出虚构的暴力和犯罪行为外，许多电视新闻节目也一直在播出类似的主题。电视新闻报道中呈现的犯罪行为也比现实存在的犯罪行为更加暴力。③《华盛顿人》上的一篇文章指出，两个著名的地方电视新闻节目的热门话题是"如果流血，就会导致……"。④ 媒体和公共事务中心的报告也指出，从 1993 年开始，晚间新闻节目中报道的杀人行为大量增加，其增幅正如杀人犯罪率大幅下降的幅度一样。其他研究人员还发现，新闻节目报道的杀人案件具有高度的选择性，被报道的谋杀案往往是由居民区的陌

---

① 莉迪亚·沃伊特：《犯罪与司法》，纽约：麦格劳希尔出版集团，1994 年，第 11～15 页；引文来自于第 15 页。
② 这个说法来自于格雷姆·纽曼，他在电视上观察到大部分的罪犯都是白人，并且思考"统治阶级"或保守派通过否认黑人的犯罪行为能够获得什么。格雷姆·纽曼：《流行文化与刑事司法》，载《刑事司法杂志》，第 18 期，1990 年，第 261～274 页。
③ 格雷姆·纽曼：《流行文化与刑事司法》，第 263～264 页。
④ 芭芭拉·马图索：《如果流血，就会导致……》，载《华盛顿人》，1988 年 1 月，第 102 页。

生人实施的,还报道这些居民区的家庭人均收入超过 2.5 万美元。但是据我们所知,大多数谋杀案都是由相互认识或熟悉的人实施的,并且最有可能发生在低收入社区里。新闻媒体这样报道的效果是把低收入阶层实施的犯罪风险放大到中产阶级的群体当中,即使犯罪率在下降,但中产阶级对犯罪的恐惧依然存在。这难道不奇怪吗?[1]

更重要的是,一种新的写实性的"小报"电视出现了,观众可以在这里看到真实的暴力犯罪的电影(能够让人尖叫不止),或者可以看到对实际的暴力犯罪画面的重演,有时也会看到让实际的受害者来演示的情形,其中包括警察和美国的通缉要犯。《华尔街日报》报道了"小报"电视的现象,并指出,"电视已经小报化了。生活中丑恶的一面被暴露在展示真实犯罪画面的新媒体当中……"[2] 在这里,重点暴露的还是单个人之间的暴力犯罪行为。

确定这种典型犯罪行为的模式是重要的,因为它经常被用来掩盖其他一些罪行。它让我们忽视所谓的矿业灾难的影响,即使是 10 名矿工被杀害的矿难事故,即使有人对那些导致工人死亡的不安全的工作条件负责。一项关于对食品加工厂发生火灾事故(导致 25 名工人死亡,刑事指控最终被提起)的新闻报道的研究指出:"新闻报道里面没有显示出任何有关将这起事故视为犯罪的迹象。"[3] 最近,《华盛顿邮报》报道了美国花生公司在过去的两年时间里"故意运送受污染的花生酱 12 次"。因该公司沙门氏菌污染的花生导致了 9 人死亡,700 多人生病,其中有很多人需要住院治疗。[4] 据媒体报道,有超过 4 000 件同类产品被召回,但是并没有人将这次事故与"大规模谋杀"甚至是"犯罪"联系在一起,尽管联邦法律将在食品当中掺假的行为定为重罪。在新

---

[1] 维克多·卡普勒、马克·布隆伯格、加里·波特:《犯罪与刑事司法的神话》(第3版),伊利诺伊州展望高地:威武兰出版社,2000 年,第 41~42 页。

[2] 《娱乐频道:电视成为寻求利润的节目小报》,载《华尔街日报》,1988 年 5 月 18 日,第 1 期。

[3] 约翰·赖特、弗朗西斯·库伦、迈克尔·布兰肯希普:《企业暴力的社会构建:食品加工厂消防安全的媒体报道》,载《违法与犯罪》,第 1 期,1995 年 1 月,第 41 卷,第 32 页。

[4] 林德赛·莱顿:《花生公司忽略沙门氏菌的测试,故意出售受污染的产品》,载《华盛顿邮报》,2009 年 1 月 28 日。网址:http://www.washingtonpost.com/wp-dyn! content/article/2009/01/27/AR2009012702992.html? hpid = topnews。

闻发布会上，受害者要求提起刑事指控，但是并没有引起主流媒体的关注。[①]这是由于我们已经将典型犯罪的模式固化了。这一特定的心理枷锁禁锢了我们的思想，阻止我们利用刑事司法体系来保护我们的身体和财产免受更为严重的犯罪行为的侵害。

在大众的眼中，矿难事故并不属于大规模谋杀行为，其原因在于它不属是单个人之间的伤害。对单个人之间的伤害来说，数字并不重要，重要的是一个人或一些人伤害其他的个人或群体的主观意愿。一群人袭击一个人或多人，或者是一个人袭击多人，都符合单个人之间伤害的犯罪模式。也就是说，对于单个人之间的伤害来说，至少有一个人想要去伤害另一个人；一旦侵害者选择了被侵害的对象，那么，强奸行为、抢劫行为或者是杀人行为的后果，就是想让这个被侵害的对象去承受。但矿厂老板并不希望自己的员工受到伤害，也真心希望没有事故发生、没有工人受伤或死亡。他们所希望的都是合法的东西。他们想得到的是：用最小的代价获取最大的收益。如果他们走捷径是为了节省成本，那么他们也只是在做自己分内的工作。但他们为了节约安全成本，结果却造成了多达几十人死亡的事故。我们可能也只会认为他们是一些粗鲁的和冷酷无情的人，但却不是谋杀者。他们最多负间接伤害的责任，而不是单个人之间直接伤害的责任。为此，他们甚至可能会因违反安全条例而被提起刑事公诉，但不会按谋杀罪来对待。那些工人的死亡是他们在（过分关注或不够谨慎地）追求合法目标过程中所造成的意想不到的后果，因此，这与典型犯罪不一样。所以我们通常认为，他们并没有实施所谓的典型犯罪行为。如果一味地为了节约安全成本而导致生命受到了侵害，那么，那些活着的人现在都有可能死亡了。这些"灾难"是不是专门用来节约所谓的安全成本的？是不是应该按谋杀行为来对待？

这是我们的观点。因为我们接受一种观念，即犯罪的模式是一个人试图直接去伤害另一个人。这种观念是由政客们关于犯罪的言论和媒体对犯罪的描述塑造出来的。因为我们接受一种法律体系，这种体系便使我们遭受了更为严重的威胁，至少比典型的犯罪行为构成的威胁严重。在进一步探讨这一

[①] 参见2011年政府问责计划。沙门氏菌受害者呼吁刑事指控前花生公司首席执行官。网址：http://www.whistleblower.org/press/press-release-archive/2011/989-salmonella-victims-to-call-for-criminalcharges-against-former-peanut-corp-ceo。

观点之前，让我们来预见和处理一些可能的反对意见。现行法律秩序的捍卫者可能会用一种愤怒的态度来回应我们的这一观点，现在让我们来和他们谈谈，理性沟通的可能性仍然存在。

现行法律秩序的捍卫者（我们把他们简称为"捍卫者"）既不是些愚蠢的人，也不是些邪恶的人。他们不是种族主义者，为了让刑事司法体系更公正，他们也没有忽视对其进行改革的必要性；同时，为了让所有的美国人在现实中具有平等的机会，他们也没有忽视更大规模的社会改革。他们对我们的这一观点的反应是刑事司法体系应该把单个人之间的侵害行为作为重点预防的对象。矿难事故所体现出的危害不是真正的谋杀，这种危害可以通过严格执行政府安全法规来有效地应对。捍卫者也承认，这样的执法一直都比较宽松，并曾建议对其进行改革。不过，他们认为这种划分是正确的，因为它符合大众一般的道德情感。

据此，捍卫者认为，有人试图去伤害另一个人所具有的危害性，与有人不愿意伤害别人但在追求合法目标过程中造成他人伤亡的危害性相比，前者的危害性更大。用后一种方式给他人造成伤害的人其实并不希望伤害他人，他们并没有试图用抢劫犯和强奸犯所使用的方式去伤害别人。捍卫者还认为，直接故意去伤害另一个人比间接地通过安全隐患去伤害另一个人的危害性更可怕，即使是在两种情况造成的危害基本相同的情况下也是如此。为此，捍卫者认为应该对推行宽松安全措施的负责人持宽容态度，因为他们是在追求合法的目标；也就是说，他们实施的危险行为作为生产活动的一部分，最终会增加社会财富并使每一个人受益。而单个人之间的伤害并没有给其他人带来益处，除了受到伤害的人之外。单个人之间的伤害正好符合刑事司法体系中的一些强硬措施，并且那些为了追求合法目标而造成的伤害会被温和的监管形式加以适当的处理（或许会被确定为民事侵权行为，而不是刑事犯罪行为）。更进一步来看，捍卫者认为刑事司法体系所针对的犯罪行为（并且是完全违背受害人意志的行为）给受害人造成了伤害，而那些由于职业行为受到伤害的受害人则是自愿选择接受危险的工作的，因此，这在一定程度上表示他们愿意接受这样的危险职业。捍卫者还认为，危险存在的地方，适当的应对措施不是责怪环境，而是如何去提高安全性，这是最有效的调控措施，同时也不是通过刑事司法措施来定罪量刑。

综上所述，捍卫者提出了四条反对意见：第一条，有人故意去伤害另一个人比有人并不是故意伤害另一个人的危害性更大，即使两者造成的伤害程度大致相同也如此。第二条，直接伤害一个人比间接地、客观地并通过一些安全隐患来伤害另一个人更可怕，即使两者造成的伤害程度大致相同也如此。第三条，有人用一种非法的、纯粹以自我利益为中心的行为来伤害一个人，比有人为了实现合法和更高的利益去伤害一个人的危害性更大。第四条，典型犯罪行为的危害在于它完全违背了受害人的意志，而那些职业行为造成的伤害是由于受害人自愿接受危险的工作。

这四条反对意见反映了大众共同的道德信念，这对刑事司法体系来说是一个公平的标准。这些意见组合在一起显示了典型的犯罪分子确实比职业危害的负责人更加危险，因此值得通过刑事司法体系来进行严厉的打击。这些反对意见的部分或者全部已经展现给了读者。因此，重要的是如何回应捍卫者的这些观点。为此，我们将证明，既不是大众共同的道德观念，也不是传统的法律概念，给我们推行严厉的安全监管措施造成间接的影响。

捍卫者的第一条反对意见是：有人主观故意去伤害另一个人比有人并不是主观故意去伤害另一个人的危害更大，即使受到的伤害程度大致相同也如此。因此，刑事司法条例恰好可以适用于典型的犯罪行为人，而非刑事的安全法规则适用于那些为了缩减安全成本而给工人造成危害的矿业主。

回应理由：捍卫者的第一条反对意见混淆了公众的意图和目的，它试图把大家带到刑法覆盖的范围之内。事实是这样的，抢劫犯的目的是让受害人受到一定的伤害，而那些努力维持不安全的工作环境的公司高管并不具有这样的目的。但是公司高管的行为也是故意的、不计后果的、有过失的，这些故意的行为方式也应当适用刑法的调整范围。我们所期望的不只是我们想更多了解事情的发生的具体过程和细节，我们的目的是想更多了解什么是最有可能发生的正常结果。正如刑法理论家海曼·格罗斯所说的："真正重要的问题在于特定的危险行为是否是故意造成的。"[1] 行为人是否想要实施危害他人的行为是另一码事，与之相关的更重要的是行为人的犯罪程度（而不是他是

---

[1] 海曼·格罗斯：《刑事司法理论》，牛津：牛津大学出版社，1979年，第78页。参见该书第3章的"罪责、意图、动机"一节。

否有罪）。

　　这里有一个例子（改编自格罗斯提供的案例）可以用来帮助我们理解法律对罪责的认可程度。假设一名建筑工人在小孩们经常玩耍的地方挖了一个坑，这个坑最终并没有被填埋。某一个下雨天，有几个小孩在玩耍的时候，这个坑突然坍塌，结果孩子们都掉到坑里溺亡了。如果这个建筑工人挖坑并不填埋的目的是为了杀害这些孩子，那么，这些孩子们的死亡就是直接故意造成的。但假如挖坑并不填埋的行为不是为了伤害这些孩子，也仅仅知道将有小孩们在这里玩耍，那么，这些孩子们的死亡就是间接故意造成的。如果这个建筑工人并不知道有小孩们在附近玩耍，但是也不能确保他们不会来，那么，他挖坑并不填埋的行为造成这些孩子们死亡的性质就属于疏忽大意的过失。最后，如果这个建筑工人并不知道将有小孩们在附近玩耍，但是他采取了必要的预防措施能够确保孩子们不会在附近玩耍，那么，他挖坑并不填埋的行为造成这些孩子们死亡的性质就属于过于自信的过失。[1]

　　这里的重点是，所有这些导致死亡的方式在法律上都是故意的，因此行为人要承担相应的刑事罪责。这些导致死亡的直接故意、间接故意、疏忽大意过失和过于自信过失的心态之间的差异，在人们的意图范围之内是有区别的。此外，导致死亡的罪责会随着一定的心态变化方向依次递减，即从直接故意到间接故意，再到疏忽大意过失，最后是过于自信过失。按照格罗斯的观点，因为死亡结果主要是由机会导致的，而不是由行为人导致的：具有直接故意杀人动机的人与具有间接故意杀人动机的人相比，前者的杀人机会要少得多，因为具有直接故意杀人动机的人要采取一定的防护措施来防止杀人行为出现失败；而具有间接故意杀人动机的人则不会考虑这些因素；具有疏忽大意过失动机的人不会考虑受害人的存在，所以犯罪机会也多；具有过于自信过失动机的人不希望发生犯罪行为，一般会采取防护措施，所以犯罪机会相对就少一些。

　　捍卫者的第一条反对意见的核心观点在于，我们常见的街头抢劫犯罪主要是由直接故意的动机导致的，而矿业主造成的危害仅仅是由间接故意的动机导致的，或者是由疏忽大意过失或过于自信过失的动机导致的。而实际两

---

[1] 我们将海曼·格罗斯提出的这个例子归功于威斯康星绿湾大学的安德鲁·奥斯汀。

者都是有意的行为，我们的刑事法律是可以用来预防疏忽大意过失和过于自信过失造成的危害的。因此，正如捍卫者所说，拒绝惩罚那些造成职业危害的负责人和类似的犯罪分子是不符合大众的道德情感的。不要迷惑大众的思维，因为所有的工作场所都有一定的安全措施，而所有工作场所导致的死亡都是由于疏忽大意造成的。在某种程度上，预防措施不能用来针对特定的危险（比如甲烷泄漏）。根据格罗斯的标准，这些特定危险导致的死亡都是由疏忽大意的过失甚至是间接故意造成的（因为矿主知道自己未能减少那些潜在的受害者所面临的危险因素）。超过70%的职业安全与健康管理局（OSHA）的例证都是违反他们所认为的"严重"行为的；也就是说，那些矿主知道可能会导致工人死亡和严重身体伤害的危险因素，或者知道的可能性非常大。[①]南希·弗兰克回顾了各州有关谋杀的法规，并得出结论说："大部分州都认识到极端的疏忽大意造成的意外死亡应该按谋杀罪处理。"[②]

更多的理由需要论述。不要忘记格罗斯所说的把罪责程度的不同归因于所具有的机会的多少，因为我们所说的罪责会随着一定的心态变化方向依次递减，即从直接故意到间接故意，再到疏忽大意的过失，最后到过于自信的过失。从这个角度来看，需要注意的是，高管（或矿业主）给大量的工人造成的危险比典型的犯罪分子实施的行为危险要大得多。因此，典型的犯罪分子是直接故意去伤害一个特定的个人，而那些矿主却故意使大量的工人处在危险的境地，并对这种危险放任不管。随着危险越来越临近，工人的数量越来越多，一个或多个工人受到伤害的可能性就越来越大。这也意味着矿主和典型犯罪分子之间的差距在缩小。因为不是直接故意去伤害工人，所以这些矿业主获得了更多的机会；但是通过把大量的工人置于危险的境地，他们获得的机会也越来越小，因为有人将要受到伤害，因此，他们将他们的道德优势降低到与典型的犯罪分子相同的程度。如果他们把工人放在充满高浓度的有毒气体或有毒化学物质的工厂或矿井里面，那么，这种行为至少使工人受到伤害的可能性达到100%，这也意味着矿主所具有的罪责正在向典型犯罪分

---

① 职业安全与健康管理局：《职业安全与健康管理局事实》，2007年8月。网址：http://www.bls.gov/iif/。
② 南希·弗兰克：《意外谋杀与企业风险：合理性的概念》，载《刑事司法杂志》，第16期（1988年），第18页。

子所具有的罪责看齐。

应对捍卫者第一条反对意见的另一个理由是：矿主没有保护他们的工人，而典型的犯罪分子是在积极采取行动来伤害受害者。一般情况下，人们认为故意伤害另一个人比不能保护一些人而使这些人受到伤害所具有的危害性更大（假设在城市或世界的某一地有一些饥饿的人，如果某人不给这些人提供食物进而导致这些人死亡，那么也很少有人会认为他是一个杀人犯）。但是，当人们有一种特殊的义务来帮助别人时，他们通常会为自己的无所作为负责。这种观点适用于家长不给自己的孩子喂奶导致孩子死亡的情形，也适用于医生没有照顾他的病人而使病人死亡的情形，同样也适用于矿主没有采用法律规定的安全防范措施而导致他们的员工死亡的情形。这种观点也有可能适用于社会未能纠正它自身存在的一些缺陷而导致出现不公平现象的情形。这是另外一个理由，即道德差异在那些削减安全成本的管理者和典型的犯罪分子之间消失了。

此外，在人们的道德评价范围内，现行法律秩序的捍卫者们高估了那些实施危害行为的人的动机的重要性。对别人实施伤害的抢劫犯毫无疑问是一个丑陋的角色，但富有的矿主也一样，因为他们冷酷无情地把工人置于危险的境地。我们都知道，大多数杀人犯罪行为都是在情绪影响下发生的，比如愤怒、嫉妒，或者是由于毒品和酒精的作用。恋人之间、邻居之间或亲属之间，如果正处于一种激烈争吵的状态中，那么其中一个（通常是机遇问题）很有可能会拿起武器给另外一个人致命的一击。这样的人显然是杀人凶手，理所当然地应当受到刑事法律的惩罚。但相对于这样的人，难道那些明知危险存在却对安全隐患问题视而不见的矿主更不应该受到法律的严惩吗？静下心来细细琢磨：矿主的利润难道比工人所需的安全设备更重要吗？

两个人在激烈地争吵，其中的一个人被另一个人杀害，这样的行为就是激情杀人。此类行为不可能在平静的时候发生。在行为过程中杀人者可能感到"他不是原来的那个人"。他所杀的人是他熟悉的人，这个特定的人在被杀的当时似乎是导致杀人者痛苦和沮丧的主要原因，这个人的存在让杀人者感到难以忍受。尽管这样的行为是真实存在的，但我们并不认为这是真正的谋杀行为，我们也不认为这样的精神状态能够证明他是故意实施了谋杀行为。若果真如此的话，那么我们认为这样的行为并没有体现出凶手在实施杀人行为（由特定个体的愤怒所引发）时有对其他生命的蔑视。激情杀人者与矿主之间的不同之处在于：矿主并不是特意想去伤害另一个人，但他知道他的行为有可能伤害某一个人，而一旦有人受到伤害，那么某个人就成为特定的受害者。对此，矿主不可能说"他不是原来的那个人"。矿主的行为不是出于激情，而是出于冷酷。让我们来展示他们所具有的邪恶意图：他的意图是要去伤害不特定的其他人（工人、消费者、周边社区的居民），而这些人并没有对他构成真正的威胁，只是为了挣钱养家糊口。这就显示出了他对同胞生命的蔑视。难道可以说他所具有的邪恶比激情杀人者少吗？在《模仿刑法典》中就曾定义了对人的生命极端冷漠而导致死亡的谋杀行为。[①] 按照这个定义，难道上述矿主不是谋杀者吗？

值得一提的是，为了回应捍卫者的意见，我们已经阐述了职业行为所导致的危害。但是，这些职业行为都不是出于善意，而是给他人带来了过度的危险。例如，曼维尔公司（前身为约翰·曼维尔）的石棉事件。根据预测，现在大约有24万美国工人（或之前从事与石棉有关的工作的人）在未来30年之内将会死于与石棉有关的癌症。但是1979年国会听证会的公开文件显示："石棉行业的曼维尔公司和其他公司掩盖了数以百万计的美国人所面临的危险，而且也没发出任何警告，这些危险与那些防火的、"坚不可摧"的绝缘纤维有关。"[②]《美国公共卫生》杂志的一篇文章以数千人死亡的报道来掩饰这些危害。[③] 在本章的后面，我们将列举类似的掩饰行为，如煤矿中煤尘的虚假报告，这些煤尘可以导致工人瘫痪和致命的黑肺病。可以肯定的是，有人故意把一些人置于危险的境地并试图隐瞒这些危险的做法，这是应该受到严厉的谴责的。

捍卫者的第二条反对意见：直接伤害一个人比间接地、客观地并通过一些安全隐患来伤害另一个人更可怕，即使两者造成的伤害程度大致相同也如此。

---

① 《模仿刑法典》（最终草案），费城：美国法律研究所，1962年。
② 拉塞尔·莫克希伯：《企业犯罪与暴力：大企业权力和滥用公众的信任》，旧金山：塞拉俱乐部，1988年，第278、285页。
③ 戴维·利林菲尔德：《沉默了：石棉工业和早期职业癌症研究——案例分析》，载《美国公共卫生》，第6期（1991年6月），第81卷，第791页。本文揭示了一些行业如何在早期就认识到了石棉与癌症之间存在一定的关系。保罗·布罗德：《可恶的行为：石棉行业试验》，纽约：潘西昂出版社，1985年。

回应理由：捍卫者认为直接的个人攻击比间接的客观危害更可怕，这种说法基本上是正确的。我们这里所说的"基本上是正确的"，是因为一些职业危害（如在倒塌的矿井中慢慢窒息死亡或生活在职业性癌症的蔓延恐惧当中）导致的死亡人数可能比一些直接的个人攻击导致的死亡人数更令人恐怖。不过，即使捍卫者认为直接攻击比间接危害更可怕，也不应该将间接危害排除在刑事司法管制的范围之外。这两种危害之间的差异对刑事司法体系来说并不陌生。检察官、法官和陪审团必须不断地考虑如何对可怕的攻击行为进行控诉，以及对罪犯该定什么样的罪。这就是为什么我们允许对杀人行为和攻击行为有不同级别的控诉，并允许对特别严重的攻击行为处以特别严重的刑罚的原因。从总体上而言，捍卫者在这里所认为的两种危害之间的区别，一定程度上证明了惩罚单个人之间的杀人行为比惩罚由于疏忽的安全措施而引发的杀人事故行为更严厉，但它并没有证明为什么要将单个人之间的杀人行为按严重犯罪行为来对待，而将安全事故作为一个单纯的监管事故（或轻微的刑事案件）来对待。毕竟，受伤和恐惧都是一件非常糟糕的事，都是暴力犯罪导致的严重危害的组成部分，矿难事故是暴力犯罪的间接体现。而捍卫者却将这样的间接危害作为监管事故来对待。

与第一条反对意见一样，我们应该牢记间接危害可能会造成大量的受害者。环境污染、不安全的工作场所、危险品、被污染的食品都能够造成大范围的危害效果。安然公司和其他一些公司（将在第3章中讨论）的金融诈骗案件影响了数以十万计的美国民众，使这些人损失了大量的金钱，比人们遭受抢劫的损失要多得多。法官迈尔斯勋爵指出，类似问题在罗宾斯公司的一般职员到公司高管的演讲当中都提到过，该公司主要生产被称为"达尔康盾"的宫内节育器。该节育器尽管具有一定的效果，但它却使许多妇女的盆腔受到感染，导致18人死亡和35万人受伤。法官迈尔斯说："如果某个贫穷的年轻人未经授权和同意，通过实施一些行为对某个妇女造成这样的伤害，那么他的下半生将会在监狱里面度过。但该公司却在没有任何警告的情况下，让数以百万计的妇女使用这样的节育器并导致大量的妇女身体受到伤害。"[①]

---

① 莫顿·明茨：《针对女性的犯罪：罗宾斯和达尔康盾》，载《跨国企业监察》，第1期（1986年1月15日），第7卷。网址：http://multinational-monitor.org/hyper/issues/1986/0115/index.html。

捍卫者的第三条反对意见：有人用一种非法的、纯粹以自我利益为中心的行为来伤害另一个人，比有人为了实现合法的和更高的利益而去伤害另一个人的危害更大。

应对理由：捍卫者声称，间接危害，比如疏忽的安全管理措施导致的危害，属于合法生产活动的一部分，而单个人之间的犯罪行为则不属于生产活动。毫无疑问，我们必须容忍生产活动过程中必然存在的风险（除非这些风险大于生产活动所产生的利益）。但是，这并不意味着我们不应该识别那些过度的风险，以及不应该用法律来保护那些无辜的受害者。即便这些风险有可能会进一步推动生产和其他的合法活动，但也没有理由不把这些风险按犯罪行为来对待，除非是必须要保护那些工人、消费者和社区。一个人可以通过实施犯罪行为来促进另一个合法目标的实现，但这仍然是犯罪。而如果一个经理威胁要殴打他的工人，原因在于他的工人工作效率不高。事实是，让工人更快地工作是这个经理的合法目标。那么即使如此，也应该将这个经理的行为按刑事犯罪行为来处理。使用童工可以帮助合法企业获得更高的利润，但法律明确禁止这样的行为。同样的逻辑，对矿井内壁不进行加固处理或未能检测到矿井当中的爆炸性气体的失职行为可能会促进企业削减成本这一合法目标的实现，但是我们没有理由反对将这种危险的行为按犯罪行为来处理。如果直接将危及他人的行为按犯罪行为来处理的话，那么那些为了合法目标而实施的危害他人安全的行为也不能改变这一事实——按犯罪行为来处理。

捍卫者的第四条反对意见：典型犯罪的危害在于它完全违背了受害人的意志，而那些职业行为造成的伤害是由于受害人自愿接受危险的工作。

应对理由：曼维尔公司的石棉事件显示了那些捍卫者高估了工人们"自愿同意"从事危险工作的现实状况。如果明知道存在危险，那么他们可以同意或不同意在危险的环境中工作，但问题是这些危险往往被掩盖了。另外，捍卫者们也高估了工人们"自愿同意"在危险的工作条件下工作的可能性。西弗吉尼亚州上大支煤矿的经理威胁工人们说："如果你们抱怨存在安全风险，那就解雇你们。"① 一般来讲，虽然没有人是在枪口下被迫接受特定的工

---

① 社论：《上大支煤矿的不稳定司法》，载《纽约时报》。

作的，但几乎每个人都是为了需要从事一些工作而去工作的。只有有了可供选择的余地，工人们才可以去选择工作。但上述情况意味着他们不能随便挑选自己的工作，也即只能选择在充满危险的不同工作场所工作，而不可能选择在没有危险的工作场所工作。

对于非白色人种男性和普通女性来说，由于歧视性招聘和长期的职业隔离（让妇女们从事护理和食品加工工作，而黑人则从事清洁和其他琐碎的工作），工作选择还可能会进一步受限，更何况还存在一些阻碍非白色人种男性和女性职业提升的不为人知的做法。因此，为了自己的生存和养家目的，大部分工人都必须面对他们工作当中所存在的危险。除过我们在这里一直专注的职业行为所导致的危害因素外，接下来我们将要论述的大部分的间接伤害都不是针对工人的，而是，比如说，针对医院的病人的（疏忽大意的医疗服务），针对工业园区附近的居民的（呼吸危险的污染物粉尘），以及针对不安全的食品和危险物品的消费者。这些受害者肯定不同意待在危险环境当中。

最后，需要指出的是，捍卫者的所有反对意见都是基于：单个人之间的伤害比间接伤害危害更大的观点是我们共同的道德信念的一部分。虽然依据普通的道德信念来判断刑事司法实践是公平的，但也不能忽视法律制度所具有的塑造或对或错的道德信念的作用。英国法律历史学家詹姆斯·菲茨詹姆斯·斯蒂芬爵士指出：

> 在所有文明国家的体面的社区里面普遍持有的对犯罪行为的憎恶感主要来自于这一事实，即所有这些社区里面发生的犯罪行为都与神圣庄严且故意施加相应的惩罚联系在一起。[1]

我们不能简单地呼吁用普通的道德信念来捍卫刑法，因为刑法已经在塑造普通的道德信念了。至少有一名观察员认为，从20世纪初开始，将使用毒品的行为作为犯罪行为来对待的事实导致了公众关于毒品成瘾的道德观念的改变，而在这之前毒品使用一直被看作是一个医学问题。[2] 可以毫不夸张地

---

[1] 詹姆斯·菲茨詹姆斯·斯蒂芬爵士：《英国刑法的历史2》，见亚伯拉罕·戈尔茨坦与约瑟夫·戈尔茨坦合编的《犯罪、法律与社会》，纽约：自由出版社，1971年，第21页。

[2] 特罗伊·达斯特：《道德立法：法律、毒品与道德判断》，纽约：自由出版社，1970年，第3~76页。

说，在我们这个时代，反歧视立法激化了公众关于种族和性别歧视的道德谴责。因此，我们可以推测，如果刑事司法体系开始将那些制造间接伤害的人按严重的刑事犯罪分子来起诉的话，如果媒体也开始宣传这样的法律政策的话，那么社会普通的道德观念也会因此而改变。

我们的结论是：将单个人之间的暴力伤害行为按犯罪行为来对待，而那些职业行为导致的间接危害只按监管事故（或简单的侵权行为）来对待的观点并没有所谓的道德基础。关键问题是，在严重犯罪的范畴之内，刑事司法体系是否将所有可能导致严重危害的行为，以及为了追求其他合法目标且并没有主观故意去伤害别人而导致的严重事故行为视为犯罪行为。

刑事司法体系的目的是什么？答案并不深奥。诺弗尔·莫里斯和戈登·霍金斯指出："刑法的首要功能是保护公民及其财产。"[1] 美国总统执法和司法委员会的报告《犯罪在自由社会中的挑战》指出："任何刑事司法体系都是一种工具，社会用它来充当必要的行为准则，并保护社会以及社会中的每一个人。"[2] 无论刑事司法体系应该达到的其他目的是什么，我们都不会怀疑它的主要目的是保护公众的生活免受严重犯罪行为的侵害。但现在这一主要目的被单个人之间的典型犯罪模式严重干扰了，它无形之中阻碍了刑事司法体系保护公众的生命和财产免受一些危险行为的侵害，而这些侵害行为至少和单个人之间的侵害行为造成的危害同样大。这就是为什么我们要陈列大量未被贴上"犯罪"标签的危害行为，因为这些行为所导致的生命、肢体、财产的损失程度可以和美国联邦调查局统计的犯罪行为造成的损失齐平。其他各种犯罪同样会给受害者带来痛苦和苦难。

* * *

本章还罗列了一些其他名称的犯罪行为，这些行为给受害人所造成的伤害和痛苦可以和被称为"犯罪"的行为给受害人所造成的伤害和痛苦相同。我们的目的是为了证实第一个假设：刑法当中的犯罪定义并没有反映我们社会当中存在的唯一的或最危险的行为。为了证实这一点，我们需要认识一些由犯罪行为造成的一定程度的伤害和痛苦，以便我们可以拿这些伤害和痛苦

---

[1] 诺弗尔·莫里斯、戈登·霍金斯：《诚实政治家的犯罪控制指南》，芝加哥：芝加哥大学出版社，1970年，第2页。

[2] 《犯罪在自由社会中的挑战》，第7页。

与那些非刑事犯罪给受害人所造成的伤害和痛苦相比较。我们的措施也不必太细化,因为可以通过展示一些刑事司法不按犯罪对待的行为来证实这一点,但是这些行为所造成的危害大致相当于被称为"犯罪"的行为造成的危害。由于非犯罪行为造成的危害导致了受害人死亡或人身伤害(包括疾病导致的残疾)以及财产损失,所以我们将非犯罪行为所导致的危害与谋杀、暴力袭击、盗窃等行为所导致的危害进行比较。为了比较犯罪行为和非犯罪行为所造成的危害,我们一般会使用最新的有关这两类行为的统计数据。

美国联邦调查局的《统一犯罪报告》显示,在 2010 年,总共有 14 748 起谋杀案件和非过失杀人案件,以及 778 901 起暴力袭击案件。"谋杀行为和非过失杀人行为"包括所有的"某个人故意(非过失)杀害另一个人的行为"。"暴力袭击行为"被定义为"某个人对另一个人进行攻击,使得被攻击者的身体受到严重伤害"。[①] 因此,通过对 2010 年犯罪行为人给他人所造成的伤害进行估算,我们可以毫不夸张地说,严重的犯罪行为导致了大约 1.47 万人死亡,78 万人的身体受到严重伤害。为了对财产犯罪导致的货币损失进行估算,我们使用了联邦调查局在 2010 年统计的关于财产犯罪导致的 157 亿美元的损失数据。[②]无论这些犯罪统计数据有什么缺点和不足,公共政策历来都是依据这些数据制定的。[③] 因此,我们会考虑所有导致死亡、人身伤害和财产损失的行为,这与联邦调查局的《统一犯罪报告》中显示的数据具有可比性,正如对社会造成严重威胁的行为与犯罪所造成的威胁具有可比性一样,它们毫无疑问都是有害的行为,所以刑事司法体系(其目的是为了保护公众的人身和财产安全)应该要保护公众免受这些行为的侵害。这些行为主要是一些其他名称的犯罪行为。

为此,我们将探讨一些过去和现在的研究报告,目的在于强调这些犯罪

[①] 2010 年《统一犯罪报告》,表 1。网址:http://wwwfbi.gov/about-usicjis/ucr/crime-in-the-u.s/2010/crime-in-the-u.s.-2010/violent-crime/murdermain 和 http://www.jbi.gov/about-us/cjis/ucr/crime-in-the-u.s/2010/crime-in-the-u.s.-2010/violent-crime/aggravatedassaultmain。

[②] 2010 年《统一犯罪报告》之财产犯罪概述。

[③] 威拉德·奥利弗:《说服的权力:总统在犯罪控制政策方面对国会的影响》,载《刑事司法评论》,第 1 期(2003 年),第 28 卷。作者发现,《统一犯罪报告》报道的犯罪情况对"国会委员会和小组委员会发起的毒品与犯罪听证会具有较大的影响"(第 125 页)。

行为既不是新的,也不是最近才被发现的;它们不是暂时的,而是持续的。几十年来的研究结果应该有很强的说服力。

(一) 职业可能会危害从业者的身体健康

当《职业安全与健康的总统报告》① 在 1972 年公布时,政府估算的每年那些因职业所导致的疾病人数达到 39 万,因职业疾病而导致的死亡人数为 10 万。自那时以来,大量的研究已经证实,由工作场所的危险所导致的疾病、伤害和死亡大量发生。这些后果在很大程度上是由于管理者拒绝对一些安全措施进行投资而导致的,以及管理层无视政府要求执行的安全标准和相关法律所导致的。

2010 年,美国劳工部劳工统计局报告的工伤和职业病的人数为 310 万,其中有近一半(160 万)的人是由于加班、工作场所的变换和活动受限所导致的。美国劳工统计局还报告了 21.28 万起非致命性职业疾病的案件,② 并指出,某些情况(例如,由于接触致癌物质而导致的长期潜伏的疾病)往往难以与工作场所联系在一起,也不容易被认可和报道。这些长期潜伏的疾病在调查职业疾病时往往被低估了。③

其他完整的数据很难获得,其原因在于对工人伤亡事件进行报道存在一些阻碍以及雇主对职业疾病和损害进行记录过程中的不良因素。国家审计总局的报告指出:

> 一些工人可能不报告自己的工伤和职业病,因为他们担心失去工作或受到其他纪律的处分,或担心危及基于低伤害率和低患病率的奖励。此外,雇主也不可能去记录工人的工伤和患病情况,因为他们担心工人会增加赔偿的数额或危及他们自己赢得合同竞标的机会。④

---

① 白宫:《职业安全与健康的总统报告》,华盛顿特区:美国政府印刷局,1972 年。
② 美国劳工统计局:《2010 年工伤与职业病》,2011 年 10 月 20 日,第 1、2 页和表 6A,详细内容参见 http://www.bls.gov/news.release/pdf/osh.pdf。请注意,本次调查"不包括雇员少于 11 人的农场"。
③ 美国劳工统计局:《2006 年工伤与职业病》,2007 年 10 月 16 日,第 6 页。
④ 审计总局:《加强职业安全与健康管理局的记录审计过程可以提高工人工伤与职业病数据的准确性》,2009 年,第 1 页。网址:http://www.gao.gov/new.items/d1010.pdf。

国家职业安全与健康研究所的一项研究报告指出："每年由于工作场所导致的死亡人数有可能比雇主上报的死亡人数多几千人。"[1] 尽管这样的问题已经被暴露出来了，但美国职业安全与健康管理局做的一些调整使得这一问题进一步恶化。1995 年，美国职业安全与健康管理局改变了其数据收集系统，所有公司目前都在一个"荣誉制度"下向政府报告准确的工人伤残和死亡数字。一些公共卫生研究人员指出："停止对数据进行现场采集似乎加剧了雇主对这些伤残和死亡人数数据的漏报程度。"2002 年，美国职业安全与健康管理局改变了记录保存标准，以至于报告的工人伤亡和疾病数量越来越少。[2]

出于上述原因，我们必须去别处寻找更为准确的数字。纽约市西奈山医学院环境与职业医学部门的主管菲利普·兰德里根博士在参议院劳动与人力资源委员会上指出：

> 数据表明，在纽约州每年因为职业风险而导致 5 000 人至 7 000 人的死亡，3.5 万人患上职业疾病（不包括工伤）。这些由职业疾病而导致的死亡人数还包括 3 700 名癌症患者……
>
> 在美国，由于职业疾病造成的国家负担粗略估计达到纽约州的 10 倍。纽约州现有的劳动力不到全美国劳动力的 1/10，这些劳动力主要分布在制造业、服务业和农业部门。由此可以推算出，美国每年由于职业疾病导致的死亡人数大约为 5 万至 7 万人，并导致 35 万人患上职业疾病。[3]

兰德里根博士估计的由职业疾病所导致的死亡人数得到了国家安全工作场所研究机构的证实，该机构估计，每年由职业疾病所导致的死亡人数大约在 47 377 人和 95 479 之间。耶鲁大学医学院职业医学项目主任马克·卡伦称

---

[1] 《职业安全与健康管理局的工作不到位吗?》，载《纽约时报》，1987 年 8 月 2 日，第 A1、A6 版。

[2] 李·弗里德曼、琳达·福斯特：《职业安全与健康管理局记录保存规则的变化对美国工伤与职业病趋势的影响》，载《职业与环境医学》（2007），第 64 卷，第 454～460 页；引自第 459 页。

[3] 菲利普·兰德里根：《在美国国会参议院劳动与人力资源委员会上的证词》，1988 年 4 月 18 日，第 2 页。对于癌症死亡人数，请参见 StatAbst–1988，表 117、第 77 页和表 120、第 80 页。

赞这项研究是"一个非常平衡、非常全面的职业健康概述"。① 1997年美国医学协会（AMA）《内科医学文献》杂志发表的一篇文章指出："在1992年，美国加州圣何塞州立大学的研究人员收集了许多州和较大地区的职业健康数据，并进而推导出美国当年由于职业疾病而导致的死亡人数为6.03万。"②

伊利诺伊州立大学公共卫生学院的环境与职业医学名誉教授、癌症预防协会主席塞缪尔·爱泼斯坦博士指出："超过10%的导致成人死亡的癌症是由职业危害造成的，这也是公认的导致儿童患上癌症的其中一个原因：父母在工作当中经常接触致癌物质，也会把他们未出生的孩子置于同样的化学致癌物质之下。"③ 依据目前的估计，每年由于癌症而死亡的人数在57万以上，这也意味着每年有大约5.7万人死于职业危害引起的癌症。1999年的一份报告指出，每年大约有5.5万人死于职业病，但这一数字实际上可能高达9.4万。④

由于这些数字的不同，我们也很难去估计实际的死亡数字。如果我们采取保守估计，则可把每年由于职业病导致的死亡人数限定在5万左右。

对于非致命性的职业疾病来说，美国劳工统计局2010年的统计数字为21.28万人，圣何塞州立大学的研究人员估计的数字为86.22万人（基于1992年的数据）。这些疾病的严重程度也不同。由于我们想要将这些非致命性职业危害与暴力袭击造成的危害进行比较，故我们依然采取保守估算办法，就跟前面提到的由职业疾病所导致的工人死亡的估算办法一样。这一保守数字每年大约为20万人，这些人都患有严重的非致命性职业疾病。美国加州圣何塞州立大学的研究人员估计的86.22万人也是一个保守的数字，而且还存在漏报的可能性。还需注意的是，这些数字不包括工人遭受职业危害进而对

---

① 《安全组织引用与工作相关的死亡人数》，载《华尔街日报》（1990年8月31日），第B版；萨莉·斯夸尔斯：《关于工作比交通工具更能导致人死亡的研究》，载《华盛顿邮报》，1990年8月31日，第A7版。

② 保罗·利、马科维茨、兰德里根：《美国的工伤与职业病：成本估计、发病率和死亡率》，载《内科医学文献》，第14期，1997年7月，第157卷，第1557~1568页。

③ 癌症防治联盟：《美国国家癌症研究所》。网址：www.preventcancer.com！losing/nci/whY-JJrevent.htm。

④ 保罗·利、约翰·罗宾斯：《职业病和工人、补偿：覆盖范围、成本与后果》，载《米尔班克季刊》，2004年第4期，第82卷，第694页。

家人健康造成的影响。① 外加那些由职业疾病所导致死亡的 5 万人，犯罪造成的危害怎么能和这些危害进行比较呢？

在得出任何结论之前，我们还需注意的是，职业行为导致的疾病和死亡的风险仅仅针对的是所有的劳动成员，而犯罪造成的风险针对的却是所有的人，包括婴儿和老人。因为所有的劳动成员大约是美国总人口的一半（美国总人口在 2009 年是 3.07 亿人，其中所有的劳动成员为 1.54 亿人），② 所以为了对职业行为导致的危害与犯罪行为导致的危害进行切合实际的对比，我们应该将犯罪统计数据乘以 0.5，再进行两类数据之间的对比。以下表为 2010 年的犯罪危害数据（在本章前面已经引用）与职业危害数据的对比情况：

	职业危害	犯罪危害（0.5）
死亡人数（人）	50 000	7 350
其他身体伤害（人）	200 000	390 000

有人可能会认为这样的描述不是太准确，因为有许多犯罪案件还存在漏报的现象，而仅有凶杀案报告才是迄今为止最完整的犯罪报告。确实如此，普通的犯罪情况数据由于存在漏报现象而会不太准确，尤其是强奸和抢劫情况与凶杀案情况相比可能更容易被漏报。此外，暴力袭击行为虽然不是被完整报告的犯罪行为，但也是相对容易被报告的犯罪行为之一。司法部全国犯罪受害调查委员会估算的数据显示："2008 年，全国大约有 62% 的恶性暴力行为受到举报，相比之下，盗窃行为所占的比例只有 34%。"③ 另一方面，与刑事被害人被漏报的情况相比，我们应该能够证实会有更多的职业危害情况被漏报，而不是更少。因为疾病和死亡很可能会以加班损失和提高保险费的形式来增加公司的成本；职业疾病往往首先被公司医生故意诊断为装病或与工作无关。同时，许多由于职业危害导致的疾病并没有明显的症状，或等这些工人离开工作岗位以后才会出现症状并导致死亡。另外，大多数独立的承包商和个体工商户并没有包括在美国劳工统计局的统计范围之内。

---

① 国家职业安全与卫生研究院：《2000 年工人健康图表：非致命性疾病》，2002 年 4 月。还可参见国家职业安全与卫生研究院：《保护工人家庭：研究议程》，2002 年 5 月。
② StatAbst – 2011，表 2，第 8 页；表 584，第 377 页。
③ 在线原始资料，表 3.33，2008 年（数字四舍五入到最接近整数的百分点）。

总之，尽管职业危害和犯罪危害都存在漏报现象，但我们有理由相信，职业危害的漏报现象比犯罪危害的漏报现象更加严重。同时，我们已经习惯于接受刑事伤害的统计报道，而对职业危害的统计报道却大幅减少。或许这里的数据可能会显得模棱两可，如果是这样的话，那么我们可以公平地说，与犯罪危害相比，职业危害的程度被低估了。

还需要注意的是，上述表格中显示的数据仅仅是职业危害导致的工人疾病和由这些疾病导致的死亡数据，它不包括工伤导致的工人残疾和死亡数据。这方面的统计数据是可怕的。2010年，美国劳工统计局的工伤死亡事故的全国普查结果显示，由工作场所导致的死亡人数为4 041（不包括与工作相关的凶杀人数）。① 将这一数字添加到上面的表格当中，可使与职业相关的死亡人数达到每年54 041人。

2010年，美国劳工统计局的报告称，职业危害导致的非致命性伤害和疾病的记录案件数为310万人。这些记录案件涉及工作日损失、医疗服务（急救除外）、意识丧失、限制工作、限制活动、工作场所变换，以及"癌症、慢性疾病、骨折、骨破裂、耳膜穿孔"。② 美国劳工统计局称，其中的160万人主要是由工作日损失、限制活动和工作场所变换导致的。为了确保能够统计到更严重的危害情况，我们将使用160万人作为我们的统计数字。需要提醒的是，这一数字包括疾病和工伤导致的工人身体的伤害，因此，它替代了我们之前提到的20万人的统计数字。这一数字也是非常保守的，因为在2003年，另外一个由国家数据库统计的数据显示，那些由于职业伤害和疾病而需要在医院接受急诊治疗的病人达到340万，而且自1982年以来，这一数字就一直保持在稳定状态。③

基于这些额外增加的数字，我们需要重新对职业危害和犯罪危害造成的伤亡数字进行对比，具体如下：

---

① 美国劳工统计局：《2010年致命工伤（初步结果）》。网址：http://www.bls.gov/news.release/pdf/cfoi.pdf（美国劳工统计局报告的工作场所导致的死亡人数为4 547人，其中506人是由于凶杀行为导致的）。
② 美国劳工统计局：《职业健康与安全定义》。网址：http://www.bls.gov/iij/oshdef.htm。
③ 弗里德曼和弗斯特，第459页，援引自国家电子伤害监控系统。

	职业危害	犯罪危害（0.5）
死亡人数（人）	54 041	7 350
其他身体伤害（人）	1 600 000	390 000

这些工人难道能够在充满危险的工作环境中健康地活着吗？劳工部部长希尔达·索利斯指出：

> 在美国，平均每天有12人由于职业危害而永远地离开自己的亲人，平均每年有330万人遭受无法康复的工伤损害。而这些导致工人残废、家庭分离、经济衰退的悲剧都是完全可以避免的。①

那种关于一些工人死于意外事故是由于他们粗心大意的说法是非常不负责任的，就如同说一些人死在杀人犯的手里是活该一样。关于工人们粗心大意的观点忽略了这样一个事实，即工人们本身就不喜欢待在危险的环境当中。他们有生产任务要完成，而且这些任务都不是他们自己设定的。如果这些任务能够在一个安全的环境中完成，并且不需要保持较高的生产效率，那么我们就可以期望工人们在工作过程中能够谨慎地处理可能遇到的风险。除此之外，我们应该牢记，绝大多数工人的死亡都是由于职业疾病导致的，而不是意外事故，并且这些疾病通常都是由工人无法控制的恶劣条件导致的。

这样的实例如下：

- **空气中的煤尘**："每年有26万名矿工由于患有黑肺病而领取政府福利，因黑肺病以及它引发的并发症导致的死亡退休矿工人数超过4 000人"；大约有1万名矿工通过X射线检查出患有严重的致命性疾病的症状。②
- **纺织物粉尘**：大约有10万名纺织工人患有急性肺炎或棉尘肺引起的呼

---

① 希尔达·索利斯：《一个都太多》，2011年。网址：http://social.dol.gov/blog/one-is-too-many/。
② 菲利普·希尔茨：《美国由于漏风试验而处罚煤矿公司》，载《纽约时报》，1991年5月5日，第A12版。值得一提的是，罚款金额总共为500万美元，由500家矿业公司共同承担，这些公司被发现有篡改用于测试黑肺病风险的煤尘样本数据的迹象。

吸障碍疾病；另外有3.5万名纺织工人由于慢性棉尘肺而完全残疾。①
- **石棉纤维**：根据相关部门统计，由于美国职业安全与健康管理局在1972年颁布了宽松的石棉标准，全国大约有1.84万人至59.8万人因长期接触石棉而死于肺癌。②
- **煤焦油**："在炼焦炉工作5年或5年以上的工人死于肺癌的概率是所有钢铁工人的3.5倍"；炼焦炉工人患阴囊癌的概率是普通人的5倍。③
- **重复性运动**：根据美国国家科学院统计，每年有超过100万人患有重复性劳损疾病。④ 据报道，重复性劳损疾病主要折磨的人群为"键盘操作员、装配线工人、肉食加工员、杂货店结账员、秘书和其他员工……"美国职业安全与健康管理局的官员认为，手臂神经和腕管问题导致人们在工作中浪费了许多时间（每年平均为30天），远高于截肢（24天）和骨折（20天）。⑤

因为职业残疾和意外死亡而去指责工人，就是忽视政府试图迫使企业达到安全标准的历史，而这些标准依然使危险继续存在（例如空气当中依然存在有毒化学物质、纤维或颗粒粉尘等），同时，这些标准也在工人的控制范围之外。这是一场持续的斗争，这些企业会使用一切手段（从它们自己独立的科研机构到更为直接的同时往往也是更值得怀疑的向政府施压的手段）来影响政府制定宽松的安全标准以及推行仁慈的执法措施。到目前为止，这些企业赢得了这场斗争，因为美国职业安全与健康管理局既没有确定具体的人员，也没有授权某个部门来完成既定的目标。从1990年到2007年，美国职业安

---

① 琼·克莱布鲁克：《安全撤退：里根时代对美国民众健康的袭击》，纽约：潘西昂出版社，1984年，第83页。慢性棉尘肺是一种严重致残的职业呼吸系统疾病，见佩奇、奥布莱恩的《辛酸的工资》，第18页。
② 同①，第97页；佩奇、奥布莱恩：《辛酸的工资》，第23页；斯科特：《肌肉与血液》，第196页。
③ 斯科特：《肌肉与血液》，第45~46页；佩奇、奥布莱恩：《辛酸的工资》，第25页。
④ 辛迪·西科齐斯基：《一次羞怯的非规则报警》，载《华盛顿邮报》，2002年10月29日，第E1版。
⑤ 柯特·苏普利：《众议院考虑职业安全与健康管理局"人体工学骑士"的制约因素》，载《华盛顿邮报》，1996年7月11日，第A4版。2010年，腕管损伤所需的康复时间平均为27天。美国劳工部：《非致命性工伤与职业病需要休息》，2010年。网址：http://www.bls.gov/news.release/oshz.nro.htm。

全与健康管理局的检查员数量从 1 300 人下降到了 1 100 人。同时,"据估计,美国职业安全与健康管理局有效管理(对于工作条件的管理)的美国劳动力只占总劳动力的 20% 左右"。① 美国劳工部职业安全与健康助理部长大卫·迈克尔斯指出,美国职业安全与健康管理局有 1 200 名检查员,这一数字和国家计划的大致相同,所有这些检查员覆盖了 750 万人的工作场所,而这些工作场所雇用的人数超过 1.3 亿人。②

问题并不仅仅在于美国职业安全与健康管理局,我们还可以追溯到 1970 年,当时立法者决定将故意违反安全法规造成雇员死亡的行为按轻罪来处理。《纽约时报》指出,"这种行为的最高刑期为 6 个月的监禁,相当于在联邦土地上骚扰野驴的最高刑期的一半"。美国国会很少否决用严厉的刑罚来对付街头罪犯,但每次试图用严厉的刑罚来对付那些故意(有时甚至是多次故意)违反安全法规的人时都被国会否决了,尽管有证据表明严格的法律法规可以拯救生命。由于法律上的宽松,美国职业安全与健康管理局消极地对待一些刑事指控,并且达到了一定的程度。正如 1988 年国会报告所指出的,"那些故意(或疏忽大意)违反联邦职业安全与健康法律的公司高管可能会赢得更多的支持选票,而不会受到刑事指控"。③

同样,针对那些违反法律的公司高管的罚款数额在 1970 年的基础上只在 1990 年增加了一次,且没有与通货膨胀的速度和幅度保持一致。美国劳工部职业安全与健康助理部长迈克尔斯在国会做关于保护美国工人法案(没有成为法律)的辩护时指出,当前的惩罚没有威慑力,"目前,严重侵害行为(对造成工人死亡和严重身体伤害的实质性危害行为)只有最高 7 000 美元的民事罚款"。此外,"对那些故意和经常违反安全法规的行为的最高处罚也只有 7

---

① 弗里德曼和弗斯特,第 459 页。
② 大卫·迈克尔斯:《公民演讲》,2011 年 1 月 18 日。网址: http://osha.gov/pls/oshaweb/owadisp.show_document?p_table=SPEECHES&p_id=2380。
③ 戴维·巴斯托:《当工人死亡:美国很少有在工作场所导致死亡的指控》,载《纽约时报》,2003 年 12 月 22 日,第 A1 版。网址: http://www.nytimes.com/2003/12/22/national/220SHA.html。巴斯托发现,在 1982 年至 2002 年之间,有 1 242 人的死亡是由主观故意导致的,但职业安全与健康管理局在 93% 的情况下是拒绝起诉的。"职业安全与健康管理局开始同意雇主的请求,即在涉及工作场所的死亡时用'无分类'取代'故意'。"

万美元"。更糟糕的是,这些都是最高的处罚。2007年,对于一名工人死亡的案件最初确定的惩罚数额为5 900美元,而最后判定的惩罚数额仅为3 675美元。① 2011年,助理部长迈克尔斯指出,在其他地方,对于那些严重违反安全法规行为的平均惩罚金额为1 000美元,这还是一些管理法规调整以后形成的更为严厉的惩罚。②

某个人在酒吧斗殴时杀害了另一个人,难道这个行凶的人给社会造成的危害比那些拒绝为工作场所进行安全投资的企业高管造成的危害要大吗?无论以何种标准对他们造成的死亡和痛苦进行衡量,到目前为止,后者给社会造成的危害都要比前者更大。然而,因为这些高管不希望其工人受伤,因为他们只是对那些死亡和残疾事件承担间接责任,同时也因为他们是在追求合法的经济目标中出现的事故,所以他们的行为没有被贴上"犯罪"的标签。一旦我们将我们的思维跳出单个人之间的典型犯罪模式,难道我们还会认为刑事司法体系能够保护大众的生命和肢体免受严重危害行为的侵害吗?我们的刑事司法体系是在保护大众免受那些来自于城市下层阶级的年轻黑人男性实施的暴力袭击,而当威胁来自于上层阶级的企业高管时,刑事司法体系就是另外一种办法。越来越多的证据表明,当暴徒杀害一个美国公民时,就有超过3个美国工人被他们疏忽大意的老板和政府的冷漠所杀害。

(二) 医疗护理可能会危害你的健康

《美国医学协会杂志》刊登的一篇文章指出:"每年有22.5万人由于医疗护理事故而死亡,医疗护理事故成为美国第三大导致死亡的杀手,仅次于心脏病和癌症。"③ 疾病预防控制中心的数据和《美国医学协会杂志》上发表的

---

① 大卫·迈克尔斯:《在劳动力保护小组委员会、教育和劳工委员会、美国众议院所作的证词》,2010年3月16日。网址:http://www.osha.gov/pls/oshaweb/owadisp.show_document?p_table=TESTIMONIES&p_id=1062. 美国劳工总会与产业劳工组织:《在工作岗位上死亡》,2011年。网址:http://www.aflcio.org/issues/safety/memorial/upload/dotj_2011.pdf。
② 同①,2011年10月5日。网址:http://osha.gov/pls/oshaweb/owadisp.show_document?p_table=TESTIMONIES&p_id=1482。
③ 医学博士、公共健康硕士芭芭拉·斯塔菲尔德:《美国的公共卫生真的是世界上最好的吗?》,载《美国医学协会杂志》,第4期,第284卷,第483页,2000年7月26日。网址:http://jama.jamtmetwork.com/article.aspx?articleid=192908。

其他研究成果显示,在美国大约有170万至200万左右的人由于医疗护理不当而受到感染,从而导致8.8万至10万人死亡。① 这些死亡人数是凶杀行为导致的死亡人数的5倍还多,按照既定的医疗护理协议,这些死亡本来是可以避免的。而这仅仅才是开始。

1975年7月15日,拉尔夫·纳德公共利益健康研究小组的西德尼·沃尔夫博士在美国众议院商业监督与调查委员会作证时指出:"在美国每年有320万例不必要的手术。"沃尔夫博士还进一步指出:"每年这些不必要的手术的成本将近50亿美元,并且导致1.6万多美国人无辜死亡。"② 沃尔夫博士估计的不必要的手术是建立在对那些有偿实施手术的医生与没有额外收入的医生之间进行比较研究的基础之上的。

耶鲁大学医学院公共卫生教授乔治·西尔弗博士认为:"每年有1.5万人由于不必要的手术而死亡。"③ 他同时认为,每年这些不必要的手术的成本为48亿美元。④《新闻周刊》上一篇关于蓝十字蓝盾(Blue Cross Blue Shield)协会致力于制止不必要的手术的实验方案的文章指出:

> 美国国会委员会在1976年年初通过估算认为,"1974年实施的不必要的手术超过200万例,并且造成了1.2万名无辜病人的死亡,损失了接近40亿美元。"

因为美国实施的外科手术的数量从1975年的1 670万例上升到了2008年的2 870万例⑤,所以我们有理由相信,每年由于不必要的手术而导致的死亡人数至少在1.2万(国会委员会的估计)至1.6万(沃尔夫博士的估计)之

---

① 美国疾病预防控制中心:《2002年美国医院估计的与卫生保健相关的感染和死亡人数》。网址:http://www.cdc.gov/ncidod/dhqp/pdf/hicpac/infections_deaths.pdf。黛卡玛、克莱默:《预防耐甲氧西林金黄色葡萄球菌感染:发现它是不充分的》,载《美国医学协会杂志》,第10期,2008年,第299卷,第1190~1192页;《医院感染公开报道的指导事项》,载《美国医学协会杂志》,2005年,第294卷,第896页,见http://jama.ama-assn.org/cgi/content/full/294/8/896;另见http://hospitalinfectionrates.org;《未来清洁》,载《纽约时报》,2005年6月6日,第A19版。
② 《华盛顿邮报》,1975年7月16日,第A3版。
③ 乔治·西尔弗:《医疗保险疾病》,载《国家》,第12期,1976年3月27日,第222卷,第369页。
④ 同③,第371页。
⑤ StatAbst-2011,表171,第118页。

间。2010 年，美国联邦调查局报告称，有 1 704 起谋杀案（武器已被查明）使用的武器为"切割或刺痛工具"。① 很显然，美国联邦调查局并没有将手术刀包括在"切割或刺痛工具"当中。如果把手术刀包括进去，那么，在 2010 年报告的被"切割或刺痛工具"杀害的人数将会在 13 704 至 17 704 之间，这取决于你采用国会委员会还是沃尔夫博士提供的数据。不管你采用什么数据，手术刀都比弹簧刀危险。

这只是问题的一小部分。1999 年美国国家科学院医学研究所发表的一份报告指出，"由于那些可以预防的医疗事故，每年导致 9.8 万住院病人死亡，100 多万病人受伤，每年造成的成本损失达到 290 亿美元"②（需要提醒的是，医学研究所只考虑发生在医院的医疗事故，而不考虑像诊所、门诊手术中心、医生办公室等医疗场所发生的医疗事故，而这些地方的医疗事故比比皆是③）。该报告还进一步预测，如果将密切关注医疗事故的集中监控系统落实到位，那么在未来 5 年内，由于医疗事故而导致死亡的人数将会减少一半。④ 然而，由于医院和医生故意阻碍对医疗事故进行强制报告，以及阻碍医学研究所在报告中建议的其他措施，所以一直没有重大进展。"因此，专家们认为，关于美国 5 200 家医院（2002 年）的大部分住院病人是不太可能被医疗事故所杀或所伤的说法是值得怀疑的，至少在该报告于 1999 年 11 月 29 日发布之前是这样。"⑤ 事实上，事情可能会变得更糟。"根据医疗机构评审联合委员会（专注于提高医疗机构的质量）的说法，误对病人身体部位或误对病人进行手术的案例有所增加。"⑥

《美国医学协会杂志》刊登的一篇题为《5 年后，从"是人都会犯错"中我们学到了什么？》的文章认为，努力减少失误是"保证安全的界限，但

---

① 2010 年《统一犯罪报告》，扩充的凶杀案数据表 8。
② 桑德拉·博德曼：《没有尽头的错误》，载《华盛顿邮报》，2002 年 12 月 3 日，第 E1 版。最初的报告来自于科恩、科里根、唐纳森等人的《人非圣贤孰能无过？构建一个更安全的卫生系统》，华盛顿特区：美国国家科学院出版社，1999 年。
③ 同①，第 F6 版。
④ 里克·威斯：《医疗事故造成多人死亡：美国每年有多达 9.8 万人由于医疗事故而死亡》，载《华盛顿邮报》，1999 年 11 月 30 日，第 A1 版。
⑤ 同①，第 E1 版。
⑥ 同①，第 F6 版。

是其整体影响在国家统计数据当中很难看到"。这篇文章还指出了许多其他问题，其中包括医疗保险制度，这种制度的目的是为了弥补医院由于错误地支付额外资金赔偿医疗事故造成的医疗损失。美国医学研究所呼吁将可预防的医疗事故减少90%，但文章的作者写道："这样的承诺还没有兑现。事实上，它不是我们目前所考虑的。"[1] 这篇文章另外列出了一些干预措施，这些措施将会极大地减少医疗事故的发生，包括约翰·霍普金斯大学的彼得·普罗诺弗斯特博士建议的医疗安全检查表及其在运用当中的使用方式。密歇根州的一些重症监护病房通过使用这样的措施来预防和减少病人感染，效果显著。"在开始的18个月的时间里，医院挽救了超过1 500人的生命，这样的效果已经持续了将近4年，这些功劳都应归功于一张小小的清单。"[2]

2010年，《新英格兰医学期刊》上发表的大规模研究的结果表明，这些措施推进得非常慢。对这项研究的评论出现在《纽约时报》的头版头条，题为《研究发现，医疗安全没有任何进展》。该评论指出，"大约18%的患者由于医疗事故使身体受到伤害，有的甚至不止一次，其中63.1%的医疗事故是可以避免的。"有将近3%的医疗事故导致患者身体遭受了永久性的伤害，有2.4%的医疗事故导致病人死亡。"许多问题都是由于医院未能采用被证明是切实可行的预防措施所导致的。"[3]

再回到上述所列举的关于挖坑的案例。假设坑已被挖，但却没有采取任何预防措施，并且挖坑者知道孩子们要在这儿玩耍（虽然他挖坑并不是主观

---

[1] 卢西恩·利普、唐纳德·贝里克：《5年后，从"是人都会犯错"中我们学到了什么？》，载《美国医学协会杂志》，第19期（2005年），第293卷，第2384～2390页。

[2] 阿图尔·加旺德：《检查清单》，载《纽约客》，2007年12月10日。网址：http://www.newyorker.com/reporting/2007/12/10/071210faJact1，gawande。也可见彼得·普罗诺弗斯特：《在重症监护病房降低导管相关血流感染的干预措施》，载《新英格兰医学期刊》，第25期，2007年，第356卷，第2660页。网址：http://www.nejm.org/doi/pdf/10.1056/NEJMoa061115。彼得·普罗诺弗斯特接受记者采访时全面讲述了各方面的问题，其中也包括他资助的项目问题。网址：http://histalk2.com/2008/02/11/hlstalk-mtervlews-peter-pronovost-md-phdjohns-hopkins-university/。

[3] 丹尼斯·格雷迪：《研究发现，医疗安全没有任何进展》，载《纽约时报》，2010年11月24日。网址：http://www.nytimes.com/2010/11/25/health/research/25patient.html?-r=1&hpw。

故意要危害这些孩子），那么，这些孩子们的死亡就是间接故意导致的。间接故意是仅次于直接故意的一种应受谴责的犯罪心态，它比疏忽大意过失和过于自信过失的犯罪心态更具有可指责性。假设医院里确实存在那些可以避免的导致生命危险的医疗事故，而且医生知道那些易受感染的病人就在医院里面但却没有采取任何预防措施，那么，这些拒绝采取措施来防止发生医疗事故并导致每年9.8万人死亡的医生们和医院的官员们，难道就不具有间接故意的犯罪心态吗？

联邦调查局认为应该将"皮下注射针和处方药"加到潜在的杀人武器的清单里。西尔弗博士指出，这些都是导致死亡的工具：

> 每年注射或按处方药开出的60亿剂量的抗生素类药物当中，有22%的剂量的抗生素类药物被认为是不必要的。这些剂量将会导致1万人死亡或出现近乎致命的反应。为了病人的利益，如果这些不必要的药物没有被投入使用，那么，有2 000至10 000人也许就不会死亡。

这些统计数字来自于哈佛大学医学实践研究报告，它的作者写道："医疗事故导致身体受到伤害的130万人（以1984年医院记录的数字为基础）当中，大约有19%（24.7万人）的人与使用抗生素类药物有关，而其中因使用抗生素类药物导致永久性伤害或死亡的人数占到14%（3.458万人）。"[1] 另一份报告认为，造成医疗事故的部分原因在于处方药上的一些错误警告标签，"每年大约有10万左右的住院病人由于药物不良反应而死亡，220万人受到伤害"。[2] 此外，"专家估计，每年仅在医院里发生的严重的药物使用医疗事故就超过100万起"。

---

[1] 保罗·维勒、霍华德·希亚特、约瑟夫·纽豪斯、威廉姆·约翰逊、特洛严·布伦南、卢西恩·利普：《医疗事故的衡量：医疗伤害、医疗事故诉讼和病人补偿》，麻省剑桥：哈佛大学出版社，1993年，第54页。这里给出的数据来源于哈佛医学院的实践研究。也可参见克莉丝蒂娜·罗素：《人为失误：可以避免的每年10万名患者死亡》，载《华盛顿邮报》，1992年2月18日，第7页。
[2] 谢莉·盖伊·施托尔贝格：《错误的警告标签增加了处方药的风险》，载《纽约时报》，1999年6月4日，第A27版。

表2.1　2010年美国人被哪些作案工具杀害

能够查明作案工具的所有谋杀案件（起）	枪支（步枪、手枪等）（起）	刀具或其他切割工具（起）	其他工具：钝器、纵火、绞杀、毒药等（起）	个人肢体工具：手臂、拳头等（起）
12 996*	8 775	1 704	1 772	745

*这一数字普遍低于谋杀案件的数字和在其他文本中使用的非过失杀人案件的数字。事实是，美国联邦调查局缺少其报道的约六分之一的凶杀案件的武器数据。"其他工具"，代表所有没有在这里细分的其他类型的工具。

资料来源：2010年《统一犯罪报告》，增加的凶杀案件数据表8。

如果发布真实反映美国人如何被杀害的《统一犯罪报告》，那么，联邦调查局所统计的谋杀案件中的作案工具将不得不从表2.1的统计情况转换为表2.2的统计情况。表2.2所显示的数据将会更真实地反映美国公民所遇到的现实威胁。然而，我们不太可能看到美国刑事司法体系公布这样的数据，因为它公布的数据必将是危害社会的真正的犯罪行为人。

表2.2　2010年美国人被哪些作案工具真正杀害

能够查明作案工具的所有谋杀案件（起）	职业危害或疾病（起）	枪支（步枪、手枪等）（起）	刀具或其他切割工具（包括手术刀）（起）	其他工具：钝器、毒药、绞杀、处方药、其他医疗服务等（起）	个人肢体工具：手臂、拳头等（起）
168 320*	55 324	8 775	13 704	89 772	745

*此行中的数字来自于表2.1中的相关数字加上在文中讨论的相关类别的保守数字。尤其需要注意的是，根据西尔弗博士的观点，在"其他工具"的类型当中，统计数字包括最保守的由于不必要的处方药而导致死亡的人数（2 000人）加上86 000人（根据美国医学研究所预计，每年由于医疗失误而导致9.8万住院病人死亡，但是在他们报道之后的5年之内，至少可以防止1.2万人死亡，这是由于不必要的手术而导致的死亡人数的保守估计。）

除了其他方面的损失之外，1974年所统计的不必要的手术成本费用大约在40亿~50亿美元之间。从1974年到2010年间，医疗服务的成本已经上涨了大约8倍。因此，假设2010年实施了相同数量的不必要的手术，那么，这些不必要的手术成本费用将会在320亿~400亿美元之间。此外，还应该加上每年60亿剂量抗生素类药物当中不必要的22%的药物成本损失；即使按每剂量3美元的极其保守的成本来计算，这些不必要的抗生素类药物成本也在40

亿美元左右。① 总之，假设早期的情况仍在继续，那么，我们有理由相信，那些不必要的手术费用和药物成本将在每年 360 亿～440 亿美元之间，这一数字远远超过联邦调查局统计的由于盗窃而损失的 160 亿美元的数字。② 这为我们提供了另一种视角，即那些没有按刑事犯罪来定罪的不必要的医疗行为造成的损失至少比盗窃犯罪造成的损失要大。

（三）化学物质会危害你的健康

几乎有一半的美国人可能会患上癌症。据美国癌症协会统计，在 1981 年，有将近 42 万美国人死于癌症。2011 年，有 57.195 万人死于癌症，并且有超过 160 万人被确诊为癌症病例。③ 美国总统的癌症专家小组最近的一份报告指出："在美国大约有 41% 的人将会在其一生中的某个阶段被诊断出患有癌症，有 21% 的美国人将会死于癌症。"④ 但有关细胞和基因的科学发现抢占了新闻媒体的头版头条。1978 年，总统的环境质量委员会发布的一份报告明确指出："大多数研究者认为，70% 至 90% 的癌症都是由环境因素导致的，而且这些癌症在理论上是可以预防的。"⑤ 2000 年，《新英格兰医学期刊》刊登的一篇评论指出："80% 至 90% 的人类癌症都是由于环境因素导致的，这也是人们普遍接受的观点。"⑥

---

① 2009 年，处方药支出总额为 2500 亿美元。据保守估计，其中有 10% 的支出是不必要的，即 250 亿美元。StatAbst-2011，表 141，第 104 页。
② 医疗费用增加的速度由 "StatAbst-1995，表 167，第 117 页"中计算而来，其中列出了 1975 年的医疗保健指数为 47.5；在 "StatAbst-2011，表 142，第 105 页"中列出的医疗保健指数为 388.4。需要注意的是，假设 1974 年至 2003 年之间的一些不必要的手术和处方数量一直保持不变，那么这也是一种保守的观点，原因在于它有效地假定了这样的做法与人口的下存在一定的关系，因为在此期间人口数量在相对增加。
③ 美国癌症协会：《2011 年癌症事实与数字》，第 1 页。网址：http://www.cancer.org/Research/CancerFactsFigures/CancerFactsFigures/cancer-facts-figures-2011。
④ 总统癌症专家小组：《降低环境致癌因素（2008—2009 年度报告）》，华盛顿特区：美国卫生与公众服务部，2010 年，第 1 页。网址：http://deainfo.nci.nih.gov/advisory/pcp/annualReports/index.htm。
⑤ 刘易斯·雷根斯坦：《美国的有毒物质》，华盛顿特区：卫城出版社，1982 年，第 246～247 页。
⑥ 社论：《癌症——自然、培育或两者兼而有之》，载《新英格兰医学期刊》，第 2 期，2000 年 7 月 13 日，第 343 卷，第 135 页。

这意味着，只要全国上下共同努力，每年可能会挽救40万人或更多人的生命，而且还会减少每个人在其一生当中患癌症的概率，减少的幅度大约为8%~50%之间，甚至更多。如果你认为这将需要投入大量的财力和人力，那么你的这种想法是正确的。如果有敌国入侵者每天屠杀1500人，并且计划屠杀目前总人口数的1/5，那么国家用来阻止这样的入侵者需要付出多大的努力？由公共资金资助的国家癌症研究所和美国癌症协会应该如何应对？总统的癌症专家小组指出，2008年，国家癌症研究所的财政预算将近48.3亿美元，其中只有不超过14%的资金用于职业和环境因素导致的癌症问题。在同一年，美国癌症协会用于环境因素的资金不到400万美元。[1] 早期的一些专家认为，国家癌症研究所只花费了其财政预算的2.5%用于预防职业和环境导致的癌症，美国癌症协会也只花费了国家税收的0.1%用于环境研究。他们认为癌症机构用于职业和环境因素的预防资金是微不足道的，而这些资金却还要有一部分用于一些关于工人避免广泛接触环境当中的致癌物质的小型研究，比如对核电厂附近的癌症群体的研究、石化行业的研究以及对大量分布在处于社会最底层的社区当中的超级危险的垃圾废物工厂的研究。[2]

我们不仅在各个行业没有获得化学战争的胜利，而且看起来我们好像没有战斗力。2002年《华盛顿邮报》上的一篇文章指出："布什政府已经对科学咨询委员会进行了大规模重组，这一委员会的主要职责是在病人权利和公共健康领域对联邦政府的政策进行引导，并取缔一些与总统意见不一致的委员会。"一个关于评估环境化学物质对人体健康造成影响的委员会被告知其所有成员都将被替换，因为有案例显示这些人与制造化学物质的企业有关联。其中的一名新成员是加州科学家，他曾经帮助太平洋天然气和电气公司免受艾琳·布罗克维奇提起的有关环境污染的法律诉讼。[3]

---

[1] 总统癌症专家小组，2010年，第5~6页。
[2] 塞缪尔·艾普斯坦、尼古拉斯·阿什福德、布伦特·布莱克威尔德、巴里·卡斯尔曼、加里·科恩、爱德华·戈德史密斯、安东尼·马佐奇、昆汀·杨：《美国和国际癌症政策的危机》，载《国际卫生服务杂志》，第4期，2002年，第32卷，第693页。
[3] 里克·维斯：《美国卫生和公众服务部寻求科学建议来匹配布什总统的观点》，载《华盛顿邮报》，2002年9月17日，第A1版。艾琳·布罗克维奇因为社区的饮用水受到污染而起诉PG&E的公用事业公司，并在1993年赢得了3亿美元的赔偿。相关故事后来被改编拍成了好莱坞当红电影——《永不妥协》。

布什政府在处理这些问题上还是欠缺周详考虑的，总统的癌症专家小组所提出的经久不衰的问题是："在美国市场上拥有近 8 万种化学产品，其中有许多是数以百万计的美国人日常的生活用品，这些化学产品未被充分研究，而且在很大程度上也不受管制，所以潜藏在环境当中的致癌物质是非常普遍的。"① 这一领域的主要法律是 1976 年颁布的《有毒物质控制法案》(TSCA)，该法案不要求企业或政府证实新化学物质的安全性能。事实上，由于化工企业被要求报告关于它们的产品可能对健康造成危害的信息，所以它们一般也不揭示这些问题的试验。② 2008 年的《儿童安全化学品法案》是对《有毒物质控制法案》的更新和修正，但美国第 110 届国会否决了这一法案。即使美国公共卫生协会的一份声明曾经指出"大量的独立研究得出的结论认为，《有毒物质控制法案》并没有达到其既定的目标，也没有为公众、企业、政府充当一种有效评估商业化学品危害或预防控制那些核心问题的工具"，③ 该法案最终还是未获通过。

化学战争主要从以下三个方面展开：

·环境污染。

·吸烟。

·食品添加剂。

环境污染主要包括空气污染、有毒废物和化学物质导致的环境污染。根据世界卫生组织的统计，在美国大约占总人口数 13% 的原先可以避免的死亡和残疾人数都是由这些污染造成的。④ 2002 年，《环境健康展望》杂志上刊登的一份研究报告指出，"五名有关儿童健康的医学专家认为儿童疾病和残疾所产生的四种经济成本都是由环境污染产生的"。这些成本包括医疗保健

---

① 总统癌症专家小组：《减少环境当中的致癌因素》，传递函件（页面未编号）。
② 同①，第 19 页。
③ 美国公共卫生协会：《呼吁美国国会重新修订 1976 年〈有毒物质控制法案〉》，2007 年。网址：http://www.apha.org/advocacy/policy/policysearch/default.htm?id=1350。该组织包括美国国家科学院、美国总审计署、美国国会技术评估办公室、美国环保协会、美国环境保护署、前环保局、美国政府问责办公室、美国加州大学。引用和链接主要来自于上面的网址。
④ 鲍勃·维因霍尔德：《评估全球化学物质对健康的综合影响》，载《环境健康展望》，2011 年，第 119 页：a162~a163。

次数增加的成本和生产力下降的成本，以及儿童因疾病和智商下降导致的经济成本。这份研究报告还指出，"每年由于环境污染给美国儿童造成疾病的经济损失大约为549亿美元……"[1] 2005年发表的一份研究报告认为，经常暴露在甲基汞化学物质之下的胎儿出生后会有明显的智力障碍疾病，由此给美国造成的生产力成本每年为31亿美元。这份研究报告发表两个月以后，美国环境保护署发布了针对这一问题的改善规则："严格控制燃煤电厂的汞排放含量。"[2]

近年来，越来越多的证据表明，空气污染与癌症以及其他严重疾病，甚至是致命疾病，存在着密切的关系。1993年，《美国医学协会杂志》刊登的一份研究报告认为，"空气污染程度与过早死亡之间存在着密切的关系"。[3] 该杂志后来刊登的一份研究报告指出，"大部分（60%）与有毒物质相关的死亡率都是空气污染导致的，每年导致的死亡人数大概在2.2万~5.2万之间"。[4] 这一数字与世界卫生组织统计的每年由室外空气污染而导致4.06万美国人死亡的数字基本一致，略低于美国环境保护署统计的6.3万~8.8万人的死亡数字。[5] 2002年，《华盛顿邮报》刊登的一份研究报告认为，"生活在污染最严重的大城市当中的人死于肺癌的风险比生活在污染最少的地区的人高出12%"。[6]

---

[1] 菲利普·兰德里根、克莱德·谢克特、杰弗里·利普顿、乔尔·施瓦茨：《美国儿童的疾病与环境污染：发病率、死亡率、铅中毒的成本、哮喘、癌症和发育残缺等》，载《环境健康展望》，第7期，2002年7月，第110卷，第726页。

[2] 莱昂纳多·特拉桑德、菲利普·兰德里根、克莱德·谢克特：《公共健康与甲基汞毒性对婴幼儿大脑发育产生的经济后果》，载《环境健康展望》，第5期，2005年5月，第113卷，第591、593、594页。该规则于2005年3月15日实行。作者把大约一半的经济成本（约13亿美元）归因于美国燃煤电厂污染物的排放。

[3] 保罗·科顿：《最新数据指出，空气污染导致的死亡人数低于目前的平均水平，故被认为是安全的》，载《美国医学协会杂志》，第24期，1993年6月23~30日，第269卷，第3087页。米歇尔·贝尔：《关于1987—2000年间臭氧层破坏与短期死亡率之间关系在美国95个城市社区当中的统计》，载《美国医学协会杂志》，第19期，2004年，第292卷，第2372~2378页。

[4] 阿里·莫克达德、詹姆斯·马克斯、唐娜·斯特鲁普、朱莉·格伯丁：《在美国导致死亡的实际原因：2000年》，载《美国医学协会杂志》，第10期，2004年，第291卷，第1238~1245页。

[5] 鲍勃·维因霍尔德：《评估全球化学物质对健康的综合影响》。

[6] 埃里克·皮亚：《污染与肺癌风险关系的研究》，载《华盛顿邮报》，2002年3月6日，第A1版。

国家癌症研究所的两名研究人员开展的另一项研究发现，在美国，拥有冶炼厂的所有州县，其肺癌的发病率均高于全国的平均水平。"研究人员发现，肺癌导致的较高死亡率不仅适用于男性（他们在冶炼厂工作，经常接触化学物质砷），而且对女性（她们一般不会走进冶炼厂，也没有经常接触化学物质砷）也同样适用。"其原因在于"无机砷作为一种工业原料，污染了附近的空气"。① 全国癌症死亡率最高的州是新泽西州。美国癌症研究所调查发现，"新泽西州总共有 21 个县，其中的 19 个县在癌症死亡率的排名当中处于全国所有县的前 10% 的位置"。塞勒姆县是杜邦公司和钱伯斯工程公司的所在地，该县从 1919 年开始就一直生产化学产品，"是全国膀胱癌死亡率最高的县——每 10 万人中就有 8.7 人死亡"。② 1975 年，国家癌症研究所的流行病学分支机构在美国的县级行政区域之间做了大量的癌症分析，绘制了全国的"癌症热点"地图。新泽西州环境保护部的科学助理专员格伦·保尔森博士得出的结论是："如果你知道化学工业所在的区域，就意味着你知道癌症高发的区域。"③ 通过上述对职业危害的化学物质进行分析和研究，我们可以得出这样的结论：国家癌症研究所的研究者发现，生活在癌症热点区域的人具有较高的死亡率，而不仅仅是在化学工厂工作的工人。

国家癌症研究所将在大众的日常饮用水中发现的 23 种化学物质确定为致癌物质或可疑致癌物质。④ 此外，根据一位观察员的观点，我们现在正面临一种"新的灾难——毒素暴露"。就污染程度来看，他说：

> 我们的国家每年产生的危险废物大约在 2.55 亿吨至 2.75 亿吨之间，其中高达 90% 的危险废物处置不当……根据技术评估办公室的统计，全国大约有 60 万个被污染的场所，其中的 888 个场所已由环境保护局指定

---

① 比尔·理查兹：《砷：像乌云一样笼罩着大地》，载《华盛顿邮报》，1976 年 2 月 3 日，第 A1、A2 版。
② 斯图尔特·奥尔巴赫：《新泽西州的化学地带敲响了警钟：40 亿美元的产值与全国最高的癌症死亡率相关》，载《华盛顿邮报》，1976 年 2 月 8 日，第 A1 版。
③ 同①。
④ 有毒物质战略委员会、环境质量委员会：《有毒化学物质与公共保护：一份给总统的报告》，华盛顿特区，1980 年 5 月，第 6 页；援引里根斯坦：《美国的污染物质》，第 170、184 页。

或建议在超级基金计划下优先清理。①

有研究证实，接触有毒废物和高于平均水平的癌症死亡率之间具有相关性，而居住在贫困地区与接触有毒废物呈正相关关系。② 其他研究也表明，对于有毒废物堆放场所位置的选定，种族是一个更为重要的因素。罗伯特·布拉德指出：

> 有毒废物场所不是随机分散在城市社区当中的……种族平等委员会的一项里程碑式的关于"美国的有毒废物和种族关系"的研究发现，种族对于有毒废物场所的位置选择来说是一个非常重要的因素（即重要的不是收入、住房拥有量和财产价值）……3/5 的非洲裔美国人生活在有毒废物场所附近的社区当中。③

正如职业安全与健康管理局所做的一样，里根政府实施了一项放缓美国环境保护署执行相关法律的措施。里根总统在他任期的前两年时间里试图将美国环境保护署的执法总预算削减45%。④ 老布什总统延续了这样的做法。美国环境保护署的研究和开发人员（他们的工作是为法律规章提供科学依据）在 1981 年至 1992 年之间减少了近25%。⑤ 美国环境保护署超级基金计划的主要目的是大规模清理有毒废物，其基金来源主要是从污染者手里收缴的罚金和某些企业上缴的税。但是渐渐地，对有毒废物处理承担责任的企业利用破产来逃避环境保护署官员的检查，因此，以"污染者付费"为主导的税收制度在 1995 年就废止了。⑥ 此外，由于对法规进行了成本效益分析，因此美国

---

① 迈克尔·艾德斯坦恩：《污染社区：有毒物质暴露在住宅区所造成的社会和心理影响》，科罗拉多州博尔德：西景出版社，1988 年，第 3 页。
② 杰伊·古尔德：《美国社区的生活质量：富裕水平、有毒废物、住宅区域的癌症死亡率》，科罗拉多州博尔德：西景出版社，1986 年，第 22、28 页。
③ 罗伯特·布拉德：《所有人的环境正义》，见罗伯特·布拉德主编的《不平等保护：环境正义和有色人种社区》，旧金山：塞拉俱乐部，1994 年，第 17 页。
④ 琼·克莱布鲁克：《安全撤退》，第 117、129 页。
⑤ 沃尔特·罗森鲍姆：《握紧的拳头和张开的手：20 世纪 90 年代的美国环保局》，见维格、卡夫主编的《20 世纪 90 年代的环境政策：迈向新的征程》，华盛顿特区：国会季刊出版社（国会季刊公司的一个部门），1994 年，第 132 页。
⑥ 朱莉·艾尔佩林：《因缺乏资金而延迟清理有毒废物》，载《华盛顿邮报》，2008 年 7 月 28 日，第 A6 版。

环境保护署降低了其对每一个生命的重视程度。《华盛顿邮报》指出，这样做可能会成为一个"可怕的先例，因为通过成本效益分析，减少污染的减排措施在经济上并不划算"。①

所以化学战争还在继续着。没有人能否认我们所面对的敌人的存在，没有人能否认我们所付出的代价。事实上，我们可以计算出每天的死亡人数，这些人的死亡是由于我们拒绝实施环境预防措施而导致的。然而，我们仍然拒绝实施相关的措施。因此，就目前来看，我们能够提供给一个重视自己生命的人的唯一建议是："如果你一定要呼吸空气，那么请不要吸入。"

有证据表明，吸烟与癌症之间的关系是非常密切的，在此不再赘述。美国化学学会直接指出："吸烟仍然是我们这个社会当中最容易预防的癌症死因。"② 人们普遍认为吸烟导致的死亡人数占所有癌症死亡人数的30%，占肺癌死亡人数的87%，换一个角度来看，"在2000~2004年之间，吸烟平均每年导致的死亡人数大约是44.3万人。此外，估计有860万人患有与吸烟有关的慢性疾病"。③ 这些死亡和慢性疾病的医疗费用超过800亿美元，造成的损失将近970亿美元。④ 根据国家癌症研究所预测，目前的吸烟者和已经戒烟的人在他们的有生之年将要为5 000亿美元的过度医疗成本承担责任。烟草使用导致的医疗保险每年为100亿美元，医疗补助每年为130亿美元。⑤

这足以揭露虚伪的关于针对大麻和海洛因（不会产生退化性疾病）的大规模战争，以及烟草销售和烟草广告的蓬勃发展状况。应该需要再次强调的是，吸烟产生的危害比刑事凶杀行为给大众的生命健康造成的危害更大。事实是，政府不仅没能保护大众免受这些危害的侵袭，相反还在促进这些危害行为。从1933年到1982年，政府一直在烟草行业推行价格支持计划（弥补

---

① 大卫·法伦索德：《物价下跌：环保局说生命是不值钱的》，载《华盛顿邮报》，2008年7月19日，第A1版。
② 美国癌症协会：《2005年癌症事实与数字》，第40页。
③ 美国癌症协会：《2011年癌症事实与数字》，第35页。
④ 金敦：《烟草使用的成本：关键的文献回顾》，日内瓦：世界卫生组织，2006年；疾病控制中心：《美国2000年至2004年间吸烟导致的死亡率、潜在的寿命损失和生产力损失》。
⑤ 癌症研究的科学重点：《NCL的非凡机遇：烟草及与烟草相关的癌症研究》。网址：http://web.archive.org/web/20021111135403/http://2001.cancer.gov/tobacco.htm。

由于市场价格跌破目标价格的差距），直到 1986 年才核销了提供给烟草农民的 11 亿美元的贷款。① 自 1964 年以来，美国国会否决了一千多个关于烟草控制法案的建议，这是《第一外科医生关于烟草危害的年度报告》中提到的。这与烟草行业的财大气粗有关系。从 1995 年到 2000 年，烟草行业给州和联邦政府的候选人和政党提供了超过 3 200 万美元的政治捐款。在 1995 年至 2000 年之间，菲利普·莫里斯公司的政治捐款就超过 1 000 万美元，"通过分析最近在国会中与烟草有关的选票，可看出候选人收到的金额与选民如何投票之间有很强的相关性。"②

如果你认为烟草危害的仅仅是那些故意决定冒险的人，那么请考虑下面提到的因素。1995 年，《美国医学协会杂志》致力于研究一个特殊问题，该问题事关从布朗·威廉姆森烟草公司到英美烟草工业公司（前身为英美烟草公司）的几千页的内部文件。布朗·威廉姆森烟草公司是美国的第三大烟草公司，也是英美烟草工业公司（世界第二大私营香烟生产商）的全资子公司。有关这个问题的一篇评论指出，"文件显示……布朗·威廉姆森烟草公司的高层管理人员很早就知道吸烟有害健康，而且也知道尼古丁能够使人上瘾……公司决定向公众隐瞒真相……尽管他们获得了相关的知识，但该公司向公众提供的信息（目前还在继续）是吸烟和健康之间的关系并没有得到证实……尼古丁不会上瘾"。这篇评论总结说："证据是明确的，美国公众已经被烟草行业欺骗了。"③

此外，烟草行业故意用广告来吸引年轻人，而且效果非常明显，因为年轻人没有能力评估他们的选择所带来的后果。年龄在 12～18 岁之间的吸烟者大约有 260 万。④

国家环境保护署近日公布了被动吸烟（吸烟者吸烟时对周围的非吸烟者

---

① 《烟草价格：基础知识》，载《纽约时报》，1993 年 3 月 23 日，第 A14 版。
② 共同事业组织、无烟草青少年运动组织、美国心脏协会、美国肺脏协会：《购买影响、销售死亡：大烟草公司的竞选捐款如何损害公民健康》，2001 年 3 月 14 日，第 1、2 页。网址：www.commoncause.org。该份报告已经过期，但最新信息可在以下网站查询到：http://tobaccofreeaction.org/contributions/。
③ 詹姆斯·托德博士：《布朗·威廉姆森文件：我们该何去何从？》，载《美国医学协会杂志》，第 3 期，1995 年 7 月 19 日，第 274 卷，第 256、258 页。
④ 《美国敦促升级烟草战争》，载《华盛顿邮报》，2002 年 1 月 12 日，第 A17 版。

造成的影响）的危害数据。报告说，被动吸烟平均每年导致 3 000 名患者死于肺癌，15 万至 30 万婴儿患上呼吸道感染疾病，每年大约有 40 万至 100 万儿童的哮喘病进一步恶化，并且导致 8 000 名至 2.6 万儿童（之前没有任何疾病）患上哮喘疾病。① 1993 年，《美国医学协会杂志》刊登的一篇文章指出："烟草导致美国有 10% 的婴儿死亡。"②

需要明确的是，我们不提倡将吸烟按非法行为来对待，就如同我们没有将吸食毒品（如吸食海洛因）的行为视为非法一样。限制针对青少年的香烟广告，在香烟盒上贴上更为重要的和明确的警告，采取措施保护不吸烟者免受被动吸烟的危害，以及对那些选择吸烟的人提供更高的保险费，似乎是合理的。

20 世纪 80 年代初的一项研究发现，美国人平均每年消耗的化学食品添加剂大约为一磅。③ 1972 年，参议员盖洛德·尼尔森在美国参议院发表讲话时说：

> 人们终于认识到这样的事实：美国人平均每天的饮食当中掺入了大量的不必要的有毒化学物质，并被添加了一些中性的非营养物质。添加这些化学物质违背了我们的意愿，而我们也被那些营养价值较低的食物所欺骗。④

仔细想想我们所吃下的那些化学物质，以及再仔细想想联邦机构运用权力来保护大众免受食品当中的化学物质的侵害的事实，我们就会发现，违背大众意愿向食品中添加化学物质的行为是由疏忽大意造成的。30 年前，在比阿特丽斯·亨特写的《安全的海市蜃楼》一书当中，就有人们所吃的危险食物的目录。书中还描述了美国食品药品管理局如何将宽松的执法环境和不加批判地接受食品行业自身的"科学"研究结果结合在一起的状况，由此让美国公众像豚鼠一样食用三千多种食品添加剂。因此，我们曾经认为、现在也

---

① 杰弗里·考利：《家庭和工作中的有毒物质：一份新的报告称二手烟是一个杀手》，载《新闻周刊》，1992 年 6 月 29 日，第 55 页。
② 麦金尼斯，弗格：《在美国死亡的实际原因》，载《美国医学协会杂志》，第 18 期，1993 年 11 月 10 日，第 270 卷，第 2207~2212 页。
③ 比阿特丽斯·亨特：《安全的海市蜃楼》，纽约：企鹅出版社，1982 年，第 4 页。
④ 同①，第 2 页。

认为：化学物质与癌症、胆囊疾病和儿童亢进症（现在称注意力缺陷和多动症）的关系非常密切；化学物质"可能会严重影响 DNA、RNA 和蛋白质合成的速率"；化学物质会导致胎儿缺陷。①

现在的情况更为糟糕。美国人消耗了超过 1 500 万磅的人工食用色素。有足够的证据表明，来自石油的某些食品色素与儿童多动症有一定的相关性。2009 年，英国政府对食品和餐饮行业开展了清除人工色素的行动，同时欧盟也要求含有 6 种色素的食品和饮料要贴上警告标签，并标明"色素可能会影响儿童的活动和注意力"。② 由于这样的警告，许多跨国公司为欧洲消费者生产的食品不含人工色素，而为美国消费者生产的食品却含有人工色素。例如，在英国，麦当劳的草莓圣代不使用人工色素，但是在美国，人工色素红－40 在麦当劳的草莓圣代当中就使用了。

另外一些食品添加剂也是我们吃到的非常危险的化学物质。在 20 世纪 90 年代末，美国农民在农作物上施用了约 11 亿磅的超过 600 种不同类型的农药。③ 1992 年，西奈山医学院的兰德里根博士在《美国公共卫生杂志》上发表的一篇文章中指出：

> 美国环境保护署最新的数据显示，婴幼儿的膳食经常暴露在潜在的致癌物质和神经毒性药物之下，这些化学物质的成分超过了公布的一千多项标准。④

据兰德里根博士统计，大约有 300 万至 400 万美国学龄前儿童存在血铅水平升高的危险，这可能会导致长期的神经心理障碍疾病。

尽管有关癌症的预防和治疗的知识在不断增加，而在美国被确诊为患上癌症的人数和死于癌症的人数却持续攀升，因此将政府和企业实施的行为确

---

① 比阿特丽斯·亨特：《安全的海市蜃楼》，纽约：企鹅出版社，1982 年，第 4 页。
② 莎拉·科拜尔维斯基、迈克尔·雅各布森：《食用色素：彩虹的风险》，华盛顿特区：公共利益科学研究中心，2010 年，第 4 页。网址：http://csptnet.org/new/pdflfood-dyes-rainbow-of-risks.pdf。食品标准局（英国）：《食品和饮料中的强制性警告色彩》。网址：http://wwwfood.gov.uk/news/newsarchive/2010/jul/eucolourswarn。
③ 大卫·皮门特尔：《在美国施用农药的经济和环境代价》，载《环境、开发和可持续发展》，2005 年第 7 期，第 229、252 页。
④ 菲利普·兰德里根：《评论：环境疾病——一种可预防的传染病》，载《美国公共卫生杂志》，第 7 期，1992 年 7 月，第 82 卷，第 942 页。

定为疏忽大意是不过分的。根据我们所拥有的知识，可以毫无疑问地说，因空气污染、烟草、食品添加剂引发的化学战争，使犯罪狂潮看起来像是一场混乱的足球赛。很显然，即使依据最保守的估计，这场战争中的死亡人数也远远高于刑事凶杀案件中死亡的人数。

（四）贫穷的影响

过去我们一直认为贫穷是由人类控制之外的力量造成的。贫穷是由于资金缺乏导致的，这意味着一旦一个社会达到一定程度的繁荣，大部分人的生活都达到了较高的水平，那么通过将富人的一部分财富转移给穷人，贫穷就可以消失或至少大为减少。换句话说，不管之前的贫穷是由什么原因导致的，至少目前的贫穷是由于那些富人拒绝与穷人分享他们的财富导致的。现在你可能会认为这些言论陈腐或幼稚。当然，这都不能作为收入再分配的一个论点，即使我们认为这种再分配早就应该存在了。这些言论会推导出一个更为简单的观点，即像我们这样的富裕社会当中存在贫穷是因为我们允许它的存在。因此，我们[1]要对贫穷及其后果承担责任。

1992 年，《商业周刊》上的一篇文章指出，我们社会的贫困仍然呈现居高不下的态势。[2] 这样的态势一直持续着，并且由于 2008 年的金融危机而变得更为糟糕。此外，它还带来特别严重的负作用。例如，它影响黑人和儿童的程度高于全国平均水平。2010 年，9.9% 的白人（非西班牙裔）和 27.4% 的黑人生活在贫困线以下。[3] 就儿童来说，2009 年，大约有 17% 的白人儿童和 35% 的黑人儿童生活在贫困当中。[4] 城市研究所发表的一份研究报告指出，在列入研究范围内的 8 个工业化国家当中，美国的贫困儿童数量位列第一，

---

[1] "我们"包括所有的家庭，其收入总和超过了所有中等国家的家庭收入总和（2010 年的平均家庭收入约为 49 445 美元）。其中大部分家庭反对或支持特定的候选人，并渴望重新分配社会财富。

[2] 凯伦·彭纳尔：《富人更富——美国可能会更穷》，载《商业周刊》，1992 年 11 月 18 日，第 85~88 页。

[3] 卡门·德纳瓦斯·沃尔特、伯纳黛特·普洛克特、杰西卡·史密斯：《美国收入、贫困和医疗保险覆盖面：美国人口普查局 2010 年人口报告》，第 60~239 页，华盛顿特区：美国政府印刷局，2011 年，第 15 页。

[4] StatAbst-2012，表 712，第 465 页。

每年大约有 230 万人无家可归，有 100 万儿童被迫中断教育或缺少教育。① 在这些无家可归者当中，只有 29%～46% 的人有工作，这意味着至少有 50 万在职的美国人买不起房。②

我们很容易认为贫穷的后果是相对简单的：钱少意味着拥有更少的东西，所以穷人拥有更少的衣服、汽车或家电，不经常去电影院，拥有更小的房子和更便宜的家具。这是真实的和可悲的，但或许是可以忍受的。更糟糕的是，穷人的健康状况不太乐观。钱少意味着拥有更少的营养食物，在冬季取暖不足，夏季空气质量较差，且与其他病人、不健康的工作环境以及有毒废物场所联系在一起。同时，穷人拥有的相关疾病和医学知识相对较少，看医生和儿童免疫接种的次数也少，在牙科就诊和健康预防及保健方面几乎是空白，更奢谈（至少在美国）享受一流的医疗服务了。当所有这些因素给他们造成影响时，这些穷人的疾病将会更加严重，其结果是穷人比富人遭受疾病和死亡困扰的概率将会更高。贫穷不但剥夺了穷人当下的美好生活，而且扼杀了他们之前的美好生活。一个繁荣的社会允许贫穷的存在其实就是一种谋杀行为。

通过对超过 30 年的关于经济地位与人的健康寿命关系的研究报告进行回顾，有专家得出结论："阶层能够影响一个人生活的机会；毫无例外，有大量证据表明，阶层不同，死亡概率也不同。"③ 1993 年，《美国医学协会杂志》刊登的一篇文章证实了社会的贫穷成本是存在的：

> 穷人由于受某些疾病的影响具有较高的死亡率，这些疾病包括心脏病、糖尿病、高血压、肺癌、神经功能缺陷、重伤、出生体重较轻以及乳腺癌等。④

1998 年，美国卫生署发布的新闻报告进一步证实了社会经济地位与人们

---

① 城市研究所：《对于美国无家可归者的新观点》，2000 年 2 月 1 日。网址：www.urban.org/url.cfrn? ID = 900302。
② 城市研究所：《无家可归：他们所服务的人和计划》，1999 年，第 29 页。网址：http://www.urban.org/uploadedpdflhomelessness.pdf。
③ 阿伦·安东诺维斯基：《生活的阶层与机会》，见利·瑞沃特主编的《不平等与司法》，芝加哥：阿尔定出版社，1974 年，第 177 页。
④ 麦金尼斯、弗格：《在美国死亡的真正原因》，第 2211 页。

的健康之间存在着密切的关系（通过对美国所有种族和群体进行研究得出的结论）。① 2005 年，《华盛顿邮报》刊登了一篇题为《三份报告显示，医疗保健领域的种族差别依然存在》的文章，该文章详细报道了由哈佛大学公共卫生学院的研究人员发表在《新英格兰医学期刊》上的一份研究报告。这些研究人员得出的结论是："在过去的 20 年时间里，我们一直认为我们的医疗保健系统存在一个问题，即黑人和白人没有受到平等的对待。我们希望能对这一问题给予更多的关注，以便有所改善。因为我们发现这一问题没有取得实质性的进展。"②

2011 年，《美国公共卫生杂志》上发表的一篇文章报道了关于"社会因素"导致人的死亡的 50 项研究分析结果。研究人员发现，在 2000 年，由于贫困导致的死亡人数为 13.3 万，有 11.9 万人由于收入不平等而死亡，有 3.9 万人由于地域贫困而死亡，另外还有 17.6 万人由于种族隔离而死亡。这一结果与早期研究人员用其他方法得出的研究结论不谋而合。③ 例如，2004 年的一项研究发现，如果非洲裔美国人能够享受到美国白人一样的待遇，那么在 20 世纪整个 90 年代，有将近 90 万人的死亡是可以避免的。④ 其他的研究也表明，我国医疗卫生服务体系具有种族偏见的特征。⑤

通过对美国黑人和白人的健康和死亡率进行比较，我们能够进一步洞察人们的社会经济地位与健康和死亡率之间的关系。在 2010 年，1/4 的美国黑人生活在贫困线以下，而白人的这一比例是 1/10。2007 年，婴儿死亡率

---

① 美国卫生和福利部新闻：《收入和教育与美国人健康的关系》，1998 年 7 月 30 日。网址：www.cdc.gov/nchs/pressroom/98newslhuspr98.htm。也可见威尔金森：《不健康的社会：不平等的痛苦》，伦敦：劳特利奇出版社，1996 年。
② 罗布·斯坦：《三份报告显示，医疗保健领域的种族差别依然存在》，载《华盛顿邮报》，2005 年 8 月 18 日，第 A1 版。
③ 桑德罗、加莱亚、梅利莎·特雷西、凯瑟琳·霍加特、查尔斯·迪马乔、亚当·卡尔帕蒂：《基于社会因素而死亡的美国人数》，载《美国公共卫生杂志》，第 8 期（2011 年），第 1456~1465 页。
④ 贾纽厄里·佩恩：《因基本护理而死亡》，载《华盛顿邮报》，2004 年 12 月 21 日，第 HE1 版。该报告指出，社会经济条件比种族更有针对性地代表了差距存在的原因。
⑤ 简·帕金斯：《美国医疗保健系统的种族歧视》，载《回顾交流中心》，第 4 期（1993 年），第 371 页。索妮雅·纳萨瑞欧：《治疗医生的床边偏见》，载《国际先驱论坛报》，1993 年 12 月 23 日，第 8 页。艾伦·吉特桑：《马里兰州的收入、种族和外科手术》，载《美国公共卫生杂志》，第 11 期，1991 年 11 月，第 1435 页。

（在生命的第一年）的情况是，黑人婴儿是 13.2‰，而白人婴儿则是 5.6‰。①总之，黑人母亲失去自己婴儿（在婴儿生命的第一年里）的概率是白人母亲的 2 倍还多。面对这样大的差距，里根政府却将用于孕产妇和儿童健康计划的资金削减了 25% 还多，并试图减少对美国儿童免疫接种计划的支持。②

癌症存活率的统计数据显示了类似的情况。从 2001 年至 2007 年，患有癌症的美国黑人当中大约仅有 59.4% 的黑人被确诊以后能够存活 5 年以上，而白人的这一数据却是 68.6%。③ 这样的差距至少在 20 世纪 70 年代初就已经被人们注意到了。产生这种差距的一个重要原因是，"白人患者在癌症初期就能够享受到较好的诊断和治疗"。④ 这意味着至少有一些差距是由于诸如能够获得更好的医疗保健手段、具有更高水平的癌症早期预警知识等在穷人中的缺失造成的，所有这一切都与收入水平存在着密切关系。《科学》杂志指出："较多的黑人患有癌症不是因为他们是黑人，而是因为他们太贫穷。"⑤ 一项关于女性乳腺癌确诊时间的研究指出，生活在平均收入水平和受教育程度较低区域的白人和黑人妇女往往是在癌症中后期才被确诊的，而那些生活在平均收入水平和受教育程度较高区域的妇女则在癌症早期就被确诊了。除了那些收入水平和受教育程度较高的区域，其他区域的黑人妇女被确诊患有癌症的时间往往晚于白人妇女。⑥ "虽然黑人妇女乳腺癌的发病率低于白人妇女，但是黑人妇女的死亡率却比白人妇女高。"⑦

人的平均寿命的统计数据显示出了更为糟糕的情况。比如 2007 年出生的

---

① 《美国收入、贫困和医疗保险覆盖面：2007 年》，第 13 页；StatAbst – 2008，表 108，第 81 页。
② 罗宾斯：《里根可以被起诉吗？》，第 12 ~ 13 页。也可见《婴儿死亡率下降，种族差距扩大》，载《华盛顿邮报》，1993 年 3 月 12 日，第 A11 版。
③ StatAbst – 2012，表 182，第 124 页。
④ 美国国立卫生研究院：《癌症病人的生存经验》，1980 年 6 月，第 4 ~ 5 页。
⑤ 安·吉本斯：《癌症防治战争与预防贫困战争相同吗？》，载《科学》，1991 年 7 月 19 日，第 253 卷，第 260 页。
⑥ 芭芭拉·韦尔斯、约翰·霍恩：《乳腺癌的确诊时间：种族和社会经济因素》，载《美国公共卫生杂志》，第 10 期，1992 年第 10 期，第 82 卷，第 1383 页。
⑦ 同⑤，第 260 页。

美国黑人的预期寿命为73.6岁,而白人的预期寿命则为78.4岁。[1] 这种差距不能全部归因于遗传因素,《美国医学协会杂志》刊登的一份研究报告曾经指出:"各种风险因素和收入水平与黑人死亡率具有一定的关系。"该研究报告还认为,"家庭收入对黑人死亡率(黑人高于白人)'作出的贡献'大约为38%"。[2] 1992年发表在《美国公共卫生杂志》上的一份研究报告得出了更为有说服力的结论:"在任何情况下,白人和黑人由于社会经济地位的不同,他们的死亡率或冠心病死亡率都有显著的差异。"[3]

皮尤环境健康委员会的一份报告指出:"通过分析我们认为,哮喘主要发生在贫困线以下的穷人身上……这很可能是由于一些不良的危险因素导致的,比如室内空气质量较差、空气污染、感染、营养不良、婴儿缺乏母乳喂养,还有一些与哮喘的发生和加重相关联的其他因素。这种情况至少已经持续了20年。"[4]

美国穷人的数量每年都在增加,从1980年的2 520万上升到1990年的3 010万。截至2010年年底,穷人的数量为4 620万。[5] 2010年,人口普查部门统计的没有医疗保险的人数为4 990万(不包括那些覆盖不到的人)。[6] 享受医疗补助的贫困人口的百分比已经从总人口中的65%下降到40%。贫穷的妇女和她们的孩子是医疗补助的重点,她们当中的许多人已经被排除在了医疗补助的范围之外,因为医疗补助规定的收入标准没有跟上通货膨胀的幅度。"1986年,享受医疗补助的平均收入标准是联邦贫困水平的48%,1975年,这一水平为71%。"[7] 据统计,只有1/3的失去医疗补助的人购买了私人保

---

[1] StatAbst－2012,表104,第77页。理查德·艾伦·威廉姆斯说:"为什么白人的寿命应该不同于黑人的寿命?没有理由。"见他主编的《与黑人有关的疾病》,纽约:麦格劳希尔出版集团,1975年,第2页。

[2] 麦金尼斯、弗格:《在美国死亡的真正原因》,第260页。

[3] 朱利安·凯尔:《黑人和白人平等的社会经济地位难道意味着同等的死亡风险吗?》,载《美国公共卫生杂志》,第8期(1992年8月),第82卷,第1133页。

[4] 皮尤环境健康委员会:《预防哮喘:为什么美国需要一个公共健康防御系统来战胜环境的威胁》,具体日期不明,第10页。

[5] 《美国收入、贫困和医疗保险覆盖面:2010年》,第14页;StatAbst－1996,表49,第48页。

[6] 《美国收入、贫困和医疗保险覆盖面:2010年》,第23页。

[7] 大卫·斯蒂普:《支离破碎的安全网》;唐·古德盖姆:《准备就绪》,载《时代》,1993年9月20日,第55页。

险,剩下的 2/3 的人都没有私人保险。此外,享受医疗补助的非老年性美国人在过去的 10 年当中数量并没有增加:1987 年占总人口的比例为 14.8%,2005 年为 17.2%。① 根据国家科学院的统计,由于缺少医疗保险,每年有 1.8 万人过早地死亡,因为没有医疗保险的人得不到他们所必需的医疗服务。② 可悲的是,医疗保险的不足会导致因病致贫,"在美国,个人破产的首要原因是未能支付医药费"。③

世界卫生组织和各种人权法案确认了健康权利是享受其他权利的基础。不是说任何一种疾病都是侵犯人权的行为,但公共卫生研究人员注意到一类容易引发伦理担忧的不公平的健康现象,因为它是可以避免的,而且与社会的缺陷和歧视有关。④ 这种不公平是通过比较富裕群体与贫困群体之间的健康水平而得出的结论。这样的情况显然是现实存在的,而且也为社会中的每一位成员提供了最低标准的参照系。⑤ 毫无疑问,社会为穷人提供的健康服务远远达不到这样的标准。

总之,贫穷导致的社会后果就跟犯罪造成的后果一样。一个社会可以消除贫困,而不是做犯罪的帮凶。

小 结

刑事司法体系并不能保护大众免受生命、肢体及财产的侵害。犯罪的定义并不仅仅反映那些威胁大众的客观危险,由工作场所、医疗行业、人们呼吸的空气及我们的社会拒绝消除贫困带来的更多的人遭受的痛苦、残疾甚至死亡,比美国联邦调查局统计的谋杀、暴力袭击、盗窃行为给大众造成的损

---

① StatAbs - 2008,数据来自于表 148,第 108 页。
② 塞西·康诺利:《研究课题:未投保不能得到需要的医疗保健——延迟诊断、过早死亡的结果》,载《华盛顿邮报》,2002 年 5 月 22 日,第 A3 版。
③ 马尔科姆·格拉德威尔:《道德风险的神话:失败的卫生保健系统背后糟糕的观念》,载《纽约客》,2005 年 8 月 29 日。网址: http://newyorker.com/archive/200S/08/29/0S0829fa-fact。
④ 布雷弗曼、格鲁斯汀:《公平的健康定义》,载《流行病学和社区卫生杂志》,第 4 期,2003 年,第 57 卷,第 254~258 页。美国疾病控制和预防中心:《疾病防治中心健康差距和不平等报告——2011 年的美国》,载《发病率和死亡率周报》,2011 年 1 月 14 日。更多内容见: http://www.cdc.gov/mmwr/pdf/other/su6001.pdf。
⑤ 布雷弗曼、格鲁斯汀:《公平的健康定义》,第 255 页。

失要多得多。更为重要的是，这样的痛苦是可以避免的。政府可以将这样的危害行为定义为犯罪行为，并将公职人员利用国家权力进行犯罪也定义为共犯。一个真正想要保护大众的政府将会严格执行安全生产规章制度，严密监控医疗行业，提供大众所需要的清洁空气，更好地防止大众接触到大量的有害化学物质，以及给穷人提供更多的资金来减轻贫穷造成的危害。但事实并非如此，相反，我们听到了很多关于法律与秩序的伪善之言，以及关于对街头犯罪行为的责骂。这是因为我们的领导人不但拒绝为大众的幸福生活提供保护以防止一些危害行为的侵袭，反而还试图把大众的注意力转向法律规定的犯罪行为来掩盖他们的不作为，好像法律框架之内的犯罪行为就是唯一真正的威胁一样。

正如我们所看到的，我们的刑事司法体系是一面哈哈镜，它扭曲了给大众造成威胁的社会危害。这种扭曲并不仅仅停留在对犯罪的定义上。正如我们在下一章将要看到的，各种扭曲存在于刑事司法体系的各个层面，所以到最后，当我们去监狱里面了解谁是真正威胁大众的罪犯时，实际上所看到的大部分都是穷人。而与此同时，大部分威胁大众幸福生活的富人却都被排除在了刑事司法体系的惩罚范围之外。当我们继续下一章看到这个过程时，必须记住本章提到的结论：将富人实施的大部分危害行为排除在犯罪行为之外后，刑事司法体系的所有惩罚机制对贫穷的罪犯将更加频繁和严厉，至少与富人罪犯相比是这样的。当我们认识到刑事司法体系所针对的对象，以及认识到对富人实施的危害行为被排除在犯罪行为之外时，刑事司法体系对穷人的偏见就更加清楚了。这一结论也是本章的目的所在。

需要注意的是，将什么行为定义为犯罪行为是一个哲学问题，这也需要我们反思刑事司法体系的正确目标。在本章中，我们已经指出了刑事司法体系的重要后果，同时也指出了"犯罪"是如何被定义的。杰弗里·雷曼认为，犯罪学作为一门社会科学需要一个关于恰当的犯罪定义的哲学思考，即"为了建立其知识的独立性，这……相当于宣布其作为一门社会科学的地位，而不是一个社会控制的机构；它是可以被批评的，而不是顺从的；是具有启发性的，而不是照本宣科的。"

问题思考

问题一： 我们应该对"犯罪"下什么定义呢？为什么我们所说的事情是重要的？贴上"犯罪"标签的行为与我们认为违背道德的行为之间是不是重叠的？

问题二： 在你脑海中快速想象一幅犯罪的画面，并描述你所看到的，以及说明为什么会产生这样的画面。在我们的社会当中有没有一个人比你想象的那个人给你造成更大的威胁？为什么有或为什么没有？

问题三： 刑事司法体系像一面哈哈镜是什么意思？

问题四： 你认为刑法目前对一些行为所贴的"犯罪"标签正确吗？在回答时，一定要关注目前法律秩序的维护者所持的反对意见，以及作者对该问题的见解。

问题五： 你认为企业高管拒绝为安全预防措施进行投资并导致工人死亡的行为在道德上是优于、等于还是不如一个抢劫犯在抢劫以后杀死受害人的行为？如果企业高管明知违反了安全监管措施呢？如果那个抢劫犯是在抢劫毒品呢？请说明原因。

问题六： 将刑事司法体系比作一件"艺术品"是什么意思？这里介绍的看法与奎宁的看法有何不同？

问题七： 请列举日常生活当中存在的比普通犯罪行为更为严重破坏你幸福生活的有害行为。你认为这种行为应该如何处理？

补充参考资料 同第1章。

第3章

穷人进监狱

> 当我们开始对监狱的情况做一次巧妙的、直接的研究时……极有可能得出如下结论：归根结底，罪行惩罚的是贫穷，而不是刑法意义上的犯罪。
>
> 如果在普通监狱里进行一次普查，你会发现那里的大多数囚犯进监狱的原因很大程度上不是由于他们供认的罪行，而是因为他们贫穷，不像上流社会的有钱人那样请得起名律师。
>
> ——尤金·维克托·德布斯，《监狱》一书作者

> 法律就像一张蜘蛛网：强大的破网而逃，留在网上的都是弱小的。
>
> ——阿纳卡西斯（塞西亚人），古希腊七贤之一

本章的前半部分内容将阐述监狱里的囚犯大多来自社会底层，这是我们对审判程序调查之后得出的结论。前述第2章已经指出，对于富人实施的许多危害行为刑法并不按犯罪行为来处置。本章后半部分将指出，我们的刑事司法体系豁免了富人。和实施同样犯罪行为的中上阶层的富人相比，穷人被逮捕、被起诉和被定罪的可能性更大，判处的刑期也更长。

豁免富人

监狱里面关押的罪犯大多是社会经济地位较低的穷人。[①]

这句话出自《总统的执法和司法行政委员会报告》中，从40年前刚写下一直到现在都是真理。正如罗纳德·戈德法布所说的："我们的监狱真的已经

---

① 《挑战》，第44页。

成了'国家的贫民窟'。"① 有关"典型的罪犯和典型的犯罪"记录显示，大多数民众认为这并不奇怪。他们觉得社会危害性大的犯罪行为几乎都是穷人实施的。监狱中的囚犯大部分是由穷人构成这一事实只会让大众更加坚信自己的想法，也就是说，大众认为刑事司法体系如实地反映了威胁自己生命和财产安全的危险因素。

监狱中关押的囚犯大多是穷人的事实对我们来说也并不稀奇。这是因为刑事司法体系豁免了很多富人，这样一来，我们看到的监狱里的囚犯只能是那些来自社会底层的穷人。而这种豁免富人的程序在执法人员进行执法之前就已经开始了。前述第2章中我们曾提到刑法对犯罪下的定义不包括很多社会危害行为，有的行为与犯罪行为一样危险，有的危险性更大。那么，排除在"犯罪"之外的危险行为是否碰巧发生在富裕的美国人中间呢？实际上，在执法人员参与犯罪预防之前，刑法已经将大量的上流社会的富人排除在外了。

这种豁免富人的程序不会只存在于犯罪的定义之中，它延伸到了刑事司法体系的各个部门和程序中，从逮捕到判刑，经济上富裕的人得到豁免或轻判的可能性更大。正如美国前参议员菲利普·哈特曾说的：

> 司法制度有两条传送带：一条是富人的；另一条是穷人的。穷人的传送带速度很快，不用担心会掉下去，因而通往监狱的路也比较短；而富人的传送带速度则比较慢，途中有很多可以随意出入的站点。②

这说明从头到尾，刑事司法体系的运行都遵循着一个原则，即确保"监狱里面的囚犯是社会经济地位最低的社会成员"。与中上阶层的富人相比，实施同样的犯罪行为，穷人被逮捕、被起诉、被定罪、被判刑甚至被判长期监禁的概率会更高。③换句话说，我们所看到的监狱里的囚犯人数实际上由于刑事司法体系自身的运作而失去了其本来面目，就像狂欢节上的哈哈镜照出的人的脸

---

① 罗纳德·戈德法布：《监狱：国家的贫民窟》，载《新共和周刊》，1969年11月1日，第15~17页。
② 菲利普·哈特：《欺诈和欺骗团伙》，载《花花公子》，1972年8月，第158页。
③ 与五十多年以前著名的犯罪学家埃德温·萨瑟兰教授所写的话作一比较：
    第一，行政程序往往偏向于经济条件较好的一方，因此，如果居于不同经济地位的两人犯了同一罪行，则经济地位较低的人被逮捕、被定罪、被关押的可能性会更大。第二，法律的制定、监管和实施主要针对的是社会经济地位较低的人所犯的罪行（埃德温·萨瑟兰：《犯罪学原理》，费城：利平科特，1939年，第179页）。

一样，都是变了形的。但这一点并不好笑。

我们已经注意到刑事司法体系这面哈哈镜所照出来的犯罪分子的皮肤都是黑的。虽然监狱里的囚犯大多不是黑人，但黑人囚犯的比例已经远远超过应有的比例。由于刑事司法体系存在豁免富人的程序，而这种情况已经持续了几十年之久。埃德温·萨瑟兰和唐纳德·克雷西在他们撰写的通用教材——1974年版的《犯罪学》中写道：

> 大量研究表明，美国黑人要比犯同样罪行的白人更易受到警方的逮捕、起诉、定罪和关押，而他们获得缓刑、延期判刑、假释、死刑减免或者被赦免的概率却相对较小。[1]

这本经典之作的最新版仍保留了上面的说法，只是补充了一点：当受害人和被告均为黑人时，黑人一般不会被逮捕或被定罪。这说明无论是受害者还是罪犯，只要是黑人，就会有偏见存在。[2]

许多人仍然认为黑人之所以占据罪犯人数的大多数，完全是因为他们犯了太多的罪行。但是，2008年《全国犯罪调查》的结果却显示，许多受访者认为他们经历的诸如强奸、抢劫和严重人身伤害等暴力性事件中只有23%的攻击者是黑人。同年，美国联邦调查局的调查数据显示监狱关押的罪犯中黑人的比例分别为：强奸犯32%，抢劫犯56%，严重人身伤害的罪犯34%，其他罪犯32%。这组数据说明警察逮捕黑人罪犯的次数甚至比犯罪发生的次数还多。[3] 因为起诉、定罪和判刑入狱的犯人都是从被逮捕的犯人中筛选出来的，所以这种偏见和歧视深深存在于刑事司法的整个体系之中。

通过对《统一犯罪报告》和《全国犯罪调查》的数据进行比较，我们也发现了很多问题，而黑人—白人逮捕率、黑人—白人成为嫌疑犯的比率存在巨大差异也表明存在各种各样的解释。因此，我们认为上面呈现的结果并不能证明种族歧视的存在。不过，这种结果在专用于解释控制犯罪活动差别率的同时，却和研究"与外界不充分接触的少数种族"的刑事司法体系所显示

---

[1] 埃德温·萨瑟兰、唐纳德·克雷西：《犯罪学》（第9版），费城：利平科特，1974年，第179页。
[2] 埃德温·萨瑟兰、唐纳德·克雷西和大卫·卢肯贝尔：《犯罪学原理》（第11版），纽约市迪克斯山：总大厅，1992年，第165页和第306页。
[3] 《资料书》，表3.29.2008；2008年《统一犯罪报告》，表43。

的结果相一致。研究者在三个城市得到的大量数据表明:"对'与外界不充分接触的少数种族'的通常解释仅仅反映了不同种族或民族间的不同的犯罪率,所以这三个城市的研究结果提供的信息并不能很好地证明它,我们甚至怀疑这些信息是否正确。"① 因此,我们同意大多数研究者的观点,即刑事司法体系很大程度上被打上了种族歧视和经济歧视的烙印。② 例如,卡斯亚·斯庞重新研究了四十篇有关种族(民族)和判刑严重程度之间相关联的调查文章,这些文章的观点都新颖,而且研究方法也十分精密。她发现:

> 种族(或民族)确实在当代的判刑决策中发挥着重要的作用。与同条件的白人罪犯相比,黑人罪犯和拉美籍罪犯,特别是一些男性青年或者失业的人,最终获刑入狱的可能性更大;而在某些审判中,他们的服刑期限甚至会更长。③

斯庞和马文·弗瑞等学者注意到了一些研究项目的研究方法存在一定的缺陷,因为这些研究结果显示,种族歧视可以忽略不计,特别是种族歧视造成的间接影响和交互作用被忽略了。例如,一些研究表明,黑人罪犯比白人罪犯在审判前保释出狱的可能性更小。这是因为审判前的扣押会增加嫌犯最终入狱的概率,与白人相比,保释时的歧视会间接提高黑人入狱受刑的可能性。④ 而且,如果黑人罪犯和白人罪犯造成的受害者同为白人,那么黑人罪犯遭受的刑罚就会比白人更严酷;若黑人罪犯针对的受害人为黑人时,则会受到最轻的判决。受害人的种族和罪犯的种族相互作用产生了判决歧视的后果。由于黑人伤害白人会重判,黑人伤害黑人会轻判,看似两者可以相互抵消,

---

① 大卫·赫伊津哈、特伦斯·索恩伯里、凯利·奈特、皮特·洛夫格罗夫:《青少年司法制度中的与外界不充分接触的少数种族:关于三个城市中其他少数种族青少年被逮捕和移交法庭的差异研究》,载《国家司法学会》,2007 年 9 月,文件编号:219743,第 41 页。网址: http://www.ncjr.gov/pdffiles1/ojjdp/grants/219743.pdf.
② 托马斯·多兰:《既黑又穷的双重危险》,载《国际犯罪学和刑罚学杂志》,1973 年第 1 期,第 129~150 页。
③ 卡斯亚·斯庞:《三十年的审判改革:呼吁中立种族观的审判程序》,载《美国司法学会:刑事司法 2000 年(第 3 卷)——刑事司法体系中的政策、程序和决策》,第 427~428 页。
④ 同③,第 435、466 页;小马文·弗瑞:《种族歧视和美国刑事司法体系:种族和审判前的回访》,载《批判犯罪学》,2001 年第 10 期,第 198 页。

并且即使从总体上来说黑人罪犯的刑罚并不比白人罪犯的刑罚严重多少,但仍然改变不了存在判决歧视的事实。判决歧视使斯庞注意到的关键问题不是"种族真的会影响判决",而是"种族在何种场合、对何种罪犯、与其他什么因素一起才会发挥作用"。①

奇怪的是,记录种族歧视的数据很多,然而记录不同社会阶层的数据却越来越少。尽管美国联邦调查局将逮捕率按照种族、性别、年龄和地域等进行了分类统计,但却遗漏了社会阶层和收入。《刑事司法统计资料书》显示的家庭收入分类只是那些犯罪受害者的家庭收入。无论独立的数据收集单位还是国家的数据收集单位,他们更愿意接受的是美国人的种族歧视而非阶层歧视。马乔里·塞茨指出:"阶层是社会学中主要的变量之一,但是我们的刑事司法数据对它的衡量标准却极不准确。广大学者有一个共识,即在判决研究中发现的一些种族效应或许有一部分是来自于阶级效应。"②

接下来,我们将充分利用这最后的一点提示信息来阐明我们的观点,并暂且把阶层和种族看成是同一个概念。毫无疑问,种族主义在我们的社会体制中是一个明显的且反复出现的强大的歧视符号,其攻击对象往往是贫穷的黑人。在美国历史上,种族主义经历了一段相当长的不光彩的时间。在过去的几十年时间里,很多黑人青年男子被关进监狱,是我们的司法体制为了控制和隔离那些逾越奴隶制度、摆脱种族隔离③和逃离集中住宅区④的黑人(不涉及新政策)。在这里我们强调地位并不是为了削弱种族的重要性,我们的目的是尽可能多地展开一些对社会经济地位低下的种族歧视的讨论。正如社会学家威廉·尤里乌斯·威尔逊在《种族意义之消亡》一书中写的:"问题不是否认种族主义的现实性,而是强调黑人阶级结构的重要性。"⑤

---

① 斯庞:《审判改革的三十年》,第 480 页。
② 马乔里·塞茨:《种族、性别和阶级将法庭判决达成一致:对 21 世纪的展望》,载《美国司法学会:刑事司法 2000 年(第 3 卷)——刑事司法体制的政策、程序和判决》,国家刑事司法编码 182410,第 515 页。
③ 吉姆·克罗,名字来源于 19 世纪流传于种族歧视者中间的歌曲,主要记载"美国内战(1876 年)"以后到 1964 年"民事权力立法"期间一些允许歧视和隔离黑人的法律。
④ 华康德:《致命的共生:当监狱变成贫民区》,见大卫·加兰德的《美国的高犯罪率:社会原因和后果》,伦敦:塞奇出版社,2001 年,第 82~120 页。
⑤ 威廉·尤利乌斯·威尔逊:《种族意义之消亡》(第 2 版),芝加哥:芝加哥大学出版社,1980 年。

米歇尔·亚历山大的重要著作《新吉姆·克罗》谈到了"非法歧视黑人"已经转变成了"合法歧视黑人"的情况，也就是说，一旦给黑人贴上"罪犯"的标签，那么白人又将会"重拾我们理应抛弃的所有歧视性行为"。有犯罪记录的黑人会遭遇"合法的职场歧视、房产歧视、教育歧视、公共福利歧视和陪审员服务歧视等，就像他们的父辈、祖父辈乃至曾祖父辈所经历的一样"。[1]但是把这种现象称作"新吉姆·克罗"，是为了证明阶层并不重要，因为旧的种族歧视对黑人都是一样的，无论贫富，都不能饮用"只供白人"的泉水。相反，今天很多监狱都是专门为贫穷的黑人（白人）准备的。我们之所以关注阶层歧视，是因为刑事司法体系不仅豁免了富裕的白人，而且幸运的还有富裕的黑人。

我们在一些地方使用的数据虽然与社会阶层有关，但主要是想通过展示美国黑人和拉美裔美国黑人所受到的不同惩罚的证据来补充说明社会底层成员所经历的不同遭遇。我们主要从以下五个方面来阐述：

第一，美国贫穷的黑人特别多。2010年生活在贫困线以下的非拉美裔美国白人有9.9%，美国黑人有27.4%。[2]若把收入换成财产（如房产、股票、存款），则情况会更糟。美国黑人的平均财产只有非拉美裔美国白人的1/6~1/5。[3]企业所有权是衡量经济实力的另一个重要指标，2010年，拥有企业股权的非拉美裔美国白人家庭占全国拥有企业股权家庭总数的15.6%，而非白人家庭和拉美裔美国白人家庭则仅占8.3%。2010年，白人家庭的平均财产价值为9.72万美元，而非白人家庭和拉美裔美国白人家庭的平均财产价值仅为4.3万美元。[4]失业率的对比同样不乐观。2010年，失业的白人和黑人的百分比分别为8.7%和16%。处于犯罪敏感年龄段（16~19周岁）的青少年中，

---

[1] 马歇尔·亚历山大：《新吉姆·克罗》，纽约：新纽出版社，2011年，第1、2页。
[2] 卡门·德娜瓦斯·沃特、伯纳黛特·普罗克特、杰西卡·史密斯、美国人口普查局：《实际人口报告》，第60~239页，"2010年美国人收入、贫困和医疗保险分布状况"，华盛顿特区：美国政府印刷办公室，2011年，表4。
[3] 阿瑟·肯尼克尔：《大潮滚滚：1989—2001年间美国财富分布的变化》，美国联邦储备金监察小组，2003年，第34页。网址：www.federalreserve.gov/pubs/oss/oss2/papers/concentration.2001.10.pdf。
[4] 杰西·布里克等：《2007—2010年美国家庭财务状况的变化》，载《联邦储备公告》，2012年第2期，第98卷，第48~50页，表9。

白人青少年失业率为23％，黑人青少年为43％，几乎达到了1∶2。①

第二，不管你是什么种族、什么宗教或国籍，有钱就能摆脱官司，就能免除牢狱之灾。有钱就能住郊区的单人房间，而不是合租的集体住房；花钱就能请到专门为你一人服务的律师，而不是负担过重的公诉人。塞茨说："起诉和制裁决定中对于种族的不同惩罚措施是由于各阶层所享受的资源的权利不同。"②而且，我们还会发现，黑人因非法携带毒品、交易毒品而被逮捕的情况越来越多，远远超过了白人的数量。但是研究结果却表明，实际使用毒品的黑人和白人的数量差不多。毒品抓捕行动最易在混乱的市中心的贫民区展开，因为在那样的环境中，任何时候都可以进行毒品交易，毒贩子也愿意把毒品卖给陌生人。与白人相比，黑人和拉美裔人住在这样的区域的可能性更大，而毒品犯罪分子被逮捕的可能性也较大。③尽管种族歧视也起着重要的作用，但出现上述情况的原因不是种族歧视，而是因为大部分黑人和拉美裔人都很穷且没有工作，看似种族不平等的外表下其实掩盖着社会经济地位问题。

第三，经历过整个刑事司法阶段并在最后锒铛入狱的黑人和白人在经济状况上都很接近。在1978年，逮捕前收入低于3 000美元的人数比例分别为黑人53％、白人44％。④1983年，逮捕前收入的中间值分别为黑人4 067美元、白人6 312美元；逮捕前没有工作的人数比例分别为黑人50％、白人44％。⑤1991年，逮捕前既没有全职工作也没有兼职工作的人数比例分别为黑人38％、白人30％。⑥

第四，有研究认为，种族会加剧经济状况对刑事司法结果的影响，所以"失业的黑人比在职黑人或失业的白人坐牢的概率更大"；⑦也就是说，种族歧视会产生选择性的社会经济地位歧视，使得一部分失业人口比其他人坐牢

---

① 劳动统计局：《实际人口调查》，《年均数据库》（完整的一套表），表5。网址：http://www.bls.gov/cps/cpsa2010.pdf。
② 塞茨：《种族、性别和阶层在法庭判决上达成一致》，第511页。
③ 迈克尔·托瑞：《种族政治、种族差异和打击犯罪之战》，载《犯罪和少年犯罪》，第4版，1994年10月，第40卷，第483、485、486页。
④ 《资料书》，1981年，第463页。
⑤ 《美国统计摘要》，1988年，表304，第175页。
⑥ 司法统计局：《美国、英格兰和威尔士牢犯概况》（1991年版），1994年10月，NCJ-145843，第13页。
⑦ 西奥多·克瑞克斯，威廉·贝尔斯：《失业和刑罚的实证研究》，载《犯罪学》，1991年，第4期，第29卷，第718页。

的可能性大。

第五，由于黑人和拉美裔人贫穷和失业的人数较多，所以，无论是在种族歧视或社会经济地位歧视基础上的刑事司法体系都将造成抓捕和坐牢的穷人占多数的局面。我们担心的是这种结果，而不是它背后的动机。

综上所述，种族歧视显然是美国社会中存在的一个显著而普遍的现象，在此我们会把它看作是一种社会经济地位歧视或者是一种能达到共同目的的工具。

本章后续部分将讨论刑事司法体系如何在惩罚的各个阶段豁免富人的（即中上层富人罪犯），进而展现扭曲的犯罪现象。不过在深入讨论之前，有三点需要注意的地方：

第一，我们并不认为那些被白人起诉的穷人罪犯都是清白的。穷人的确会犯罪，监狱里囚禁的大部分穷人罪犯都是罪有应得。并且有大量的确凿证据也证明，就穷人罪犯在总人口中所占的比例而言，《联邦调查局犯罪索引》中统计的许多人身伤害犯罪行为和财产犯罪行为都是穷人所为，而不是中上层富裕人士。但我们想要指出的是，《联邦调查局犯罪索引》中统计的犯罪行为既不是对大众的生命、财产构成威胁的唯一行为，也不是危害性最大的威胁行为。本章的主要内容主要是为了说明刑事司法体系逮捕穷人和处罚穷人的次数比穷人实际犯罪的次数要多得多。

第二，下面的讨论内容分为三个部分，它们与主要的刑事司法阶段保持一致，也与上述第 2 章中提到的假设 2、3、4 保持一致。不过这样的划分显然过于理想化，所以不能算严格意义上的划分。刑事司法的每一个阶段都会有许多掺假的处罚行为，所以对于案件的处理会或多或少地反映出刑事司法惩罚阶段的不同差异。

第三，从逮捕到判刑的过程就像一个漏斗，任何前期出现的歧视都会对后期的人数造成影响。比如，一些研究发现，对实施了同样犯罪行为的罪犯所判处的刑期几乎不存在社会经济地位歧视的问题。但是这样的研究有一个前提，那就是，前期存在的歧视已经对审判阶段的罪犯做了筛选。例如，实施了相同犯罪行为并且有相同犯罪史的人中，穷人被起诉和被定罪的可能性更大，即使对罪行的判决公正无私，仍会重蹈前期的相关歧视。

（一）逮捕与起诉

大多数犯罪数据统计（官方）实际上是对被逮捕和被定罪的犯罪人

数的统计。假如警方逮捕罪犯有一定的执行标准,并且针对的是特定的人群,那么,这些官方数据或许只能用来说明警方的某些行为而不是罪犯的情况。无论如何,这些数据也不会包括那些实施了犯罪行为却没有被逮捕的人。一些社会学家不认为这些官方数据存在歧视,于是他们尝试通过其他途径来判定一个人是否有罪,其中最常用的方法是通过访问和问卷调查的形式。匿名的受访者要透露自己是否做过一些违法但却没有被逮捕或被起诉的事。这些社会学家也有相应的方法来检验受访者回答的内容是否真实。不过,要是受访者的回答有待考证,那么常识会告诉我们他们的回答一定是对他们自己有利的,也就是没有进入官方记录的犯罪数量一定比实际发生的少。因此,这些研究的结论特别让人难以置信,犯罪就好像是所有人的娱乐消遣一样。

美国总统犯罪委员会通过对 10 000 个家庭调查之后发现,"91%的美国民众曾触犯过法律,这些行为足以让他们在监狱里度过一段时间"。[1] 20 世纪 40 年代也有很多研究指出:"中上层阶层中的严重犯罪行为十分普遍,却很少有人被抓捕归案。"[2] 1990 年的一篇关于阶层和犯罪的文献评论说:"1978 年以来公布的研究结论所使用的官方数据和个人坦白的数据结果显示,社会经济

---

[1] 伊西多尔·西尔弗、总统犯罪委员会:《自由社会中的犯罪面临的挑战》,纽约:埃文出版社,1968 年,第 31 页。

[2] 以下著作中均反映出这种现象:奥斯丁·波特菲尔德:《问题少年》,德克萨斯州沃斯堡:利奥·波蒂什曼基金会,1946 年;弗雷德·墨菲、雪莉、威特默:《不为人知的少年犯罪事件》,载《美国精神病学期刊》,1946 年 10 月,第 16 卷,第 686~696 页;小詹姆斯·肖特:《特定人群的犯罪行为、抓捕和定罪事件报告》,载《太平洋社会学学会的诉讼案》(1954),第 110~118 页;伊凡·奈、詹姆斯·小肖特、弗吉尔·奥尔森:《社会经济地位和少年犯罪行为》,载《美国社会学周刊》,1958 年 1 月,第 63 卷,第 381~389 页;梅娜德·埃里克森、拉马尔·恩皮:《阶级地位,同龄人和少年犯罪》,载《社会学与社会研究》,1965 年 4 月,第 49 卷,第 268~282 页;威廉·钱布利斯、理查德·长泽:《论官方数据的有效性:白人、黑人和日本人的高中男生的对比研究》,载《成人犯罪与少年犯罪研究周刊》,1969 年 1 月,第 6 卷,第 71~77 页;尤金·多勒沙尔:《看不见的犯罪》,载《成人犯罪和少年犯罪文献》(第五版),1970 年 10 月,第 2 卷,第 546~572 页;南茜·科泽·威尔逊:《少年犯罪的风险率》,安阿伯:密歇根大学掠影,1972 年;梅南德·埃里克森:《集体犯罪、社会经济地位和职务犯罪》,载《社会力量》(第 1 版),1973 年 9 月,第 52 卷,第 41~52 页。

地位的高低和犯罪行为之间没有必然的联系。"① 每个阶层内部都存在犯罪现象。还有些研究表明，社会底层的青少年常与某些严重的违法犯罪行为有关，但是这些违法犯罪行为在上流社会阶层中更为常见。② 例如，恩庇与埃里克森对不同阶层的 180 名年龄在 15～17 岁之间的白人轻少年男孩进行了访问，结果发现，"几乎所有的受访者都表示自己有过许多不同的违法犯罪行为"。中层阶层的受访者在所有的受访者中仅占 55%，但是在所有犯罪行为中的比重却不低，入室盗窃罪占 67%，破坏公物罪占 70%，持枪抢劫罪占 87%。③

有人认为，"社会底层的青少年比上流社会的青少年犯罪频率更高"④，同时他们也意识到官方记录中社会底层的青少年占到总青少年人数的很大一部分。戈尔德在他的书中写道："官方记录中，社会最底层的男孩比最顶层的男孩出现的频率高 5 倍。"⑤ 很显然，同样的罪行，穷人比富人更能引起警方的注意。穷人一旦被抓，他们被带到警察局和被起诉的可能性会更大。⑥ 以下

---

① 查尔斯·蒂特尔、罗伯特·迈尔：《社会经济地位与犯罪关系的探究》，载《犯罪学》，1990 年第 2 期，第 28 卷，第 292 页。格雷戈里·达纳韦、弗兰西斯·卡伦、小威尔莫尔·伯顿、大卫·埃文斯：《社会阶级和犯罪回归的奥秘：成人和阶级的犯罪行为审视》，载《犯罪学》，2002 年第 2 期，第 38 卷，第 600 页。

② 拉里·卡拉奇、杰克逊·托比：《未犯罪的青少年成为社交小团体的候选人》，载《社会学问卷调查》，1962 年，第 32 卷，第 203～215 页；威廉·阿诺德：《对按比例缩小的犯罪行为的深入研究》，载《社会问题》，1965 年第 1 期，第 13 卷，第 59～66 页；哈文·沃斯：《对社会经济地位和通告的犯罪行为的研究》，载《社会问题》，1966 年第 3 期，第 13 卷，第 314～324 页；拉马尔·恩皮、梅娜德·埃里克森：《看不见的犯罪和社会地位的关系》，载《社会力量》，1966 年第 4 期，第 44 卷，第 546～554 页；弗雷德·尚利：《中层阶级犯罪的社会问题》，载《社会学和社会研究》，1967 年，第 51 卷，第 185～198 页；杰伊·威廉、马丁·戈尔德：《从一般犯罪行为到职务犯罪行为》，载《社会问题》，1972 年第 2 期，第 20 卷，第 209～229 页。

③ 恩庇、埃里克森：《看不见的犯罪和社会地位的关系》，第 549、551 页。奈、肖特和奥尔森都发现损坏公共财物的罪行一般多由上层社会的孩子所犯，参见他们的文章《社会经济地位和青少年犯罪行为》，第 385 页。

④ 马丁·戈尔德：《隐匿的少年犯罪行为》，载《少年犯罪研究周刊》，1996 年第 1 期，第 3 卷，第 27～46 页；萨瑟兰、克雷西：《犯罪学》，第 137～220 页。

⑤ 戈尔德：《隐匿的犯罪行为》，第 44 页。

⑥ 比较社会经济地位的分类，"鲜有证据证明集体犯罪是社会底层成员所特有的，其他社会阶层成员很少或没有这种犯罪形式。实际上，社会最底层的成员与其他阶层的成员相比，独特之处在于他们被抓捕的频率更高"。埃里克森：《集体犯罪、社会经济地位和职务犯罪》，第 15 页。

是戈尔德的论断:

> 与犯同样罪行的富人男孩相比,穷人男孩的犯罪行为出现在官方记录中的可能性更大,且穷人男孩比富人男孩高出4~5倍。这些相似的数据都表明,从起诉到法庭审判的每个程序和阶段,社会经济地位不同家庭的男孩会受到不同的处置,这样一来,监狱最后关押的对象和很多犯罪研究的对象都选择了穷人家的男孩。①

被逮捕的人"如果来自社会经济地位较高的家庭,警方很可能私下解决而不会移交法庭"。②

特伦斯·索恩伯里对费城的3 475名少年罪犯通过研究之后得出了相同的结论:同一重罪,相同犯罪史,警方大多会将社会底层的青少年移送少年法庭,上流社会的青少年则不会通过法律程序,比如会扣押在警察局等其父母前来认领。索恩伯里还发现,对已经移送少年法庭的青少年,如果他们所犯的罪的严重程度一致、犯罪史相同,则贫穷家庭的青少年比富裕家庭的青少年被关进监狱的可能性更大;相反,富裕家庭的青少年比贫穷家庭的青少年判缓刑的可能性更大。不出所料,他发现因同一罪行被抓捕的黑人青少年和白人青少年有同样的情形。③

后续的研究结论仍然与之前的一致。例如,桑普森发现,穷人社区的青少年比富人社区的青少年与警方接触的机会更多。④一项对西雅图和华盛顿地区青少年的调查研究发现,"无论种族如何,穷人家庭的孩子被逮捕的可能性更大"。⑤ 有些研究也指出,"法官承认他们有意识地想方设法把低收入家庭的青少年引到青少年司法体制中来,因为他们相信法庭会'帮助'这些青少

---

① 戈尔德:《隐匿的犯罪行为》,第28页。
② 同①,第38页。
③ 特伦斯·索恩伯里:《少年刑事司法体制中的种族、社会经济地位和量刑》,载《刑事法律和犯罪学周刊》,1973年,第1期,第64卷,第90~98页。
④ 罗伯特·桑普森:《社会经济背景对法庭处置少年犯罪的影响》,载《美国社会学评论》,1986年12月,第51卷,第876~885页。
⑤ 罗伯特·克拉奇菲尔德、马蒂·斯金纳、凯文·哈格蒂、安妮·麦格林、理查德·卡塔拉诺:《刑事司法体制中早期的种族差异》,载《种族和社会问题》,2009年第4期,第228页。

年，使他们能更快地成为一个有义务、有责任、有纪律的好公民"①（事实上，"这样的希望也只是希望"②）。如果因为这些区别只适用于青少年罪犯你就认为它们不重要，那么，请记住，青少年罪犯这一群体其实能说明很多犯罪问题。此外，其他一些不局限于青少年的研究也证实了同样的社会经济地位歧视问题。麦卡锡的研究发现，在现代化大都市中，如果有工作的人和失业的人实施了同样的犯罪行为，那么，警方逮捕失业者的可能性更大。③

如前所述，我们认为种族歧视是一种对穷人的歧视或者是它的代名词，黑人被怀疑和被逮捕的可能性比白人更大。1998 年《哈佛法律评论》的一篇文章回顾了一些对种族和刑事审判程序的研究成果，结果发现，"多数研究爆料了很多警官公开承认的事实，那就是警方在决定追查、扣押、搜捕对象的时候，会把种族作为一个有独立意义的因素（如果不是决定因素的话）"。④更为甚者，杰罗姆·米勒说："1994 年在对扣押青少年罪犯的决定因素的一项调查中发现，排除罪行严重程度的影响和社会因素（如单亲家庭）之后，美国黑人和拉美裔青少年在每一个关键点被警察扣押的可能性都更大。而警方和法院在决定扣押青少年时，种族有着很大的关系。"⑤ 这项研究还指出，"关押不仅受到种族的直接影响，而且还受到来自社会经济地位的间接影响，因此有色人种陷入了被区别对待的危险境地"。⑥ 还有事实表明，黑人的起诉率比白人高，而黑人在多数情况下是由于证据不足才被逮捕的。⑦

----

① 塔玛·伯克黑德：《因穷而罪（草稿）》，载《华盛顿大学政法周报》，第 38 期（2012年），第 5 页。网址：http://papers.ssrn.com/sol3/papers.cfm? abstract_id = 1918331。
② 同①。
③ 贝琳达·麦卡锡：《社会结构、犯罪、社会控制力：抓捕率因素调查》，载《刑事司法日报》，1991 年第 19 期，第 19~29 页。
④ 诺特：《法律的发展：种族和刑事审判程序》，载《哈佛法律评论》，1998 年 101 期，第 1496 页。
⑤ 杰罗姆·米勒：《搜查和毁灭：美国刑事司法体系中的黑人男性》，纽约：剑桥大学出版社，1996 年，第 76 页。玛德琳·沃德、蒂莫西·拜纳姆和查尔斯·科利的研究证实了这一点，他们的研究成果《锁好你们的青少年：种族对拘留判决的影响》，发表在《成人犯罪与青少年犯罪研究周刊》（第 2 版）上，1994 年 5 月，第 31 卷。
⑥ 沃德、拜纳姆、科利：《锁好你们的青少年：种族对拘留判决的影响》，第 164 页；米勒在他的《搜查和毁灭》的第 76~77 页引用了这句话。
⑦ 弗里：《种族歧视和美国的刑事司法体制》，第 209 页。

2007年，犯罪学家第一次在研究报告中审视了当时很有威望的一项研究，即有关少数种族与青少年司法体制过度接触的研究，最后他们认为，"少数种族的青少年比非少数种族的青少年与这个体制的关系更加密切，而且也更容易深入到体制内部"。这些研究人员进一步分析了他们从美国三个城市中获得的资料，结果发现，"就大多数犯罪行为而言，美国黑人比白人的犯罪率高，而且他们被移交法庭的人也远远超过白人"。①具体如下：

  在匹兹堡，被逮捕和被移送法庭的罪犯中，白人（仅有一种犯罪行为）占38.1%，黑人占66.3%；在罗切斯特，被逮捕的白人罪犯占19.2%，黑人罪犯占51.3%；在西雅图，白人罪犯占33.2%，黑人罪犯占64.4%。②

这项分析的结论是根据犯罪人数得出的，而且对黑人罪犯的庞大数量也有所调整。另外，已经有44个州对"与外界不充分接触的少数种族"有所研究，其中有32个州的研究结果是，"不同的犯罪活动并不能说明青少年司法体制中存在着种族或少数种族的研究人员的差异"。③

还有一个令人不安的发现，"许多黑人被逮捕仅仅是因为他们在开车"。坦普尔大学的约翰·兰伯思曾研究过在新泽西州的付费公路上，被警察逮捕的黑人司机占所有被逮捕的司机的比例是否超过了黑人司机在美国司机总数中的比例，以及是否超过黑人司机在违反交通规则的总人数中的比例。兰伯思及其研究团队"记录了4.2万辆汽车的数据"，他们发现"白人和黑人违反交通规则的比率几乎相同"，但"警方拦截并逮捕的大多是黑人，这个比例占到了总人数的73.2%，而其中13.5%的车辆上有黑人司机或黑人乘客"。兰伯思注意到这两个数据的差异在于"统计范围过于宽泛"。④ 马里兰州和俄亥俄州的专家也进行了类似的研究，结果同上。

---

① 弗里：《种族歧视和美国的刑事司法体制》，第26页。
② 同①，第26、27页。
③ 伯克黑德：《贫穷导致的少年犯罪（草稿）》，第4页。
④ 大卫·哈里斯引用了这句话，《故事、数据和法律：论"黑人驾车"的重要性》，载《明尼苏达州法律评论》，1999年，第84卷，第265~326页。网址：http://academic.udayton.edu/race/03justice/dwb01.htm。同时参见埃里克·利希特布劳：《分析报告导致降级》，载《纽约时报》，2005年8月24日。网址：http://www.nytimes.com/2005/08/24profiling.html。

近代缉毒战争的很大一部分受害者是来自贫民区的少数种族男性,原因我们在上文中已经提到过。相反,在《宿舍毒贩》一书中,作者就缉毒战的"反目标"观点指出,那是一个多数由白人和南加利福尼亚州的大学生组成的一个富人圈,他们每月的毒品成交额有 8 万 ~ 16 万美元。几乎所有的毒贩都"来自中上阶层富裕的社会人士",而且"他们的父母都有着雄厚的经济实力",其中有市长、商人和医生。① 由于他们的社会经济地位显赫,他们在交易的时候肆无忌惮,甚至蔑视"采用那些将风险降到最低的策略"。②作者虽然深知刑事司法体系中存在阶层歧视,"但是仍然对刑事司法体系的不足和大学校园的管理不善感到无比惊讶,那些毒贩只是一些脸皮厚甚至没有能力安排其日常活动的人"。③

维克多·里奥斯在加利福尼亚州的奥克兰做了一项研究,这项研究描绘了一种叫作"青少年指控综合体"的现象,它是指各种司法制度、社区、媒体和商业机构都认为"青少年的日常活动就是犯罪"。④ 维克多·里奥斯曾在法庭上为"一个没有合理佩戴头盔"的青少年违法案件作证,而且还描述了"相互争吵"、"狠狠地盯着他们"等细节,最终使该名青年因为扰乱社会治安而被定罪和判刑。⑤ 如此这般的"过度定罪"会使青少年深入到刑事司法体制的内部,因为如果错过了开庭的时间就会收到逮捕证,没能力支付罚款就会被判缓刑,这样就会受到警方更加深入细致的调查。⑥

一般来说,"缉毒战争"往往打击的是少数种族的人群,虽然无论是 20 世纪 90 年代的调查还是最近的研究都发现,黑人接触毒品的机会要比白人少。⑦ 审判研究小组展开的一项基于司法部统计数据的研究表明:"美国总人口中黑人占 12%,所有的瘾君子中黑人占 13%……然而因携带毒品而被逮捕

---

① 拉菲克·穆罕默德、埃里克·弗瑞兹伏德:《宿舍毒贩》,博尔德:林恩林纳出版社,2010 年,第 11、12 页。
② 同①,第 6 页。
③ 同①,第 7 页。
④ 维克多·里奥斯:《处罚就是对黑人和拉美裔男孩进行监督》,纽约:纽约大学出版社,2011 年,第 14、40 页。
⑤ 里奥斯:《处罚》,第 44 页。
⑥ 同⑤,第 14 页和第 158 ~ 159 页。
⑦ 米歇尔·亚历山大:《新吉姆·克罗》,载《俄亥俄州刑法周刊》,2011 年第 1 期,第 9 卷,第 13 页,注释 21、25;迈克尔·托瑞:《种族政治、种族差异和打击犯罪之战》,载《犯罪和少年犯罪》,第 4 期,1994 年 10 月,第 40 卷,第 483 页。

的人中黑人占35%，因携带毒品而被定罪的人中黑人占55%，因毒品被判入狱的人中黑人占74%。"①

很多事实都能说明警方对待穷人和富人是有区别的。有人说这表明了穷人的隐私少②，因为白人做一些事情的场所是在房间或后院，而黑人却在人数众多的大街上。也有人说警察关押贫穷青少年、释放富有青少年的做法反映出两种可能性：一种是警方认为富人家庭比穷人家庭能更好地管教自己的孩子；另一种是穷人原告和中产阶级原告要求抓捕被告的程度不同。而大多数人的看法则是警察接受的培训和工作环境导致他们对特定的人群比较敏感，如社会底层的青少年、黑人、拉美裔人等③，因而他们会进一步追查这些人的犯罪行为。普莱文和布赖尔在他们的著作《当警察遇上青少年》（第212页）中写道：

> 与其他种族的青少年相比，黑人和那些长相符合罪犯形象的男孩受到巡警盘问的频率更高，即便没有足够的证据证明他们有罪，警方依然会对他们"特别照顾"。同样的罪状，这些人受到的惩罚可能会更严厉。大量的数据表明，这种明显带有歧视性的逮捕和处罚不是空穴来风，其形成原因有两个：一是个别执法人员长期以来的偏见；二是执法人员的相关工作经历。执法人员如此对待黑人和长得像罪犯的青少年，一方面反映出执法人员会把这些人的顽强抵抗看成是罪犯的标志，另一方面表明执法人员会根据相关部门的数据进行推测，推测黑人和长相粗犷的青少年（穿着斜纹棉布裤、皮夹克、靴子等）比其他人的犯罪频率高。

但是也有人觉得警察主要逮捕的是那些没有政治影响力的人④，包括那些

---

① 福克斯·巴特菲尔德：《越来越多20出头的黑人惹上官司》，《纽约时报》，1995年10月5日，第A8页。
② 例如参见查普曼的《罪犯的固定形象和社会影响》，载《国际犯罪学和刑法学杂志》（1973年），第1卷，第24页。
③ 很多人都这样认为，但大家没有认识到这个观点从某种程度上也可以作为自我实现的预言。以下几位的著作中也出现了类似的看法，如《挑战》，第79页；杰罗姆·斯考尼克：《没有庭审的司法》，纽约：怀利，1966年，第45~48、217~218页；杰西卡·米特福德：《正常又仁慈的处罚》，第53页；阿尔伯特·赖斯：《警察与民众》，康涅狄格州纽黑文：耶鲁大学出版社，1971年。赖斯认为这种不同是由于不同的原告造成的。
④ 如理查德·伦德曼发现，较高逮捕率与"手无缚鸡之力的罪犯"有关。见理查德·伦德曼：《用联邦调查局的视角看待警察正常的抓捕行动》，载《社会问题》，第1期，1974年10月，第22卷，第127~141页。

不能使广大民众关注警察行为的人,而这些人往往都是社会最底层的人。

无论你持何种态度,都有一定的道理,也不免会得出同样的结论:造成"监狱里的罪犯很可能来自本国社会经济地位最低的人"这一状况的原因,是那些守卫通往监狱大门的警察会保证通过的穷人比富人更多。

对起诉者来说亦是如此。《哈佛法律评论》就种族问题和刑事审判程序的研究刊登了一篇文章,文章认为:"这些研究表明,起诉者对涉及少数种族罪犯的案件往往会发起完全诉讼或重罪指控,并要求更加严厉的刑罚,而非少数种族案件却不是这样。"① 有一项针对洛杉矶因犯重罪而被逮捕的白人、黑人和拉美人进行的研究表明:"有相同重罪起诉和犯罪史的罪犯中,59%的白人的案件在开始审查阶段就被撤销了,而黑人和拉美裔人的案件撤诉率分别只有40%和37%。"②

"豁免富人"的政策一进入刑事司法体系就生效了,侦查、逮捕、起诉是由罪犯所犯的罪行和造成的危险程度所决定的,这些程序受到一系列不利于穷人的社会经济地位歧视的影响。

然而,这种社会经济地位歧视也是一把双刃剑。它不仅使被逮捕和被起诉的穷人数量比他们所犯的罪行(如偷窃、抢劫、人身伤害等)数量多得多,而且使刑事司法体系对那些穷人永远不会涉足的罪行(如违反《反托拉斯法》、违反工业安全、挪用公款、逃避巨额税款等)也表现得特别宽大和仁慈。当街头犯罪分子恰好是穷人时,警方很可能逮捕这样的罪犯并提起正式诉讼。对待豪宅里的富人犯罪分子时,刑事司法体系很可能会以非刑事案件来处理,即民事诉讼或私下解决;即使按照刑事案件处理,也一定是从轻判决(本章后面判刑部分将会提到)。通往监狱的大门向穷人大开,却向富人紧闭,当我们再次看到监狱里的囚犯时当然不会对此有丝毫的讶异。

许多学者已经评述过"白领犯罪"的严重性和危害程度,对我们这样试图去理解犯罪行为产生过程的人,对这个问题应该注意以下四点:

---

① 诺特:《法律的发展》,载《哈佛法律评论》,1988年,第101卷,第1520页;威廉·贝尔斯:《种族和阶级对刑事司法诉讼和处罚决定的影响》,佛罗里达州大学博士论文,1987年。
② 卡斯亚·斯庞、约翰·格鲁尔、苏珊·韦尔奇:《罪犯的种族和性别影响重罪诉讼:驳回或取消》,载《犯罪学》,1987年第25期,第175、180、185页。

第一，白领犯罪代价高昂；白领从我们口袋里拿走的钱是《联邦调查局犯罪索引》中所有犯罪行为造成的损失总和所远远不能企及的。

第二，白领犯罪比穷人犯罪更为普遍。

第三，白领罪犯很少被逮捕或受到起诉；司法系统已经制定了更温和的处理办法，因为上流社会的客户情感比较脆弱。

第四，白领罪犯一旦被起诉或被定罪，会根据他们的罪行对社会造成的危害程度进行宽大处理。

在此，我们只讨论前三点，将第四点留在下一部分详述。

毫无疑问，白领犯罪造成的损失是巨大的。1985年，《美国新闻和世界报道》指出："据专家估计，白领罪犯每年至少会获得2 000亿美元的非法收入。"① 马歇尔·克利纳德也在他的《企业腐败：滥用企业权力》一书中引用了这个2 000亿美元的数字。② 1985年的2 000亿美元相当于2011年的4 280亿美元。③ 即便如此，这还是被低估的数字。20世纪90年代，一些专家认为，那些仅与政府部门做生意的公司导致的白领犯罪所造成的损失每年约5 000亿美元。④ 注册舞弊检查师协会在2004年进行的一项研究显示：一个具有代表性的机构因职业诈骗损失了年总收入的6％，这正与1996年和2002年的研究结果相同。⑤他们的一项最新研究也表明，7％的年总收入损失是普遍现象，如果2010年美国国内生产总值损失7％，那相当于损失1万多亿美元。⑥

---

① 《以君子之道盗窃2 000亿美元》，载《美国新闻和世界报道》，1985年5月20日，第83页。
② 马歇尔·克利纳德：《企业腐败：滥用企业权力》，纽约：普雷格出版社，1990年，第15页。
③ 劳动统计局：2012年消费者价格指数、美国城市居民的平均消费水平。1985年1月，所有商品是105.5；2011年11月，所有商品是226。网址：http://www.bls.gov/ro5/cpiushistorical.pdf。
④ 奥古斯特·贝奎：《高科技安全：克林顿委员会没能妥善保护重要基础设施》，载《计算机与安全》，1998年第17期，第19~21页。
⑤ 注册舞弊检查师协会：《2004年全国报告》，第8页。网址：www.acfe.com/documents/2004RttN.pdf。
⑥ 注册舞弊检查师协会：《2008年全国职业诈骗和滥用职权报告》，第8页。网址：http://www.acfe.com/uploadedFiles/ACFE_Website/Content/documents/2008-rttn.pdf。《2012年美国统计摘要》，第435页，表667。

国家白领犯罪中心于 1999 年对美国 1 000 个家庭进行的调查发现，前一年有 1/3 的家庭因白领犯罪而遭受损失。2005 年该中心又进行了一次调查，结果显示，几乎一半的家庭是白领犯罪的受害者。①

我们必须对白领犯罪造成的损失进行粗略的估计，这样就能把它的影响与《联邦调查局犯罪索引》中提及的犯罪的影响作一比较。首先，我们可以以美国商会发布的《白领犯罪手册》中罗列的相对保守的数据作为参考。②由于此手册发布于 1974 年，考虑到通货膨胀和人口增加的因素，我们需要对这些数据进行一番调整，以便与联邦调查局在 2010 年发布的损失数据作比较（鉴于政府已经记录了如此多的街头犯罪的数据，我们不禁在想，为什么美国商会不更新四十年前的老数据？为什么除联邦调查局和美国商务部之外的其他私人或公众机构不及时更新白领犯罪的总损失数据呢？）。考虑到要使用最新的估算数据，因此在一些分类中我们需要对美国商会的数据稍作修改。按照惯例，如果可能的话，我们将选择较为保守的数据。虽然不同类型的白领犯罪或所有白领犯罪所造成的损失都将只是一个粗略的数据，但正因如此，我们所得到的数据才能反映直接造成的损失（而不是像预防、补救或错失良机等造成的间接损失），才能与联邦调查局报告的财产犯罪所造成的损失作比较。

首先，让我们来看一下数据的修改。可以预料的是，计算机犯罪造成的损失远远超过了 1974 年美国商会估计的 10 亿美元。2005 年联邦调查局所进行的计算机犯罪调查中，联邦调查局的研究结论普及到了整个国家，并计算出全国计算机犯罪对美国商业造成的损失约为 672 亿美元，最后还注明"虽然数据是粗略估算出来的，但还是比较保守的"。③从那以后，网络犯罪"作为

---

① 大卫·弗里德里克斯：《值得信赖的罪犯》（第4版），贝尔蒙特：沃兹沃斯/圣智出版社，2010 年，第 47 页。
② 美国商会：《白领犯罪手册》，华盛顿特区：美国商务部，1974 年，第 6 页，版权由美国商务部所有。
③ 联邦调查局：《2005 年联邦调查局计算机犯罪调查》，第 10 页。网址：http://www.digitalriver.com/v2.0-img/operations/naievigi/site/media/pdf/FBIccs2005.pdf。具体说来，他们估计"未接受调查的人遭受资金损失的概率是接受调查者的三分之一"，而且"这些数据不包含预防这些事件的职员、科技、时间和应用软件等因素，它们也没有强调网络犯罪给受害者个人造成的损失（如干扰、身份盗窃等）"。

一个十分危险的犯罪种类，出现在人们的生活中"。① 2011 年，由诺顿（知名杀毒软件发明者）进行的一项研究发现，每年美国所有家庭因网络犯罪造成的现金总损失达 320 亿美元。② 美国国会研究服务部门的报告显示："联邦调查局预计美国所有的计算机犯罪造成的损失为 4 000 亿美元。"③ 我们把联邦调查局对商业损失的 670 亿美元的"保守估计"和诺顿的 320 亿美元的家庭总损失加在一起，最后得出总损失为 990 亿美元。

据估计，电话推销每年会掠走消费者 400 亿美元。④ 电话推销诈骗虽然是诈骗消费者的一种形式，但我们可以用 400 亿美元的数据作为所有消费者受到诈骗损失的一个保守估算。⑤ "通过行业内部的调查发现，欺诈消费者、不正当竞争和其他欺骗行为对商业造成的损失约为 500 亿～2 400 亿美元。"⑥在此我们会使用较小的数字——500 亿美元，但要注意它只涵盖了不正当竞争的一种形式，考虑到在这期间产生的通货膨胀，这个数字会调整到 650 亿美元。⑦

政府实际的收入损失也远远高于商会每年 120 亿美元的损失估计。《美国新闻和世界报道》上有一篇文章指出："25% 的美国公民承认有过骗税行为，每年造成的损失为 1 000 亿美元。"⑧继这篇文章之后，有专家指出，与"税收

---

① 泰勒·穆尔、理查德·克莱顿、罗斯·安德森：《网络犯罪经济学》，载《经济视角杂志》，2009 年第 3 期，第 23 卷，第 3 页。
② 诺顿：《2011 年网络犯罪报告》。网址：http://us.norton.com/content/en/us/home_homeoffice/html/cybercrimereport/。
③ 克莱·威尔逊：《僵尸网络、网络犯罪和网络恐怖主义：国会的弱点及其对应政策》，华盛顿特区：国会研究服务部，2008 年，第 28 页，http://www.fas.org/sgp/crs/terror/RL32114.pdf。
④ 尼尔·沙弗、格伦·科菲：《电话推销猎食人：我们终于拿到号码了》，载《国家司法研究所学报》，第 252 期，2005 年 6 月。网址：http://www.ncjrs.gov/pdffiles1/jr000252d.pdf。
⑤ 必须对白领犯罪的损失作保守估计，因为数据有可能重复，例如电话推销可以包括信用卡诈骗和网络诈骗，反之亦然。不过，使用这样的数据也说明我们绝不会夸大实际损失。
⑥ 彼得·戈拉博斯基、拉塞尔·史密斯、吉莉安·德姆西：《电子小偷：网络空间的非法占有者》，剑桥：剑桥大学出版社，2001 年，第 143 页。
⑦ 这个估计数据来源于 2001 年获得版权的著作，它使用的是 20 世纪 90 年代的数据。为了便于对通货膨胀率也作保守估计，我们会用 2000 年 6 月的 CPI 数据（消费者价格指数，172.4）和 2011 年 6 月的 CPI 数据。网址：http://www.bls.gov/ro5/cpiushistorical.pdf。
⑧ 哈里森·雷恩斯：《贪婪的国度》，载《美国新闻和世界报道》，1996 年 6 月 17 日，第 64 页。

港口"国家有关的海外合理避税大幅增加，高达 700 亿美元。① 共计 1 700 亿美元的损失也只是保守估计，因为它不包括薪资税欺诈以及其他所得税欺诈。

信用卡诈骗造成的损失大大出乎商会的意料，仅 2008 年信用卡诈骗造成的损失就高达 86 亿美元。② 这一保守的估算也只包括银行和商人的损失，而并没有涉及消费者因金融机构不合理的信用卡收费所造成的损失。支票诈骗造成的损失为 55~200 亿美元。③ 同样，我们把 86 亿美元和 55 亿美元相加，这一总损失金额为 141 亿美元。由于因身份欺诈（信用卡、支票和贷款等）造成的损失为 500 亿美元，所以 141 亿美元也只是保守估算。④

盗窃造成的损失也在不断增加。全国白领犯罪中心估算的数字是 200~900 亿美元。⑤ 联邦调查局通过研究指出，零售业中有组织的盗窃每年造成的损失为 300~370 亿美元，⑥ 这还不包括假冒伪劣产品等对知识产权的盗窃行为给企业造成的损失 2 000~2 500 亿美元。⑦ 我们将用 400 亿美元作为盗窃罪造成的总损失，因为它低于全国白领犯罪中心估算的平均值，而且零售业中有组织的盗窃不包括员工盗窃或政府工作人员盗窃。

---

① 卡尔·莱温，2007 年。莱温、科尔曼：《奥巴马引入〈防止滥用避税场所法案〉》。"专家们预计，仅海外避税每年给财政部造成的损失约为 1 000 亿美元，其中个人行为造成的损失为 400~700 亿美元，企业造成的损失为 300 亿美元。其他避税项目的滥用造成的损失达 1 000 亿美元。"本文中采用的 700 亿美元是个人的 400 亿美元和企业的 300 亿美元的总和。网址：http://levin.senate.gov/newsroom/press/release/？id＝6413b85a-2bb4-41b8-8adc-d7e574f6d84a。
② 甲骨文金融服务公司：《2010 年美国信用卡诈骗》。网址：http://www.oracle.com/us/industries/financial-services/internal/aite-us-card-fraud-wp-165586.pdf。
③ 全国白领犯罪中心：《2009 年支票诈骗》（55~100 亿美元）。网址：www.nw3c.org/research/site_files/cfm？mode＝w。金·布雷特：《2011 年，由于缺乏创新措施预防诈骗，致使美国损失达 200 亿美元》。网址：http://www.finextra.com/community/fullblog.aspx？blogid＝5630。
④ 隐私信息交流中心：《多少人遭遇了身份盗窃？》（引自 2007 年 2 月美国标枪战略和研究公司的研究）。网址：http://www.privacy-rights.org/ar/idtheftsurveys.htm。
⑤ 全国白领犯罪中心：《2002 年贪污、员工盗窃》。网址：http://www.nw3c.org/research/site_files.cfm？mode＝w。
⑥ 联邦调查局：《2007 年零售业中有组织的盗窃要求解决问题的新举措》。网址：http://www.fbi.gov/news/stories/2007/april/retail040607。
⑦ 全国白领犯罪中心：《2010 年知识产权剽窃》，第 1~2 页。网址：http://www.nw3c.org/research/site_files.cfm？mode＝w。

保险诈骗造成的损失也超过了 1974 年美国商会的预计。美国保险反欺诈联盟估计，保险诈骗每年造成的损失为 800 亿美元，联邦调查局在其发布的《2009 年金融犯罪报告》中也对此数据表示认同。① 由于医疗保险诈骗的损失最低为 800 亿美元，所以我们会使用这个数字，但它不包括其他类型的保险诈骗，比如消费者汽车保险的损失 300 亿美元。②

此外，证券盗窃和诈骗造成的损失也比 1974 年美国商会预计的 40 亿美元要多，联邦调查局的经济犯罪部门预计 2006 年证券和商品诈骗造成的损失达 400 亿美元。③这与 2000 年北美证券管理者协会的调查研究结果如出一辙。④ 由于近年来金融服务产品的迅速发展和投资美国的人越来越多，我们依旧使用 400 亿美元这个比较保守的数字。但是这个统计数字不包括诸如 20 世纪 80 年代的储蓄和贷款诈骗所造成的损失，以及 2001 年以安然公司为首的一系列公司丑闻和 2008 年的金融危机所造成的损失（以上这些后面会陆续阐述）。

当前又出现了一种新的盗窃形式。1974 年的时候，美国商会做梦也不会想到会有这样一种盗窃形式，那就是手机服务盗窃，每年因此而造成的损失约为 10 亿美元。⑤ 我们暂且认为所有电信服务盗窃造成的损失为 10 亿美元。

就美国商会的其余数据而言，我们假设白领犯罪率相对于 1974 年到 2010 年的人口数字来看，基本保持不变，那么，由白领犯罪导致的损失金额也保持不变（上文已经证明许多类型的白领犯罪大幅增加，所以这两种假设也很保守）。因此，我们将数据稍作调整是为了反映出 1974 年以来的人口增长幅度和通货膨胀幅度情况。从 1974 年到 2010 年，美国人口增幅为 44.3%，消

---

① 保险反欺诈联盟：《2010 年保险欺诈耻辱馆》。网址：http://www.insurancefraud.org/article.lasso? RecID = 1820。联邦调查局：《2009 年金融犯罪报告》。网址：http://www.fbi.gov/stats-services/publications/financial-crimes-report-2009。

② 联邦调查局：《医疗保险诈骗》。网址：http://www.fbi.gov/stats-services/publications/financial/fcs_report2006/financial_crime_2006.htm#Health。全国白领犯罪中心：《医疗保险诈骗：2007 年 1 月》。网址：http://www.nw3c.org/research/site_files.cfm? mode = w。尼古拉斯·斯坦：《内幕交易》，载《财富》，2003 年 12 月 8 日，第 130 页。

③ 联邦调查局：《证券诈骗和商品诈骗》。网址：http://www.fbi.gov/stats-services/publications/fcs_report2006/financial-crimes-report-to-the-public-fiscal-year-2006#Securities。

④ 全国白领犯罪中心：《2007 年证券和投资诈骗》，第 4 页引用了这句话。网址：http://www.nw3c.org/research/site_files.cfm? mode = w。

⑤ 《数字游戏：高科技犯罪让你体会不一样的电话诈骗》，载《华尔街日报》，1996 年 4 月 29 日，第 A16 页。

费者价格指数涨幅为342个百分点①（也就是说，2010年的人口数是1974年的1.443倍，2010年的价格指数是1974年的4.42倍）。这样，我们更新美国商会数据的依据就是将原来的数字乘以6.38（1.443×4.42）。按照这个方法我们把前文出现的数字加以调整，然后再把所有的数字相加就得出2010年白领犯罪所造成的损失总额约为6 100亿美元（见表3.1）。这个结果恰与之前的保守估算相吻合。不过，联邦调查局的数据显示，2010年所有资产盗窃罪造成的损失总额为157亿美元，可见白领犯罪的损失是它的近40倍。

表3.1　2010年白领犯罪造成的损失

白领犯罪罪行分类		金额（亿美元）
破产诈骗		50
行贿、佣金和回扣		192
计算机、互联网犯罪		990
消费者欺诈、不正当竞争、欺骗行为		1 900
消费者伤害	400	
商业伤害	650	
政府收入损失	1 700	
信用卡、支票诈骗		141
信用卡	86	
支票	55	
贪污和偷窃		592
贪污（现金、商品、服务）	192	
偷窃	400	
保险诈骗		800
收受赃物		223
证券偷窃和诈骗		400
手机诈骗		10
合　计		6 103

资料来源：此表选自美国商会1974年发布的《白领犯罪手册》（华盛顿特区：美国商会，1974年），其中的数据根据2010年人口增长幅度和通货膨胀幅度有所调整，并相应地从本书提到的其他参考文献中选取了补充数据。

---

① 人口数据来自《2012年美国统计摘要》，第8页，表1、2。CPI计算：1974年=49.3，2010年6月=218。《1995年美国统计摘要》，第492页，表761；劳动统计局的CPI（所有城市消费者）。网址：http://www.bls.gov/ro5/cpiushistorical.pdf。

白领犯罪不仅涉及个人，企业（法人）形式的白领犯罪也十分猖獗。萨瑟兰与克雷西在1949年的一个典型研究中对近四十年美国35%的大企业的活动进行了分析：

> 记录显示，这些企业无一例外地都有过一两次违法行为，判决次数为1～50次不等，平均次数为13次……总体来说，官方记录表明，这些企业经常违反贸易法规。有些州还制定了针对"惯犯"的法律，如果罪犯是第三次或第四次犯法，一定要对这些企业进行严惩。如果这个标准应用到白领犯罪当中，那么，这些企业中的90%都将成为"白领惯犯"。①

尽管如此，企业管理者入狱的却不多，因为如果他们进了监狱，那么他们就会发现与他们共处一室的都是穷人，而且这些人所犯的罪行造成的损失远远不及他们。萨瑟兰在1949年得出的这个研究结论到现在仍然适用。1990年，马歇尔·克利纳德在他的书《权力滥用之下的腐败企业》中写道：

> 许多政府的调查结果（包括联邦和州）已经揭露了在石油、汽车和制药等行业中存在着普遍的违法违规行为。近两年，联邦政府已经起诉了近2/3的《财富》世界中的500强企业，其中一半企业因为重罪而受到起诉……1982年《美国新闻和世界报道》的一项研究表明，从1970年到1979年的10年间，《财富》世界500强的企业中，100多家曾被判多起重罪或因情节严重的违法行为而受到民事罚款。②

至于像这样的惯犯，克利纳德说道："一项针对企业违规处罚的大规模研究发现，严重违反法律的企业中有2/3只给予了行政处罚（非刑事处罚），而对于只有一次犯罪记录的公司基本都是警告处分。"③

苏珊·夏皮罗在名为《逃避之路：白领罪犯刑事诉讼的路径选择》的文章中指出，这些处罚在白领犯罪当中是十分普遍的。由于夏皮罗主要关注的是证券交易委员会的执法情况，所以她在文中写道：

> 如果刑事处罚合理，那么他们一般不会进入审判阶段。证券交易委

---

① 萨瑟兰，克雷西：《犯罪学》，第41页。
② 克利纳德：《权力滥用之下的腐败企业》，第15页。
③ 同①。

员会对100名嫌犯调查之后发现，其中93名嫌犯实施的证券违法行为足以构成刑事犯罪，但最终定罪的46名罪犯中只有11名受到刑事处罚，起诉6名，定罪5名，入狱3名。因此，对于证券交易委员会的执法而言，刑事起诉意味着逃避起诉。而那些犯有证券欺诈罪的罪犯，其中的88%从未与刑事司法体制打过任何交道。①

后面我们将会提到一些在存贷丑闻中发生的潜在的刑事案件，但是这些案件却遭到联邦执法机构的驳回，因为他们没有足够的人力去追查，然而却有成千上万的新雇用的警员在和街头罪犯斗智斗勇。权力机构常把上流社会的犯罪分子起诉到民事法庭，或者是因为危害程度大，或者只是上面传达的命令，而从未将他们像普通犯罪分子一样对待。甚至有时候，法官在公开审判的法庭上宣称，他们不会给有名望的商人判刑。你或许认为那些商人的行为会导致他们成为犯罪分子，但事实是这种所谓的"优先权"是专为下层社会的成员保留的。

2000年以后，司法部增加了《非诉讼协议》（NPA）和《暂缓起诉协议》（DPA）使用的频率。这些协议表明，只要企业愿意悔过自新，司法部门就不会起诉他们。美国总审计局称："司法部打算通过这些协议来督促企业改革，但这一目的能否达到，司法部目前还没有制定出合理的绩效评估标准。因此，司法部想通过多次使用这些工具来达到目的依然困难重重。"②

刑事司法体系的客户组成了一个特殊的俱乐部：穷人可以优先加入俱乐部，他们所犯的罪行就是入场券，而且实际人数比入场券还要多。奇怪的是，富人即使犯了罪也不一定有资格成为俱乐部的成员。

综上所述，我们可以看到，刑事司法部门不会竭尽全力地追查白领罪犯，也不会充分利用公共和私人研究组织来更新白领犯罪造成的损失金额。凡是对刑事司法政策的制定过程及其研究数据在刑事司法程序中所起的作用等问题感兴趣的人都会质疑这种巧合。

---

① 苏珊·夏皮罗：《逃避之路：白领罪犯刑事诉讼的路径选择》，载《法律和社会评论》，1985年第2期，第19卷，第182页。
② 总审计局，2009年。"司法部已经采取措施追踪其《暂缓起诉协议》和《非起诉协议》的执行情况，同时也评估其有效性。"第20页，GAO-10-110。网址：http://www.gao.gov/assets/300/299781.pdf。

(二) 裁决与定罪

从被逮捕到入狱的中间还有一个重要的环节，它会决定一个人到底是清白的还是有罪的，那就是裁决。通过对犯有同样罪行和有相同犯罪史的个人进行研究后我们发现，穷人罪犯被判有罪的可能性比富人要大得多。① 判决过程中原本最重要的就是确定被告是否有罪，公诉人是否能排除疑虑证明其有罪或清白。但至少有两个与是否清白这个问题无关的因素会对判决结果造成很大影响：其一，审判前被告是否有保释权；其二，辩护律师能否专心研究他受理的案件。由于保释和聘请高水平律师都需要很多钱，因此穷人在这两方面都处于弱势地位，裁决结果最后不利于穷人也就不足为奇了。

取保候审的重要性体现在以下几个方面：第一，没有取保候审的人和已经定罪的人一样都关在监狱里面，因此即使法律上清白的人实际也已经受到了处罚。司法统计局的报告显示，在2010年年中，地方监狱共关押囚犯748 728人，其中62%的人还没有定罪，与2000年的56%相比有所增加。② 除了判定一个人有罪之前就对其惩罚外，被关押的被告也不能寻找证据为自己辩护。一些研究表明，被指控犯有同样罪行的被告中能保释的人被宣判无罪的可能性比不能保释的人大。③ 奇里科斯和贝尔斯在一篇研究失业与惩罚的文章中指出："在其他因素（如犯罪严重程度、犯罪史记录等）作用不变的情况下，审判前没有工作的被告比有工作的被告被判处有期徒刑的概率大3.2倍。"④

---

① 西奥多·克瑞克斯、菲利普·杰克逊和戈登·沃尔登：《强化犯罪标签的不公》，载《社会问题》，1972年春第4期，第19卷，第553~572页。
② 司法统计局：《2010年年中监狱囚犯统计表》，2011年4月（修订于2011年6月28日），NCJ233431，表1和表7；《2007年年中监狱囚犯统计》，2008年6月，NCJ221945，第1、5页。
③ 阿雷斯·兰金、施图茨：《曼哈顿保释计划：审判前假释试用的中期报告》，载《纽约大学法律评论》，1963年，第38卷，第67页；富特：《费城的保释管理犹如法庭上被告迷人的外表》，载《宾夕法尼亚大学法律评论》，1958年，第102卷，第1031~1179页；富特：《纽约市保释管理研究》，载《宾夕法尼亚大学法律评论》，1958年，第106卷，第693页。狱中等待庭审的罪犯数据可参见美国人口普查局：《1974年美国黑人的社会经济地位》，华盛顿特区：美国政府印刷所，1975年，第171页；USLEAA：《1972年本地监狱囚犯调查预报》，华盛顿特区：美国政府印刷所，1974年，第5、8页。
④ 奇里科斯、贝尔斯：《失业和处罚》，第712页。

马文·弗瑞的十二项研究表明，在法律相关变量（如犯罪史等）保持不变的情况下，取保候审和审判前释放的判决也存在种族差异。一些研究还发现了某些交互作用，比如"处于社会底层的白人比处于社会底层的黑人在法律面前更有特权"。另一个类似的研究表明："所有的美国黑人被告比白人被告在审判前被关押的可能性大 1.6 倍，而年轻无业的美国黑人男性要比同样情况的白人被关押的可能性大 6 倍。"①

此外，一个人被裁决有罪之前，他在监狱里面的服刑期限也算刑期的一部分，所以被告往往处于尴尬的境地。假设清白的你在某监狱里被关押了 2 个月等待法庭的审判。此时公诉人给你一个建议：如果你承认犯了某罪（通常这个罪行要比起诉的轻，比如入室盗窃罪，那你只需要承认拥有盗窃的工具即可），他会向法官提出建议，只给你判处 2 个月的刑期。也就是说，在你承认这个罪行的当天你就可以获释（虽然自由了，但是从此这个犯罪记录会一直伴随着你，会让你在求职的时候遇到障碍，而且如果下次你再实施犯罪行为，那判刑就会比这次严重得多）。同时他还告诉你，你也可以继续以清白之身被关押在监狱里等待法庭给你的全罪的审判。公诉人不但恐吓你会以全罪被起诉，而且还会督促审判庭给予你最严厉的刑罚，这样就不会占用审判庭过多的时间。

像这样的辩诉交易在刑事司法体系中司空见惯。与一些以犯罪为题材的电视剧里所描绘的那种激烈的辩论场面恰恰相反，在实际定罪的案件当中，大约有 85% 到 95% 的案件都是通过庭外和解的方式解决的。②辩诉交易不需要经过法庭审判，只要被告同意认罪（较轻的罪行或数罪之一），公诉人就会在法官的许可下提请宽大处理。假如你是监狱里面的囚犯，遇到了这样的交易，你会怎么办？身为贫穷的黑人，请不起知名私人律师的你又会怎么办？

法庭裁决过程中律师的作用自不必说，但在此我们还要强调一下聘请律师的益处。1963 年，美国联邦最高法院正式公布了具有里程碑意义的"吉迪恩诉温赖特"案件的判决结果：法庭必须向刑事案件中无力支付律师费用的被告（穷人）提供律师服务。从那以后，所有重罪罪犯都在其律师的帮助下一起面对原告。然而，最高法院所制定的为穷人提供律师服务的标准太低，以至于一

---

① 弗瑞：《种族歧视和美国的刑事司法体制》，第 203 页。
② 布伦伯格：《刑事司法》，第 28~29 页；《挑战》，第 134 页。

些疲倦的律师、醉酒的律师和不负责任的律师都能为被告提供法律服务。死刑案件中律师不负责任的情况十分严重。罗伯特·约翰逊称："死刑案件的律师一般由法庭提供，被告如果足够聪明，就会知道投资和回报一般成正比，也就是说他们从法庭上什么也得不到。"因此他的结论是："对这些被告的推测基本准确。"①中的确如此，斯蒂芬·格廷格尔就认为不负责任的辩护是他研究的死囚所具有的"最突出的特点"。②

《时代周刊》刊登的一篇文章就此话题发表评论："因为绝大多数犯有谋杀罪的被告人已经倾家荡产，所以为他们辩护的律师都是由法庭指派的，而且这些律师往往能力不济、资历尚浅，不愿为辩护尽最大努力……交通法庭上的有些律师比许多犯谋杀罪的被告人的律师要好。"③ 2011 年，有专家对宾夕法尼亚州的一起死刑案件的研究也发现了同样的问题：律师们"对自己负责的案件事先不做充分准备，法庭上的辩护少之又少；他们不重视一些基本步骤，如与被告谈话、寻访证人、调查被告的身世背景等"。这项研究还发现，法院指派的为死刑案件辩护的律师的"审判准备工作的报酬为 200 美元，出庭辩护每天的报酬为 400 美元，而资深辩护律师因此得到的报酬最低为 3.5 万 ~4 万美元"。④

2004 年，约翰尼·李·贝尔被指控犯有二级谋杀罪，"为他辩护的律师承认只为他的审判准备了 11 分钟，因此他必然受到强制性终身监禁的判决"。全国刑事案件辩护律师协会指出："这个案件的律师辩护非常成问题，不过不合格的律师在许多州已经成为一个普遍现象，所以这个案件也可以说明一些问题。"⑤

---

① 罗伯特·约翰逊：《判处死刑：死刑之下的生命》，纽约：埃尔塞维尔科学出版社，1981 年，第 138 页。
② 斯蒂芬·格廷格尔：《判处死刑：人与罪的论战》，纽约：麦克米兰出版社，1979 年，第 261 页。
③ 理查德·拉卡约：《梅森侦探不是谁都能遇到的》，载《时代周刊》，1992 年 6 月 1 日，第 38~39 页。梅森侦探是 1957 年至 1966 年美国电视剧中的一个大律师。
④ 南希·菲利普斯：《终身监禁和死刑案中的重大错误》，载《费城询问报》，2011 年 10 月 23 日。网址：http://articles.philly.com/2011-10-23/news/30313341_1_laywers-in-capital-cases-death-penalty-appeals-death-pen-alty。
⑤ 全国刑事案件辩护律师协会：《律师是要付费的：穷人获得高水准辩护律师的谬论》，载《为穷人辩护》（2004 年 5、6 月）。网址：www.nacdl.org/public.nsf/DefenseUpdates/Louisiana029。

《宿舍毒贩》中描述的关于校园毒品交易的上层富人聘请的律师比死刑犯拥有的律师要好得多。权力机构却对如此"肆无忌惮"的违法行为"睁一只眼，闭一只眼"，只有少数几个毒贩会进入刑事司法体系之内。① 一个毒贩在被抓获时携带了 100 多株大麻苗和价值 3 万美元的大麻种植设备，但是他的父母却花重金聘请了一位"知名的私人辩护律师"为他辩护，以及几位园艺学、生物学的专家和几位心理学医师为他服务。结果他只需参加一个为期 18 个月的劳改培训就不会坐牢了，劳改培训结束后所有的犯罪记录即可消除。所以如果有人去查阅他的犯罪史，一定不会发现任何与这次犯罪有关的记录。②

很明显，当我们谈及企业犯罪和白领犯罪的时候，金钱可以买到的显著的法律优势会更加突出。因此，要想将违反法律的大企业及其负责人绳之以法需要时间和代价，同时企业罪犯也承认这成为他们能够争取让法庭以非正式的或上流社会特有的方式来对待他们的借口。当然，这个借口并不适用于各个阶层，它不仅仅意味着高质量的法律服务。由此看来，无论在实际情况中你是否清白，只要收入高，逃脱刑事惩罚的概率就非常大。

（三）量刑

1990 年 6 月 28 日，国家金融机构监管委员会在众议院雷伯恩办公大楼就储蓄和贷款（S&L）罪犯的起诉召开听证会。委员会主席、议员弗兰克·阿农齐奥宣布听证会开始并致辞：

> 美国民众对进展缓慢的储蓄和贷款罪犯的起诉十分愤怒，因为这些罪犯至少对存贷损失的 1/3 负有责任，在今后的 40 年时间里，美国纳税人必须为此支付至少 5 000 亿美元的税款。而很多美国民众称，到他们的孙子退休的时候，他们才会完成这笔税款的支付。
>
> 我们今天来这里的目的是为了解决这样一个问题："储蓄和贷款罪犯什么时候能被关进监狱？"
>
> 行政机关的回答似乎是："可能永远不会！"

---

① 拉菲克·穆罕默德、埃里克·弗瑞兹伏德：《宿舍毒贩》，第 173 页。
② 同①，第 161、167 页。

坦白地说，我认为行政机关没有兴趣追查那些穿着名牌的白领罪犯。这些案件比较复杂和棘手，被告一般都是上流社会富裕的成功人士。如果一个穿着很普通、高中就辍学的人抢劫了银行1 000美元，警方抓他很容易；如果是负责存贷的圆滑的高管用不正当手段窃取了银行100万美元，警察抓他就没那么容易了。

随后，阿农齐奥主席反问了行政机关的代表：

丹尼斯先生，刚才您陈述了运用严厉刑罚成功定罪的案件，并列举了几个案例，但是从目前来看，相对于银行抢劫罪平均9年的刑期而言，储蓄和贷款罪犯的平均刑期实际只有2年。我们为什么要严厉惩罚在光天化日之下抢劫银行的人，却有意纵容偷偷摸摸抢劫银行的人呢？①

12年之后，也就是到了2002年7月11日，参议院司法委员会、犯罪与毒品委员会也同样举行了听证会，主题是"对白领犯罪的惩罚真的严厉吗？"。议员小约瑟夫·拜登说：

根据联邦法律，如果你从我的车库里偷走一辆汽车，然后开着它越过了州界线并进入宾夕法尼亚州，那么你会被判10年的监禁。10年刑期是联邦法律的基本标准。而如果你违反了《雇员退休收入保障法案》（ERISA）而获得退休金，这属于轻罪，最多判1年监禁。退休金的金额或许是180万美元，而我的车的价值才2 000美元。②

事实很清楚，刑事司法体系对社会经济地位较低的"客户"会特别严厉，而对上层阶级的富裕人士却格外宽大和仁慈。

稍后我们再讨论对储蓄和贷款罪犯的宽大处理问题，先把注意力集中在这种现象的源头上来。对上层阶层宽大处罚和对下层阶层严厉处罚的做法由来已久。1972年，《纽约时报》曾对州法庭和联邦法庭的审判案件做了一项

---

① 《何时才能将储蓄和贷款窃贼绳之以法？》，1990年6月28日，第101届第二次银行、金融、城市事务代表大会，金融机构监管委员会就此话题举行听证会，华盛顿特区：美国政府印刷所，1990年，第1、21页。
② 《对白领罪犯的处罚真的严厉吗？》，2002年7月11日，第107届第二次美国议会和司法委员会、犯罪与毒品委员会举行听证会，华盛顿特区：美国政府印刷所，2002年。

调查研究，该研究结果认为，"在一般情况下，穷人由于实施了犯罪行为而受到的刑罚惩罚比富人更严厉"；在联邦法庭上，"没有私人辩护律师的被告受到的惩罚比有私人律师的被告严厉两倍"。另外，"位于布朗克斯的维拉法院司法研究所对州法庭做的调查研究也显示出了相同的量刑模式"。[1]

达莱西奥和斯托曾伯格对1985年在佛罗里达州管教所关押的2 760名罪犯进行了随机抽样调查，他们发现，贫穷的因犯因暴力犯罪和道德犯罪而被判决的监禁刑期较长，比如谋杀罪和藏毒罪。《量刑指南》并没有缩小这种差别待遇。[2] 一项针对醉酒驾车而受到惩罚的罪犯的研究发现："受教育程度（经济地位高的表现）越高，诉讼案件变为缓刑的可能性越大，判刑入狱的可能性越小"。[3]

奇里科斯和贝尔斯发现，实施了类似罪行和有相似犯罪史的个人，如果被判有罪，那么没有工作的被告比有工作的被告被判入狱的可能性大两倍多。[4] 麦卡锡在他的研究中也注意到了同样的问题。[5] 钱皮恩在对田纳西、弗吉尼亚和肯塔基三个州的28 315名重罪被告研究之后发现，那些请得起私人律师的罪犯受到缓刑判决的可能性更大；如果被判处有期徒刑，刑期相对也会较短。[6] 一项针对明尼苏达州量刑限定方案实施效果的研究表明：与实施之前相比，社会经济地位歧视虽没有那么明显，但依然存在。[7]

蒂尔曼和蓬特尔对加利福尼亚州医疗补助诈骗犯罪分子的量刑进行了研究，由于这些犯罪分子通常都没有逮捕记录，所以他们由于重大诈骗罪而受到的刑罚是参照其他重大诈骗罪罪犯的量刑而定的。据统计，只有37.7%的

---

[1] 莱斯利·欧尔斯娜：《这里的差异决定着量刑》，载《纽约时报》，1972年9月27日，第1页。
[2] 斯图尔特·达莱西奥、丽莎·斯托曾伯格：《社会经济地位和传统罪犯的量刑》，载《刑事司法周刊》，1993年第21期，第71~74页。
[3] 芭芭拉·宁司特、马乔里·塞茨、托马斯·埃波莱恩：《酒驾司机的庭审处理和量刑》，载《定量犯罪学期刊》，1988年第1期，第4卷，第39~59页。
[4] 西奥多·奇里科斯、威廉·贝尔斯：《失业和处罚的实证评估》，载《犯罪学》，1991年第4期，第29卷，第701~724页。
[5] 贝琳达·麦卡锡：《社会控制的微观分析：州内监禁场所的使用》，载《司法季刊》，1990年6月第2期，第7卷，第334~335页。
[6] 迪安·钱皮恩：《私人律师和公诉人：弱势群体案件、犯罪史及辩诉协议中的仁慈一瞥》，载《刑事司法周刊》，1989年第4期，第17卷，第143页。
[7] 米特、莫尔：《量刑限定体制下的社会经济差异：明尼苏达州方案实施前后比较》，载《犯罪学》，1985年第2期，第23卷，第358页。

医疗补助重大诈骗犯罪分子被判处有期徒刑，而其他重大诈骗罪的犯罪分子被判处有期徒刑的比例高达 79.2%；前者造成的平均损失为 13 000 美元，后者造成的平均损失仅为 1 149 美元，不到前者的 1/10。蒂尔曼和蓬特尔还指出，多数医疗补助诈骗犯罪分子都是医疗专家，其他重大诈骗罪的罪犯则多为基层岗位的工作人员或没有工作的人。他们的结论是："对这两类犯罪分子之所以有不同的量刑，是由于他们的社会地位不同。"①

如前所述，量刑中存在的种族歧视也表明了那些支付不起巨额司法费用的穷人将会遭到不公平的惩罚。一项对纽约州罪犯受到的惩罚的研究显示，在逮捕原因和犯罪史相同的情况下，少数种族的人比处境相同的白人入狱受刑的频率高。② 在 1992 年到 1993 年期间，9 690 名男性被关进了佛罗里达州的监狱，根据针对惯犯的法律，他们本应受到法庭更加严厉的惩罚，但就此展开的一项研究却表明，在犯罪史相同、所犯罪行严重程度均相同的条件下，种族不同对量刑有着"重大且深远"的影响。针对诸如"毒品罪和财产罪"的定罪量刑时，黑人被告所受到的惩罚尤为严厉。③ 根据联邦统计局的量刑指数标准，斯庞对其所做的 22 项研究重新审视一番之后，发现"其中的 15 项研究显示黑人和拉美裔人比白人受到的刑罚严厉"。他分析了 40 份研究联邦和各州相关数据的资料，得出的结论是："黑人和拉美裔罪犯，特别是青年人、男性和无业者，他们比白人罪犯被判刑入狱的可能性更大，同时他们比罪行相同的白人在监狱服刑的时间更长。"④ 最令人惊讶的是 2010 年的数据，各州监狱和联邦监狱关押的囚犯中黑人占到了总关押人数的 42.8%，看守所中黑人的比例占到了总在押人数的 37.8%。不过 FBI 的报告却称那一年逮捕的所有罪犯中黑人的比例只占到 28%。⑤

---

① 罗伯特·蒂尔曼、亨利·蓬特尔：《司法有"白领盲症"吗？对医疗补助诈骗犯的处罚》，载《犯罪学》，1992 年第 4 期，第 30 卷，第 547～573 页，引文见第 560 页。
② 詹姆士·纳尔逊：《案件处理中的隐性差异：对纽约州 1985 年至 1986 年案件的研究》，载《刑事司法周刊》，1992 年第 20 期，第 181～200 页。
③ 克劳福德、克瑞克斯、克莱克：《种族、种族威胁和对惯犯的量刑》，载《犯罪学》，1998 年第 3 期，第 36 卷，第 481～511 页。
④ 卡斯亚·斯庞：《良性改革三十年》，第 455、481 页。
⑤ 司法统计局：《2010 年年中监狱囚犯统计表》，2011 年 4 月，NCJ233431，表 7；司法统计局：《2010 年监狱囚犯统计》，2011 年 12 月，NCJ236096，由表 16A 算出囚犯总数为 136.54 万，其中黑人囚犯总数为 58.48 万；2010 年《统一犯罪报告》，表 43。

我们在这里还要提一下人尽皆知的"100∶1"问题，即藏匿高纯度晶体状可卡因（常见于市中心的贫民区）与粉末状可卡因（常见于城郊富人区）的人的量刑之间的比例。从1986年到2010年，联邦法律一直对涉及500克（约1磅）粉末状可卡因的罪犯和5克（约1/6盎司）高纯度晶体状可卡因的罪犯采用相同的量刑标准，即都是5年的强制刑罚。这给可卡因的初犯者（没有其他危险因素，如持有枪械）定了一种刑罚标准，其刑期比绑架罪的刑期长，比蓄意谋杀罪的刑期稍短。① 触犯联邦可卡因法律的罪犯中黑人占到82%，白人只有8%。② 在1995年、1997年和2002年，美国量刑委员会曾提议取消这种粉末状可卡因和晶体状可卡因罪犯之间"100∶1"的差异标准，但由于当时民主党和共和党合作关系出现异常，所以国会否决了他们的提议，继续沿用原来的法律标准。③ 量刑委员会主席在2007年的国会报告中说："委员会的所有成员都认为现行的法定刑罚方案并不公正，所以他们'还是坚持'2002年的提议，认为这个比例'不应该大于20∶1'。"当时仍是总统候选人的巴拉克·奥巴马也提出："既然这两种可卡因犯罪量刑的本质区别在于罪犯的肤色，那么，我们对晶体状可卡因的量刑至少应该和粉末状可卡因的量刑保持一致。"④《2010年公平量刑法案》依然未能消除这种量刑差异，但是将100∶1的比例降到了18∶1。对此，社会学家尼基·琼斯说："这部法案表明我们的刑事司法体系最好不要有过于浓重的种族歧视色彩。"⑤

种族之间的量刑差异当然不是刚刚才浮出水面。《波士顿环球报》对

---

① 《刑事司法通讯》，1995年3月1日，第3页，1995年4月17日，第5页。
② 司法统计局：《1999年联邦毒贩调查及1984—1999年间毒贩发展趋势》，2001年11月，NCJ187285，第11页表8。
③ 罗纳德·斯马赛斯：《监狱起义浪潮引发对高纯度可卡因的论战》，载《纽约时报》，1995年10月24日，第A12页。美国量刑委员会主席里卡多·衡巧莎在2008年2月12日发表的言论。网址：http://www.ussc.gov/testimony/hinososa_testimony_021208.pdf。
④ 议员巴拉克·奥巴马：《在霍华德大学毕业典礼上的讲话》，2007年9月28日，网址：http://www.barackobama.com/2007/09/28/remarks_of_senator_barack_obam_26.php。
⑤ 尼基·琼斯：《你说嗅到猪的味道了吗？》，2011年。http://thepublicintellectual.org/2011/05/02/if-it-smells-like-a-pig/。她将高纯度可卡因罪犯的量刑与美国内战后的"养猪法律"相比较，因为"这种量刑标准认为黑人犯罪的可能性比白人大，而且会受到严厉的刑罚"。

4 500起持枪抢劫、严重伤害和强奸案件的深入研究显示："马萨诸塞州高级法院判决的黑人罪犯比犯同样罪行的白人罪犯所受到的刑罚要严厉得多。"①彼得·西莉雅也对加利福尼亚州、密歇根州和得克萨斯州的刑事司法体系进行了研究，结果证实了《波士顿环球报》的研究结论。她在研究报告中写道："若不考虑最容易影响量刑和假释裁定的因素，分析结果仍然表明黑人和拉美裔人获得缓刑的可能性较小，而被判处有期徒刑和较长刑期的可能性较大，甚至在审判初期他们受到的惩罚也更重。"②

目前，联邦政府已经制定了《量刑指南》和最轻的强制刑罚标准，希望以此消除种族和社会阶层的歧视，许多州也纷纷效仿联邦政府的做法。然而，这些做法并没有消除法庭的自由裁量权，只是把这种权力从量刑的人身上转移到了起诉的人身上，也就是说从法官处转移到了公诉人那里。这样一来，公诉人对被告的起诉极有可能使被告获得比规定的最轻刑罚还轻的量刑。美国圣迭戈市的法官劳伦斯·欧文说："美国的刑事司法体系是由律师们管理的。他们一旦决定控告的方式，判决的结果随之也就确定了。"③ 歧视依然存在。芭芭拉·迈尔霍费尔研究了1984年1月到1990年6月期间在联邦法庭审判的26 7178名罪犯，他发现白人依然比黑人更易获得比法定最轻刑罚还轻的量刑。这种量刑差异每年都在不断变化，到了1988年达到顶点，当时获得法定最轻刑罚的黑人、白人比例至少为30∶1，拉美裔人比黑人的情况更为糟糕。迈尔霍费尔的结论是：

> 法律的规定虽然重视犯罪行为本身，但是犯罪分子的一些外表特征依然是导致量刑差异的原因……而且黑人和拉美裔人受到的刑罚明显比白人要严厉。

这表明把影响量刑的自由裁量权从法官那里转移给公诉人的时候，

---

① 《黑人受到的刑罚比白人更严厉》，载《波士顿环球报》，1979年4月4日，第1、50页。
② 彼得·西莉雅：《评论刑事司法体制中的种族差异》，载《犯罪和青少年犯罪》，1985年第1期，第31卷，第28页。也可参见布里奇斯、克拉奇菲尔德：《法律、社会地位和监禁中体现的种族差异》，载《社会力量》，1988年第3期，第66卷，第699～724页。
③ 玛丽·帕特·弗莱厄蒂、琼·比斯丘皮克：《法律往往对穷人和少数种族更严厉》，载《华盛顿邮报》，1996年10月9日，第A26版。

我们仍需考虑这样做所造成的后果。①

许多法官已经公开反对《量刑指南》和法定最轻刑罚的制度。联邦法官特里·哈特说："如今最严厉的刑罚针对的仅仅是特定的人群，即贫穷的少数种族。"上诉法官杰拉尔德·希尼在自己的研究中指出："同一罪行，黑人青年男子被判监禁的刑期比白人青年男子长。"参考1989年的数据，他把新旧两种制度下的量刑进行了比较，发现黑人男性的平均刑期长40个月，而白人男性的平均刑期长19个月。②尽管有些法庭依然在使用法定量刑标准，但最高法院已经明确规定《量刑指南》只是个参考而已。至于将何种程度的自由裁量权回归到法官手中，法官又将如何使用这样的权力，依然没有具体的指导意见。《福布斯》杂志上刊登的一篇题为《看企业罪犯如何减轻他们的罪行》的文章指出："白领罪犯有能力找到办法操控联邦司法体系，这样就能减轻他们自己的罪行。"这篇文章还指出，"那些参与'住宅区反毒品计划'的人也有资格获得一年的减刑，当人们突然意识到自己有滥用毒品的问题时，会是多么滑稽"。安然公司的高管"就曾在法庭的证人席上谎称自己因酗酒成瘾而在戒酒康复中心治疗，希望获得提前释放，尽管他只是一个社交饮酒者"。③

有大量证据表明"双重歧视"（由原告和被告的种族导致）会影响死刑判决。例如，在佛罗里达州，"杀死白人的黑人犯罪分子比杀死黑人的黑人犯罪分子被判死刑的概率大40倍"，而"杀死白人的黑人犯罪分子比杀死白人的白人犯罪分子被判死刑的概率大5倍"。这种双重歧视在得克萨斯州、俄亥俄州、佐治亚州以及其他州虽然没有佛罗里达州那么普遍，但也有迹可循。④美国的大部分死刑判决主要都集中在以上四个州。根据这个研究结果，我们目前的死刑判决所面临的最后一个重大法律挑战虽然被人们提出来但却又遭

---

① 芭芭拉·迈尔霍费尔：《法定最轻刑罚条款的作用：对联邦量刑的纵向研究》，华盛顿特区：联邦司法中心，1992年，第1、20、25页。从1989年到1996年，46%的白人罪犯的量刑比法定最轻刑罚都轻，然而32%的黑人罪犯却相反。《1991年资料书》，第542页，表5.43。
② 弗莱厄蒂、比斯丘皮克：《法律往往对穷人和少数种族更严厉》，第A26页。
③ 凯伊·法尔肯伯格：《看企业罪犯如何减轻他们自己的罪行》，载《福布斯》，2009年1月12日。网址：http://www.forbes.com/forbes/2009/0112/064.html。
④ 威廉·鲍尔斯、格伦·皮尔斯：《种族歧视和后弗曼死刑法律下的刑事凶杀案》，见《美国的死刑》（贝多版），纽约：哈佛大学出版社，1982年，第206~224页。

到否决。大卫·鲍尔达斯教授对1973年（该年颁布施行的谋杀罪死刑法律）到1979年（麦克莱斯基受到死刑判决后一年）间发生在佐治亚州的2 484起谋杀案件进行了研究，尤其对1978年的"麦克莱斯基诉肯普"一案做了认真的研究，发现这起案件就存在因原告的种族问题而造成的歧视。① 在排除了如犯罪严重程度和加重罪行等合法的非种族因素之后，鲍尔达斯还发现，"杀害白人的罪犯依然比杀害黑人的罪犯受到死刑判决的概率大4.3倍"。② 高级法院的法官们承认司法体系中存在这种差异，但是大多数人也认为这种差异不会终止死刑判决，除非歧视只出现在以后的个案当中。

马里兰大学的犯罪学家在2003年做了一项研究，其主要针对的是1978年到1999年在马里兰州发生的6 000起谋杀案件，结果他们发现：

> 杀害白人的黑人罪犯比杀害白人的白人罪犯受到死刑判决的可能性大2倍。
>
> 杀害白人的黑人罪犯比杀害黑人的黑人罪犯受到死刑判决的可能性大4倍。③

注意，以上这些歧视性的裁决是根据法律的规定做出的，这些法律已经通过了《宪法》的审查，并且不存在歧视因素，这也使得高级法院在处理1972年的"弗曼诉佐治亚"案件时取消了美国所有的死刑法律。

另一项研究表明，死囚牢房里的白人罪犯比黑人罪犯更易获得减刑。同时，拥有私人辩护律师的黑人或白人罪犯也比那些由法院指派律师为其辩护的罪犯

---

① "麦克莱斯基诉肯普"案，107S. Ct. 1756（1987年）。研究这起案件的是大卫·鲍尔达斯研究所，由大卫·鲍尔达斯、普拉斯基和伍德沃思撰写报告《死刑比较观：佐治亚州经验的实证研究》，载《刑法和犯罪学周刊》，1983年第3期，第74卷，第661～725页。参见佩特诺斯特：《受害人的种族和犯罪场所：查询南卡罗来纳州的死刑》，载《刑法和犯罪学周刊》，1983年第3期，第74卷，第754～788页；佩特诺斯特：《检察官诉求死刑时的自由裁量权：一起基于受害人的种族歧视案件》，载《法律和社会评论》，1984年，第18卷，第437～478页；格罗斯，莫罗：《死刑模式：死刑和凶杀伤害中的种族歧视分析研究》，载《斯坦福法律评论》，1984年，第37卷，第27～120页；迈克尔·拉德列特、格伦·皮尔斯：《凶杀案中的种族和检察官自由裁量权》，载《法律和社会评论》，1985年，第19卷，第587页，第615～619页。

② 安东尼·阿姆斯特丹：《种族与死刑》，见《道德论战》（戈德版），加利福尼亚州贝尔蒙特：沃兹沃斯出版社，1993年，第268～269页。

③ 苏珊·莱文、洛丽·蒙哥马利：《对马里兰州死刑案件研究中发现的很大的种族差异》，载《华盛顿邮报》，2003年1月8日，第A1、A8版。同时，美国的总审计局于2月对议会和国会委员会做的司法报告中也体现了这一点，见《死刑量刑：研究表明种族差异模式》，华盛顿特区：美国总审计局，1990年，第5页。

更易获得缓刑。① 美国律师协会的《刑事司法》刊登了一篇文章，这篇文章对107名被错判的死刑囚犯进行了调查，其中获得免罪的囚犯中黑人占到了45%，13%是其他少数种族。简单来说，58%的错判案件的被告都是少数种族。②

如本章上面的论述，在对待社会经济地位较高人群的犯罪时，刑事司法体系越来越倾向于宽严相济。《谢尔曼反托拉斯法案》是一部刑事法律，它承认作为自由经济体的企业主要依靠竞争来降低产品价格，所以互相竞争的企业所达成的抑制产品价格的协议无异于从消费者的口袋里偷取钱财。然而，尽管这种蓄意行为给消费者造成的损失远远超过了社会底层穷人的偷盗行为，但是价格垄断行为一直到1974年仍属于轻罪。③ 20 世纪 60 年代初著名的"电气设备"案件中，几家大公司的高管秘密会晤，对电气设备的价格进行垄断，结果给当时的消费者造成的损失达到了10亿美元。参与此次会晤的高管们也非常清楚他们的行为是违法的，所以他们之间的通信都用普通的信封，开会也谎称是在"唱诗班练习"，甚至将参加会议的高管名单说成是"圣诞节贺卡寄送名单"。这是一起非常罕见的臭名昭著的案件，也是一起发生时间较早的案件，并且法院也采取了相应的刑事处罚措施：7名高管全部被判有期徒刑。不过，就他们从美国民众的口袋里窃取的巨款而言，他们所受到的刑罚不是在惩罚自己，而是在惩罚政府，因为他们仅仅在监狱里待了30天。

从那以后，根据造成的社会危害程度对白领犯罪分子进行定罪量刑的努力一直都进行得比较缓慢和曲折。有研究表明，尽管企业罪犯或白领罪犯常常会被送上法庭，也会受到处罚，但是他们的量刑要比普通经济罪犯的量刑轻。④ 黑根和帕洛尼研究了"水门事件"（20 世纪 70 年代发生的一起政治丑

---

① 马文·沃尔夫冈、阿琳·凯利、汉斯·诺尔迪:《执行死刑的罪犯和缓刑死刑犯的比较》，见理查德·奎宁的《社会中的犯罪和司法》，波士顿：小布朗出版社，1969 年，第 508、513 页。
② 凯伦·帕克、玛丽·德威斯、迈克尔·拉德列特:《种族、死刑和定罪错误》，载《刑事司法》，2003 年第 1 期，第 18 卷。网址：www.abanet.org/crimjust/spring2003/death_penalty.html。
③ 《反托拉斯：考珀的最后一战》，载《新闻周刊》，1976 年 1 月 21 日，第 70 页。1974 年 12 月 21 日，《反托拉斯法案》通过，它删掉了《谢尔曼反托拉斯法案》中的部分内容，如《谢尔曼反托拉斯法案》认为限定价格是轻罪，最多判刑 1 年。根据新法案，限价是重罪，可判处 3 年监禁。因为旧的法案之下很少出现监禁的刑罚，有罪的最多拘留 30 天，所以新法案基本不会对企业罪犯产生任何威慑力。
④ 约翰逊:《历数过去 30 年，联邦法庭如何处罚企业罪犯、白领罪犯和普通经济罪犯》，载《中美洲社会学评论》，1986 年第 1 期，第 11 卷，第 25~44 页。

闻，牵连到尼克松总统和他的下属，他们涉嫌破坏选举程序的完整性）前后白领罪犯受到的惩罚，他们的结论是："相对于教育文化程度低的普通罪犯而言，白领罪犯在'水门事件'后更易被关进监狱，只是待的时间并不长。"①

"水门事件"和"存贷丑闻"之后，大众增加了对白领犯罪的认识，但是穷人罪犯受到的惩罚还是比富人严厉（见表3.2）。表3.2的数据只展示了具体情况的一部分，重要的是富人实施的每一种罪行对民众造成的损失都多于穷人实施的所有罪行加起来对民众造成的损失。

表3.2　2009年联邦法庭对不同类型罪犯的量刑

	判处监禁的罪犯数占比（%）	平均服刑期（月）
穷人的罪行		
抢劫	96	80
入室盗窃	86	31
汽车盗窃	74	19
富人的罪行		
诈骗	64	18
违反税法和骗税	68	16
贪污	47	17

资料来源：此表源自《2009年联邦司法数据统计》中的统计表，2001年12月，NCJ233464。表中数据由表5.2和表7.1计算得出并有所调整。

近年来，对白领罪犯的惩罚也越来越严厉，但仍不及那些社会经济地位较低的罪犯所受到的处罚。例如，1991年9月，一场大火烧毁了位于北卡罗来纳州的哈姆雷特鸡肉加工厂。火灾发生时加工厂里的100名员工试图逃离，但他们发现工厂的管理人员把大门锁了起来"以防飞进虫子，或是员工们出去休息或偷鸡"（这样的制度一直存在）。结果25名员工在这场大火中丧生，火灾现场还发现了一些被活活烧死的员工在门上的抓痕（无奈门打不开）。另外，还有50名员工受伤。后来这个加工厂的厂主、主管、经理都以过失杀人罪受到起诉，结果厂主被判19年零6个月的有期徒刑。你或许认为对于一个身负25条人命的罪犯来说，这样的刑罚已经够严厉了，但有三个问题需要我

---

① 黑根，帕洛尼：《"弗雷德俱乐部"和"水门事件"前后对白领罪犯的量刑比较》，载《犯罪学》，1986年第4期，第24卷，第616~617页。黑根、帕克：《白领罪犯和处罚：阶级结构和证券违法行为的法律制裁》，载《美国社会学评论》，1985年第50期，第302~316页。

们注意：首先，"据说这样的刑罚是法庭对违反《工作区安全条例》的最严厉的惩罚"；其次，根据辩诉交易，撤销了对受到牵连的两个经理以过失杀人罪的起诉，实际上这两个人明知门是锁着的，也清楚锁门后会造成严重的后果；最后，厂主实际只在监狱里待了四年多就出狱了。①

金融诈骗犯罪

这一部分我们将介绍几个影响较大的金融诈骗案例，作为前面我们提到过的社会经济地位歧视的研究素材。20 世纪 80 年代发生的储蓄和贷款丑闻，给纳税人造成的经济损失达 5 000 亿美元，其中大部分的损失是由一些金融机构造成的。2001 年 12 月，安然公司宣布破产，这是美国历史上最大的一次公司破产事件。之后又陆续出现了很多公司的巨额诈骗案件，他们给股东造成了上千亿美元的损失。紧接着在 2008 年，美国遭遇了较为严重的金融危机，当时的美国总统布什宣布"美国正处在危险当中"②，并敦促国会快速通过了由联邦储备委员会授权的 7 000 亿至数万亿美元的紧急救援资金。最后的统计还在进行中，但毫无疑问，广大普通民众将会直接或间接地为"华尔街无力缴纳的税款"买单。③当今社会的金融危机不像不可抗拒的自然灾害，它是人类的过失行为所造成的，人类也该为这样的行为承担应有的后果。

（一）储蓄和贷款丑闻

由联邦政府提供保证的储蓄和贷款银行（又名储蓄和贷款协会）是在 20

---

① 约翰·莱特、弗朗西斯·卡伦、迈克尔·布兰肯希普：《企业违法行为的社会建设：媒体对食品巨头火灾的报道》，载《成人犯罪和青少年犯罪》，1995 年 1 月第 1 期，第 41 卷，第 23~24 页；劳里·格罗斯曼：《失火工厂厂主判刑近二十年》，载《华尔街日报》，1992 年 9 月 15 日，第 A10 版；维尔·海古德：《火灾还未结束：致命火灾之后，小镇的进一步损失才刚刚开始》，载《华盛顿邮报》，2002 年 11 月 10 日，第 F4 版。
② 谢乐尔·斯托尔伯格、大卫·海尔赛霍恩：《布什和候选人就紧急救援问题会面》，载《纽约时报》，2008 年 9 月 24 日。网址：http://www.nytimes.com/2008/09/25/business/economy/25bush.html?_r=1。
③ "华尔街无力纳税"的话语出自巴里·里萨兹的金融博客。巴里于 2008 年 9 月估计美国无论男女老少，每人的税款约为 5 000~10 000 美元。网址：http://bigpicture.typepad.com/comments/2008/09/ceo-clawback-pr.html。

世纪 30 年代建立的,旨在大萧条期间刺激商品住房的建设和销售。银行还制定了一系列重要的条款来限制贷款,并在联邦政府的监管下防止出现 1929 年大萧条后银行破产的事件。经过整个 70 年代到 80 年代初的快速发展,监管体系经历了从松懈到彻底废除的过程,这是里根总统执政期间消除管制的措施之一。现在,储蓄和贷款银行虽然可以做一些风险大的投资,但是其存款仍然掌握在联邦储蓄和贷款保险公司手里。也就是说,储蓄和贷款银行可以为了一些额外的收益进行风险投资,但承担损失的是纳税人。这种组合可以看作是金融界的炸弹。储蓄和贷款银行做的一些高风险投资都失败了,赔钱的是纳税人,赚钱的却是他们的高层管理者,甚至是他们的亲朋好友和生意伙伴。到了 1982 年,联邦储蓄和贷款保险公司给破产的储蓄和贷款银行下拨的救援资金达到了 24 亿美元。1986 年,联邦储蓄和贷款保险公司宣告破产。[1] 1996 年,政府审计办公室发布的报告显示,因储蓄和贷款救援金给纳税人造成的损失为 4 809 亿美元。[2]

虽然这些损失不全是因为犯罪,但储蓄和贷款银行的破产主要是诈骗导致的。[3]这类诈骗主要是银行职员利用职务之便中饱私囊,致使银行破产。1987 年,加利福尼亚州储蓄和贷款业务部门的官员曾说:"抢银行的最好办法就是拥有银行。"[4]《财富》杂志上的一篇文章也曾写道:"存贷诈骗目前虽然还不十分猖獗,但它已经使曾经受到遮掩的美国白领犯罪问题日渐浮出水面。"[5]

美国民众由于受到这桩弥天丑闻的影响而开始对白领犯罪的态度变得强硬起来,联邦执法机构也开始大肆起诉、惩罚和关押相关白罪犯。然而,考虑到这桩丑闻的涉及面较广,会对美国经济以及公众对银行系统的

---

[1] 对这段致使联邦储蓄和贷款保险公司土崩瓦解的历史的精妙总结来自于亨利·蓬特尔和吉蒂·卡拉维塔的文章《储蓄和贷款丑闻中的白领犯罪》,载《美国政治学术和社会科学编年史》,1993 年 1 月,第 525 卷,第 31~45 页。
[2] 《间接损失导致储蓄和贷款协会的紧急救援金增加到了 4 809 亿美元》,载《华尔街日报》,1996 年 7 月 15 日,第 B8A 版。
[3] 蓬特尔、卡拉维塔:《储蓄和贷款丑闻中的白领犯罪》,第 32 页,引用美国总审计局弗雷德里克·沃尔夫在司法委员会和刑事司法小组委员会上的言论,见《崩溃的储蓄银行:内部控制不力导致诈骗风盛行、内部人员滥用职权和相关危险行为》。他是总审计局助理,该言论发表时间为 1989 年 3 月 22 日;美国代表大会、国会和政府工作委员会:《坚决打击全国金融机构中的诈骗、滥用职权和违法行为》,1989 年 10 月 13 日,政府工作委员会第 72 次报告。
[4] 蓬特尔、卡拉维塔:《储蓄和贷款丑闻中的白领犯罪》,第 37 页。
[5] 艾伦·法罕姆:《储蓄和贷款协会的滔天罪行》,载《财富》,1990 年 11 月 5 日,第 92 页。

信任产生巨大的负面效应,所以和那些非暴力的普通经济罪犯相比,对他们惩罚相对较轻。一项研究表明,"1988年到1992年间受到判决的储蓄和贷款诈骗罪犯的平均刑期为3年,而入室盗窃罪的罪犯的平均刑期是4年零8个月,机动车盗窃罪的罪犯的平均刑期是3年零2个月"。这项研究还指出,储蓄和贷款诈骗罪犯的刑期比财产罪初犯的刑期(平均刑期是2年零2个月)略长,但是为免有人认为这样的惩罚已经是相对比较严厉的了,在此我们需要强调的是,每一起储蓄和贷款诈骗罪造成的损失为50万美元,①而1995年每起财产罪造成的损失仅为1 251美元。②

受到惩罚的储蓄和贷款诈骗罪犯只是所有储蓄和贷款诈骗罪犯的一小部分。"从1987年到1992年,联邦调查局在联邦银行、储蓄和贷款协会管理者的协助下竟然向法院提请了95 045次诉讼。如此多的诉讼案件,估计法庭都无暇受理,因此75%的案件没有公开就被撤销了。"③ 同时,司法部要求不要给联邦调查局要求的425名新律师和231名律师的新助理提供资金;国会允许为储蓄和贷款诈骗罪调查提供的资金为5 000~7 500万美元,行政机关也强烈要求不能超过这个数额。④ 然而很快我们就发现,总统和国会已经准备为刑事司法体系提供230亿美元,并雇用数万名新警员来保卫安全的街道环境。

为了更直观地展现储蓄和贷款诈骗罪犯们的所作所为和他们受到的刑罚,表3.3有如一个"展示这些窃贼的画面"。在了解这些窃贼的言行和受到的惩罚的时候,我们不妨再想想少数黑人罪犯仅仅由于窃取了相当于这些白领罪犯窃取的一小部分而受到的惩罚。同时,储蓄和贷款危机过后不久,国会进行了一系列改革,《巨额犯罪》的作者把这次改革比喻成一次"我行我素"的金融自由改革,并指出"这种加强金融自由的做法似乎与现实相矛盾,因为美国刚刚由于金融自由而经历了史上最严重的危机"。⑤

---

① 《刑事司法通讯》,1994年12月15日,第5页。
② 1995年《统一犯罪报告》,第36页。
③ 史蒂芬·皮佐、保罗·莫洛:《携款潜逃的储蓄和贷款窃贼展览》,载《纽约时报》,1993年5月9日,第26页。
④ 《何时能将储蓄和贷款窃贼绳之以法?》,1990年6月28日,第101届第二次银行、金融、城市事务代表大会的保障委员会、金融机构监管委员会就此话题举行听证会,华盛顿特区:美国政府印刷所,1990年,第2页。
⑤ 吉蒂·卡拉维塔、亨利·蓬特尔、罗伯特·蒂尔曼:《巨额犯罪:储蓄和贷款协会危机中的诈骗和政治》,伯克利:加利福尼亚大学出版社,1997年,第131页。

表 3.3　储蓄和贷款罪犯花名册

迈克尔·赫勒曼（又名迈克尔·拉普）	诈骗财大气粗的联邦储蓄和贷款协会（纽约）840 万美元、佛罗里达中心银行 750 万美元。	服刑五年半后即出狱，没有缴纳任何罚款。其律师称每月会从赫勒曼的薪水中扣除 100 美元。
查尔斯·巴扎赖恩	诈骗位于加利福尼亚州的储蓄和贷款协会 2 000 万美元，隐瞒从低收入阶层的住房和城市发展规划项目中贪污 10 万多美元，并参与了赫勒曼的佛罗里达案。	因为其与调查组织的配合，只在狱中服刑不到两年，本应缴纳罚款 11 万美元，实际只缴纳了 1.8 万美元。
马里奥·伦达	作为经纪业务的合作人，他诈取了 160 万美元。	对两项电子欺诈行为供认不讳，被判两年有期徒刑，缓期五年执行，并勒令其缴纳损失补偿款 990 万美元、刑事罚款 12.5 万美元。服刑一年零九个月后假释出狱，出狱时只缴纳了一小部分的补偿金。
赫尔曼·毕比	涉嫌卷入最大的贷款诈骗案，金额高达 3 000 万美元。	签署了辩诉协议，供认两项罪行，被判处一年零一天有期徒刑，实际服刑十个月即出狱。并没有受到路易斯安那州和得克萨斯州诈骗案的起诉。
理查德·马留奇	作为联邦银行直布罗陀分行（加利福尼亚州）的经理，诈取 340 万美元。	被判处有期徒刑两年零三个月。
亚瑟·凯克	北芝加哥联邦储蓄和贷款协会银行的行长，通过不合法放贷诈取 120 万美元。	被判处全额补偿损失金额并缓期三年执行。
爱德华·小乔利	第一联邦储蓄和贷款协会（南卡罗来纳州）消费贷款部经理兼区域副行长助理，通过虚构贷款申请诈取金额 450 万美元。	被判处有期徒刑两年零九个月。
特德·穆萨基奥	哥伦布·马林储蓄和贷款协会银行（加利福尼亚州）行长，诈取金额 930 万美元，并在联邦举报表上隐瞒这一事实。	1990 年 1 月被判处五年缓刑并即刻缴纳损失补偿款 930 万美元，到 1993 年他去世时为止仅缴纳 1 000 美元。

资料来源：史蒂芬·皮佐、保罗·莫洛：《携款潜逃：幸运的储蓄和贷款协会窃贼展》，载《纽约时报》，1993 年 5 月 9 日；艾伦·福曼：《储蓄和贷款协会的重犯》，载《财富》，1990 年 11 月 5 日，第 93 页；《前哥伦布银行行长被判资金使用不当罪》，载《美国银行家》，1989 年 12 月 26 日；《十九宗案件的研究结果：为何储蓄和贷款协会的罪犯们无力支付法庭要求的数百万损失补偿金？》，1992 年 4 月第 102 届国会第二次代表会议上来自银行、金融和城市保障委员会、金融机构监管委员会的一位委员的报告，华盛顿特区：美国政府印务局，1992 年。

（二）安然公司和长达一年的企业金融丑闻

2001年到2002年间发生的企业金融诈骗犯罪使得许多企业破产，员工失业，国家经济动荡，股票市场低迷，股价大跌。《财富》杂志称，虽然经济损失十分严重，但是一些相对公开的肮脏交易的秘密是：即使在某些情况下投资者损失了70%或90%，甚至是全部的投入，但这些遭受重创的公司中有许多高层反而毫不羞涩地狠赚了一笔。[①]

这桩丑闻中最有影响力的当然是安然公司。这家拥有数十亿美元资产的能源贸易公司，于2001年12月2日宣布破产，负债310多亿美元，成为美国历史上最大的破产企业。之后安然公司被告上法庭，罪名是制造许多虚假信息，向投资者隐瞒其巨额负债，把贷款当成收入，利用公司的资金建立特殊目的公司[②]来掩盖企业的损失，并将损失转嫁于投资者。当公司股价下跌的时候，当时的安然公司CEO肯·莱给相关员工发了一封信，建议他们继续持有自己的股份并再次买进。与此同时，他却抛掉了自己在公司价值1亿多美元的股份。安然公司的高管们在公司股价从80美元跌到0.3美元的时候抛售了价值10亿美元的股票，而其他员工没能及时抛掉用自己养老金购买的股票。安然公司的投资者损失共计600亿美元，其中包括近2万名员工的一大笔养老金和退休金。[③]

不过安然公司也不是个例，这桩金融丑闻中牵连的公司还有泰科国际有限公司、环球电讯、奎斯特通讯公司、世界通信公司、施乐公司、阿德尔菲亚有线电视公司、微策略软件公司、美国在线时代华纳、凯玛特、花旗银行、摩根大通等。"大约有1/10的上市公司就曾至少重新公布过财务状况一次"，国民经济调查局的一个工作底稿显示，"重新公布自己2000年和2001年财务收支状况的公司在2001年和2002年期间共削减了25~60万个工

[①] 马克·吉梅恩：《你们买，他们卖》，载《财富》，2002年9月2日，第64、65页。
[②] 在特殊目的公司（SPV）的原则下（独立于资产负债表的企业），如果3%的资金来自于外部并且有风险，那么这笔资金就可视为独立资金。由于安然公司的交易金额巨大，他们很难找人把另外的3%汇聚起来，所以安然公司只能保证大众成为股东以后会得到丰厚的回报，这样的话，外部投资中个人的资金就不会有任何风险了。
[③] 艾伦·斯隆：《企业傲慢的免费课，学习安然的礼貌》，载《华盛顿邮报》，2001年12月4日，第E3版；吉梅恩：《你们买，他们卖》的所有内容。

作岗位。"①

　　安然公司和其他公司制造的这些可疑的账簿和虚假的财务报表不但违反了技术规则，而且还波及了另一部分人。这种企业犯罪和金融诈骗犯罪的一个重要后果就是许多人的退休养老金因此化为乌有，很多即将退休的人必须延迟退休，已经退休的人又不得不重新回到工作岗位。"在实行401条款（美国一种特殊的退休储蓄计划，可享受税收优惠的政策）的时代，美国中产阶级将退休梦和股票市场的完整性有机地结合起来，那些躲在办公室角落里的骗子就成了所有人的公敌。"②其他家庭也把孩子的大学基金连同对未来更舒适、更安全生活的美好憧憬都埋葬在了股票市场。

　　2002年，一些企业及其高管们策划的阴谋诡计更是花样叠出。有的企业是创办人直接诈骗，他们将公司作为自己敛财的工具，比如阿德尔菲亚有线电视公司。有些企业为了增加收益而采取一些复杂的金融交易手段，这样股票价格就可以人为地进行操控，例如安然公司。美国证券交易委员会最终以诈骗罪起诉了阿德尔菲亚有线电视公司。爱依斯全球电力公司、美国在线时代华纳、分保保险公司、哈利佰顿公司、凯玛特、朗讯科技公司、微策略软件公司、来爱德公司和废品收购公司都以不同的方式谎报收入情况，金额均达1亿多美元。

　　安达信会计师事务所曾为安然公司提供审计业务，安然公司为它们的咨询服务支付上亿美元的薪酬。既做审计又做顾问的双重角色会发生利益上的冲突。安达信的审计员一定不会泄露安然公司的所有损失情况，人们也不会怀疑拿着数亿美元佣金、来自安达信的顾问的工作的正当性。当然，安达信在这方面的经济收益十分可观，除了安然公司，它还为环球电讯、哈利佰顿公司、奎斯特通讯公司、废品收购公司和世界通信公司等提供审计业务。在这些公司之前，还有查尔斯·基廷的林肯储蓄和贷款银行，结果"此银行在1989年倒闭时成为全国储蓄和贷款危机的标志，给纳税人造成的损失多达29

---

① 丹尼尔·格罗斯：《罪状：就业增长缓慢，嫌疑犯为安然公司》，载《纽约时报》，2005年9月11日。网址：http://www.nytimes.com/2005/09/11/business/11view.html?_r=2。
② 克利夫顿·利夫：《白领罪犯：够了就够了》，载《财富》，2002年3月2日，第64页。

亿美元"。①

再如摩根大通和花旗银行等金融服务公司，它们因向企业放贷并帮助它们隐瞒债务而赚得一大笔佣金。《纽约时报》的一篇评论把这些银行称为"安然公司的大恩人"。《财富》杂志上的一篇文章也指出："这些银行使用各种诡计协助它们的企业客户做一些非法勾当。在如此多的业务之中，它们似乎专门有一个部门来协助企业避税，并通过所谓的结构性融资来操控资产负债表。对每家银行来说，这样的融资相当于一个巨大的利润源。"② 此外，一些经纪公司也受到了打击，因为它们高调的分析师们兴致勃勃地公开支持的股票实际上是他们根本就不看好的，出现这种情况的原因是他们的公司从遇到困境的企业中获取了承销费或其他好处。③ 美林公司的分析师亨利·布洛杰特私下把一些股票描述成"一堆垃圾"，可是公开场合却把这些股票推荐给大量的小投资者。④

下表 3.4 对举报的（有些是自首的）最严重的企业犯罪做了总结和归纳，名为"2005 年万恶的资本主义"。由于企业犯罪不胜枚举，表 3.4 只提供了危害最大的几起案件，多方面分析了企业的不当行为。由于给予这些企业的惩罚也不算最严重的，因而自然也不能说明刑事司法体系对于企业罪犯到底有多严厉。

---

① 大卫·希尔曾拉思：《同一圈内的两次失败：安达信审计过的倒闭的企业及储蓄和贷款协会》，载《华盛顿邮报》，2001 年 12 月 6 日，第 A21 版。
② 朱莉·克雷斯韦尔：《困境中的银行》，载《财富》，2002 年 9 月 2 日，第 80 页。
③ 美国证券交易商协会曾在一起案件中给花旗集团的所罗门·史密斯·邦尼公司处以 500 万美元的罚金，因为它对温斯达通讯公司发布了具有"误导性的报告材料"。分析师们一直保持着对该公司 50 美元的目标价格和同一购买率，到其股价跌至 0.14 美元才停止。TheStreet.com 网站登载的一篇文章指出，所罗门已经从温斯达赚得 2 400 万美元。"美国证券交易商协会宣布这次交易是该协会史上的第三大交易。当然，如果我们是美国证券交易商协会中的一员，我们也想让那些经纪公司闻风丧胆，我们也不会泄露这个统计数据。"乔治·曼内斯：《本周华尔街发生的五大糗事》，TheStreet.com，2002 年 9 月 27 日。网址：www.thestreet.com/story/10065679/the-five-dumbest-things-on-wall-street-this-week.html。
④ 大卫·迪泽：《华尔街的贱人》，载《卫报》，2002 年 10 月 2 日。网址：www.guardian.co.uk/usa/story/0,12271,802926,00.html。

表 3.4　2005 年万恶的资本主义 *

公司名	被举报的犯罪行为
阿德尔菲亚有线电视公司 美国第六大有线电视公司，宣称其创始人里加斯家族密谋隐瞒 23 亿美元的负债后宣告破产，负债的一部分被里加斯家族私用。股价从最高 66 美元跌到 0.15 美元，致使投资者损失 600 亿美元；此后公司提请破产并多年重报收益情况。	里加斯家族把公司视为自己的私人银行，不正当地使用银行的现金和贷款，虚构交易，伪造财务文件，对投资者隐瞒公司全部的财务状况。证券交易委员会的一位官员称，这起事件为"上市公司中发生的最严重的一起金融诈骗案"。他们还存在"疯狂的自行交易行为"，包括使用公司基金中的 2.52 亿美元来偿还股市的损失；用 1 280 万美元来购买高尔夫俱乐部；为布法罗军刀曲棍球队花费 1.5 亿美元；为里加斯家族购买奢华公寓。同时，里加斯家族使用公司名下的飞机后没有归还，其中一次是去非洲游猎度假。前 CFO 蒂莫西·里加斯越来越担忧其父亲约翰"肆意花费公司的巨款，给他每月提供 100 万美元的补贴"。约翰和蒂莫西各犯有 18 宗重罪。法官判处蒂莫西有期徒刑 20 年、约翰（创始人）有期徒刑 15 年。约翰的刑罚较轻是考虑到他的身体状况，但法官认为对他的恶劣行径所适用的量刑是"重的"、"合理的"，这就为其他公司的管理者传达了一个清晰的信号。迈克尔·里加斯因在公司的账簿中做了不真实的记录被判处在家中监禁 10 个月。
安达信会计师事务所 安达信为许多需要重述财务状况的公司做审计。它还与证券交易委员会一起服务于如下公司：安然公司、世界通信公司（重述 80 亿美元）、环球电讯、奎斯特通讯公司、亚利桑那州浸礼会（处置费用 2.17 亿美元）、日光公司（处置费用 1.1 亿美元）、克罗尼尔置业公司（处置费用 9 000 万美元）。废品收购公司案发后（多报 10 亿美元的收入）不得不向股东赔偿 2.29 亿美元，及至最终收到证券交易委员会"停止"公布虚假会计报表的命令。	安达信的管理者假意提醒员工要注意公司的文件保留政策，但又命令他们销毁安然公司的重要文件。为了便于处理 30 盒文件，安达信雇用了一个名为"粉粉碎碎"的公司来帮忙，这个公司的信条就是"我们会为您保守秘密"。 近两吨的文件被销毁前，安达信的高管曾通风报信称证券交易委员会"很可能"会对安然公司的会计账目进行调查，之后证券交易委员会才开始正式着手调查。在高级法院的法庭上，一位副总的代理律师在他的辩词中说："这好比把一个人送到犯罪现场，然后在警察带着黄胶带到达之前又把证据销毁。" 安达信也删除了公司内部对安然的财务问题提出质疑的邮件。 安达信会计师事务所最后被判处妨碍司法公正罪，最后宣布解散。不过这宗罪行很快就被高级法院毫无意外地推翻了，因为陪审团认为"不道德劝说"的表述证明安达信"未传达必须犯罪的意图"。法院的意见并未说明安达信是清白的，因为还有一个事件值得注意：安然公司"涉案团队"的负责人"拿起印有'证据确凿'字样的文件就立刻销毁了它，并宣称'我们不需要这个'"。

续表

公司名	被举报的犯罪行为
安然公司 安然公司于 2001 年 12 月 2 日宣告破产，这是美国历史上最大的一起公司破产案件，管理者杰弗里·斯奇林曾经称其为"世界上最酷的企业"。在重新上报收入和资产情况后，安然公司减少了 15 亿美元，撤销了 4 200 个工作岗位，给股东们造成了市值 600 亿美元的损失。	安然公司董事会的一个特别委员会——权力委员会——的总结报告指出：安然公司合作关系的安排允许它的管理者在隐瞒公司损失和债务的同时又能为自己赚取数千万美元的收入。在没有传讯权和限制使用文件的前提下，经过 3 个月的复查，得出了这个报告。不过这个报告"发现安然公司的管理层曾经试图通过各种途径虚报公司的财务状况"，而且参股员工都收到了"本不该收到的数千万美元"。调查员说安然公司为获得收益操控了加利福尼亚州的电力危机，达成了有明显利益冲突的交易，涉嫌制造虚假的账簿、报复告密者等。公司倒闭之前的 3 年中，安然公司的管理者和董事会成员卖掉了价值 10 亿美元的股份。就在宣布破产之前，鉴于对股票计划会做"行政上的调整"，安然公司的员工没能卖掉自己的股份。在这期间，安然公司的股票下跌了 28%，而肯·莱却提前支取了 1 900 万美元现金后用快速下跌的安然公司股票偿还了这个金额。 陪审团认为斯奇林犯有 19 项罪名，包括策划、诈骗、虚假报表和内部交易等。他被判处有期徒刑 24 年，根据《量刑指南》，他的罪行完全可以判处 30 多年。肯·莱犯有 6 项罪名，包括策划、诈骗等，再加上其他在不同的法庭判处的 4 项诈骗罪和提供虚假报表罪等。最后他犯了心脏病死于监牢中。所以对他的定罪无效，也不能视为民事诉讼，不能要求从他的财产中扣除损失金额。 CFO 安德鲁·法斯托犯有 109 项罪名，但他同意了辩诉交易，承认 2 项密谋罪，因而获得最多判刑 10 年的承诺；不仅如此，他还要配合指证公司其他高层。他被判刑 6 年，后来在 2011 年年末的时候被释放。 肯尼斯·赖斯是安然公司宽带部门的负责人，当他得知公司要破产的时候立刻卖掉了 7 600 多万美元的股份。他面临着 40 多项罪名和 10 年的监狱生活，但最后他也同意了辩诉交易，只被判了 1 年零 3 个月的刑期，同时也要配合指证公司其他高层。
环球电讯 环球电讯是一家光导纤维公司，也是第四家宣布破产的大公司，负债 120 亿美元。为了逃避美国的企业税，它	据举报消息称，环球电讯和奎斯特通讯（另一家企业）有过容量交换，以不正当的方法记账以刺激股票价格。在一次国会听证会上，共和党人比利·陶津说，高官们"支持虚假交易是为了在账簿上增加收入，以此来误导投资者，同时防止股价下跌"。其中的很多交易都是在融资季的最后几天甚至最后几分钟内达成的，这样就可以达到预期的收益。

续表

公司名	被举报的犯罪行为
选择在百慕大注册，尽管公司的总部和经营范围都不在美国境内，却享有美国所有企业与政府合作的许可和权利。	环球电讯的高管没有一人受到刑事起诉，其中3位管理者在与证券交易委员会达成的协议中同意每人缴纳10万美元的民事罚款，他们也无须供认自己的罪行。证券交易委员会的执法处主张对公司的总裁加里·温尼克（他曾仿照美国总统办公室的样子为自己设计办公室）实行罚款处罚，但这个提议被其他委员否决了。公司宣告破产前，温尼克从股票出售中获益7.3亿美元，与这相比，100万美元的罚款简直微不足道。
奎斯特通讯公司 在美国本土14个州占主导地位的电话公司。股价从66美元跌至1美元，给投资者造成的损失为市值900亿美元。公司曾谎报收入25亿美元。	涉嫌从事不当的空壳交易行为，并与环球电讯及其他电信公司进行容量交易来增加收益和获得预期收益。证券交易委员会控诉该公司CEO约瑟夫·纳奇奥和其他高管明知财务出现赤字，却"在很大程度上不真实地向投资者谎报奎斯特的业绩和发展情况"。国会调查小组的负责人、共和党人詹姆斯·格林伍德说："环球电讯和奎斯特的财务状况真相大白后，公司的投资者损失了数十亿美元，而公司内部的人却携数十亿美元巨款潜逃。" 管理者们曾多次要求不要记录交易的细节以避免调查。CFO罗宾·塞莱加的备忘录显示，但凡有人质疑公司的交易，公司就会惩罚他，摩根士丹利公司就是一个例子，它公开质疑奎斯特公司交易的可靠程度，所以奎斯特公司就终止了与它的生意往来。奎斯特公司也责怪安达信，因为安达信已经审核了与容量交易相关的账目。 纳奇奥所实施的42项内部交易行为中有19项被定罪，法院判处他有期徒刑6年。这是美国历史上最大的一起内部交易案件。 CFO罗宾·塞莱加只有一项内部交易被定罪，被判处缓刑2年，但是他要交代纳奇奥的罪行。 奎斯特公司向证券交易委员会缴纳了2.5亿美元的罚款。
泰科国际 泰科国际集团为了逃避美国的企业税，选择在百慕大注册，尽管公司的总部和经营范围都不在美国境内，却享有美国所有企业与政府合作的许可和权利。	泰科国际的前CEO丹尼斯·科兹洛夫斯基和前CFO马克·斯沃茨骗取公司及其股东共6亿美元的资金，其中的1.5亿美元是直接通过不合理的贷款和未经许可的分红诈取的，其余的金额也是以红利形式诈取的，这些分红主要是虚假的财务报表引发的股价上涨带来的。 这两个人用这些钱购买房产、艺术品和奢侈品，其中包括科兹洛夫斯基价值3 100万美元豪宅中的有名的6 000美元的浴帘。科兹洛夫斯基斥资200万美元为他的妻子在意大利的撒丁岛上举办生日宴会，会上有一尊米开朗基罗的大卫冰雕，而伏特加酒会从大卫的生殖器中流出来。

续 表

公司名	被举报的犯罪行为
	科兹洛夫斯基和斯沃茨共犯有 22 项罪行，包括重大盗窃罪、串谋罪、证券诈骗罪、虚构商业记录罪等。公诉人认为这是纽约州起诉的最大的一起盗窃案。两人均被判处 8 年 4 个月到 25 年的有期徒刑，少于 15 年到 30 年的最长刑期。两人均于 2012 年提前获得假释，科兹洛夫斯基用 2 120 万美元支付了出售艺术品的销售税和个人所得税。
世界通信（现名为 MCI） 这个电信巨头虚构了一系列总价值 110 亿美元的虚假财务报表，终因负债 1 070 亿美元而宣告破产，也因此取代了安然公司成为美国史上最大的一起破产案件。股价从 64 美元跌至 0.09 美元，使股东蒙受 1 800 亿美元的损失，裁员 17 000 人。纽约州的养老金项目也因此损失了 3 亿美元。由于诈骗的数额巨大，世界通信被人们戏称为"世界骗子"。	美国司法部副部长说，CFO 斯科特·苏利文和审计官大卫·迈尔斯"完全无视会计规则，欺瞒投资者，营造世界通信发展顺利的假象"。随着业务不断恶化，管理者对其他很多人施加压力。用迈尔斯的话说，就是让更多的人参与"账目调整"之中，因为"这种调整的解释说明和文件都与普遍接受的会计规则相一致"。世界通信的管理层还警告告密者保持缄默，迈尔斯威胁过存在质疑的员工不要与外部审计人员讨论此事。 世界通信宣告破产时解雇了 CEO 伯纳德·埃伯斯，但埃伯斯离职时还为自己赢得了每年 150 万美元的生活费。 埃伯斯犯有证券诈骗罪、串谋罪和虚构报表罪等，被判处 25 年有期徒刑。由于他的行为造成的损失巨大，波及范围广，又是 5 人以上犯罪活动的组织者、公共信托职位的滥用者，本该被判处 30 年监禁。上诉法院认为对他的量刑"很严厉也很合理"，还指出这样的证券诈骗"并不是为保护公司的利益而做出的错误贡献，也不是支持和赞同"，而是"有意营造盈利的假象，在埃伯斯看来，即使是专业分析师也会受到自身经济状况的驱使做出这样的行为"。 苏利文本该被判处 25 年监禁，因为他指使下属虚构盈利账面，但他因配合揭发埃贝斯只判了 5 年刑期。法官称苏利文是"世界通信诈骗案中的常务经理"。在辩诉交易中，与政府配合的人都从轻处罚，迈尔斯被判 1 年，总会计师耶森被判 1 年，管理责任部主管文森被判入狱 5 个月和拘留所拘留 5 个月。

* 标题取自西蒙·沙玛于 2002 年 9 月 11 日在《卫报》上发表的文章《死囚和罪人》。网址：www. guardian. co. uk/september11/oneyearon/story/0，12361，789978，00. html。

资料来源：德温·里昂那多：《阿德尔菲亚传奇故事》，载《财富》，2002 年 8 月 12 日。网址：www. fortune. com/indexw. jhtml? channel = artcol. jhtml&doc _ id = 208825 。《里加斯和他的儿子被捕》，见《CNN 财富》；2002 年 7 月 25 日。网址：http://money. cnn. com/2002/07/24/news/rigas/ ［currently unavailable］。乔治·曼内斯：《阿德尔菲亚增加了起诉的筹码》，The Street. com，2002 年 7 月 24 日。网址：www. thestreet. com/ _ yahoo/tech/georgemannes/10033900. html。卡丽·约翰逊、克里斯托弗·斯特恩：《阿德尔菲亚的创始人及其子被起诉》，载《华盛顿邮报》，2002 年 7 月 25 日，第 A1 版。《斯沃茨因离职而获得巨款》，载《波士顿环球报》，2002 年 9 月 26 日。

网址：www.boston.com/dailyglobe2/269/business/Swartz_got_rich_severance_deal+.shtml。彼得·贝尔、丹·埃亨：《刑事调查锁定安然》，载《华盛顿邮报》，2002年1月10日，第A1版。彼得·贝尔、阿普里尔·威特：《空想家的梦想带来行业风险》，载《华盛顿邮报》，2002年7月28日，第A1版。乔纳森·克里姆：《邮件透露：世界通信员工不能与审计师谈话》，载《华盛顿邮报》，2002年8月27日，第E3版。乔纳森·克里姆：《世界通信发展迅速的背后：管理松散、发展压力大为金融诈骗埋下伏笔》，载《华盛顿邮报》，2002年8月29日，第A1版。大卫·埃瓦尔特、约翰·克莱斯：《西奇莫尔将代替埃伯斯成为新一届世界通信的CEO》，informationweek.com，2002年9月10日。网址：www.informationweek.com/story/IWK20020910S0007。莫特利：《傻人莫特利的周三》，2002年2月27日。网址：www.fool.com/news/take/2002/take020227。莫特利：《傻人莫特利的周三》，2002年6月5日。网址：www.fool.com/news/take/2002/take020605.htm。罗伯特·欧哈罗：《泰科高管不顾1500万美元的罚款》，载《华盛顿邮报》，2002年9月28日，第E1版。卡丽·约翰逊、本·怀特：《世界通信高管被捕》，载《华盛顿邮报》，2002年8月2日，第A1版。本·怀特：《世界通信的管理者承认诈骗》，载《华盛顿邮报》，2002年10月8日，第E1版。《企业诈骗花名册：公司丑闻名单》，载《公民作品集》。网址：http://citizenworks.org/enron/corp-scandal.php。马克·吉梅恩：《一群贪婪之徒：你买入，他卖出》，载《财富》，2002年9月2日，第64~65页。《阿德尔菲亚的约翰·里加斯及其儿子在北卡罗来纳州的监狱服刑》，载《今日美国》，2007年8月13日。网址：http://www.usatoday.com/money/media/2007-08-13-riga-prison-nc_N.htm。《阿德尔菲亚创始人被判15年》，见《CNN财富》，2005年6月20日。网址：http://money.cnn.com/2005/06/20/news/newsmakers/rigas_sentencing/。2005年安达信状告美国政府（544U.S.696），注释6。美联社：《安然前公司高管被判1年零3个月的处罚》。网址：http://www.msnbc.msn.com/id/19293341/。克里斯滕·海斯：《安然前CFO法斯托被判6年有期徒刑》，载《休斯顿纪事报》，2006年9月26日。网址：http://www.chron.dom/disp/story.mpl/front/4215426.html。卡丽·约翰逊：《法斯托的刑罚有如"脸上捆掌"》，载《华盛顿邮报》，2006年10月3日，第D1版。史蒂芬·陶博：《无人控诉环球电讯总裁温尼克》，CFO.com，2004年12月14日。网址：http://www.cfo.com/article.cfm/3493060。《环球电讯的三名高管被证券交易委员会处以罚款》，载《国际先驱论坛报》，2005年4月13日。网址：http://www.iht.com/articles/2005/04/12/business/global.php。丹·弗罗施：《奎斯特前总裁被判6个月》，载《纽约时报》，2007年7月28日。丹·弗罗施：《法院考虑为奎斯特前总裁重新审判》，载《纽约时报》，2008年9月25日。网址：http://www.nytimes.com/2008/09/26/technology/26qwest.html。美国司法部：《奎斯特前CFO因内部交易被判刑》，2006年7月28日。网址：http://www.usdoj.gov/usao/co/press_releases/archive/2006/july06/7_28_06.html。本·怀特：《法院已对泰科国际前高管定罪》，载《华盛顿邮报》，2005年6月18日，第A1版。本·怀特：《法院已对泰科国际前高管判刑》，载《华盛顿邮报》，2005年9月20日，第D1版。安东尼·林：《泰科国际前高管被判处最高25年有期徒刑》，Law.com，2005年9月20日。网址：http://www.law.com/jsp/article.jsp?id=1127133338866。阿尼莫娜哈·特克里斯：《泰科前高管的逃税起诉将判决》，载《纽约时报》，2006年5月13日。网址：http://www.nytimes.com/2006/05/13/business/13tyco.html。美联社：《世界通信公司前高管已定罪》，载《纽约时报》，2006年7月29日。网址：http://www.nytimes.com/2006/07/29/business/29ebbers.html。保罗·莱顿：《世界通信公司埃贝斯因诈骗罪被判25年，大快人心》，保罗的司法博客，2006年8月4日。网址：http://www.paulsjustice-blog.com/2006/08/ebbers_25_year_sentence_for_worldcom_fraud.php。珍妮弗·巴约、罗文·法尔扎德：《世界通信前高管因会计诈骗被判5年》，载《纽约时报》，2005年8月12日。网址：http://www.nytimes.com/2005/08/12/business/12worldcom.html。

《纽约时报》刊登的一篇文章指出了这次危机的根源："现在，我们又面临同样的情况。假如我们穿越到 10 年前的储蓄和贷款协会案件中，就会发现在负责调查'安然—安达信丑闻'根源的立法者和监管者中，民主党和共和党或许只需要一面镜子就够了。"《1995 年私人证券诉讼改革法案》是当时的安达信极力游说当权者采纳的法案，它有助于对企业和会计师隐瞒债务情况。5 年之后，立法者"顺利地迫使监管者放松了对会计师应有的限制，这些监管者包括当时的证券交易委员会主席哈维·皮特、3 位众议院及参议院委员会的主席，后者如今也加入了被整顿的行列，因为他们此前在会计行业最大的活动中收受了贿赂"。①

为了解决这一问题，美国政府在 2002 年签署颁布了《萨班斯—奥斯利法案》，依据该法案成立了新的监管委员会，以监管上市公司的会计和审计。法案禁止会计公司同时担任同一企业的会计顾问；同时，对于那些误导股东错误投资的企业，赋予股东起诉的年限为 5 年，而不是之前的 3 年；对于违反现行企业法规和新法规的人要受到罚款或刑事处罚。法案设立许多条款的目的都是合理的。但是，国会中的政治妥协却改变了判处企业高管由于实施诈骗罪而应受到的惩罚标准，从以前的"缺乏监管"到现在的"不知者不为过"，这就给公诉人加大了难度。国会同时限定了诈骗金额补偿的范围，只有直接涉案的人才要缴纳补偿金，仅知道不当行为的企业管理者和董事不用缴纳补偿金。②

据《华盛顿邮报》报道，法案从一开始执行，"国会两党的议员就开始指责政府削弱和缩小了法案的覆盖面，比如对证券欺诈的处理、对告密者的保护以及对销毁重要文件的惩处等"。包括议案起草人在内的批评家指责司法部的解释和《起诉指南》恰恰与立法部门设立这些改革措施的初衷背道而驰。③

继《萨班斯—奥斯利法案》之后，美国量刑委员会又增加了对白领犯罪的

---

① 史蒂芬·拉伯顿：《现在究竟是谁让我们变成这样？》，载《纽约时报》，2002 年 2 月 3 日。网址：http://query.nytimes.com/gst/ fullpage.html? res = 9F0DE3DC143DF930A35751C0A9-649C8B63。
② 这些立法的特殊之处及其缺点都来自全民任务组织。网址：http://citizenworks.org/enron/accountinglaw.php。
③ 乔纳森·韦斯曼：《有人看到了法律改革的漏洞》，载《华盛顿邮报》，2002 年 8 月 7 日，第 E1 版。

刑罚。然而,"司法部不久又开始抱怨新的《起诉指南》也不完善,因为陪审团无法更严厉地处罚较低阶层的罪犯,也无法更容易地将白领罪犯依法惩处……"①《华盛顿邮报》登载的一篇文章写道:

> 证券交易委员会的所有成员不顾来自投资者和消费者的反对意见,毅然建议委员会不要参与这几项审计改革,因为他们正在考虑如何对安然公司和其他公司的丑闻做出回应……
>
> 克林顿总统执政期间,美国证券交易委员会的总会计师林恩·特纳说:"如果证券交易委员会总是先考虑会计师而不考虑投资者的利益,那么你怎么审查安然公司、泰科国际和世界通信呢?"②

2002年3月,在安然公司申请破产曝光之后、其他公司的诈骗行为暴露之前,《财富》杂志评论道:"我们国家刑事司法体系中的双重标准比许多人设想的更严格、更深入。鲍勃·迪伦说得很对:'偷得少,你会蹲大狱;偷得多,你反而只会被说教一顿并保证下次不会再犯就不了了之了。'"③举例来说,安然公司的CFO安德鲁·法斯托被指控犯有109项罪名,包含串谋、电子欺诈、证券诈骗、虚构账簿、妨碍司法公正、洗钱、内幕交易、填写虚假所得税申报表等罪。他接受辩诉交易后,最高判10年,实际服刑6年,于2011年释放。与此同时,从凯玛特廉价市场盗窃两个盒式录像带的利安德罗·安德雷德却被判处50年的有期徒刑,高级法院认为对他的量刑适用于《严惩惯犯法》。④一个穷小子为买毒品偷了价值不到200美元的物品,被判处终身监禁,而一个富公子策划了一场损失数十亿美元的诈骗案件却获得了较轻的刑罚,只因为他在服用抗焦虑症的药物,甚至还因他在狱中参与了一个

---

① 卡丽·约翰逊:《陪审团敦促对白领罪犯予以惩处》,载《华盛顿邮报》,2003年1月9日,第E1版。
② 凯思琳·戴:《证券交易委员会成员敦促限制改革:今将就审计法规举行投票》,载《华盛顿邮报》,2003年1月22日,第E1版。
③ 利夫:《白领罪犯:够了就够了》,第63页。
④ "三振出局法"是"严惩惯犯"运动中的一项改革方案,这个用语源自棒球运动。法律规定对第三次犯重罪(被判1年以上的都称重罪)的惯犯强制判处25年监禁。这项法规的初衷是控制那些实施暴力行为的惯犯。由于"严惩惯犯"运动的兴起,政客们不得不把这个法规延伸到"惯犯和暴力罪犯"的判刑中,其中包括关在监狱里的非暴力罪犯。

反对滥用毒品的活动还减免了一年刑期。①

有些接受审判的企业管理者所受到的刑罚比法斯托的严重，但外界对这些管理者的注意力却过多地集中在了一些相对较轻（15~30 年）的刑罚上。有人认为，这些刑罚能说明量刑在朝着严厉的方向发展。不过这种意见忽略了犯罪的规模问题。这些都不是普通的白领犯罪，而是系统的、波及面广的犯罪，它们削弱了公众对金融体系的信任，对工人、社区和股东造成的损失巨大。审判安然公司高管杰弗里·斯奇林的法官强调："我接管的案子中已经给即使没有上万人也有近千人判处了终生贫穷的刑罚。"②另外，只关注极端的个案会对量刑的整体理解出现偏差。《联邦量刑报告人》杂志上的一篇文章研究了 440 起著名的企业诈骗案，这篇文章的作者发现，严厉的刑罚是为在法庭审判中败诉的一方保留的，但是"大家最关注的白领罪犯在庭审的时候受到的刑罚是被判 5~10 年"。440 起案件中有 57% 的被告做的是认罪答辩，而且只有 2 名被告的刑期超过 15 年，"其余大多数认罪的被告的刑期都不到 5 年。《量刑指南》的受益者都是积极配合的人"。③

因此，认为法律对白领罪犯特别严厉的观点从实质来看确实有点夸张，许多与最大的金融丑闻案有牵连的罪犯最后也都只判处不到 5 年的刑期，这与对携带 5 克高纯度晶体可卡因的罪犯的量刑大致相同。法庭判决某些有罪的人的刑期确实较长，但是最终的鉴定要等弄清楚他们到底在监狱里待了多长时间后才会知晓，因为他们可能因为时机正确或参与反对滥用毒品而获得减刑。同时，需要注意的是，我们在前述第 2 章中讲述的故意违反《医疗安全法》导致死亡的违法行为可以受到 6 个月有期徒刑的惩罚，其量刑相当于在联邦管辖区内打死一头野驴的量刑的一半。所以说鉴于富人犯罪本来就有局限性，我们可以认为对这部分富人罪行的惩罚确实比较严厉。

---

① 杰弗里·雷曼、保罗·莱顿：《两个犯人的传说：我们会严惩企业罪犯，但是他们依然没有得到应有的惩罚》，波士顿：阿林-培根出版公司，2005 年。网址：www.paulsjusticepage.com/RichGetRicher/fraud2004.htm。还可参考 http://www.paulsjusticeblog.com/2008/02/getting_tough_on_corporate_crime.php。
② 卡丽·约翰逊：《斯奇林因在安然公司的诈骗被判处监禁 24 年》，载《华盛顿邮报》，2006 年 10 月 24 日，第 A1 版。
③ 艾米丽·巴克、布莱恩·伯克斯特、艾莉森·弗兰克尔、内特·雷蒙德：《进展报告》，载《联邦量刑报告人》，2008 年 2 月第 3 期，第 20 卷，第 206~210 页。

（三）2008 年金融危机——美国历史上最严重的长达一年半的金融诈骗震荡[①]

正如《安然传奇》的最后一章中所写的，自从大萧条以来，这是美国经历的最惨重的金融危机。这次金融危机的始作俑者是复杂的基于次级抵押贷款的证券，而这些次级抵押贷款基本上都偿还不了，因为宽松的贷款政策鼓励贷款人提供抵押贷款给借款人，而不顾他们是否有能力偿还。善于聚敛巨额利润和重新卖掉贷款的投资公司对这种次级抵押贷款有很大的需求量。像著名的标准普尔和穆迪这样的信用评级公司都是靠投资公司支付费用的，它们对证券的信用等级评定比借款人的相关资产所能证明的级别都高。美国联邦储备委员会有权力规范那些抵押贷款承销商，但它却没这样做。美联社进行的为期 6 个月的调查证明："负责保护消费者权益的联邦监管者早已决定不采取行动了。"[②]

更为糟糕的是，在 2004 年，美国证券交易委员会放弃了对 5 家华尔街大型企业的调控原则，任由它们借贷大笔资金，相应地，它们承担的风险也更大。这 5 家企业分别是高盛集团、雷曼兄弟、美林、贝尔斯登、摩根士丹利。到了 2009 年 1 月，美国银行收购了美林，雷曼兄弟和贝尔斯登已经不存在了。此前规定的债务和资本比例为 12∶1，但在证券交易委员会放松管制之后，企业加重了它们举债经营的比例，一度达到了 30∶1，甚至 40∶1，相当于每 1 美元资产就要借贷 30~40 美元。[③]不仅如此，许多企业开始购买或出售信贷违约掉期合约（如同保险一样能保证企业偿还债务）。但与保险不同的是，对于这种掉期合约，联邦和州都没有相应的规范，也没有一个中心票据交易所追踪各方已售出了多少信贷违约掉期合约以及企业是否有资产来支付保费和因违约产生的违约金。因此，当华尔街的企业开始陷入财务困境的时候，由于受到信贷违约掉期的影响，没人知道哪些企业有问题。这种财务状况的不透明、不公开造成了信任的缺失，因为没有人愿意给深陷财务困境的企业借钱。

[①] 马特·泰比：《华尔街保释的喧闹声》，载《滚石》，2010 年 2 月 17 日。网址：http://www.rollingstone.com/politics/news/wall-streets-bailout-hustle-20100217。
[②] 巴里·里萨兹在《形同虚设的金融监管部门》中引用的话，大图博客，2008 年 8 月 18 日。网址：http://bigpicture.typepad.com/comments/2008/08/weak-rules-crip.html。
[③] 巴里·里萨兹：《华尔街发现的备忘录》，载《巴伦周刊》，2008 年 9 月 29 日。网址：http://online.barrons.com/article/SB122246742997580395.html。

巴里·里萨兹是一家金融研究公司的CEO，也是《救助大国》的作者，他指出，这个问题的相容元素已经演变成了"那些被指定用于监督和规范金融系统的各种实体逃避责任的借口"①，"就像没有裁判就不会举办超级杯比赛一样，我们不能容忍这些"，因为"球员们一定会迁就于自己最坏的冲动"②，但金融系统却没有变。针对各种调查，"经验丰富的政府官员们在调查企业诈骗犯罪的时候说他们很熟悉一些犯罪模式，比如隐瞒投资者、从公司的资产负债表中删掉部分债务等"。然而，前安然公司任务组的一位成员说："改变的越多，不变的就越多。"③

我们发现这种情况似乎以前碰到过，投资者损失惨重，而"使政府的金融船舰搁浅"的人却能及时地从工资、遣散费和股票中迅速地捞得好几亿美元的好处。雷曼兄弟的CEO小理查德·福尔德在拥有158年历史的雷曼企业申请破产之前，年薪是3 400万美元，在他抛售了4.9亿美元的股票后公司的市值损失了94%。而就在此前一年，雷曼兄弟还配送了57亿美元的分红。美国国家金融服务公司一直处在发行违法的次级抵押贷款的前列，在受到国家首席检察官的指控之前，其创始人兼CEO安吉罗·莫兹罗已经把价值4亿美元的股票变现了。④

然而，到2008年的时候，人们似乎已经淡忘了安然公司。据《纽约时报》报道："1995年银行监管者向司法部提交了1 837起案件"；近年来，在"解决了史上最糟糕的金融危机之后的一段时间里，平均每年只有72起刑事诉讼案件"。⑤ 一切因安然公司强化的强制性措施都被取消了。"法学专家和金

---

① 巴里·里萨兹:《金融监管不作为》。
② 巴里·里萨兹:《裁判员在哪?》，载《福布斯》，2008年9月12日。网址：http://www.forbes.com/home/2008/09/12/lehman-greenspan-regulation-opinions-cx_br_0912ritholtz.html。
③ 卡丽·约翰逊:《公诉人期望饶恕华尔街企业》，载《华盛顿邮报》，2008年10月3日，第D1版。
④ 巴里·里萨兹:《紧急救助中有CEO的回补条款吗?》，大图博客，2008年9月24日。网址：http://www.ritholtz.com/blog/2008/09/ceo-clawback-provisions-in-the-bailout/1。亚尔曼·奥纳兰、克里斯托弗·辛塔：《起诉人退缩，雷曼成最大破产公司（更新1）》，彭博通讯社，2008年9月15日。网址：http://noir.bloomberg.com/apps/news?pid=newsarchives&sid=a6cDDYU5QYyw。
⑤ 格雷琴·摩根森、路易丝·斯托里：《金融危机，企业高管没有罪》，载《纽约时报》，2011年4月14日。网址：http://www.bytimes.com/2011/04/14/business/14prosecute.html。

融专家说，在强制措施的弱化、证券交易委员会的裁员、联邦调查局更多地关注恐怖主义等因素的共同作用下，联邦政府在调查证券犯罪的时候就像一只纸老虎。"① 在此之后，证券交易委员会主席克里斯托弗·考克斯也说："过去的几年时间里，司法部门已经竭尽全力了，它使民众感觉到市场有强大的巡逻警力在保护我们的经济。"同时，他要求金融公司员工的许多做法要经过证券交易委员会的批准。前证券交易委员会主席亚瑟·莱维特认为这相当于给监察部门和执法部门戴上了镣铐②，而且"如果委员们通过协商认为应该给予企业罪犯较轻的刑罚，那么委员会一般也会将这样的案件推迟裁决"。③

法官杰德·雷科夫驳回案件原判决一事呈现出了越来越多的执法问题。美国证券交易委员会指控花旗银行向不知情的投资者兜售贬值产品，给投资者造成了1亿美元的损失。判决中花旗银行没有认罪，只同意支付2.85亿美元的罚金并承诺以后不再违反法律的相关条款。雷科夫法官注意到这样的罚金对花旗银行来说是九牛之一毛，根本不具有任何威慑力，也不够弥补投资者的损失。而且花旗银行的承诺也只是一剂安慰剂，因为"像花旗银行这样的惯犯很清楚，在过去的十年时间内，证券交易委员会没有试图让任何一个金融机构兑现过承诺"。④事实也确实如此。《纽约时报》的调查发现，花旗银行"于2010年7月也承诺过将不违反有关反诈骗行为的法律，甚至于在2006年5月、2005年3月和2000年4月也分别做出过类似的承诺"。他们调查的19家企业都承诺过不再违法，但实际情况却恰恰相反。

很显然，这部分内容没有涉及联邦调查局，不过联邦调查局的官员于2004年也谈到过抵押贷款的相关问题"一定会成为普遍性的问题"的话题。⑤

---

① 埃里克·利希特布劳：《联邦股票诈骗案骤减》，载《纽约时报》，2008年12月24日。网址：http://www.nytimes.com/2008/12/25/business/25fraud.html?_r=1。
② 艾米特·佩利、大卫·希尔曾拉思：《证券交易委员会主席为自己受到的约束辩护》，载《华盛顿邮报》，2008年12月24日，第A1版。
③ 弗洛伊德·诺里斯：《玛丽·夏皮罗能拯救证券交易委员会吗?》，载《纽约时报》，2008年12月17日。网址：http://norris.blogs.nytimes.com/2008/12/17/can-she-save-the-sec/。
④ "美国证券交易委员会诉花旗集团"，11-cv-07387-JSR（2011年11月28日），第11页。
⑤ 理查德·施米特：《联邦调查局嗅到了贷款危机带来的危险》，载《洛杉矶时报》，2008年8月25日，第A1版。

联邦调查局几乎没有白领犯罪的相关记录，许多企业都聘请私人侦探来帮助它们准备"庭审诉讼资料"，然后再转交给联邦调查局，因为这些企业无法得到该机构的过多关注。① 其结果是，当初控告安然公司的前首席检察官莱和斯齐林评论道："如今大多数公诉人都关注着次贷危机，不过他们发现可用的资料很少，不足以起诉复杂的金融犯罪。"② 当联邦调查局慢条斯理地寻找其他的律师来协助调查贷款诈骗案件和导致金融危机的主要企业时，当时的司法部部长迈克尔·穆凯西就一再回绝安然公司专案调查小组的邀请，该小组在之前主要协助调查起诉较早的且影响较大的复杂金融犯罪案件。③ 高级监管员威廉·布莱克的任务是监督储蓄和贷款协会的相关诉讼案件，他指出，"不调查就不会发现证据"。④ 没有证据就不能随便起诉、随便定罪，事实确实如此。

针对企业高管和大型金融公司的案件都属于民事诉讼，而不是刑事案件。2010年，美国证券交易委员会以误导投资者购买名为"艾博克斯"的次级贷款产品的罪名起诉高盛集团，结果高盛集团用5.5亿美元结束了这起诉讼。另一家大公司——美国国家金融服务公司——通过诱导民众借贷利息高昂的次级抵押贷款而迅速成为美国最大的金融借贷公司。该公司的CEO安吉罗·莫兹罗用6 750万美元结束了与证券交易委员会的官司，向投资者证明了"美国国家金融服务公司仍然是主要的高品质贷款公司，其他公司根本无法与之竞争"。之后这家公司宣告破产，并被美国银行收购。⑤

获得诺贝尔经济学奖的经济学家约瑟夫·斯蒂格利茨从宏观角度分析了这些案件："没错，我们的确对他们进行了罚款，这样又有何意义？……他们依然舒服地坐在家里，即使缴纳了吓死普通人的巨额罚款，他们依然有数亿

---

① 埃里克·利希特布劳、大卫·约翰逊、罗恩·尼克松：《联邦调查局为金融诈骗案而奋战》，载《纽约时报》，2008年10月18日。网址：http://www. nytimes. com/2008/10/19/washington/19fbi. html。
② 理查德·施米特：《联邦调查局嗅到了贷款危机带来的危险》，载《洛杉矶时报》，2008年8月25日，第A1版。
③ 利希特布劳、约翰逊、尼克松：《联邦调查局为金融诈骗案而奋战》。
④ 威廉·布莱克（贝尔）：《贝尔·布莱克：无视的代价》，2011年。网址：http://www. nakedcapitalism. com/2011/11/bill-black-the-high-price-of-the-ignorance. html。
⑤ 证券交易委员会：《前CEO安吉罗·莫兹罗将支付证券交易委员会有史以来对上市公司高管最多的罚金》，2011年。网址：http://www. sec. gov/news/press/2010/2010-197. htm。

美元的剩余，而且罚款和他们能够兑现的资产相比，实在不值得一提。"结果，"这些罚款仅仅成为他们做生意的一项开支"，"真该回头看看我们在面对储蓄和信贷危机时的所作所为，是把这些家伙抓进监狱的时候了"①。

然而，并非所有导致金融危机的行为都是犯罪行为，斯蒂格利茨认为，"如果这些所作所为不是违反法律的行为，那么可想而知还有多少类似的行为实施者会逍遥法外"。② 法学专家们也注意到了即使在现行的法律制度下，有些本该调查的地方却被忽略了：管理者会根据不同的贷款产品公布风险程度；他们会与投资者进行交涉，并捆绑销售有问题的抵押贷款；他们对产生虚假利润的贷款价值过于乐观，这样他们就能从中获得分红；而当得知一些不好的内部消息时，他们就会立刻把股票兑现，就算是对董事会和监管者，他们也会知情不报。③

随着危机的进一步加剧，抵押贷款服务中的诈骗行为越来越嚣张，特别是银行与法院缔结的文件已显示银行有权取消无力支付贷款者的抵押品的赎回权。为了应付越来越多的抵押品赎回权取消行为，一些主要金融机构的抵押贷款服务商聘用了一批"签字机器人"，他们能快速签署与法院签订的文件，但不会检查信息是否准确。一位名叫托马斯·考克斯的退休律师兼银行家这样描述一个"签字机器人"的证词：

> 当史蒂文在证言中说他知道自己的证词时，其实他并不知道。当他说自己已经在审核贷款文件时，他实际上并没有这样做。当他说可以附上一份贷款或支票的"完整无误"的复印件时，实际上他根本不知道是不是需要这样做，因为他并没有看过里面的内容。当他陈述其他事实时，他也不知道是否属实。当公证人说史蒂文比他先到时，史蒂文也不清楚这是否属实。④

---

① 山姆·古斯汀：《约瑟夫·斯蒂格利茨访谈录》，2010年10月20日。网址：http://www.dailyfinace.com/2010/10/22/joseph-stiglitz-interview-transcript/。
② 古斯汀：《约瑟夫·斯蒂格利茨访谈录》。
③ 摩根森、斯托里：《金融危机，企业高管没有罪》。
④ 大卫·斯特莱特菲尔德：《全国止赎权终结于缅因州议院》，载《纽约时报》，2010年10月14日。网址：http://www.nytimes.com/2010/10/15/business/12maine.html?_r=1。

这种程序违规行为导致抵押品赎回权被不合理地取消了,其中包括对海外军事战斗人员的其他权利的侵犯。这里的关键在于对私人财产权的保护(如果银行不能证明自己的贷款,就不该拥有相应的权利)和对法治的保护(穷人和富人都绝不能在法庭上撒谎)。[1]

在金融危机的作用下的确产生了一部重要的法律,即《2010年多德—弗兰克华尔街改革和消费者保护法》(以下简称《多德—弗兰克法案》)。我们现在无法准确评估它的影响程度,一是因为时间不够长,二是因为它本身的结构需要近百次的研究,而且它还有成百上千的法规需要司法部门来起草。不过,参与起草该法案的成员之一——国会议员巴尼·弗兰克说:"因为说客的游说,已经砍掉了很多内容,这部议案基本上面临着夭折的危险。"[2] 游说主要针对两方面:一是制定有漏洞的新法规;二是减少执法部门的预算。国会已经将证券交易委员会申报的2012年的预算缩减到了2011年的预算水平,所以即使《多德—弗兰克法案》能赋予司法部门更多的职责也无济于事。较少的预算不会为纳税人节省多少钱,因为证券交易委员会的经费来自于它所监管的企业,若金融机构给政府缴纳的钱减少,那么监督力度也会减弱。[3] 里萨兹形象地称该法案"从最初设计上"就能够使证券交易委员会"有空可钻"。[4] 前证券交易委员会主席哈维·皮特也认为,"这样看来似乎这个委员会组建之初就不具任何约束力"。[5]

随着2008年金融危机的过去,再没有出现过针对企业高层管理者或者大

---

[1] 参见国会议员艾伦·格雷森给联邦调查局局长米勒的信。网址:http://www.ritholtz.com/blog/2010/10/grayson-to-fbi-prosecute-the frauds/。巴里·里萨兹:《止赎欺诈缘何威胁财产权?》。网址:http://ritholtz.com/blog/2010/10/why-foreclosure-fraud-is-so-dangerous-to-property-rights/。

[2] 加里·里夫林:《抢劫一个10亿美元的银行:看金融业如何买通华盛顿政府取消改革》,载《新闻周刊》,2011年7月11日。网址:http://www.thedailybeast.com/newsweek/2011/07/10/the-billion-dollar-bank-heist.html。

[3] 詹姆士·斯图尔特:《华尔街这条饥饿的守护犬有了骨头》,载《纽约时报》,2011年7月15日。网址:http://www.nytimes.com/2011/07/16/business/budget-cuts-to-sec-reduce-its-effectiveness.html?_r=3&ref=business。

[4] 巴里·里萨兹:《2010年,从设计上让证券交易委员会有空可钻?》,大图博客。网址:http://www.ritholtz.com/blog/2010/03/sec-defective-by-design/。

[5] 爱德华·怀亚特:《错账惹的祸》,载《纽约时报》,2011年2月2日。网址:http://www.nytimes.com/2011/02/03/business/03sec.html?_r=1&hpw。

金融机构的刑事诉讼案件。这表明以后的发展趋势是——尽管每次金融诈骗都会造成巨额损失和巨大的金融动荡——企业罪犯的量刑会越来越重,而诉讼会越来越少。斯蒂格利茨说:"当你在法庭上发表效忠誓词的时候,你希望所有人都能得到应有的惩罚。但人们并不能确定他们是否都能受到公正的保护。有人因为少量毒品而被关进监狱很长时间,而所谓的白领罪犯,几乎每个人都十恶不赦,却没有一个被关进监狱。"①

  总体来说,本章和前一章告诉我们,刑事司法体系对穷人带有很强的歧视色彩,主要表现在:首先,被确定为"犯罪"的有害行为和常规有害行为中存在着社会经济地位的歧视,关于这一点我们在第 2 章中就曾提到过。其次,本章内容说明犯罪行为中也存在着社会经济地位的歧视,对穷人罪犯的刑罚比富人罪犯的刑罚更加严厉。最后,在犯同一罪行的罪犯中也存在着社会经济地位的歧视,穷人罪犯缓刑期短,监禁的时间长,而富人罪犯则正好相反。这更加坚定了我们的结论:大多数关在监狱里面的囚犯都来自于社会底层。无论法律怎样修订和完善,富人终将越来越富有……

穷人进监狱

  1971 年 9 月 9 日早晨 9 点零 5 分,一群囚犯劫持 50 名人质奋力冲破监狱中心的大门企图越狱,造成 1 名警员死亡。阿提卡监狱暴动就这样开始了。持续 4 天之后,狱警和州警合力冲进监狱击毙了 29 名囚犯和 10 名人质,平息了这场暴动。② 在那 4 天时间里,全国人民在电视上都看到了囚犯的样子:年轻男子,黝黑的脸庞,他们大部分都是在哈勒姆(纽约黑人住宅区)的街道或者其他城市的黑人社区长大的。这代表了美国犯罪分子的典型形象。收看电视的大众看到他们的样子一点也不惊讶,因为他们本来就是危险分子,本来就该被关起来。所以当狱警和州警合力包围监狱击毙的囚犯和警卫的数量比这些暴动分子还多的时候,他们也不觉得愤慨;大众或许是被震惊了,但他们一点也不愤慨;当两大陪审团决定不起诉任何一名参与平息暴动的警察时,他们也不愤慨;平息暴动的策划者、前纽约州州长纳尔逊·洛克菲勒在

---

① 古斯汀:《约瑟夫·斯蒂格利茨访谈录》。
② 汤姆·威克:《死期到了》,纽约:四角出版社,1975 年,第 311、314 页。

该事件结束3年后成为美国的副总统,他们也不愤慨。①

这是因为他们在电视上看到的那些面孔恰好就是他们心目中存在的对美国社会构成致命威胁的面孔。既然是致命威胁,那就该用致命的方式来解决。这些人是怎么被关进阿提卡监狱的?美国人为什么认为他们是危险分子?这两个问题相互交织、互相联系。人们对危险分子的印象至少有一部分是从电视或报纸关于囚犯的报道中得到的,他们认为哪些人属于危险分子、哪些人该抓起来,那么这些人最后就都会被关进监狱。

从热爱和平、遵纪守法的人中选出危险的犯罪分子并不太容易,因为每个阶段都要"淘汰一些富人",这样到最后我们看到的才能像1971年9月9日发生的那一幕一样,直到现在亦是如此。这不是社会危险因素的真实反映,而是一种被扭曲了的表象,是哈哈镜里面的镜像。

我们并不认为阿提卡监狱里的囚犯都是清白的。在美国,监狱里关押的大部分囚犯都是因为他们实施了犯罪行为才被关押起来的。但是,我们在此想要强调的是,一些具有同样危险、实施了相同犯罪行为的人(有些比监狱里的囚犯更恐怖)却没有被关起来;我们的刑事司法体系并不一视同仁地惩罚那些危险分子和违法犯罪分子,它仅仅"惩罚、关押那些危险的以及实施了违法行为的穷人"。

这种现状在各州、市、县、镇等都无一例外地存在。1973年,联邦监狱和各州监狱中共有囚犯204 211人,这意味着我们的国家每万人(所有年龄段)中就有9.6名囚犯。到2010年年末,联邦监狱和各州监狱的囚犯总数达到了1 518 104人,这意味着我国每万人中就有48.9名囚犯。再加上各地拘留所的748 728名囚犯,全国总共有2 266 832名被关押的囚犯,全国每万人中竟然有73.1名囚犯。这说明到2010年年末,137名美国居民(无论男女老少)中就有1名是监狱里的囚犯。②然而,皮尤公众安全性能项目的研究结果表明,"这还是史上第一次,全国每100个成年人中就有不止一个人被关押在监狱或在拘留所里面",54个成年男子(18岁以上)中就有1个是囚犯。庞大的囚犯队伍主要来自社会底层,其中包括1/15的黑人成年(18岁以

---

① 汤姆·威克:《死期到了》,纽约:四角出版社,1975年,第310页。
② 《1987年资料书》,第486页;司法统计局:《2010年美国服刑人数》,2011年12月,NCJ236319,附录表2。

上）男性。①

1998年各州监狱关押的囚犯总数约为120万人，其中1/3的人在被捕前没有兼职工作，近一半的人在被捕前没有全职工作。② 2002年的记录显示：占所有囚犯29%的人在入狱前没有工作，15%的人正在四处求职，14%的人则连工作都不想找；其中45%的囚犯入狱前的年收入不到7 200美元③（由于司法部没有及时调查和更新数据，所以缺少阶层和刑事司法方面的信息）。为了查明监狱里面的囚犯都属于社会的哪个阶层，我们应该把这些数据与总体人口数据进行比较。由于占总囚犯人数90%的都是成年男子，因而我们可以调查囚犯总人数中成年男子的就业和收入情况。

2002年，16周岁（包括16周岁）以上具有劳动能力的男性中，5.9%的人没有工作或正在找工作。同年，占总囚犯人数19.6%的人在被捕前没有工作（或正在找工作）。显然，囚犯的失业率是社会总失业率的3倍还多。④ 2002年，所有囚犯中约有一半成年男子的年收入为29 238美元或更少⑤，而监狱中一半的囚犯入狱前的年收入只有12 000美元。由于这个数字涵盖了所有有收入的囚犯，而监狱中20%的囚犯在入狱前没有任何收入，因而我们可以认为监狱中70%的囚犯在入狱前的收入还不及美国成年男性平均收入的一半。⑥

监狱的囚犯不是美国十分典型的一个群体。他们比其他的美国人要穷困得多，得到聘用的机会也比其他美国人少，而且他们接受教育的程度普遍较低，这也说明他们没有改善这种悲惨境遇的途径。1999年，美国监狱中41%

---

① 美国皮尤中心：《2008年全美1%的人被关进了监狱》，2008年2月。网址：http://www.pewcenteronthestates.org/report_detail.aspx?id=35904。
② 司法统计局：《各州监狱囚犯调查》，1991年，第3页。
③ 司法统计局：《刑事罪犯统计》。网址：www.ojp.usdoj.gov/bjs/crimoff.htm。司法统计局：《2002年囚犯概况》，2004年7月，NCJ201932。网址：http://bjs.ojp.usdoj.gov/index.cfm?ty=pbdetail&iid=1118。
④ 《2003年美国统计摘要》，第386页，表589；司法统计局：《2002年囚犯概况》，第9页。
⑤ 美国人口普查局：《人口现状调查》，载《2003年社会和经济副刊》，表PINC-01。网址：http://pubdb3.census.gov/macro/032003/perinc/new01_010.htm。
⑥ 司法统计局：《2002年囚犯概况》，第9页。

的囚犯是中学学历，而美国成人人口中只有20%的人是中学学历。[1] 2002年，囚犯的这个比例达到了44%，而美国成人人口中的这一比例下降到了16%。[2]

多数时候刑事司法体系就像一张过滤网，它会逐渐把锒铛入狱的罪人和清白的人分隔开来并且将富人与穷人分开，所以最后进监狱的不仅仅是罪犯，而且还是有罪的穷人。

到此，我们在第2章中提出的假设已经得到了证明：刑事司法体系不仅仅是从危险的人中排除热爱和平的人，而且还从罪犯当中排除遵纪守法的人，从犯罪的界定到每个侦查过程——逮捕、起诉、定罪和量刑——和阶段都会排除富人。我们已经非常清楚，富人的一些危险行径及损人利己的做法让大众蒙受了巨额损失，失去了成千上万的生命，但刑事司法体系不会把富人的这些行为界定为"犯罪"或重罪；相反，它的眼睛会一直盯着社会底层的成员所实施的危害社会的行为。所以，监狱里关押的都是社会底层的穷人这一现象一点也不奇怪。没错，监狱里的囚犯确实对社会构成了威胁，但是他们不是社会中唯一的危险因素，也不是最危险的因素，比他们更危险的人却逍遥法外，且无后顾之忧地在人流中自如往来。

本书第1章阐述了我国没有制定能够减少犯罪的政策，第2章阐述的是刑事司法体系使得犯罪成为穷人的专利，穷人的危险行为被贴上了"犯罪"的标签，对富人的危险行为却置若罔闻。第3章的内容表明我国对穷人犯罪的追查和诉讼表现得异常积极，而消极对待富人的犯罪。以上种种现象综合起来是为了让所有的美国人都坚信，真正危险的犯罪行为是穷人实施的犯罪行为。刑事司法体系就像一面哈哈镜，它将隐藏在我们当中的真实的危险扭曲变形，最终呈现在人们眼前的是穷人所犯的罪行。那么，这种假象会给谁带来好处？具体过程是怎样的？这些问题我们将会在第4章中予以解答。

小 结

本章主要阐述了"对于刑事司法体系明确定义为犯罪的危险行为"，我们的刑事司法体系会努力让最终判刑入狱的囚犯都来自社会的底层。这个结果

---

[1] 司法统计局：《2002年囚犯概况》，第9页。
[2] 司法统计局：《各州监狱囚犯调查》，1991年，第2页；《2003年美国统计摘要》，第154页，表229。

主要通过以下两方面来实现：

第一，同一犯罪行为，司法部门的调查、逮捕、起诉、定罪、量刑、被判长期监禁的对象多为社会底层的成员，而不是中上阶层的成员。为了证明这一点，我们回顾了很长一段时期内社会各界所做的大量研究，比较了社会经济地位高的罪犯和社会经济地位较低的罪犯受到的惩罚情况，同时也比较了同一犯罪行为，从被逮捕到量刑，刑法对白人罪犯和非白人罪犯的处罚情况。

第二，对以穷人为主的犯罪（街头犯罪）和以富人为主的犯罪（白领犯罪），刑法对穷人罪犯的惩罚比对富人罪犯的惩罚要严厉得多。而事实上，富人实施的犯罪行为给公众造成的经济损失和死伤人数比穷人犯罪要多。我们通过比较街头犯罪和白领犯罪受到的刑罚证明了上述观点。其中详细分析了1991年鸡肉加工厂大火事件、储蓄和贷款银行的丑闻以及近年来安然公司和其他几家大公司的金融诈骗案件。

不过，我们要注意，这两种因素只对所谓的犯罪行为有影响，而我们在前述第 2 章中提到过的这种犯罪行为不包括富人实施的危害行为。总之，一个不足为奇的事实就是，监狱里的囚犯大部分都是穷人。

问题思考

问题一：监狱里的囚犯都是些什么人？他们和普通人在就业、财产和教育程度上有何差别？

问题二：什么是"白领犯罪"？与《联邦调查局犯罪索引》所列的犯罪行为相比，哪一个造成的经济损失更严重？

问题三：犯同样罪行的穷人和中层阶级，比如商店偷窃罪或者轻微伤害罪，哪些因素会增加穷人被捕的可能性？

问题四：犯了同一罪行的中上阶层人士为什么会比社会低层的人员被免罪的可能性大？

问题五：白领罪犯（包括有严重伤害行为的罪犯）受到的刑罚应该比抢劫犯的严重还是轻？我们对白领罪犯的处罚公正吗？

问题六：刑事司法体系中存在种族歧视吗？为什么？

问题七：假如杀害白人的罪犯比杀害黑人的罪犯判处死刑的可能性大，那么我们该如何应对？可以取缔死刑吗？你怎样看待高级法院对"麦克莱斯基诉坎普"案的判决？为什么？

问题八：你认为本章讨论的三宗大规模金融诈骗案背后的关键问题是什么？有何预防措施？

补充参考资料　同第1章。

第4章

被征服者属于战利品：
谁在打击罪犯的失败战争中获胜？

> *在任何情况下，执政党制定的法律都是为了其自身的利益；*
> *一个民主国家制定民主法律，独裁者制定专制法律，*
> *依此类推。无论他们自身的利益是什么，*
> *为了自己的臣民，他们将这些法律定义为"公正"的法律；*
> *同时，他们将破坏这些法律的人称为"不法分子"，*
> *并依照这些法律来惩罚他们。*
>
> ——特拉西马库斯，柏拉图《理想国》中的对话者

本章将探讨失败的刑事司法体系是如何运作的，尽管这一体系既不能保护整个社会免受犯罪行为的危害，也没有实现社会正义。该刑事司法体系实际上失败在以下三个方面：一它未能落实那些很有可能减少犯罪行为的政策；二它没有将富人和官员实施的危害行为按犯罪行为来对待；三它未能消除刑事司法体系对社会经济地位不同的罪犯的区别对待。出现这三种情况，是因为当前刑事司法体系的失败为美国富人带来了好处。这不是一个人为的阴谋，而是历史惯性（刑事司法体系的持久性可以追溯到前工业化时代）使然，这个体系一直以来都不认可富人实施的危害行为。富人可以实施危害社会的行为而不受惩罚，而整个国家的刑事司法重点仍然集中在控制街头犯罪和贫困群体实施的犯罪行为上。

本章的主要观点是：刑事司法体系有助于一种意识形态的形成，这种意识形态是一种普遍接受的信仰，它能够证明社会现实极其不平等的状况。刑事司法体系传达了这样一种信息，即穷人对社会构成了严重的威胁，他们实

施的犯罪行为是由其自身造成的，而不是社会不公平的结果。

为什么刑事司法体系是失败的？

  我们争论的观点主要集中在一个重要的问题上：为什么会发生这样的情况？本书前一章中已经论述了那些并非偶然的情形，即"监狱里面的罪犯大部分都是由我们国家中社会经济地位较低的成员组成的"。① 它表明，这些罪犯不是威胁社会的犯罪分子——这些被逮捕和被关押的犯罪分子是刑事司法体系从那些威胁社会的大量的犯罪分子当中有区别地选择出来的。这是一种在刑事司法体系的运作之下形成的扭曲现象。这些是大众所看到的，现在我们想要知道的是：为什么刑事司法体系允许这样的现实（既不能保护大众免受一些危险行为的侵害，也不能实现社会正义）存在？为什么刑事司法体系是失败的体系？

  要回答这些问题，就需要清楚谁在这个失败的体系中获益、谁受损。我们认为，美国的富人们和官员们（他们在目前的社会经济组织中处于优势地位）从失败的刑事司法体系中获得了极大的利益，关于这一点前述已论及。然而，正如本书前言中所提到的，我们不应该让读者认为我们对目前的刑事司法体系的解释仅仅是一个"阴谋论"。

  从失败的刑事司法体系中获得的利益来看，"阴谋论"认为，富人们和官员们是在有意识地使用他们手中的财富和权力来使刑事司法体系失败。该理论存在很多问题。首先，它几乎是不能被证明的。如果阴谋能够成功，那么这在某种程度上就是保密的，因此，要想获得实施阴谋的证据是非常困难的，就如同阴谋很难获得成功一样。其次，"阴谋论"的主张者们是在竭尽全力提高其信誉度，因为他们所要求的保密程度在我们的社会中几乎不可能对大众解密。如果在美国有一个"统治精英"小组，那么这个小组是由全国人口的几十万分之一的最富有的成员组成的，这个小组成员会达到3 000人左右。想想看，一个阴谋用它自己的方式导致了刑事司法体系的失败，并将这种情况在我们这样的人口众多的国家当中保密，这实在是令人难以置信。再次，"阴谋论"是不合理的，因为它不符合大多数人在大部分时间里实施的行为。虽

---

① 《挑战》，第44页。

然在政治领域中不缺乏一些有意识的谎言并且其能操纵政治，但是大多数人在大部分时间里似乎都真诚地相信他们所做的事是正确的。这是否是因为人类的创造能力能够使他们所做的事情合理化，或者仅仅是由于短视的原因？考虑到所有这些原因，那种认为"富人们和官员们故意实施一些致命的和有害的行为进而导致刑事司法体系的失败"的观点是不合理的。相反，我们需要一个能够与相信政策制定者观点相容的解释，就整体而言，我们真诚地相信他们所做的事情是正确的。

我们需要明白的是"得不偿失的胜利"的理论是如何解释当前失败的刑事司法政策的。同时还需注意的是，这种失败其实是另三种失败的组合。首先，它未能落实那些很有可能减少犯罪和暴力伤害的刑事政策（第1章的观点）。其次，它未能将富人们和官员们实施的危害社会的行为按犯罪行为来对待（这是第2章中提出的第一个假设，并且得到了证实）。再次，它未能消除刑事司法体系对社会经济地位不同罪犯的区别对待，所以从一开始，穷人由于实施犯罪行为而被逮捕、被起诉、被定罪、被处罚的概率就比富人要大得多（这是本书第2章中提出的第二至第四个假设，并且在第3章中得到了证实）。第一种失败造成的后果在于社会中仍然存在大量的犯罪行为，即使社会总犯罪率大幅下降，也是由于刑事司法体系以外的因素造成的，如减少某些药物的使用和降低环境中铅的含量等。第二种失败造成的后果在于只要穷人实施了危害行为就会按犯罪行为来对待，而对富人却未必。第三种失败造成的后果是被逮捕和被定罪的人大部分都是穷人。这三种失败组合在一起的总体后果是：一方面，富人实施的危害行为给社会造成了严重的危害，而大众却并没有受到保护；另一方面，真正危害社会的犯罪分子逍遥法外，但在法院和监狱里却有大量的贫困犯罪分子。为了避免出现所谓的公众并没有感受到犯罪威胁的观点，我们可以参照一下民意调查数据：尽管从1990年代初到2011年年初期间，犯罪率有所降低，但是68%的美国人认为每年的犯罪状况都比前一年更为糟糕。大部分民众从来没有当年的犯罪率比前一年有所降低的看法。[1] 总之，当前刑事司法政策的效果是使关于穷人实施什么行为都是危

---

[1] 莉迪亚·萨阿德：《大多数美国人相信美国的犯罪状况日趋严重》，载《盖洛普》，2011年10月13日。网址：http://www.gallup.com/poll/150464/americans-believe-crime-worsening.aspx。

险行为的观点变得越来越被大众接受的时候，就对这种危险给出了一个令人信服的理由。

"得不偿失的胜利"的理论的目的是为了解释这种失败的刑事司法政策为什么会持续存在，而不是为了解释这种政策的缘起。这种持续性并不是在刑事司法政策和措施建立之初就存在的。在大规模的工业化社会之前，对单个人之间的相互伤害进行重点关注，意味着人们之间的相互伤害是当时社会的犯罪主流；另外，拒不执行那些有可能减少犯罪的政策（比如控枪法案、海洛因合法化或改善贫困等）反映了对犯罪进行捍卫和惩罚都是自然的，也是可以理解的，原因在于没有高尚的远见；刑事司法体系中存在的对社会经济地位不同的罪犯的区别对待，反映了政治和经济地位不平等是客观存在的，这也是我们社会所特有的现象。但令人费解的不是这些政策带来的后果，而是为什么它们在面对失败时仍然能够坚持。我们将这种"持久性"解释为"历史惯性"。

关于"历史惯性"的解释认为，目前的刑事司法政策仍然存在是因为它具有一种固有的方式，这种方式并不会反映社会变化了的有效需求，其原因主要有两个：首先，这种失败的刑事司法体系为那些位高权重者带来了利益，而对于那些社会底层成员来说却增加了成本支出。其次，因为刑事司法体系为公众定义了危险的概念——它所打击的危害社会的行为就是社会的真正威胁。因此，即使人们认为该体系并没有获得巨大的成功，但它还是重复着同样的情形——拥有更多的警察、更多的监狱以及推行更长的刑期等。

让我们来讨论一下目前的刑事司法体系为那些社会上层的有钱有势的人所带来的好处。我们认为刑事司法体系的三种失败导致将公众的注意力从那些富人实施的非刑事危害行为上转移开来，而实际这些非刑事危害行为才是我们在家里和街上所面临的真正的、实质性的威胁，与此同时，在法院里面将要被判刑的罪犯和监狱里面的囚犯大部分都是穷人，表面上这向美国人民传达了一个生动的画面，即给大众的生命和肢体造成严重威胁的主要是穷人罪犯。这种观点带有一种意识形态的信息，其目的是为了保护富人的财富和特权。

·美国中产阶级的守法公民面临的威胁主要来自于经济地位比他们低的

穷人，而不是来自于经济地位比他们高的富人。
- 穷人在道德上是有缺陷的，他们的贫穷是由他们自己造成的，而不是社会或经济不公造成的。

这种信息产生的效果是强化了美国人民对穷人的恐惧或敌视的心态。这也导致美国人民忽略了那些富人给他们造成的伤害和损失（第2章中已经论述），并使他们产生一种想法，即应该用更为严厉的惩罚措施来对付社会底层的穷人。更为重要的是，它将美国人民推向一种更为保守的防御社会（其中的财富、权力和机会都存在着巨大的差距），并使他们严重偏离了追求平等的道路，同时也导致我们的社会不能公平合理地分配财富和权力。

另一方面，也是同等重要的，即由于未能减少街头犯罪的大量发生而导致主要的受害者大部分都是穷人。最容易受到失败的刑事司法体系伤害的人都是没有力量去改变受到侵害现状的人。年收入不超过7 500美元的家庭受到暴力犯罪侵害的可能性是那些年收入达到或超过7.5万美元家庭的4倍。事实上，如下表4.1所示，在所有类型犯罪所致的被害率当中，穷人的被害率是最高的，而如果穷人经济状况有所好转，被害率就会急剧下降。

表4.1　家庭收入对犯罪被害率的影响（‰）

家庭年收入 被害类型	少于7 500美元	7 500~14 999 美元	25 000~34 999 美元	75 000 美元或更多
暴力犯罪	43.5	40.4	25.4	12.6
抢劫犯罪	1.8*	1.7*	0.6*	0.3*
强奸/性侵犯	4.4*	2.1*	0.6*	0.5*
严重袭击	9.3	8.6	3.4	1.9
入室盗窃	44.4	47.2	27.1	16.7
偷窃	120.4	117.3	99.4	97.5

注：*是指该数据基于10个或更少的案例。
资料来源：司法统计局：《2010年美国的刑事被害统计表》，2011年9月，NCJ235508，表10（盗窃与偷窃）；司法统计局，《2008年美国的刑事被害统计表》，2010年3月，NCJ227669，表14。

富人和穷人之间由于财产犯罪所导致的被害率的差异被人们低估了，这种差异造成的影响非常巨大。穷人不可能比富人拥有更强的防盗能力，因为穷人几乎没有防盗的经济基础，他们缺乏一定的能力来满足其防盗的基本需要。如第 2 章所述，各种非刑事危害行为（比如职业危害、污染、贫困等）也给企业工人和社会底层的穷人造成了极为严重的危害，而这些非刑事危害行为却对社会上层的富人的影响微乎其微。

总之，由于未能减少街头犯罪（以及未能将非刑事危害行为按犯罪行为来对待）而遭受重大损失和痛苦的人都没有能力改变刑事司法政策，而那些有能力改变刑事司法政策的人并没有因为该政策的失败而遭受重大损失，反而获得了实际的利益。需要注意的是，我们并没有说刑事司法政策建立的目的是为了实现这样的利益格局，相反，随着时间的推移，刑事司法政策已经被认为到了头痛医头、脚痛医脚的地步。在这种情况下必然就会产生这样的利益格局。这种利益格局符合权势阶层的利益，所以他们也就并没有意愿去改变这样的刑事司法政策。另外，由于刑事司法体系为人们定义了关于什么是危险行为的概念，这种概念制约了公众推动现行政策进行增量变化的调整和完善。因此，这样的政策虽然失败了，但仍然存在。

在作进一步的论述之前，值得一提的是，私人监狱和较大的"刑事司法范围内"的一些机构从刑事司法体系当中也获得了利益。它们是一些既得利益团体，它们的成员也积极进行游说，其目的是为了反对那些有可能减少他们收益的改革措施。私人监狱是投资数十亿美元的营利性企业，由私人公司签约去建造或管理政府的监狱。"强硬"的政策措施（比如强制性的最低刑期和"三振出局法"）导致美国的监狱人数在过去的 40 年时间里快速增加。这种增加将压力放在政府的财政预算上——因为受金融危机的影响，即使立法会的议员们努力去减少监狱里面的囚犯数量以控制政府的财政支出，但这样的压力也依然存在。这样一来，就使得各州的监狱对私人公司产生了依赖，并将监狱的设施出租给私人承包商；而这些承包商声称能够将监狱的运行成本在原来的基础上降低 10%～20%，虽然国家司法研究所进行的调查认为只降低了 1% 左右。[1] 在私人公司的管理和控制之下，监狱里面的囚犯数量急剧

---

[1] "例如，据研究发现，私营化的平均收益只有 1%，而不是预计的 20%，其中大部分是通过较低的劳动力成本获得的。然而，有迹象表明，单纯的私有化前景对于监狱管理产生了积极的影响，使其更加适应改革。"詹姆斯·奥斯汀、加里·考文垂：《由詹姆斯·奥斯汀和加里·考文垂提出的关于私人监狱新出现的问题》，美国司法部司法项目办公室，司法援助局，2001 年 2 月，NCJ181249，第 3 页。

增加。从 1985 年到 1995 年的 10 年时间里，私人公司管理的监狱里面的床位数量从 935 张增加到 63 595 张，增加了将近 70 倍。从那时以后，增加的速度才开始放缓。不过尽管如此，在 2010 年，私人监狱里面的囚犯数量还是达到了 128 105 人，同时，私人监狱承包商将他们的业务扩大到了罪犯矫正的各个方面。①

华尔街也注意到了这样的商机，并且支持这一趋势。许多股票分析师强烈建议他们的客户对这一领域的大型公司进行投资，如美国矫正公司（CCA）和瓦肯禾矫正公司（现为 GEO 集团）。为此，《华尔街日报》刊登了一篇文章，题为《瓦肯禾公司的股票暴涨，监狱成为一个热门行业》。《福布斯》也刊登了一篇关于私人监狱的文章，题为《一个迅速崛起的行业》。② 波莱特·托马斯在《华尔街日报》上发表了一篇题为《对犯罪收费》的文章，他认为：

> 坚韧不拔的刑事司法工作已成为商业投资的主要对象，它在金融界成为家喻户晓的名称。高盛公司、美国宝诚保险有限公司、美邦希尔森公司和美林公司都是那些参与竞争来承销与私人监狱建设有关的免税债券的公司，而且这些公司的业务并没有要求选民来批准。③

托马斯女士将这样的发展状态比喻为老式的"军工复合体"。艾森豪威尔总统曾在他的告别演说中也对这种状态提出了警告，他所关注的焦点是一个庞大而永久存在的国防工业将会推动政策的发展。④ 刑事司法体系的发展，再加上华尔街投资银行的参与，创建了一个具有共同利益的团体。这个团体为了其自身的利益对相关政策进行了扭曲。美国立法交流委员会是一个游说各州议员和接受来自美国矫正公司捐款的组织。该组织自豪地宣称，犯罪工作

---

① 司法统计局：《2010 年监狱人口》，2011 年 12 月，NCJ236096，附表 19。
② 凯伦·狄伯特：《瓦肯禾公司的股票暴涨，监狱成为一个热门行业》，载《华尔街日报》，1996 年 4 月 10 日，第 F2 版；迈克尔·舒曼：《一个迅速崛起的行业》，载《福布斯杂志》，1995 年 1 月 16 日，第 81 页。
③ 波莱特·托马斯：《对犯罪收费》，载《华尔街日报》，1994 年 5 月 12 日，第 A1 版。
④ 保罗·雷顿、唐娜·塞尔曼：《私人监狱、刑事司法工业园区与注定有利可图的惩罚机构》，见沃尔特·迪基塞迪、莫利·德拉吉维茨的《批判犯罪学的劳特利奇手册》，纽约：劳特利奇出版社，2012 年，第 270 页。

组的议员们一直积极倡导在美国推行更多的监狱。① 国家政治经济研究院在对与政治相关的资金进行研究后指出："私人监狱在2000年给南方14个州的候选人在竞选过程中捐赠的资金就超过110万美元。"②

在《销售惩罚》一书当中，唐娜·塞尔曼和保罗·雷顿批评了目前的监禁现状，并指出"监禁狂欢"孕育出了私人监狱，进而导致了刑事司法体系的不公——私人监狱的目的是为了获取经济利益，而不是为了公众的利益——这种不公平的政策一直在延续，因为这些监狱能够从中获利。③ 让我们来分析一下两家最大的私人监狱公司在证券交易所的交易行为以及在美国证券交易委员会文件中提到的有关这些公司业务所具有的"风险因素"。GEO集团（CEO Group）最近发布的年度报告指出："如果改变现有的刑事或移民的法律政策，同时也改变我们管辖范围内的犯罪率、刑事或移民的宽松执法现状、定罪和判刑……毒品合法化的现状，那么，我们的矫正和拘留设施以及服务条件都可能会受到负面的影响。"④

美国矫正公司的年度报告中也包含了类似的信息，同时还增加了一些可能会限制监狱里面的囚犯增加的因素："立法……可以缩短一些非暴力犯罪的最低刑期，也可以使更多的囚犯基于良好的行为而被提前释放。"⑤ 总之，一个拥有数十亿美元的产业通过维持现有的严厉政策来获取巨大的经济利益。除了私人监狱以外，监狱产业园区内还包括其他一些公司，这些公司每年对囚犯投入的矫正费用就达到800亿美元，"这不是作为美国纳税人的负担而存在的，而是作为一个利润丰厚的市场而存在的"。⑥ 还有一个更大的刑事司法

---

① 约翰·比文：《矫正公司：企业倡导的犯罪法律》，美国公共媒体公司（无日期）。网址：http://americanradioworks.publicradio.org!features/corrections/lawsl.html。
② 国家政治经济研究院：《监狱公司给南方各州的竞选提供110万美元》，2002年。网址：http://www.jollowthemoney.org/press/ReportView.phtml?r=90。
③ 唐娜·塞尔曼、保罗·雷顿：《销售惩罚》，兰哈姆：罗曼和利特菲尔德出版社，2010年，第21页。
④ 雷顿，塞尔曼：《私人监狱——刑事司法工业园区与注定有利可图的惩罚机构》，第270页。
⑤ 同④。
⑥ 司法统计局：《司法支出与就业摘录，2009年原始数据》，2012年5月，NCJ237913，表1。埃里克·施洛瑟：《监狱工业园区》，载《大西洋月刊》，1998年12月，第54页。

产业园区，它包括为监狱产业园区的警察和私人保安提供商品和服务的企业。

到目前为止，我们已经指出了富人为何越来越富而穷人进监狱的原因。关于刑事司法产业的私有化运动以及对此的分析也指出了富人越来越富是因为大量的穷人进入了监狱。本章的剩余部分我们将把论述的重点从大型企业的直接影响转到意识形态的研究上面。意识形态是指通过掩盖社会不公来扭曲社会现实，从而能够确保普通大众对现有社会秩序不加批判地进行效忠。穷人的数量比富人的数量要多得多，所以富人想要让穷人知道他们并没有被剥削或受到不公平的对待，以及现有的财富分配方式是最好的方式。刑事司法体系在推动这种信念的建立和巩固方面发挥了巨大的作用。

下述我们首先将详细论述意识形态的主要内容以及它是如何通过失败的刑事司法体系进行传播的，然后再讨论意识形态的本质和它在美国的重要性。对于那些怀疑法律体系在这种可疑的方式上发挥作用的人来说，我们也可以提供证据来证明刑事司法体系在过去是如何被用来保护那些有钱有势的上层社会的成员的，以及如何对那些挑战权贵阶层特权或政策的人进行打压的。关于这一部分，我们将通过进一步论述失败的刑事司法体系是如何通过产生意识形态给富人阶层带来好处的，这样社会使得关于该系统的历史惯性解释更加充分和具体。

最后，对本章中提出的论点进行检验的标准，在于它是否提供了一个合理的解释失败的刑事司法体系的观点，以及它是否将前面几章中提出的有关刑事司法政策和措施的论点汇集成一个连贯的理论体系。

罪犯的贫穷和贫穷的犯罪

刑事司法体系对于美国社会来说是一个非常重要的组成部分。不管是事实还是虚构，无数的犯罪画面和打击犯罪的画面每时每刻都在冲击着大众的感官。在每一份报纸、每一档电视节目和广播节目中，至少有一个或更多的刑事司法方面的故事，就好像我们都生活在一个陷入困境的城市中，四周都被犯罪势力所包围，而我们在勇敢地捍卫法律。而当我们处理日常工作时，我们始终意识到肆虐的危险离我们不是很远。报纸每天都给我们带来最新的消息，新闻广播每时每刻都在播放最新的动态。在这些报道当中，捍卫法律者与破坏法律者之间的斗争被形象地描绘了出来，甚至还有虚构的成分，我们被这种斗争的风险和残酷所深深吸引。电视节目里几乎没有一个小时不在播放那些戏剧化的控制和预防暴力犯罪斗争的画面（"根据一些研究人员的估计，美国的普通孩子到了小学毕业的时候，已经在电视节目上目睹了超过八千多起谋杀案件。"根据美国儿科学会的估计，等这些孩子满 18 周岁时，他们在电视上目睹的暴力犯罪行为将会达到 20 万起。尽管其中的一些犯罪行为是虚构的，但这些数字仍然表明，电视里描绘的犯罪行为以及打击这些犯罪的画面给美国人的想象力造成的影响是令人震惊的，尤其是儿童，据统计，"他们每周看电视的时间超过 28 个小时"）。① 据估计，在 19 世纪 80 年代中期，"侦探、警察和其他与犯罪相关的电视节目占到了美国黄金时间电视节目的 80% 左右"。② 快速浏览一下报纸上的电视节目清单（如果有的话）就可以看出，这样的电视节目仅仅是最近几年才增加的，甚至某些有线频道还主要致力于播出犯罪与司法类的节目。如果我们将新闻报道、专题讨论、电影、小说、视频游戏、漫画书和带有漫画效果的电视卡通节目也包括进来，甚至将有关犯罪的政治演说也包括进来，那么无论是事实还是虚构，或者两者兼而有之，有关刑事司法的画面就都会生动地存在于大多数美国人的脑海中。

这绝不是偶然。每个人都可能会在个人情感方面涉及刑事司法的内容。每个人都有一些对犯罪的恐惧，正如我们在第 3 章中所论述的，几乎每个人都有一些犯罪行为。当正义得到伸张和暴徒受到应有的惩罚时，每个人都会由衷地感到高兴。而在电视节目中或在小说当中，涉及刑事司法的节目大多带有戏剧性的色彩。要识别那些与罪犯斗争的画面就是替代性地增加一个人的经验，包括危险、悬念、胜利和意义。总之，这样的戏剧往往在平凡的生活中无处可觅。我们还能如何解释看似深不见底的美国人的欲望？只要稍微改变一下形式，我们就会发现这种欲望在无休止地重复着相同的主题：运用法律来打击罪犯。刑事司法体系已经牢牢控制了美国人的想象力，因此，从

---

① 美国儿科学会、美国医学学会、美国儿童和青少年精神病学研究院以及美国心理学学会，可参见：www. aap. org/advocacy/releases/jstmtevc. htm。
② 格雷姆·纽曼：《流行文化与刑事司法：初步分析》，载《刑事司法杂志》，第 18 期，1990 年，第 261 页。

另一个角度来看，它给美国人传达了一个带有戏剧性信念色彩的信息。

现在让我们来详细讨论一下这种信息，主要从两个方面展开。这里有一种意识形态，它通过其本质的内容来支持构建任何形式的刑事司法体系；即使刑事司法体系没有失败，即使它不歧视穷人，但通过其本质，这种意识形态仍然会传达一个支持构建刑事司法体系的信息。这就是刑事司法体系中蕴含的意识形态。除此之外，失败的刑事司法体系以及对穷人的歧视传达了另外一种意识形态，即对歧视的额外奖赏。

（一）刑事司法体系中蕴含的意识形态

任何像我们这样的刑事司法体系都传达了一种微妙而强有力的信息，即它支持我们构建一个相应的制度。刑事司法体系传达这样的信息是缘于两个相互关联的因素。首先，它聚焦于个别违法者。这意味着刑事司法体系将大众的注意力从刑事司法制度上转移开来，以及从制度本身是否公正和一些人的犯罪行为是否属于实质上的"犯罪行为"上转移开来。

其次，刑法为所有人在社会生活中提供了最低限度的准则。我们知道，任何一个社会都存在打击盗窃和暴力犯罪的法律规则，因而刑法似乎保持了政治中立：它是任何社会的最低要求，也是任何个人及其周围的人维持正常社会生活秩序的最基本的义务。因为刑法保护的是正在运行的社会经济制度（通过刑法来保护社会经济秩序，禁止盗窃等犯罪行为的发生）。同时，对于任何社会来说，刑法对社会经济制度的侵害就相当于违反了社会的最基本的准则，换句话说，刑法对社会经济制度的维护就相当于维护任何正常社会的最基本的准则，它将侵犯社会制度的人标记为向社会宣战的犯罪分子。因此，这些人必须用战争的武器来应对。让我们更进一步地来看看这个过程。

专注于个人的罪行会产生什么影响？它不仅可把大众的注意力从社会制度的罪恶上转移开来，而且将刑法涉及的部分社会问题看作是刑事司法的整个目标或对象。专注于个人的罪行就是询问公民个人是否履行了他对其同胞的义务，而不是其同胞是否同样履行了对他的义务；仅仅关注个人责任就容易忽略社会责任。黛布拉·西格尔描述了关于她为一个黄金时段的"真实犯罪"的电视节目（根据警方公布的录像带）担任"故事分析师"的情节。她指出，人们的注意力主要关注个人的犯罪行为，而不是关注对社会环境的犯罪，同时也指出了每天成千上万个家庭的电视是如何再现这些的：

> 当我们的 900 万观众打开他们电视的时候，那些持续五六十个小时的世俗的、妥协的电视节目，已经成为单集简短的、动感十足的、诱人的、充满毒品交易的、吸毒者破坏警察文化的节目。我们非常容易淡化犯罪嫌疑人的痛苦，同时我们也非常巧妙地忽略了对刑事司法体系（该体系首先导致了犯罪）产生怀疑的复杂心情。①

黛布拉·西格尔的描述说明，那些播放真实事件的电视节目是如何通过选择和重组真实事件的片段来扭曲社会现实的。

一项对 69 个法律与犯罪类的电视剧的研究发现，虚构的杀人画面仅仅专注于个人的犯罪动机，而忽略了社会条件，即"有关犯罪的电视剧描述的这些事件都被当作主人公的生活当中特定的心理情节，而且很少（即使有也不多）将这些事件与基本的社会制度和社会性质联系在一起"。②

专注于个人的犯罪行为就会忽视社会当中存在的不公，也会忽略关于社会制度中是否会剥夺和侵犯个人利益的问题。犯罪学家詹姆斯·昂内维尔和肖恩·加比顿在他们非常重要的著作《非洲裔美国人犯罪的理论》当中指出，与黑人犯罪行为联系在一起的是"历史悠久的公众耻辱和仪式屈辱"，包括刑事司法体系导致的不公，而这一切都是因为种族主义。③ 其结果是，非洲裔美国人更有可能倾向于对法律加以漠视，也会进一步削弱他们与传统制度的联系；只专注个人责任就会掩盖种族主义对非洲裔美国人实施的犯罪行为所作出的"贡献"。

正义是一个双向的通道，而刑法是一个单向的通道。个人没有对他的同胞履行义务是因为他的同胞同样没有对他履行义务。刑法关注的是个人的义务，而没有关注社会的义务。因此，通过关注个人行为犯罪责任，刑事司法

---

① 黛布拉·西格尔：《故事来自于剪辑工作室：基于现实的现实电视》，载《哈珀杂志》，1993 年 11 月，第 52 页。"吸毒者破坏警察文化"指的是搜查、逮捕和抓捕吸毒者。"吸毒者"是一个贬义词，它指的是滥用毒品者，更确切地是指滥用海洛因者。强调深度上瘾以及在这种状态下的人所实施的危害行为是不太正式的英语。
② 大卫·费比尼克：《电视剧与凶杀案的因果关系》，载《刑事司法杂志》，1997 年，第 3 期，第 25 卷，第 201 页。
③ 詹姆斯·昂内维尔、肖恩·加比顿：《非洲裔美国人犯罪的理论》，纽约：劳特利奇出版社，2011 年，第 168 页。

体系实际上推卸了它维护现有社会秩序并保持社会公正的责任。

这个极其重要的意识形态的源于这样一个事实，即同样的一个行为是否犯罪行为、定罪是否公正，完全取决于在何种条件下发生：杀害一个人通常按犯罪来对待，但如果是为了自卫或阻止致命的侵害，这种行为就不是犯罪；采用武力来获取财物是一种犯罪，但如果采用武力来重新获得已经被盗的财物，这种行为就不按犯罪来对待。暴力行为通常是犯罪，但如果这种暴力行为是在暴力胁迫之下发生的，那么正如波士顿茶党（the Boston Tea Party）①一样，这种行为通常被称为犯罪（甚至是恐怖）是为了庆祝另一种局面的开始。这意味着，当刑法把某一种行为定为犯罪时，也意味着是对这种行为发生的条件做了一个隐性的判断。从某种行为发生的情况来看，它本身可能不是犯罪行为或致命行为或受胁迫的行为，或者这种行为是如此地不公正，以至于行为人做出了极端的、合理的、公正的、非刑事行为的反应，这意味着当刑法只关注个人行为的责任时，它含蓄地传达了一种"犯罪发生时的社会条件对犯罪的发生和后果不负责任"的信息，即它是公正的，而个人做出的暴力反应却是不可饶恕的。

法官通常会认为，如果暴力犯罪是由一些"合理的人"对暴力威胁的回应引起的，那么，这样的暴力行为承担的法律责任就会减轻；如果实施暴力行为是为了回应一种难以忍受的条件，在这种条件下任何"合理的人"都有可能以同样的方式回应，那么，这样的暴力行为承担的法律责任就会被免除。在这种情况下，法律免除了那种为了自卫而杀害或伤害他人的行为所要承担的责任，同时，法律对于那些为了应对极端挑衅行为而实施犯罪行为的人予以从宽处理。法律有时候也会善待一些特殊的人，这些人指的是杀死自己妻子情人的男人以及杀害自己残暴丈夫的女人，即使他们实施的行为不属于自卫行为。同样的逻辑，当刑法判定某一个人完全对他所实施的犯罪行为负有责任时，我们说该犯罪行为是这样一个"合理的人"在可以忍受的条件下发生的。换句话说，通过关注个人罪行的法律责任，刑事司法体系传达了这样

---

① 1773年12月16日，一群殖民者激烈反抗英国殖民警察，他们登上了英国船只，损毁了东印度公司价值约100万美元的茶叶，他们把这些茶叶扔到马萨诸塞州波士顿港口。该事件是美国早期小规模的独立斗争，主要是反对英国人征收的茶叶税，树立了他们自己的信念，即只能由他们自己选出的代表来征收茶叶税。

一种信息，即社会制度本身是合理的，同时也不是令人难以忍受的或不公正的（由于机会不均等、种族主义或其他形式的歧视，因而普遍的贫穷在富裕的社会当中存在是可以容忍的）。因此，刑事司法体系主要是对个人道义上的谴责，并将人们的注意力从社会制度上面转移开来，而实际上我们的社会制度最有可能侵犯一个人的权利和摧毁一个人的尊严，或将一个人推到犯罪的边缘。这也传达出了一种信息，即我们的社会制度是正义的，而这种正义是显而易见的，也是不容置疑的。

刑事司法体系传达隐性意识形态的另一种方式主要来自于这样一种假设，即刑法是任何体面的社会生活在政治上中立的最基本的要求。正如前述已经表明的，这种假设将我们的社会制度看成是正义的化身，也将所有违反社会制度的行为看成是违反社会正义的表现。这一目的从表面上看是如此明显而又显得自然，以至于它不太容易被人们察觉到。例如，法律禁止盗窃行为，表面上看这似乎是社会生活的最基本要求。只要是稀缺性的物质，任何社会——社会主义或资本主义——都需要用法律规则来阻止个人获取不属于他自己的物质。然而，法律禁止盗窃行为更多的含义在于：法律禁止盗窃暂时属于他人的东西。这样的法律具有的效果是使目前的财富分配状态作为刑法的一部分来进行保护。

因为盗窃是违反法律的行为，因而这就意味着目前的财富分配状态就成了隐性的司法标准，这种标准用来衡量何种犯罪行为应该受到谴责。因为刑法被认为是任何社会生活都必须遵循的最基本的法律准则，因而目前的财富分配状态被视为是任何社会生活最基本的财富分配状态，那些想要改变目前财富分配状态的人就成为向一切社会组织宣战的人，这种"战争"是否是由社会的不公和野蛮导致的就被人们所忽略。这也表明了刑事司法体系传达的意识形态的另一个目的是为了支持目前的社会制度。

通过前述我们已经知道，刑事司法体系主要是针对个人实施的犯罪行为进行谴责，而忽略对社会不公正的指控。更深的含义是：通过谴责个人实施的犯罪行为，而忽略了对社会与该犯罪行为具有共犯关系的指控。这一观点值得进一步研究，因为许多观察家认为，一个充满竞争的现代社会具有一些结构性的缺陷，而往往是这些缺陷容易导致犯罪行为的发生。因此，对个人实施的犯罪行为进行谴责能够发挥一定的作用，并且这种作用可以让社会当中的其他成员摆脱困境，因为这些成员充当着维持这种容易产生犯罪的社会制度秩序的角色并从这一制度当中受益。让我们换一个角度来仔细看待这个问题。

克劳沃德和奥林在他们合著的著作《犯罪与机会》[①] 一书中指出，由于犯罪分子想要达到的社会目标与实现这些目标具有的合法机会之间存在一定的差距，因此这会让犯罪分子感到有压力和不安并铤而走险，并最终导致犯罪行为的发生。同样的观点来自于"紧张理论"，包括梅斯纳和罗森菲尔德合著的《犯罪与美国梦》[②] 一书当中的观点。简单来说，我们社会当中的每一个人都希望能够获得成功——通常是指实现获取财富的目标，但通向成功的合法途径仅对社会上的一小部分人开放。自由民主企业的传统观念认为，只要具有天赋和野心，任何人都能够获得成功。因此，如果一个人没有取得成功，那么是因为这个人有一些缺点，比如懒惰、能力差或两者兼而有之。另一方面，取得成功的机会并不是平等地对所有人开放的。对于大部分穷人来说，能够进入最好的学校或获得最好的工作是非常困难的，只有那些经济上获得成功的人才能有这样的机会，其结果是努力的人多、成功的人少。对于那些已经接受"成功是重要的以及取得成功的关键在于个人能力"的信念的人来说，当发现通往成功的道路不对他们开放时，他们就必须面对挫折和失败的打击。克劳沃德和奥林认为，应对这些压力的方法之一就是寻找成功的另一条途径，而犯罪恰恰是这样一条途径。

对于相信"美国梦"的人来说，当他们在追求这种梦的过程中发现传统的途径已经不通时，犯罪就是实现这种梦的另一种手段。事实上，我们可以清楚地看到，大多数罪犯所想要实现的目标都带有美国式的梦想烙印。美国影迷们喜欢警匪片［如《艾尔·卡彭》（*Al Capone*）、《雌雄大盗》（*Bonnie and Clyde*）及《虎豹小霸王》[③]（*Butch Cassidy and the Sundance Kid*）等，这些电影的主人公都是犯罪英雄，而警察和侦探英雄都是法律的捍卫者］的一个原因是，即使他们对电影里面的犯罪英雄的行为感到惋惜，但也认同他们

---

① 理查德·克劳沃德、劳埃德·奥林：《犯罪与机会：团伙犯罪理论》，纽约：自由出版社，1960 年，第 77~107 页。

② 史蒂文·梅斯纳、理查德·罗森菲尔德：《犯罪与美国梦》（第 3 版），加利福尼亚州贝尔蒙特：沃兹沃斯出版社，2000 年。

③ 上述所有电影的主人公都是从 19 世纪末到 20 世纪初在美国犯下重罪的黑手党或牛仔歹徒。保罗·库斯特拉：《罪犯英雄》，鲍灵格林：鲍灵格林州立大学出版社，1989 年。

成功的信念，因为这种信念正是他们所具有的，而且他们佩服这种实现成功的勇气和胆识。需要特别注意的是，成功的目标与合法的机会之间的差异在美国并没有脱离正常的社会轨道。这种差异是现代工业化社会当中存在的一种结构性特征，这种特征是由许多利益组成的。克劳沃德和奥林在书中写道：

> 工业化社会的一个关键问题是找出并培养每一代当中最有才华的人，不考虑他们出生时的地位，让他们充当高级蓝领的角色。因为我们不能提前预知谁最能满足各种职业角色的需求，所以只能通过竞争来解决这个问题。但如何才能使社会当中的所有人积极参与这样的竞争？
>
> 在工业化社会中解决这一问题的方法之一是将成功的目标限定为所有人都可能达到的目标，不分种族、信仰和社会经济地位。[1]

由于这些普遍的目标倾向于通过鼓励竞争来选择最优的成功者，所以成功的途径只对少数人开放。另外，因为那些取得成功的人占据了比较好的社会经济地位，因而他们可以利用这种地位让自己的孩子更容易走向成功，所以竞争对于中上阶层的人来说更为有利。因此，许多社会底层的人成为社会的牺牲品，这主要是"适合他们自己的目标与追求这些目标所使用的社会手段"之间的矛盾造成的。[2]"（穷人）通过接触文化意识形态，他们对绝望认识得更为深刻……未能流动到上层社会"，这是他们道德缺失的证据[3]，其结果是可以预见的。"在这种情况下，想要成功的压力迫使一些穷人背离了正常的制度规范，并采用非法的替代手段。"[4]

这意味着，国家为了找出和培养社会精英而构建起来的社会（虽然这种社会能够给大众带来高质量的生活），要付出一个昂贵的代价：容易产生犯罪。通过对个人实施的犯罪行为进行谴责，那些享受高质量生活的人就可以名利双收；他们可以在竞争的过程当中获得利益，同时也可以逃避竞争所要承担的社会责任。通过谴责穷人的法律和道德罪行，社会的其他成员否认他们可以从社会的经济体制当中获得利益，但这样的经济体制却使穷人的挫折感和痛苦进一步加强和加剧。

---

[1] 理查德·克罗沃德、劳埃德·奥林：《犯罪与机会：团伙犯罪理论》，第81页。
[2] 同[1]，第10页。
[3] 同[1]，第107页。
[4] 同[1]，第10页。

荷兰马克思主义犯罪学家威廉·邦格认为，自由竞争的资本主义社会容易使人产生利己主义的动机，同时也会削弱人们对别人遭遇不幸的同情心理，从而使一些人更有可能去实施犯罪行为（更有可能去伤害他们的同胞而不受道德的谴责）。与此不同的是，早期的文化主要强调的是合作而不是竞争。① 而现在，刑事司法体系减轻了那些在美国经济体系当中的受益者所要承担的社会责任。通过谴责犯罪分子并让他们承担法律责任，人们可能会忽略导致犯罪动机的一些因素（成功的驱动力与成功意味着胜过他人的信念联系在一起，甚至与暴力是一种可以接受的实现自己目标的方式的信念联系在一起），这种动机也是驱动整个美洲大陆经济发展的动力，能够继续为美国的繁荣注入新的活力（附录一阐述了刑事司法的马克思主义批判，同时也给出了罪犯动机和道德地位的马克思主义解释）。

政治经济学家大卫·戈登认为，"在资本主义社会，几乎所有的犯罪行为都是对资本主义社会制度结构完全理性的一种反应"。② 正如邦格和戈登所认为的，资本主义往往是所有经济领域当中犯罪的诱发因素。这是因为大多数犯罪的动机都来自于对财产或金钱的渴望，同时这些犯罪行为也是为了应对社会不平等、竞争和不安全带来的压力而发生的一种可以理解的方式，所有这一切都是资本主义的基本组成部分。戈登写道："在资本主义制度下，个人必须自谋生路以寻找最好的机会来支撑自己和自己家庭的生活。由于缺乏经济保障，以及希望获得一些生活必需品而不得不竞争，在这种压力下，许多人最终成为犯罪分子。"③

在一定程度上，对于社会各阶层的大部分成员来说，犯罪是一个合理的实现目标的替代方式。另外，这个社会本身不是一个很合理的或人道的组织，而且在某种程度上还要承担一定的社会责任，而它本身却存在着一些诱发犯罪的因素。刑法作为对任何"合理的人"的最基本的法律约束，它的执行相当于否定了社会秩序的本质。这一观点也是戈登和其他一些学者早已提出的。

---

① 威廉姆·邦格：《犯罪和经济条件》，布卢明顿：印第安纳大学出版社，1969年，第7~12、40~47页。威廉姆·邦格于1986年出生在荷兰，1940年自杀，而不是被纳粹所杀害。
② 大卫·戈登：《美国的资本主义、阶级与犯罪》，载《犯罪与不良行为》，1973年4月，第174页。
③ 同②。

在这里我们再次强调的是，通过谴责个人的犯罪行为，刑事司法体系含蓄而又显著地推卸了其所要承担的社会责任。

（二）对歧视的额外奖赏

我们现在主要来考虑刑事司法体系对歧视穷人的额外奖赏的意识形态。这种奖赏是普通大众心目中存在的有关犯罪与贫穷联系在一起的结果。这种联系（将"犯罪阶层"和"贫穷阶层"归为"危险阶层"）并不是美国发明的。"坏蛋"一词是由拉丁语"恶毒的"一词派生出来的，其本意是指农场的仆人。[1] 但刑事司法体系却继承了这种将犯罪与贫穷阶层联系在一起的历史传统。

当我们探讨普通公民对于"典型罪犯"和"典型犯罪"的概念时，这种联系的价值就很明显。这种观点对于大部分美国中产阶级来说也是非常明显的，他们对穷人实施的掠夺性行为表现出的恐惧和敌意要比对富人实施的掠夺性行为深得多。为了进一步证实这种观点，我们可以比较一下近代历史上两类政治家的命运：一类是呼吁税制改革、收入再分配、对企业犯罪进行起诉以及加强监管措施等，以便能更好地服务于美国社会的目标；另一类是呼吁"法律与秩序"、增加警察的数量、扩大警察的权力以及延长罪犯的刑期等。同时也可以将我们已经了解到的关于企业犯罪行为和"照常营业"所带来的真正危险联系起来考虑。

很明显，美国人一直被自己的刑事司法体系所欺骗，分辨不清什么是威胁他们生命、肢体和财产安全的真正危险。刑事司法体系逮捕和惩罚穷人，忽略和轻微惩罚具有同样行为或更危险行为的富人，它的这种功能持续存在是对这种欺骗所产生的效力的最好见证。美国人继续容忍那种对待白领罪犯、企业高管、环境污染者和政治影响力贩子[2]所采取的相对温和的惩罚措施，而强烈支持对那些穷人罪犯采取更加严厉的惩罚措施和更长的刑期，这在某种程度上表明了美国人对谁是最威胁他们生命和财产安全的真正罪犯持有一种

---

[1] 威廉、玛丽·莫里斯：《单词和短语的词典起源》（第 2 卷），纽约：哈珀与罗出版社，1967 年，第 282 页。

[2] "政治影响力贩子"是指政治腐败和那些在政府机构中使用公权力来获得非法利益的人。贿赂是最明显的政治游说形式和竞选捐款的法律问题。

错觉。将穷人（当然，还有黑人）生动地描绘为徘徊在空中等待机会抢夺工人微薄收益的猛禽，这种描绘也使得人们没有清醒地认识到上层阶层实施的犯罪行为。一个政客只要承诺在工人居住的社区里面没有黑人，而监狱里面关押的囚犯大部分都是黑人，那么他就能得到大量的选票，即使他推行的主要政策是为了延续富人的优惠待遇。在 1988 年的总统竞选过程中，煽情地使用威利·霍顿（由于实施强奸行为而被定罪判刑的黑人罪犯在监狱外面度假）的照片，表明这样的战术是一种非常有效的方式。[1]

关于对犯罪与贫穷进行识别所带来的非常重要的"奖赏"是刑事司法体系所描绘的给体面的美国中产阶级造成威胁的画面，这些威胁主要来自于经济地位比富人低的穷人，而不是经济地位比穷人高的富人。为了做到这一点，刑事司法体系不仅要识别犯罪与贫穷，但又无法投入足够多的力量来减少犯罪，所以犯罪仍然是一个现实的威胁。通过这样做，它将美国中产阶级的恐惧和不满从富人实施的犯罪行为上面转移开来了。

还有其他的奖赏。举例来说，如果刑事司法体系发布了一个关于目前财富分配状况被赋予合法性的信息，那么对于没有财产的人来说，其影响将会显著增强：富人实施犯罪行为是为了在其他拥有财富的人之间重新分配财富，他们并不能对目前的社会体系构成象征性的挑战；在这个社会体系里有一少部分人拥有大量的财富，而大部分人拥有的财富却很少甚至没有。如果犯罪的威胁被认为主要来自于穷人，那么对穷人罪犯的惩罚就成为一部道德剧，其中体现了社会体系的神圣性和合法性，同时也使得社会体系当中的财富分配状况进一步得到认可。对于强大的美国来说，还有另一种奖赏来自于对犯罪与贫穷的识别。人们可能会认为，识别犯罪与贫穷将会产生对犯罪分子的同情。但事实上，它产生或至少强化了一种负面效应：敌视穷人。

很少有证据表明美国人对穷人犯罪分子产生过同情，也很少有美国人认为贫穷是犯罪的其中的一个原因（在 1981 年的调查中，只有 6% 的受访者认为贫穷是犯罪的其中的一个原因，21% 的受访者认为失业是导致犯罪的另一个原因。为了防止社会阶层的偏见，这样的问题甚至没有出现在最近的调查

---

[1] 例如，参见乔恩·赫维茨、马克·培弗利：《在后威利·霍顿时代玩弄种族问题：支持惩罚性犯罪政策的种族化数字代码的影响》，载《舆论季刊》，2005 年，第 1 期，第 69 卷，第 99~113 页。

问卷当中)。其他的调查研究指出,大多数美国人认为法院对待犯罪分子还不是太严厉(在2010年的调查中,支持这种观点的人占62%),并认为死刑应该适用于杀人犯,其中大部分的杀人犯是穷人(在2010年的调查中,有64%的受访者都这样认为)。[1] 我们的观点是,因为刑事司法体系(无论是事实还是虚构)对个人的法律行为和道德观念进行谴责,所以犯罪与贫穷的结合并不能减轻犯罪分子承担的道德责任,因为犯罪是一个人的道德品质很差的结果。这种结合产生的效果是:它使贫穷与个人的道德败坏联系在一起,因此,贫穷本身就被认为是卑鄙的或性格软弱的标志。美国人持有这种信念的最明显的证据来自于以下这个事实,即他们援助穷人的行为被视为是一种慈善行为而不是正义行为。我们的福利制度带有一种贬低属性,即我们所构建的制度是对一些不合适的人给予救济,而没有为我们的同胞尽到应尽的责任并给予其应有的尊严。如果我们承认我们的社会经济制度本身能够滋生贫穷并产生经济上的不平等,那么,我们就必须承认我们需要对穷人承担一定的责任;而如果我们认为穷人应该受到谴责,因为贫穷是他们自己的缺陷尤其是道德缺陷造成的,比如自制力差和懒惰,那么,我们就可以认为我们对穷人没有这样的责任。事实上,我们可以更进一步为需要帮助的人慷慨地提供一些力所能及的援助。当然,我们也可以使我们的援助对象遭受所有的侮辱,并使他们成为不值得我们援助的对象。总的来说,这也是美国人与他们的穷人打交道的方式。[2] 这种方式能够使我们避免问一个问题:为什么世界上最富裕的国家持续产生大量的贫困人口?我们的刑事司法体系微妙地强化了"穷人"的概念。

显然,我们所论述的意识形态是最能够支持目前社会经济制度的。这表明,贫穷是个人失败的标志,而不是社会经济制度不公正的表现。它非常清楚地告诉我们,富裕社会中存在大量贫困人口的现象不是这个社会经济制度

---

[1] 罗普中心:《主题概览:犯罪》,2010年。网址:http://www.ropercenter.uconn.edu/data_access/tag/crime.html#.TxmcpNVkjPo。弗兰克·纽波特:《在美国,64%的死刑案件是谋杀案件》,2010年,http://www.gallup.com/poll/144284/Support-Death-Penalty-Cases-Murder.aspx。

[2] 历史文档可以参见大卫·罗斯曼的《精神病院的发现:新共和国的社会秩序和混乱》一书,波士顿:小布朗出版社,1971年;弗朗西斯·福克斯·佩文、理查德·克罗沃德:《调节穷人:公共福利的作用》,纽约:潘西昂出版社,1971年。

需要根本性变化的标志。这也表明，穷人之所以贫穷，是因为他们具有导致贫穷的特性，或至少是因为他们缺乏战胜贫穷的坚强性格。当穷人被认为具有贫穷的特性时，那么经济贫穷与道德贫穷就会不谋而合，经济秩序与道德秩序也会保持一致。这就好像有一种特殊的力量在引导其运行，资本主义导致每个人都能得到他们在道德上应该得到的东西。

如果这种组合已趋于稳定，那么当穷人因犯罪而被定罪和判刑时，刑事司法体系免除他们的社会责任不仅仅是因为他们的犯罪行为，而且还是因为他们"道德贫穷"的原因。

因此，我们的刑事司法体系的意识形态信息是完整的。穷人被视为是大多数体面的美国中产阶级的敌人。我们的社会经济制度既不必对犯罪负责，也不必对贫穷负责，因此也没有必要对其进行质疑和改革。穷人之所以贫穷，是因为他们具有贫穷的特性。经济秩序和道德秩序是统一的。在某种程度上，这种意识形态产生的效果就是这样的，富人可以非常轻松地休息，尽管他们不能问心无愧地酣睡。

我们现在可以理解为什么刑事司法体系被允许创建一个关于犯罪必是穷人所为的印象，同时也可以理解为什么刑事司法体系未能减少犯罪，以至于犯罪给社会造成的危害仍然是真实可信的。原因在于意识形态导致了这样的结果。穷人被认为是体面社会的真正威胁。刑事司法的最终处罚结果进一步认可了目前的社会经济秩序，罪犯的贫穷使得贫穷本身成为一种独特的道德犯罪。

这是打击罪犯的失败的战争中所产生的意识形态的成果，它扭曲了现实并反映在了刑事司法体系的凹凸镜当中，还普遍影响着美国人的思想和观念。

意识形态如何在更长的时间里欺骗更多的人？

（一）什么是意识形态？

一个国家或民族的法律主要用来服务那些权贵阶层的利益，而不是为了促进整个社会的福利，这种观点并不是凭空想象出来的，而是真实存在的。这一观点的渊源比基督教的教义还要古老。在公元前四世纪，也就是西方思想的萌芽时期，柏拉图就曾表述过这种观点，后来特拉西马库斯①将他的这种观点进行了传播。关于这种观点的更为现代、更有体系的版本出现在卡尔·马克思的著作当中，他的这部著作写于19世纪的西方工业化的初期。马克思（和恩格斯）在《共产党宣言》中写道："资产阶级——企业和工厂所有者阶级或资本家阶级——在现代的代议制国家中已经实现了自己独有的政治影响力。现代国家的行政只不过是管理整个资产阶级国家共同事务的一个委员会。"②

那些认为这是一个荒谬的观点的人应该看一下我们国家政治领导者的背景，绝大多数的总统内阁成员、联邦监管机构的高级管理员以及两院的国会议员，都来自于商业阶层或为商业阶层服务的律师，其中的许多人仍然保持着他们的商业往来或律师业务，这与他们的政治角色并没有利益冲突。即使是那些出身卑微而后来相当富有并最终进入政界的领导人也是这样。如果特拉西马库斯和马克思两人中有一人的观点是正确的，那么政客们的政治角色和他们自身的利益就不会出现冲突，因为这种角色的目的是为了保护和促进商业利益。

很明显，那些最有权力的刑事司法政策的制定者主要来自于富人阶层，而不是社会最底层的穷人。毫无疑问，立法者和法官——限定犯罪的法律制定者和解释法律的人——主要是上层社会的成员；如果他们出生时不是出生在上层社会，那么肯定是在后来成为上层权贵人士的。理查德·昆尼汇编了刑事司法决策机构和政策咨询委员会的主要成员的背景资料，比如总统执法和司法委员会、联邦调查局、美国司法部等。除了少数例外，昆尼的报告读起来有点像一本有关企业、法律、政治精英的《名人录》。③

---

① 康福德译：《柏拉图的理想国》，牛津：牛津大学出版社，1945年，第18页。柏拉图于公元前428年（根据测算，或为公元前427年）在雅典出生，死于公元前348年（或公元前347年）。参见柯普斯登：《哲学史：希腊与罗马（第1卷）》，威斯敏斯特：纽曼出版社，1946年，第127~141页。

② 马克思、恩格斯：《共产党宣言》。参见罗伯特·塔克：《马克思恩格斯读本》，纽约：诺顿出版社，1972年，第337页。马克思于1818年5月5日出生在普鲁士（德国）特里尔，于1883年3月14日去世。《共产党宣言》于1848年2月在伦敦首次出版，当时马克思将近30岁。

③ 施密特·霍伊泽尔：《最高法院的法官：集体肖像》，载《中西部政治科学杂志》，第3期，1959年，第2~37、40~49页；威廉·钱布利斯、罗伯特·塞德曼：《法律、秩序与权力》，马萨诸塞州：韦斯利出版公司，1971年，第96页；理查德·昆尼：《法律秩序的批判：资本主义社会的犯罪控制》，波士顿：小布朗出版社，1973年，第60~82、86~92页。

此外，还有大量的证据表明，美国刑事司法体系在其整个历史发展过程中以一种赤裸裸的方式来保护利益阶层，而对下层阶级和持不同政见者予以严厉打击。联邦调查局和地方警察部队通过诋毁、骚扰和破坏的方式来镇压持不同政见者及其群体的许多事件都已经被揭露出来了。联邦调查局常常与各地警方积极合作或默许各地警方处理数以百计的非法案件，其主要针对的是守法的左翼政党的办公场所①，以及对黑豹党施加政治迫害（例如，"一名天主教神父弗兰克·卡伦成为联邦调查局的目标，因为他允许黑豹党使用他的教堂来为贫民窟的孩子提供早餐"）。② 值得一提的是，联邦调查局还开展了一项活动，其主要目的是为了诋毁已故的马丁·路德·金（"美国联邦调查局在开始调查马丁·路德·金之前，甚至将他秘密归类为共产主义成员"）。③ 联邦调查局局长曾说："我们为过去的暴行而感到非常抱歉，幸好这些暴行都已经成为过去了。"但接下来，这样的暴行仍在继续。④ 据最新报道，警察逮

---

① 罗斯·格尔布斯潘：《破门而入、死亡威胁与联邦调查局：针对中美洲运动的秘密战争》，波士顿：南段新闻出版社，1991 年；玛格丽特·杰科：《在联邦调查局受审：社会主义工人党反对政府间谍的胜利》，纽约：探路者出版社，1988 年；《联邦调查局官方文件显示，在 1960 年至 1966 年期间，盗窃左派办公室的次数就达 92 次》，载《纽约时报》，1976 年 3 月 29 日，第 A1 版；《联邦调查局统计的数百万计的入室盗窃案》，载《华盛顿邮报》，1975 年 7 月 16 日，第 A1 版。也可参见卡西·珀库斯主编的《反谍计划：美国联邦调查局关于政治自由的秘密战争》，诺姆·乔姆斯基作序，纽约：单子出版社，1975 年。
② 《联邦调查局的反黑豹战术》，载《华盛顿邮报》，1976 年 5 月 7 日，第 A1、A22 版。
③ 《被联邦调查局贴上共产主义标签》，载《华盛顿邮报》，1976 年 5 月 6 日，第 A1、A26 版；迈克尔·弗里德利、大卫·高伦：《马丁·路德·金：联邦调查局文件》，纽约：卡罗尔 & 格拉夫出版社，1993 年；卡森·克莱伯恩、大卫·加伦：《马尔科姆：联邦调查局文件》，纽约：卡罗尔 & 格拉夫出版社，1991 年；肯尼斯·奥赖利：《"种族事项"：联邦调查局关于美国黑人的秘密文件（1960—1972）》，纽约：自由出版社，1989 年。
④ 《凯利说，联邦调查局对过去的暴行感到"很抱歉"》，载《华盛顿邮报》，1976 年 5 月 9 日，第 A1、A14 版；《联邦调查局委员会报告：入室盗窃仍在继续》，载《华盛顿邮报》，1976 年 5 月 11 日。更多资料请参阅《联邦调查局战术被社会活动家质疑》，载《芝加哥论坛报》，1990 年 3 月 2 日，第 1、5 版；《20 世纪 60 年代，联邦调查局受到控制》，载《洛杉矶时报》，1990 年 6 月 26 日，第 A3 版；彼得·马修森：《疯马精神》，纽约：维京出版社，1983 年，其中讨论了联邦调查局和美国印第安运动（AIM），但联邦调查局起诉作者，使该书推迟出版了好几年；雷克斯·韦勒：《土地的血脉：政府和企业对抗"第一民族"》，费城：新社会出版社，1992 年，其中包括联邦调查局和美国印第安运动。对于政府的其他机构可参见：《军事监视国王与其他黑人，白皮书指出：军队主要针对南方教会》，载《华盛顿邮报》，1993 年 3 月 21 日，第 A16 版。

捕了非暴力占领华尔街的抗议者，并给这些人的脸上喷洒胡椒粉。[1]

这种镇压行为也有着悠久的历史传统。在英语国家当中，首支有组织的正规警察部队成立于1829年的伦敦，部队的成员被称为"英国警察"。因为罗伯特·皮尔爵士扮演的角色是确保《伦敦大都会警察法》能够获得通过，所以这支武装力量就是在该法案的授权下成立的。美国第一支全职正规警察部队成立于1845年的纽约市。[2] 在19世纪20~40年代期间，纽约市和宾夕法尼亚州启动了建造监狱来关押和改造罪犯的运动，并迅速蔓延到美国的其他州郡。[3] 也正是在这一时期，英国和美国的城市当中的一些大型企业出现了工人阶级。这种巧合是如此的引人注目，以至于不太容易被人们所忽略。

警察部队多次被用来镇压工人的罢工行为并惩罚这些罢工者。[4] 监狱主要被用来关押工人和外国人，因为这些人被中上阶层的富人视为一种威胁。[5] 纵观美国劳工运动的发展过程，一些武装力量，如公共警察、私家侦探、军队和国民警卫队等，都被反复用来保护资本家的利益，并对一些企图捍卫自己利益的劳工组织进行镇压，其结果是，"在劳工史上，美国成为世界上所有工业化国家中最血腥、最暴力的国家"——伤亡工人的人数最多。[6]

---

[1] 需要注意的是，摩根大通给了纽约警察部队460万美元的资助，参见伊夫·史密斯的《纽约市警方获得了460万美元的"赠礼"，摩根大通得到良好的回报了吗?》，2012年。网址：http://www. nakedcapitalism. com/2011/10/is-jp-morgan-getting-a-good-return-on-4-6-million-gift-to-nyc-police-likespecial-protection-from-occupywallstreet. html。

[2] 詹姆斯·理查森：《美国的城市警察》，纽约华盛顿港：肯尼凯特出版社，1974年，第8~13、22页；理查森：《纽约警察：殖民时代至1901年》，纽约：牛津大学出版社，1970年。

[3] 罗斯曼：《精神病院的发现》，第57~108页，尤其是其中的第79~81页；米歇尔·福柯：《规训和惩罚：监狱的诞生》，伦敦：艾伦莱恩出版社，1977年。

[4] 同②，第158~61页；波伊尔、莫莱斯：《劳动者所不为人知的故事》，纽约：美国电子、广播与机械工人联盟，1976年。

[5] 同③，第253~254页。

[6] 菲利普·塔夫脱、菲利普·罗斯：《美国劳工暴力：其原因、特点与结果》；格雷厄姆、格尔主编：《美国暴力史》，纽约：矮脚鸡出版社，1969年，第281~395页，特别是第281、380页；理查德·鲁宾斯坦：《伊甸园叛军：美国的大众政治暴力》，波士顿：小布朗出版社，1970年，第81页。也可参见刑事司法研究中心：《铁拳头和天鹅绒手套》，伯克利：加州大学出版社，1975年，第16~19页。

当然，马克思的分析更为透彻。一个社会的法律不仅被用来保护权贵阶层的利益，而且社会当前流行的思考世界的方式（从经济理论到宗教思想，再到传统的善恶道德观念，以及罪恶感和责任感）被促进某种信念形成的方式所塑造，这种信念指的是现有的社会是世界上最好的社会。马克思写道："统治阶级的思想是每一个时代的统治思想……一个阶级具有支配物质生产方式的能力，那么它同时也具有控制精神生产方式的能力。"[1]

因为那些有经济实力的人能够发行报纸，或资助高校，或投资出版图书和期刊，以及（在我们的时代）控制电视、广播和其他电子媒体，所以他们有某种发言权，这种发言权在那些认同他们思想观念（对现实的描绘）的数以百万计的人当中具有普遍的效力，并在这些人所听到的、想到的和相信的观点当中体现出来。但这并不意味着那些能够控制精神生产方式的人故意欺骗或操纵接受他们思想的人。这个意思是，这些控制者——他们认为，毫无疑问，这是现实的准确反映——对现实的描绘在很大程度上将是大众媒体的读者和观众认为的现实世界。普通的男人或女人几乎完全忙于自己的工作事务以养家糊口、维持生计，他们缺少必要的时间（以及必要的培训）来寻找和分辨大量的信息。当一些人具有足够多的时间在电视、报纸和互联网上获取信息时，这些人就是幸运的。大部分的普通人是被这样的完整"共识"所影响的，以致他们将这种共识看作是事物发展的规律，除非那些控制媒体的富人之间的意见存在分歧。

因此，绝大多数人都会接受那些控制媒体的富人所描绘的现实世界的画面（作为真实的现实世界）。但其实这很可能是一个扭曲的画面，即使创造画面的人具有善良的意图和真诚的心也是如此。问题的关键在于，因为各种各样的原因，人们将会倾向于将自己的角色（尤其是他们具有的优势和特权）限定在道德层面来观察世界。事实上，这也是最好的结局。因此，那些控制大众媒体的富人既没有任何欺骗的意图，也没有任何"阴谋"，他们实际上是在传达一种现实的画面来支持这个现有的社会制度。

其结果就是像我们这样的社会，言论自由达到了前所未有的程度，但在大众媒体上几乎没有对我们现有的政治经济制度提出过任何根本性的质疑，这些

---

[1] 卡尔·马克思：《德意志意识形态》，见塔克主编的《马克思恩格斯读本》，第136页。

媒体包括电视、广播、主流报纸或者如《时代》和《新闻周刊》等一些流行期刊。当然也存在一些针对个人和个别政策的批评。然而,一个人需要多长时间才能发现大众媒体质疑自由企业制度是否是美国的最佳选择?或者需要多长时间才能发现大众媒体质疑我们的政治和法律制度是否可以促进企业所有者主导的社会?这样的问题很少,即使有的话,也很难回答。相反,尽管那些决策者有时也需要对一些制度进行改革,但他们理所当然地认为,我们的经济制度是最富有成效的,政治体制是最自由的,法律制度是最公正的。

因此,大众被告知,权贵阶层的利益与社会上所有人的利益是一致的[①],即"有益于通用汽车公司就是有益于国家"(这一久远的口号显得非常诡异,因为现在通用汽车公司已经濒临破产的边缘,而政府对其的态度是"规模过于庞大而不允许破产")。在这幅现实的画面上显示了一些瑕疵,这些瑕疵经常被描绘成本土化的问题,而且不需要对整个社会秩序进行彻底的修正和维护就可以清除这些瑕疵,它们是运行良好的社会制度的畸形成分。事实上,倾向于宣传这些瑕疵以"证明"我们的社会制度没有什么根本性错误的原因是,如果媒体是自由的、有导向的、能够描绘这样的瑕疵的,那么,媒体一定会描绘这个社会制度的根本问题(如果有任何问题的话);而媒体不这样做,是因为没有任何问题。当一种观念扭曲了社会现实(尽管是无意的)并证明目前的财富分配状况是合理的,进而掩盖了社会的不公,从而确保人们不加批判地效忠现存的社会制度,这就是马克思所谓的意识形态[②](附录一详

---

① 每一个新的统治阶级"受到强迫,只是为了贯彻其目的,为了使其利益成为所有社会成员的共同利益"。卡尔·马克思:《德意志意识形态》,第138页。

② 马克思并不是首先使用"意识形态"的人,它最初是由一个法国人安东尼·德斯独特·德·特拉西提出的,他在1795年被确定为知识分子,主要工作是指导新成立的法兰西学院的研究。该学院的思想家普遍认为,社会现有的观念被歪曲地根植于每个人的心中或政治条件当中,并且释放的路径来自于这些有偏见的思想和观念,因而会朝着一个拥有科学思想的理性社会前进(从字面上看是一门"思想学问"),这使得人类意识到了自己的思想的来源。托马斯·杰斐逊曾尝试(尽管失败了)将安东尼·德斯独特·德·特拉西创建的理论作为弗吉尼亚大学初级课程的一部分。参见乔治·里希特海姆:《意识形态的概念》,载《历史与理论》,1965年第2期,第4卷,第164~195页;理查德·考克斯主编:《意识形态、政治与政治理论》,加利福尼亚州贝尔蒙特:沃兹沃斯出版社,1969年,第7~8页。不用多说,马克思用"意识形态"的概念既不是安东尼·德斯独特·德·特拉西所期望的,也不是杰斐逊所能预料到的。

细讨论了马克思主义的意识形态理论及其在资本主义刑事司法当中的作用）。

意识形态不是有意识的欺骗。人们可能会滔滔不绝地讲述各种各样的意识形态，因为这就是他们所知道的关于意识形态的一切或他们所学到的东西，或者是因为他们还没有超越那些影响着他们的传统智慧。这就好比是一些专家学者还没有突破他们所涉及的学科的传统假设一样，也正如一些旁观者看不出有关专业领域的过于简单的普通常识一样。这样的人不会装腔作势地说出某种意识形态来故意欺骗和操纵他们的同伴，因为他们自己对现实的看法就已经被一些谎言和半真半假的事实所扭曲了——刑事司法体系就是这种扭曲的来源之一。这种意识形态不会故意欺骗大众的原因之一就是大众已经习惯于刑事司法体系所扭曲的社会犯罪现实了（在第2章中已有所介绍），以至于大家没有注意到它的运行轨迹。这种扭曲的犯罪现实看上去没有任何变化，因此，大众把这种被扭曲的犯罪现实作为我们这个社会所遇到的真正的威胁。

并不是每个人都像马克思那样使用"意识形态"这一术语，也就是说，我们必须指出什么是带有欺骗性的意识形态。一些学者提到的意识形态似乎是任何个人或群体的"信念体系"、"价值体系"或者是"价值观"。[①] 这种"意识形态"所具有的道德中性色彩缓和了一种工具，这种工具是马克思和其他一些思想家已经形成的并用来剖析我们这个社会政治生活假象的一种有效工具。这样的工具非常少且很难获得，一旦获得这样的工具，就应该认真维护，尤其是当"信念体系"和"价值观"这样的概念扮演着较为中性的角色时。

（二）意识形态的必要性

一个简单而有说服力的证据表明，美国的权贵阶层倾向于向社会其他阶层灌输他们那个阶层所特有的意识形态。美国的穷人远远多于富人。这意味

---

① 乔治·里希特海姆的文章提供了一个很好的讨论话题，即关于意识形态的概念逐渐从错误的意识中分离出来的哲学路径。毫无疑问，这种分离是一种"当前智慧"。他坚持认为，对世界的所有看法都是基于某种条件的，而某种条件下的部分观点是通过某一部分群体的历史观点的局限性和他们在社会中所处的有利地位呈现的，从而减少了人们对任何真正的人类生存条件的讨论。这种"当前智慧"应用于刑事司法体系的一个启发性的例子可以参见沃尔特·米勒的《意识形态和刑事司法政策：目前的一些问题》，载《刑法学与犯罪学杂志》，1973年第2期，第64卷，第141~162页。我们将会在马克思主义的意义上使用"意识形态"的概念。

着从宏观上来看，如果美国的穷人决定从富人那里获得财富，那么他们往往能够获得很多。但这也意味着他们需要与富人与他们保持合作。尽管富人的数量毕竟是少数，但他们永远都无法迫使富人参与这种合作，这种合作必须是自愿的。对于自愿合作来说，穷人必须清楚拿走富人的东西是不正确的、不合理的。换句话说，他们必须要清楚目前的社会、政治和经济制度问题，以及这样的制度问题导致的财富、权力和特权的分布格局是目前社会最好的状况。更确切地说，穷人必须清楚他们并没有受到富人的剥夺和不公正待遇。这样的观点虽然存在一定的虚假成分，因为美国的财富和权力的分配是随意的、不公正的，但这种意识形态具有其存在的必要性。

上述关于美国财富分配不公的探讨超出了本书的目的和范围。这种观点以及有关美国统治阶层的话题都已经被其他学者广泛地论述过了。[1] 在这里，我们将要指出两个方面的问题。首先，美国的财富分配的确存在很大的差异。其次，这样的差异是如此的不公正，以至于我们可以合理地想象那些为了养家糊口而努力工作的大量的美国人都必须忍受这样的差异，并且普通大众已经被这样一种意识形态所欺骗了，而且他们相信这样一种意识形态。

---

[1] 下面是关于美国财富存在广泛而持久差异的极其少量的文献记录（或许存在一个非常小的团体，他们除了极其富有以外，还能决定左右美国命运的大部分经济和政治政策）：道格拉斯·梅西、南希·丹顿：《美国的种族隔离》，马萨诸塞州坎布里奇：哈佛大学出版社，1993 年；托马斯·戴伊：《谁在经营美国：布什时代？》（第 5 版），新泽西州英格伍德克里夫：普伦蒂斯·霍尔出版社，1990 年；威廉·多恩霍夫：《权力精英与国家：美国的政策是如何制定的？》，纽约：德古意特出版社，1990 年；迈克尔·帕伦蒂：《少数人的民主》（第 5 版），纽约：圣马丁出版社，1988 年；威廉·朱利叶斯·威尔逊：《真正的弱势群体：内城、下层阶级与公共政策》，芝加哥：芝加哥大学出版社，1987 年；夸克：《工业和联邦监管机构的影响》，新泽西州普林斯顿：普林斯顿大学出版社，1981 年；伯特伦·格罗斯：《友情法西斯主义：美国权力的新面貌》，波士顿：南端出版社，1980 年；威廉·多恩霍夫：《权力是指美国统治阶级统治的过程》，纽约：美酒出版社，1979 年；爱德华·格林伯格：《服务少数种族：企业资本主义和政府政策的偏见》，纽约：威利出版社，1974 年；菲利普·斯特恩：《纳税人强奸》，纽约：美酒出版社，1974 年；理查德·爱德华兹、迈克尔·瑞奇、托马斯·韦斯科夫：《资本主义制度：一种激进的美国社会分析》，新泽西州英格伍德克里夫：普伦蒂斯·霍尔出版社，1972 年；约翰·肯尼斯·加尔布雷思：《新工业国》，纽约：图章出版社，1968 年；威廉·多恩霍夫：《谁统治美国？》（第 5 版），纽约：麦格劳希尔出版集团，2005 年；赖特·米尔斯：《权力精英》，牛津：牛津大学出版社，1956 年。

在 2010 年，20% 的美国富裕家庭获得的收入占全美所有家庭收入的 50.2%，而 60% 的美国贫穷家庭只占全美所有家庭总收入的 26.4%。从宏观角度来看，这意味着，2 400 万个美国富裕家庭获得了全国所有家庭总收入的一半以上，而 7 200 万个美国贫穷家庭仅仅获得全国所有家庭总收入的 1/4。另外的一些数字更为极端：在同年，最富有的 5% 的美国家庭获得了全国所有家庭总收入的 21.3%，而这一数字大大超过了最贫穷的 40% 的美国家庭仅获得全国所有家庭总收入的 11.8%。这意味着美国最富有的 600 万个家庭所获得的收入几乎是全国最贫穷的 4 800 万个家庭所获得的收入的 2 倍。①

财富的分配（如房产、股票、企业所有权和土地产生的收益，以及重大经济决策的权力）比收入分配更加不公平。② 根据美联储高级经济学家的分析，在 2007 年，最富有的 10% 的美国家庭拥有全国 71.5% 的财富，剩下的 90% 的美国家庭只拥有全国财富的 28.5%。在同一年，最富有的 1% 的美国家庭拥有全国 33.8% 的财富，这一数字还不包括《福布斯》400——美国最富有的 400 个家庭——公布的财富。这 400 个家庭拥有的财富占全国总财富的 2.3%，几乎相当于 50% 的全国贫困人口的收入总和。处于社会底层的 50% 的贫困人口拥有的财富只占到全国总财富的 2.5%，仅拥有股市总占比的 0.6%。③ 一项关于财富分配不平等的长期研究指出，在 1962 年至 1989 年这段时间里，20% 的富裕家庭拥有至少全国总财富的 75%。该项研究指出："财富集中在 1980 年代非常显著。据估计，1989 年全国最富裕的 1% 的家庭拥有的财富占到国家总财富的 33%，这一数字在 1986 年为 30%，1983 年为 28%。"通过回顾殖民时代一直到现在历史，这项研究总结道："绝大多数的美国成年人或家庭从来没有拥有超过 10% 的国家总财富"。"政府的政策在过去 20 年的时间里一直反对累进税率和惠及工人的经济措施。在 1970 年代初，全国人均实际收入开始下降，到 80 年代，大众的利益受到侵蚀……这种情况

---

① 美国人口普查局：《2010 年美国收入、贫困和医疗保险覆盖面》，表 3。
② 艾伦·布兰德：《经济福利水平与分配》，见马丁·费尔德斯坦主编的《美国经济转型》，芝加哥：芝加哥大学出版社，1980 年，第 466 页。
③ 阿瑟·肯尼克尔：《池塘与小溪：1989 年至 2007 年美国的财富和收入》，美国联邦储备委员会，2009 年 1 月 7 日。网址：http://www.federalreserve.gov/pubs/feds/2009/200913/200913pap.pdf。

表明1/4的国家财富很可能会在未来几年内缩水。"① 根据2003年1月23日《华盛顿邮报》的报道:"据美联储昨天公布的一项调查显示,1990年代后期的经济复苏浪潮提升了所有美国家庭的经济状况,但同时也进一步扩大了贫富差距。"②

美国人普遍低估了现实当中存在的不平等状况。当问及他们所认为的理想的财富分配状况时,得到的回答是:"目前的状况仍然是比较平等的。"表4.2显示了迈克尔·诺顿和丹·艾瑞里针对5 522名美国人的一些调查结果。他们通过对这些人的性别、政党和目前收入状况进行分析后注意到,"在这些不同的群体之间存在的共识比出现的分歧要多得多"。③ 意识形态能够使人们感受到一种较低水平的不平等,而不是实际存在的不平等,并使人们能够接受不平等之间的巨大差异。

表4.2 美国实际的、大众感觉到的和理想的财富分配状况

最贫穷的60%的人所拥有的财富占比(%)		最富裕的20%的人所拥有的财富占比(%)
5%	实际的财富分配状况	84%
20%	感觉到的财富分配状况	59%
45%	理想的财富分配状况	32%

资料来源:迈克尔·诺顿、丹·艾瑞里:《建立一个更好的美国——五等分财富论》,载《心理科学展望》,2011年第1期,第6卷,第10页。

我们没有提供任何复杂的哲学观点来证明这些差异是不公正的,虽然这样的观点对于关注这些问题的人来说并不陌生。对于我们这样一个富裕的国家来说,有4 600万人口生活在政府保守划定的贫困线以下,有成百上千万人

---

① 卡萝尔·沙玛斯:《用新视角看美国财富分配不平等的长期趋势》,载《美国历史评论》,1993年4月第2期,第98卷,第420、421、429页;丹尼斯·凯斯勒、爱德华·沃尔夫:《法国和美国家庭财富模式的比较分析》,载《收入与财富评论》,1991年,第37卷,第249~266页。结论是:"研究发现,美国的财富分配比法国的财富分配更加不公平,而且差异非常大。"(第262页)
② 阿尔伯特·克伦肖:《富人和穷人之间的收入差距拉大:美联储报告详细的家庭收入状况》,载《华盛顿邮报》,2003年1月23日,第E1版。
③ 迈克尔·诺顿、丹·艾瑞里:《建立一个更好的美国:五等分财富论》,载《心理科学展望》,2011年第1期,第6卷,第10页。

的收入不能保持收支平衡，这样的状况是一个耻辱。① 更为可耻的是，超过1/3的贫困人口是儿童。可悲的是，在这样一个富裕的国家，成百上千万人不能保证获得必需的饮食，不能受到良好的教育，没有合适的居所，没有良好的卫生保健服务。因为国家远远没有为所有的美国人提供同等的良好的接受教育机会，我们不会认为收入分配状况反映的是人们的真实劳动所得。美国的收入分配受到很多因素的影响，比如种族、受教育的机会、社会经济地位等②，以至于很少有富人可以诚实地声称他们的收入是真实的劳动所得。那些自以为是的人应该扪心自问一下：如果你们出生在加利福尼亚州的民工家庭或哈莱姆贫民区一个贫穷的黑人家庭里，是否还会有今天的地位？

上面已经说得很清楚了，现在我们可以确信美国的财富分配状况是不合理的，收入差距是普遍存在的。对于绝大多数的美国人来说，他们努力工作却难以满足自己和家庭的最基本的生活需求，因而他们难以赞同一小部分人拥有巨大的财富，也难以认同让大多数人意识到这样的差距存在是有道理的，以及难以坚信现存的社会秩序是人类可以创造的最好的秩序，并且他们的财富没有被富人所剥夺。换句话说，这样的社会制度需要一种有效的意识形态来长时间地愚弄更多的民众。

这种意识形态的必要性及其本质的解释、目前刑事司法制度持续存在的历史惯性解释和对刑事司法体系产生的意识形态效益的分析，最终形成了一种关于美国刑事司法体系持续失败以及刑事司法机构专门针对穷人的解释。因此，我们认为我们已经证明了美国刑事司法体系的"得不偿失的胜利"的理论。

小　结

本章主要针对美国刑事司法体系存在的三重失败提出了"得不偿失的胜

---

① 美国人口普查局：《2010年美国收入、贫困和医疗保险覆盖面》，表4"1959年至2010年的贫困数量和贫困率"，详细资料可参见 http://www.census.gov/hhes/www/poverty/data/incpovhlth/2010/tables.html。

② 一份研究报告指出："高中毕业生具有平等的学术能力，但处于社会经济底层的1/4的人与处于社会上层的1/4的人相比，他们继续求学的比率男性平均少25%（女性平均少35%）。"另一项研究显示："处于社会经济金字塔顶层的1/5的家庭的平均收入远远高于那些来自那些社会底层的1/5的家庭的平均收入。"阿瑟·奥肯：《平等与效率》，华盛顿特区：美国布鲁金斯学会，1975年，第81、75页。

利"理论，并进行了解释，同时也指出：第一，制定有关政策可能会大幅降低犯罪率；第二，将富人实施的危害社会的行为按犯罪来对待；第三，在贴"犯罪"标签的过程中消除对穷人的歧视。历史惯性的概念解释了刑事司法体系三重失败的持久性：最初，当一些犯罪行为给大众的生命和财产构成威胁的时候，这样的刑事司法体系就已经产生了，尽管它是失败的，但它还一直持续存在着。因为它的失败的后果主要由穷人承担，而能够为富人带来利益。因此，刑事司法体系不会内生诱因来改变这样的状况。失败的刑事司法体系通过传播有关威胁美国富人的危险来自于经济地位较低的穷人，而不是来自于富人自身的信息，以及传播贫穷不是社会原因造成的，而是由于穷人的道德堕落导致的信息，由此给美国的权贵阶层带来了利益。还有一种观点认为，除了（针对穷人的）"歧视给富人带来的好处"之外，还有刑事司法体系所暗含的意识形态的信息，即它通过专注于个人的罪行，潜在地传播了社会制度本身是正义的信息。

问题思考

问题一：什么是"阴谋论"？这一观点的缺陷是什么？"得不偿失的胜利"的理论是一种"阴谋论"吗？

问题二："意识形态"是什么意思？意识形态和普通的宣传有什么不同？美国需要意识形态吗？

问题三：刑事司法体系是如何传播意识形态的信息来支持目前的社会经济制度的？

问题四：专注于穷人实施的罪行有什么额外的意识形态的收获？

问题五：为什么美国的穷人是可怜的？

问题六：美国刑事司法体系的历史惯性解释已经被我们所了解，你认为"得不偿失的胜利"的理论被证明了吗？

问题七：监狱私营化后，刑事司法体系给工业领域带来的问题是什么？

结 论

刑事"司法"或"犯罪"司法

正义被夺走,那么除了"伟大的"抢劫之外,还会是什么?
　　　　　　　　　　　　——圣奥古斯丁,《上帝之城》一书作者

……不公正的社会制度本身就是一种勒索,甚至是暴力。
　　　　　　　　　　　　——约翰·罗尔斯,《正义论》一书作者

……警察穿过黑人住宅区,看上去就像一群士兵占领了一个敌对国家一样。这正是他们存在并三三两两巡逻在街头的原因。
　　　　　　——詹姆斯·鲍德温,《没有人知道我的名字》一书作者

如果一个刑事司法体系能够平等地保护社会成员的权利与利益,那么这样的体系就是正义的体系。因此,只要是侵害这些权利或危及这些利益的行为,不管是穷人还是富人实施的,都应该受到刑法的惩罚。当刑事司法体系自身不按这样的规则运行时,就是犯罪。目前的刑事司法体系具有的强制力——通过拥有警察、法院和监狱而赋予——被用来惩罚社会当中的一些穷人,同时促进了富人的利益。这就是说,这种行为恰恰是一种犯罪行为,并且从道德上来讲,就相当于暴力犯罪。本书的结论是:如果刑事司法体系要想成为一个正义的体系,那么一些有效的政策就必须落实到位。

司法犯罪

强盗、勒索者和侵略士兵等术语常被用来描述那些执行不公正法律和不公正制度的执行者。这不是一种夸张的说法,它具有非常重要而现实的意义。

那些滥用或使用武力来保护不公正社会制度的人与一群犯罪分子或一支侵略部队没有什么不同。如果你还不能理解，那么可以思考一下前三章当中已经描述过的内容，然后再把第 4 章中的内容也考虑在内。本书的主旨就是呼吁刑事司法体系的改革，使其更有效、更公平。目前的刑事司法体系（专门针对穷人进行惩罚，而不能对所有威胁社会的犯罪分子一视同仁）并不能保护大众免受威胁生命和财产安全的行为的侵害。

在本章中，我们将提出一些刑事司法体系改革的措施。这些措施不应该被视为仅仅是提高美国刑事司法体系有效性和公平性的一些建议。如果本章的论点是正确的，那么这些建议体现了刑事司法体系在打击犯罪行为方面的优势以及改革的必要性。如果上述引用的圣奥古斯丁、罗尔斯和鲍德温的观点言外之意是对刑事司法体系的控诉，那么这些条件必须得到满足。需要牢记的是：刑事司法体系并不仅仅意味着警察、法院和监狱，它还包括整个法律体系——立法者、执法者、法官、狱警以及假释委员会。

圣奥古斯汀、罗尔斯和鲍德温的观点的相同点是将不公正的法律体系转换成公正的法律体系。常见的强盗、勒索者和侵略者是那些使用武力（或以武力相威胁）来强迫人们为了他人利益而牺牲自己利益的犯罪分子。强盗和勒索者使用武力让其他人交出一些有价值的东西，侵略者使用武力来胁迫另一个人，这些犯罪行为所具有的不公正的特点均是强迫人们为了他人的利益而牺牲自己的利益。

当然，法律制度也使用武力。然而，其捍卫者认为它使用武力是为了保护大众控制自己的一些有价值的东西，以及保护大众的生命和财产安全。他们声称，法律制度通过预防和打击强盗、勒索者来保护大众的财产，通过打击那些试图将自己的意志强加在他人身上的暴徒来保护大众的自治权。总之，虽然法律制度和犯罪分子都使用武力（无论是犯罪还是军事占领），但法律制度所具备的道德优势主要在于通过使用武力来保护其权力范围内的所有人的利益，而罪犯和侵略者使用武力则主要是为了剥夺他人的利益。因此，法律制度的道德合法性和犯罪与军事占领的道德非法性之间的区别在于使用武力是否为了追求同样的利益，或是否不惜牺牲他人的利益来促进另外一些人的利益。

照理应该由此得出一个显而易见的结论，但实际上却不能，原因是当前的刑事司法体系在某种程度上来看是有罪的，它不是正义的体系。当刑事司法体系能够平等地保护所有人的权利与利益，以及公平地惩罚对这些权利与利益构成威胁的犯罪行为时，这样的体系才能算是一个正义的体系。在某种程度上，我国目前的刑事司法体系背离了这样的目标，它同样是在牺牲一些人的利益来促进他人的利益。因此，从道义上来讲，我国目前的刑事司法体系是有罪的，不是吗？

　　20 世纪的经验告诉我们："我们不应该理所当然地认为所有的法律体系都是正义的体系"。希特勒统治时期的德国，证明了当时的法律是非常不公正的法律的事实。离我们较近的一个著名案例是 1857 年美国最高法院依据法律制度裁决的德雷德·斯科特案件，这一裁决将黑人奴隶作为财产来对待。根据上述的论述，我们就很容易识别出在本章开头提到的圣奥古斯丁、罗尔斯和鲍德温的观点中蕴含的真实含义了："根据法律色彩执法"① 在道义上与犯罪或暴政没有什么不同。因此，我们可以批判性地指出，我国当前的法律制度并不仅仅因为它是合法的而就被认为是唯一的；刑事司法体系是否在保护和服务所有人的利益，还必须接受道德的检验，以确保它确实是正义的司法体系，而不是戴着法律面具的犯罪体系（附录二提出犯罪学需要一种犯罪的道德评价来作为其研究对象的一部分）。当然，我们并不是要将美国的法律制度与希特勒统治下的德国的法律制度相提并论，我国当前的法律制度有很多合理的成分，许多罪犯被这样的制度惩罚也是罪有应得。确切地说，我们的观点是这样的：

　　·在一定程度上，美国的刑事司法体系未能执行那些可以大量减少犯罪行为以及由此带来大量损失的政策（已在第 1 章中有所论述）。

　　·在一定程度上，美国的刑事司法体系未能保护美国民众免受那些威胁他们生命和财产安全的严重犯罪行为的侵害（已在第 2 章中有所论述）。

　　·在一定程度上，美国的刑事司法体系逮捕和惩罚的"罪犯"不仅仅是因为他们具有危险的特性，而且还很贫穷（已在第 3 章中有所论述）。

　　·因此，在一定程度上，美国的刑事司法体系未能给所有的美国人

---

① "根据法律色彩执法"的意思是"在法律权威下执法"。根据法律色彩，警务人员可以执行逮捕（使用正式授予他的合法权力），但这样的逮捕仍然是非法的或不公正的。"法律色彩"并不意味着种族或种族主义，尽管在多数情况下这样的问题与种族相关。

提供必要的保护和正义，未能对那些给美国民众构成严重威胁的罪犯施以必要的帮助和行为矫正，且在它的权力范围内不能平等地使用武力来保护所有人的利益，甚至其使用武力在道义上来看与犯罪没有什么不同。

修订后的美国刑事司法

美国的刑事司法体系从道义上来看与犯罪没有什么区别，因为它通过使用武力将痛苦强加在普通人身上，而它违反自身的道德责任是为了证明一种理想状态：保护社会与促进正义。一旦明白了这一点，完善该体系的目的和用意就显得更为直接，即实现其声称的保护社会与促进正义的目标。本章将简要论述完善该体系的建议和措施。这些建议不能被过于频繁地重申，因为它们不会被用来改进这样的体系。我们也不会抱有任何幻想，即我们所提出的这些建议将会被合理地采纳或实施。有人提出必须要厘清刑事司法体系与犯罪之间的道义上的区别以及孰优孰劣。其实，即使这样的建议没有被采纳，至少也可以作为一种判断道德差异与优劣的标准。这些建议隶属于两个比较理想的目的，即保护社会与促进正义。

（一）保护社会

只要刑事司法体系拒绝实施那些能够减少人们所恐惧的掠夺和街头暴力犯罪的实际措施，那么它就是这些犯罪行为的帮凶，并要为此承担责任。因此，

◆ **我们必须杜绝那些容易产生犯罪的贫穷出现在我们的社会当中。** ◆

在本书的前面章节中，我们已经指出了美国持续存在的大规模贫困人口，以及贫穷与人们所恐惧的犯罪之间具有密切的联系。从长远来看，消除贫困是预防和打击犯罪最有效的策略，也是最具成本效益的策略。人们有时会认为贫穷本身并不导致犯罪，因为在久远的年代，贫困人口的数量比现在要多得多，然而犯罪数量却并不多。这里有一个很重要的事实，但是却很容易被人们所遗忘，即贫穷本身并不必然导致犯罪，但是在现代自由且具有自由企业精神的社会中，贫穷就很容易诱发犯罪。我们的社会缺乏良好的教育机会

（因为公立学校的经费主要来源于地方的财产税收，而最好的学校往往是那些昂贵的私立学校），缺乏父母的权威（因为失业的父母很难获得自己孩子的尊重），缺乏社区凝聚力（因为有一些人可以尽快地摆脱在贫穷的城市社区居住），缺乏对社会团体的效忠（由于被忽视——第 1 章中约翰·罗尔斯讨论的观点），等等。正是这些因素诱发了犯罪，而不是金钱本身。如果对我们的城市进行投资，并为那些失业人员提供高质量的公共教育、就业培训和就业机会，那么就会给社会带来更多有生产能力的公民和更多的好处。与那些用来维持警察和关押罪犯的监狱的成本相比，这样做的成本要低得多。

消除社会上那些容易诱发犯罪的贫穷对于保护社会有秩序地正常运转是必不可少的。但同时我们必须做到

◆ 使罪犯罪名的确定与其造成的危害相称，也与量刑相当。 ◆

刑事司法体系为了证明其必须履行其声称的保护社会的目标，就必须对《刑法》进行修订和完善，以便于其给罪犯定的罪名能够真实反映其危害社会的程度。我们必须制定新的、明确的法律条款来预防和打击针对普通劳动者和公民的某些危害行为，不管他们的社会经济地位如何，都必须一视同仁。企业里的犯罪行为应该和街头犯罪行为一样受到起诉，甚至是严厉的惩罚。

《刑法》必须认真修订和完善，以便于个人不会因为他们造成的无法预见的或无法避免的损害而受到惩罚。这不仅仅是关于惩罚某些行为人针对社会造成危害的问题，而是人们在追求安全感的同时，也有对自由和进步的正当需求。有些风险不可避免地与自由相伴，也有一些风险是现代生活的一部分。我们可以预测修建中的每英里的高速公路上由于意外交通事故而死亡的人数，但这并不能将修建高速公路的工程师作为一个杀人犯来对待；相反，我们必须对风险进行公开的、持续的评估，并决定哪些风险是值得冒的，以及何种程度的风险可以合理地让普通工人和民众承担。在这个框架内，我们不再将间接伤害仅仅作为一个监管事宜来对待，同时也不再将所有的故意伤害行为都按照其所产生的实际损害来进行处理，而是必须以与犯罪行为所造成的社会危害程度相符的原则惩罚犯罪行为人，而不去考虑犯罪行为人的社会经济地位如何。因为一些企业行为导致的责任往往被分摊给了大多数人，甚至使这样的责任模糊不清，所以我们需要法律对企业行为进行规范，使企业事先

确定谁应该为企业实施的具体行为承担相应的法律责任。基普·施莱格尔教授指出，一种"疏忽大意的监督标准"成为企业犯罪的量刑指南，那么，当存在一些实质性的危险状况时，拥有监督权的个人就会因未能行使这种权力而承担相应的责任。[①] 与金融改革立法相关的《萨班斯—奥克斯利法案》在这一方面迈出了坚实的一步，这一法案要求企业的高级管理人员证明其财务报告的准确性，为的是他们在投入大量资金经营公司的同时不能推托说他们不知道关于大规模的、有组织的、数十亿美元的欺诈行为。这一法案的效果是显著的，应该在商业领域广泛应用。

这仅仅是个开始，还有很多措施是可行的，而且是应该做的。美国专栏作家拉塞尔·穆克希伯在他的著作《企业法人犯罪与暴力》当中提出了"遏制企业法人犯罪的五十项严肃法纪的措施"。[②] 拉塞尔·穆克希伯的建议非常现实，并且有许多建议对于遏制企业法人犯罪非常适合。最新的立法建议有以下十二条：第一条，要求企业的高级管理人员报告那些有可能导致员工死亡和受伤的危害行为；第二条，将因故意或疏忽大意而未能监管到的有可能导致员工伤亡的玩忽职守行为按犯罪行为来对待；第三条，那些在全国范围内导致死亡事件发生的公司（比如曼维尔公司或烟草公司），应该让联邦检察官提起谋杀指控；第四条，依据对公司不法行为造成后果的处置方式（如掩盖事实或采取措施防止复发等），让公司承担相应的责任；第五条，针对违反法律规定的公司提起集体诉讼；第六条，要求被定罪和处罚的公司通过媒体公布它们的失职行为；第七条，更好地保护举报人免遭报复行为；第八条，加大对被定罪公司高管的惩罚力度；第九条，对公司不遵守法律而采取不合理制度的行为按犯罪行为来对待；第十条，使用罚金来支持独立的监管组织；第十一条，追踪白领犯罪的范围与危害程度；第十二条，在司法部建立一个专门的公司犯罪预防工作组，针对公司实施的严重犯罪行为和重复性犯罪行为进行惩罚（吊销违法公司的营业执照）。这样的立法建议如果获得立法委员会的通过，那么将会使刑事司法体系能够更真实地反映那些真正危害社会的

---

① 基普·施莱格尔：《企业罪犯的应有惩罚》，波士顿：东北大学出版社，1990年，第137页。
② 拉塞尔·穆克希伯：《企业犯罪与暴力：大企业的权力和公信力的滥用》，旧金山：塞拉俱乐部，1988年，第38~65页。

危险行为。①

保护社会的另一个方面是推行"无被害人犯罪"的合法化,比如像卖淫嫖娼、赌博、流浪、酗酒以及娱乐性吸毒等行为。只要这些行为是成年人根据自己的意志选择参与的,就不会对任何公民的自由构成威胁。这也意味着在一般情况下,不会有人受到一些行为的伤害,也不会有人愿意对这样的违法者提起诉讼或愿意为这样的行为作证。如果对这些行为警察动辄使用各种不光彩的手段,包括欺骗和钓鱼执法等手段,这样就会削弱警察队伍的公信力,而且使用这些不光彩的手段也容易滋生腐败,并使得执法更加随意。除此之外,也因为这些无被害人的行为不会对他人造成伤害,因而如果法律惩罚这些行为将会把那些无意伤害或利用他人的人按犯罪分子来对待。总之,这样的法律会将那些没有危险的人投进监狱,而真正的罪犯却逍遥法外。要实现保护社会的目标,刑事司法体系不仅要将企业高管实施的危害社会的行为按犯罪行为来对待,而且要将那些不危害社会的行为合法化。②

一百五十多年前,约翰·穆勒提出的原则仍然对我们这个时代具有指导意义,因为一个社会的立法目的是为了保障其成员的自由。

> 人类社会成员之所以有理由(无论是个人还是集体)对其他社会成员的行动自由进行干涉,其唯一的目的是为了自我防卫。一个文明社会的任何成员(成年人)都可以理所当然地行使自己的正当权利,即使违背自己的意愿,其唯一的目的也是为了防止伤害他人。③

尽管这一原则需要进行相应的完善才可以用来辨识现代社会中的一些危害社会的行为(在复杂的现代社会中,人们实施的一些行为可能在未来会对自己

---

① 拉塞尔·穆克希伯:《企业犯罪与暴力:大企业的权力与公信力的滥用》,旧金山:塞拉俱乐部,1988年,第38~65页;大卫·弗里德里希:《可信的罪犯》,贝尔蒙特:沃兹沃思/圣智出版社,2010年,第364~366页;玛丽·拉米雷斯:《正义优先:专案组的当务之急是打击企业犯罪》,载《马奎特法律评论》,2010年第93期,第971~1018页。

② 诺瓦尔·莫里斯、戈登·霍金斯:《诚实政治家的犯罪控制指南》,芝加哥:芝加哥大学出版社,1970年,第1章;《刑法的过度扩张》,第1~28页;赫伯特·帕克:《刑事制裁的限制》,加利福尼亚斯坦福:斯坦福大学出版社,1968年;杰弗里·雷曼:《我们能避免道德立法吗?》,见尼古拉斯·基特里、杰克韦尔·萨斯曼主编的《刑事司法的合法性、道德与伦理》,纽约:普雷格出版社,1979年,第130~141页。

③ 约翰·斯图亚特·穆勒:《论自由》,纽约:阿普尔顿世纪园地,1859年出版,1973年再版,第9页。

构成威胁,比如人们必须面对那些超出自己思维能力的智能机器和化学物质)[1],但是这一原则的核心仍然被人们广泛地接受。任何正当的法律禁令的一个必要条件是它禁止任何能够对其他人构成伤害的可预见的行为,而不是对行为实施者本人构成伤害,这是一种法律观念。由于法律优先保证的是人的行动自由,因而这些伤害行为是显而易见的(即一些广泛认同的手段,比方说科学手段等),它们的重要性应该大于法律所限制的自由的价值。[2]

这一原则不仅对立法者以及那些从事修订和编纂刑法的人有指导意义,而且还应该将这一原则提高到一种隐性的宪法原则的水平上。美国最高法院承认某些传统的法律原则可以作为宪法原则来使用,即使这些原则没有明确写入《宪法》。例如,一些法律原则被认为是违宪的,因为它们模糊不清;[3]其他的一些法律原则也不能被使用,因为它们处罚的是一种条件(比如醉酒状态或吸毒状态),而不是一种行为(如酗酒或吸毒行为)。[4] 美国权利法案的核心是捍卫和保护个人自由免受国家的侵害,因此约翰·穆勒的原则可以说已经潜在地存在于美国的权利法案当中了。

然而,无论是立法规范还是司法规范,应用约翰·穆勒的原则都将会确定无疑地清除法律的清教徒式的道德主义的残留物,而且它还有助于消除一些犯罪行为人的压力感,这些行为主要是由下层社会的穷人实施的,他们因为实施"无被害人犯罪"的行为而被逮捕;同时也可以消除二级犯罪的压力

---

[1] 例如,杰拉尔德·德沃金:《家长作风》,见理查德·瓦瑟斯特伦主编的《道德与法律》,加利福尼亚州贝尔蒙特:沃兹沃斯出版社,1971年,第107~126页;乔尔·范伯格:《法律家长主义》,见理查德·瓦瑟斯特伦主编的《今天的道德问题》,纽约:麦克米伦出版社,1975年,第33~50页。

[2] 例如,优秀的讨论原则可参见彼得·马尼科斯:《死亡状态》,纽约:普特南出版社,1974年,第5章;《自由的道德理想》,第194~241页;哈特:《法律、自由与道德》,纽约:美酒出版社,1963年。

[3] 杰罗姆·霍尔:《刑法的一般原则》(第2版),纽约:博布斯-美林出版社,1960年,第36~48页;大卫·理查兹:《性、毒品、死亡和法律:关于人权与过度犯罪化的文章》,新泽西州托托瓦:菲尔德出版社,1982年,第1~34页。

[4] 参见"罗宾逊诉加利福尼亚"案件,美国370号,1962年66期;美国最高法院认为某个国家的法律惩罚某个人是因为某种"状态",比如吸毒行为构成"残酷和不寻常的惩罚"状态,并违反了宪法修正案第八条(禁止过高的保释金以及残忍与不寻常的惩罚手段)。引自尼古拉斯·基特里:《与众不同的权力:越轨行为与强迫治疗》,巴尔的摩:约翰·霍普金斯大学出版社,1971年,第35~36页。

（妓女需要皮条客提供保护，吸毒者通过盗窃来维持他们的毒瘾，贩毒团伙之间的地盘之争，等等）；还能释放更多的资源来打击那些真正危险社会的罪犯。因此，

◆ **我们必须将生产和销售"非法毒品"的行为合法化，并将吸毒成瘾作为一个医学问题来对待。** ◆

当吸毒成瘾者不能合法地获得他们所需的毒品时，他们将从非法渠道获取。因为那些非法出售毒品的人形成了一个垄断市场，他们将会以高昂的价格出售毒品，以此来弥补他们所承担的风险。为了支付高昂的费用，吸毒者不得不借助犯罪行为来获取资金。因此，司法部门每天都在不断地打击毒品犯罪，但却使用法律来保护那些能够获取高额利润的毒品黑市。我们正在创建一个情景，即大量的吸毒者实际上是在自己身体的强迫下实施盗窃行为的。毫无疑问，现在所谓的"治愈"（逮捕和监禁）滥用毒品的行为与毒品本身相比，更是一种犯罪行为（或诱发犯罪行为）。伍德罗·威尔逊公共与国际事务学院的伊桑·纳德尔曼教授指出："不存在一个单一的合法化选项。合法化意味着一个自由市场或政府严密监管的市场，甚至是一个政府垄断的市场……然而，任何体制下的任何行为的合法化都必须保证某些行为能够具有很多的优点，至少要超过目前的状况。吸毒行为合法化以后，政府对毒品执法的开支将会大幅下降，而所有犯罪者组织的收益也会下降。"[①] 许多观察家似乎也同意英国的医生可能会为吸毒者开海洛因处方的做法。从这一点来看，英国的制度优于我国的惩罚制度。例如，《蒙特利尔公报》发表社论指出："一项荷兰的研究……发现，给吸毒者开海洛因处方不仅符合成本效益的原理，而且能提高吸毒者的生活质量。每位吸毒者每年为社会节约的成本估计超过 2 万美元，包括监管成本和财产犯罪造成的损失。如果没有这一措施，吸毒者平均每月将要花费 1 500 美元来购买海洛因，而且每三天就要实施一次犯罪行为来获取购买毒品的资金。"[②]

---

① 伊桑·纳德尔曼：《美国的毒品政策：糟糕的出口》，见罗伯特·朗主编的《美国毒品》，纽约：威尔逊出版社，1993 年，第 232 页。
② 《处方海洛因？它可以起作用》，载《蒙特利尔公报》，2005 年 6 月 8 日，第 A24 版。

还有一些专家研究得更为透彻。诺威尔·莫里斯和戈登·霍金斯教授强烈要求毒品使用合法化和允许药店以处方形式出售毒品。阿诺德·特里巴赫教授也呼吁允许医生对接受治疗的吸毒者使用海洛因进行治疗。卡特·斯科默克（他担任美国巴尔的摩市市长之前是马里兰州的著名律师）也曾呼吁允许健康专家为吸毒者提供毒品，并将其作为治疗和戒毒计划的一部分。前华盛顿特区警察局局长杰瑞·威尔逊建议销售大麻，并对大麻进行征税，就跟现在的烟草一样销售和征税，并用目前处理酒精的方式来对待鸦片和可卡因的衍生产品，同时规定一些具有影响神经作用的毒品只能在药店凭医生的处方来购买。①

任何合理的合法化计划将会通过大麻的合法化拉开序幕，因为大麻几乎是无害的。另一方面，可能有一些毒品非常容易使人上瘾或容易刺激一些人实施暴力行为，因此我们应该将这样的毒品按非法毒品来对待。这些毒品可能是晶体状可卡因和五氯酚，也被称为"天使粉"。如果这些被证明是事实（政府将非法毒品的危害夸大了这么多年，以至于人们怀疑毒品对健康的影响是有道理的），那么将这些毒品从合法化的计划里面排除出去是必要的。然而，随着危险性较低的毒品合法化，许多晶体状可卡因和五氯酚的使用者将会转向这些危险性较低的毒品，并且在任何情况下，已经捉襟见肘的执法资源将会被释放出来专门针对真正的危险毒品，同时专门处理如何让青少年远离毒品的问题。

消除贫穷，将富人实施的危险行为按犯罪行为来对待，以及将"无被害人犯罪"合法化，这样将会减少社会的犯罪率和保护社会，并能释放警察和监狱等资源来专门对付那些真正威胁大众生命和财产安全的犯罪分子。然而，对于这些，

◆ 我们必须制定矫正方案来促进而不是削弱个人责任。
同时，我们必须对累犯做好充分的帮教工作，
给他们提供良好的机会，使他们能够成为遵纪守法的公民。◆

已往监狱的丑闻已经得到了充分的证实。就拿我国的毒品政策来说，监

---

① 杰瑞·威尔逊：《耗费巨大的毒品战争》，载《华盛顿邮报》，1994年1月18日，第A20版。

狱似乎更能产生犯罪，而不是减少犯罪。对儿童实施监禁或许是一种罪有应得的痛苦的惩罚，但如果这样做会降低儿童出狱以后的生活自理能力，并且阻碍他们将来成为一名合格的社会成员，那么反而会给社会带来负面的影响。哲学家理查德·利普克争辩说，如果我们惩罚别人是因为他们实施的行为没有遵循道义的标准，那么我们必须从道义的角度来尊重和保护他们的能力。[1]但是，如果人们已经习惯于他们生活的各个方面，比如，他们起床的时间，洗漱所要花费的时间，饮食、工作以及锻炼的时间和内容，晚间休息的时间，等等，那么他们不可能容忍由别人来控制自己的行为习惯。另外，还需注意一个事实，那就是罪犯一般都没有正当的谋生技能，能够获得一份体面工作的机会非常少，而且"犯罪行为人"的烙印始终将伴随和影响着他们。其结果就是，这个社会从来不会让罪犯们赎清他们对社会所犯下的罪行，恰恰相反，反而会给他们提供犯罪的诱因，让他们重新走上犯罪道路。我们所需要的是对恢复性司法进行鼓励，通过行之有效的康复计划，并对监狱进行改造，将人们的期望、个人责任感和对他人的尊重融入我们对罪犯的惩教实践过程当中。[2]

许多惩教专家都认为罪犯在监狱服刑的时间过长，同时指出监狱的生活条件非常艰苦，而且也很少有证据能够表明过长的刑期确实可以减少犯罪。安德鲁·冯赫希和安德鲁·阿什沃思指出，最近美国和英国针对罪犯的监禁刑期有所增加，但是却没有实现与罪犯罪刑相适应的预期目的，也没有能够显著地降低社会犯罪率。在他们看来，监禁刑期的增加是由于玩世不恭的政客们企图"动员和利用人们对犯罪行为和犯罪分子的愤恨情绪"。这些专家强烈呼吁有关部门大幅度缩减过长的监禁刑期。[3]

---

[1] 理查德·利普克：《反思监禁》，纽约：牛津大学出版社，2007年，第111~112页。
[2] 弗朗西斯·卡伦、卡伦·吉尔伯特：《重申康复》，辛辛那提：安德森出版社，1982年；弗朗西斯·卡伦：《康复矫正的指导范式》，见杰弗里·雷曼、保罗·雷顿的《富人更富　穷人进监狱》，马萨诸塞州波士顿：阿林 & 培根出版社，2010年，第174~189页；约翰·布雷斯韦特：《鼓励恢复性司法》，见杰弗里·雷曼、保罗·雷顿的《富人更富　穷人进监狱》，马萨诸塞州波士顿：阿林 & 培根出版社，2010年，第174~180页；林恩·伯兰罕：《我们面临的困境：五个步骤实现监狱文化的转型》，载《印第安纳法律评论》，2011年第44期，第703页。
[3] 安德鲁·冯赫希、安德鲁·阿什沃思：《适当的量刑：探索原则》，牛津：牛津大学出版社，2005年，第86~87页；冯赫希：《匡扶正义：惩罚抉择》，波士顿：东北大学出版社，1986年，第16章。

哲学家理查德·利普克还认为，适用较短的刑期比美国目前的刑期所产生的效果要好。他说，美国监狱的条件通常被认为是非常恶劣的，这样的监禁条件应该用他所认为的最低程度的监禁条件来替换。所谓最低程度的监禁条件，是指该条件足以剥夺罪犯的行动和结社自由，减少他们与亲人和朋友的接触，剥夺他们的隐私，使他们感受到痛苦，限制他们的工作机会，对一些形式的娱乐活动禁止他们参加，使他们屈从于官僚体制，给他们贴上"罪犯"的标签，让他们感受到永久的耻辱。理查德·利普克还认为，囚犯应该被保留他们所具有的与最低程度的监禁条件相符的公民权利，并在他们自己的权利范围内工作以获取报酬；赋予囚犯投票权、行使言论的自由权，甚至竞选公职；能够让囚犯有适度的休闲和少量的娱乐活动。①

前国家司法研究所主任杰里米·特拉维斯指出，我国每年有63万刑满释放人员离开监狱重返社会。他写道："重返社会不是一个很好的选择。重返社会反映监禁的铁律是：他们都会再次进入监狱。"② 因此，如果我们继续通过剥夺自由的方式来惩罚这些罪犯，那么当他们重新获得自由时，我们就必须同时做好准备来安排他们重返监狱的生活。仅次于这种现实的情况是对美国宪法第八修正案的违反，这一修正案的目的是为了预防对罪犯的"残酷的和不寻常的惩罚"。剥夺一个人的人身自由或许是一种可以接受的惩罚方式，但是剥夺一个人的尊严和一个人成为守法公民的机会（他们所受的惩罚应该在适当的时候结束，但遗憾的是还没有结束）是残酷的和不寻常的。

如果剥夺"刑满释放人员成为一个守法公民"的机会是残酷的和不寻常的，那么根据美国宪法第八修正案的预期目标，每一个囚犯都应该具有获得谋生技能的权利，每一个刑满释放人员都不会受到歧视且具有平等竞争就业机会的权利。这需要将歧视刑满释放人员的招聘按非法行为来对待，以及将那些要求应聘者陈述他们是否曾经因犯罪而被逮捕、被定罪和被监禁的行为按非法行为来对待。这一建议可能会因某些敏感的职业而不得不进行修改，虽然总体上它会更公平和更有效地全面恢复刑满释放人员的相关权利，并且有政府财政和补贴资金的支持来弥补由于雇用刑满释放人员而造成损失的企

---

① 理查德·利普克：《反思监禁》，第105~108、111~113、150、241页。
② 杰里米·特拉维斯：《他们都回来》，华盛顿特区：城市学院出版社，2005年，第21页。

业。与监狱里面矫正罪犯的成本相比，这样的成本肯定会低得多。另外，这些成本也比刑满释放人员由于重新犯罪而失去工作给家庭造成的损失低得多。而且，如果囚犯在监狱里面通过劳动获得的工资更接近社会上的平均工资，那么这些收入可以用于补偿受害者，也可以用于购买其他一些特殊许可的行为权，甚至可以增加囚犯的隐私权或自由度——所有这些都将给予他们更多的自由来掌控自己的生活，以便为他们出狱以后的生活做好准备。

然而，要想让刑满释放人员回到一个更安全、更和平的社会，

◆ **我们必须制定并严格执行严厉的枪支管控措施。** ◆

美国人已经武装到了牙齿。手枪是最容易隐藏也最有效、最致命的武器。它的普遍存在对于缺乏勇气的恶棍来说是一项永恒的诱惑，但对于那些没有武器实施犯罪的人或偶然徒手搏斗的人来说却是一项永恒的技能。它的普遍存在也意味着任何纠纷都可以转化成超出当事人愿望或预料的致命冲突。大量的意外伤害和死亡也与枪支的泛滥有关。这样的问题不仅仅归因于手枪。近年来，速射突击步枪也成为相对容易获得的一种武器。试图去打击和预防犯罪，同时却让枪支成为一种相对容易获取的武器，这种情况就像试图去教孩子走路，但是每次孩子站起来却又将孩子绊倒。这种现状从表面上来看它是虚伪的，从更深层次看却是一种串通谋杀行为。[①]

由于美国宪法第二修正案关于枪支的规定，我国继续允许私人拥有枪支，并且要求持枪者进行登记，或在完成安全使用枪支培训课程后才能拥有枪支（安全使用枪支培训已经普遍作为配枪资格的必要条件）。我们当然可以禁止私人拥有突击步枪，并要求所有的枪支都必须安装儿童和小偷不能打开的扳机锁。[②] 这些改善措施结合在一起，很可能会减少一些危险的犯罪行为，并使社会法律秩序得到改善，这样一来，那些真正威胁大众生命和财产安全的危险行为都将受到惩罚，同时也能够使犯罪分子受到应有的惩罚。这样的法律制度才能够真正地保护社会。

[①] 关于枪支管控的合理化建议及其理由可参见莫里斯、霍金斯的《诚实政治家的犯罪控制指南》，第63~71页。

[②] 约瑟夫·布洛赫：《有权不保留或携带武器》，载《斯坦福法律评论》，第64期，2012年，第104页。作者认为，那些相信自己是安全的、没有枪支威胁的人试图保护自己免受暴力袭击的危害，正如那些选择拥有枪支的人一样。作者继续问："如果自卫是宪法修正案的核心，那么为什么只有其中一项决定受到宪法保护？"

（二）促进社会正义

上面提到的改善建议将会使刑事司法体系更加公正，因为犯罪分子所受到的惩罚与其实施的危害行为相适应，而且无辜受害人的数量也会减少。然而，与此同时，我们已经了解到，刑事司法体系歧视穷人的情况一直存在，除非贫穷被消除。因此，我们还需要继续努力，才能确保那些被刑事司法体系歧视的穷人能够得到公正的对待。

刑法应该公平和公正地逮捕、起诉和审判那些实施了犯罪行为的人，而不应该考虑他们的社会经济地位。如果穷人和富人实施了相同的犯罪行为，但对穷人的逮捕和惩罚措施要比富人严厉得多，那么这种情况不仅会造成严重的社会不公，而且还会破坏刑法的合法性。因为许多针对穷人实施的犯罪行为而采取的决定（指警察逮捕、检察官控诉和法官量刑的决定）通常是远离公众视线的自由裁量活动，这样的活动特别难以控制。警察的决定与法官或检察官的决定不一样，因为警察不进行逮捕的决定是没有记录的，它是最不引人注目的自由裁量活动，也是最难控制的活动。公众最大的希望是让警察的逮捕决定更加公平，实现这一目标的关键在于提高公民的法律意识和警察的文化层次，以便让警察能意识到自己的歧视行为对社会造成的影响，同时也让他们能够更直接地对社会大众负责，甚至对他们所实施的逮捕行为负责。

对于检察官和法官的自由裁量权来说，有两种改善方案似乎更为有效。首先，立法者应该制定简单明确的法律标准，让检察官用这样的标准来决定什么样的行为应该被起诉。多重指控的做法（比如，一个盗窃犯由于实施了撬门入室盗窃的犯罪行为以及因拥有盗窃工具而受到双重指控）应该被取消。这种多重指控的做法是检察官用来"劝诱"犯罪嫌疑人（通过将所有指控强加给犯罪嫌疑人而对其进行威胁）的一种手段，目的是让他们认罪伏法。刑法所具有的所有可疑的特性似乎都是没有正当理由的，因为它的动机是强迫犯罪嫌疑人认罪伏法；而如果它是合法有效的，则就不应该强迫犯罪嫌疑人。[1] 在刑

---

[1] 我们已经在第3章中指出，在美国，被判定有罪的绝大多数人都不是由陪审团定罪的。他们的认罪只是与检察官"讨价还价"的结果（由法官签署），而检察官同意放弃其他指控来换取犯罪嫌疑人的认罪。肯尼思·基普尼斯认为，辩诉交易的整个系统是一个违反正义的理想化程序，因为它相当于强迫犯罪嫌疑人认罪，而且往往惩罚的是罪犯的一种罪行，而不是他实际实施的所有罪行。肯尼思·基普尼斯：《刑事司法与辩诉交易》，载《道德规范》，第2期，1976年1月，第86卷，第93~106页。

事司法体系中,《美国联邦量刑准则》对于约束法官的自由裁量权和歧视行为迈出了重要的一步。但这仅仅是一小步,针对穷人的歧视并没有消除。达莱西奥和斯托曾伯格指出:"社会经济地位较低的穷人由于实施非财产性犯罪和道德犯罪所受到的惩罚,比社会经济地位较高的富人实施同样的犯罪所受到的惩罚要严厉得多。而《美国联邦量刑准则》并没有缩小这样的差距。"[1] 正如本书第 3 章中所指出的那样,面对同样的指控,白人被告人被法院判决的服刑期限要比黑人短。这就表明这样的量刑准则并没有最大限度地约束法官和检察官(他们决定什么样的行为应该被起诉)的自由裁量权,同时因为检察官比法官更容易受到政治上的压力,因而这样的量刑准则并没有达到预期的目的。因此,量刑准则必须与控诉准则保持一致。[2] 不过这两种准则都不应该过于严厉,而应该为法官和检察官留下自由裁量的空间和余地(2005 年,美国最高法院做出决定,《美国联邦量刑准则》仅仅作为一种参考,而不对法官产生法律约束力。但美国量刑委员会的研究表明,在最高法院做出这一决定的第二年,法院的量刑实践与之前在量刑准则指导下的量刑实践保持一致。所以,所有问题都与自由裁量者有关)。[3] 公众需要的不是严厉的量刑准则和控诉准则,而是公共责任和对案件数据及时发布的规则,甚至是对一些案件做出放弃起诉或审判决定的解释。

其次,在里根时代,《美国联邦量刑准则》就已经被应用到了实践当中了,其侧重点是对罪犯进行严厉的惩罚。但对于一些犯有轻微罪行的罪犯来说,尤其是毒品罪犯,这些量刑准则往往包含或伴随着严厉的强制性的最低刑期,或规定对第三次实施犯罪行为(无论实施的犯罪行为有多么轻微)的

---

[1] 斯图尔特·达莱西奥、丽莎·斯托曾伯格:《社会经济地位与传统犯罪的量刑》,载《刑事司法杂志》,第 21 期,1993 年,第 71、72、74 页。
[2] 《法律的发展:种族和刑事程序》,载《哈佛法律评论》,第 101 期,1988 年,第 1550~1551 页。作者建议,量刑准则应与控诉准则保持一致。根据这一标准,被告认为,他被歧视性地指控为有罪将不得不表明:(1)他是一个可以识别的阶级成员;(2)在管辖区域内,检察官决定的歧视性影响具有相应的统计数据;(3)检察官办公室缺乏内部指南和防止权力滥用的程序。如果被告成功地展示了这三个要素,那么举证的责任将会转移给政府来解释其行为。第 1552~1553 页。
[3] 约翰·康瑟尔:《调查显示"布克"后的量刑习惯变化不大》。网址:www.law.com/jsp/article.jsp?id=1123684510748。美国量刑委员会定期监控量刑实践,最新报告可参见美国量刑委员会网址:www.ussc.gov/bf.HTM。

人判处无期徒刑。为了应对这样的情况，一个倡导"家庭反对强制性最低刑期"的倡导组织成立了，这一组织主要侧重于对首次实施毒品犯罪的人或情节轻微的毒品罪犯进行调查，这些罪犯大多因毒品犯罪而被判处5年、10年或20年的监禁，且没有假释的机会。① 加利福尼亚州最近对一名男子判处了50年监禁，原因是这名男子两次从美国廉价超市总共盗取了11盘空白磁带。美国最高法院于2003年维持了这一判决，理由是这一判决并非不合理或不相称。② 因为这种严厉的惩罚制度只使得监狱人数大量增加，而犯罪率却并没有显著下降，所以现在是将那些为了实现公平判决的目标而要采取的措施从严厉的量刑准则当中独立出来的时候了。无论用什么样的方式来实现这样的目标，很显然，最终都是为了使刑事司法体系更加公正。

◆ 我们必须缩小警察、检察官和法官行使自由裁量权的范围，必须制定程序来确保他们对公众负责，目的是让他们做出更加公平合理的决定。 ◆

所有这些变化仍然保留着那些有可能导致刑事司法体系歧视穷人的主要因素：不能公平地获得高质量的法律服务的机会。我们知道，私人聘请的律师将有更多的时间和精力去帮助他们的客户摆脱困境。其结果是，对于相同的犯罪，那些有能力聘请私人律师的犯罪嫌疑人有可能会被无罪释放，而那些没有能力聘请私人律师的犯罪嫌疑人则就会被定罪判刑。目前的刑事司法体系为穷人提供的律师是那些承担法律服务的公共律师，而富人聘请的大部分都是私人律师。这种现状只不过是《宪法》保障公民平等地受到法律保护的一个幌子。

退一步而论，在当前的刑事司法体系当中，即使法院给穷人指定了律师，穷人也是要付出相当代价的。大约一个世纪以前，每个城市和城镇里面还没有正规的公共警察部队，一些富人（能够负担聘用警察的费用）获取警察保

---

① 科尔曼·麦卡锡：《嘲笑正义：强制性最低刑期的闹剧》，载《华盛顿邮报》，1993年2月27日，第A23版。
② "洛克诉安德雷德"，美国538号，第63期（2003年）。这一案件被杰弗里·雷曼、保罗·雷曼加以讨论，参见《两个罪犯的故事：我们更严厉地对待企业罪犯，但他们仍然没有得到应有的惩罚》，马萨诸塞州波士顿：阿林 & 培根出版社，2004年。网址：http://www.paulsjusticepage.com/RichGetRicher/fraud2004.htm。也可参见安德鲁·冯赫希、安德鲁·阿什沃思：《适当的量刑：探索原则》，第78~79页。

护的方式是聘请私人警察或保镖。获取保护是需要付出代价的，所以那些有钱人能够更好地受到法律的保护。今天，我们认为拥有警察的保护是每一个公民的权利，如果警察保护仅仅是为那些付费的公民提供的，那么我们就会感到非常离谱，而这恰恰也是我们对律师提供的法律保护格外看重的原因。

警察和律师对于个人的法律保护来说是非常必要的。但在当前的法律体系下，承认每个人都享有警察提供的平等的法律保护纯粹是一种虚伪的表现，同时将律师提供的法律保护分配给那些能够付费的公民也是一种虚伪的表现。只要这样的情况一直存在，那我们就不能要求刑事司法体系提供的法律保护能够平等地对待每一个人。因此，

◆ 只要有可能，我们必须将法律服务的
平等权利转变为平等的法律服务的权利。 ◆

虽然这似乎是美国宪法平等保护公民权利的宗旨和正当法律程序的一个明确要求，但美国最高法院否决了这样的要求，或许是因为它带来了大量的现实问题，实际情况也是，为了保护每一个人而建立的公共警察部队给社会带来了大量的实际问题。

让警察充当一种先锋模范的作用来解决平等的法律服务的问题是不太合适的。建立一种为所有人提供法律服务的体制——事实上是将法律职业国有化——可能会让所有人平等地接触到法律服务人员。然而，这样一来会破坏诉讼程序的对抗制度，因为它削弱了辩护律师的独立地位。但是，一种能够让所有人根据自己的选择聘请私人律师的国家法定保险可以使大众进一步平等地得到法律保护，而不会影响到诉讼程序的对抗制度。

这样的保险毫无疑问将由政府来补贴，正如警察、法院和监狱由政府补贴一样；但它并不完全由税收来支付。我们可以合理地期望人们将他们收入的一部分作为法律服务费用来支付，如果他们愿意的话。其余的费用由政府来补贴，这样将会弥补"被告能够负担的费用"和"追求高质量法律服务的费用"之间的差额。司法系统不需要干涉被告自由选择律师的权利（这种权利更接近自由企业家的核心，而不是目前公共辩护制度所允许的权利），也不需要干涉辩护律师的独立地位。

毫无疑问，这样的系统所需要的成本是非常高的。但当前司法体系承诺的平等正义的法律保护仍然是一个骗局，除非大众愿意付出这样的代价。为

了保护美国宪法倡导的自由价值，美国人已经付出了高昂的代价。因此，要求他们公布已经付出的高昂代价也不是没有道理的。

最后，在前述我们就已经指出，刑事司法体系（就其本质而言）保护的是目前的财富分配状况。因此，对于那种认为刑事司法体系作为一个实体可以与更大的社会秩序相互隔离并能得到改善的观点，我们认为是错误的。刑事司法体系保护的是社会秩序，其作用也仅仅是为了保护社会秩序。但是，如果刑事司法体系保护的是一种不公正的财富分配状况，那么其结果可能更为不公。如果法律本身是在支持和维护不公正的社会秩序，那么刑事司法体系对于个人由于破坏法律的不公正而要承担的有罪责任就会失去其权力。

如果没有经济和社会正义，警察在贫民区的确就像一个入侵者，其合法性不超过他所佩带的枪支所具有的合法性。当刑事司法体系保护的是一种不公正的财富分配状况时，它就会使用胁迫手段迫使一些人通过牺牲自己的利益来为其他人的利益服务，因此，这种行为从道义上来说与犯罪没有什么本质的区别。刑事司法体系不会比它所保护的社会更为公正。综上所述，公平公正的经济和社会秩序对于建立刑事司法体系的道德制高点是一个必不可少的条件。

◆ **我们必须建立一种更为公正的财富分配制度，让所有的美国人都能够获得平等的机会。** ◆

这不仅仅是一个向穷人提供资金援助的问题。这是一个为我们最重要的资源——人类——进行投资的呼吁，以及向那些急需的领域和道义领域进行投资的呼吁：改造肮脏的城市，教育青少年，为穷人提供真正的机会以摆脱贫困，而不去依赖援助。这意味着国家必须对财富和收入进行再分配，使整个社会经济秩序更加公平和公正，这样就会减少那些诱发犯罪的贫困因素，并降低社会制度的异化现象，会重新塑造一个良好而稳定的社会秩序。这就是大众对安全与正义的突出要求。

小 结

首先，减少社会贫困和职业疾病，将富人实施的危害行为按犯罪行为来处置，并对白领犯罪行为人进行起诉，将娱乐性的毒品使用行为和其他"无被害人犯罪"的行为合法化，以及推行裁军计划，等等。其次，还需创建一个能够促进人民尊严的矫正系统，给刑满释放人员提供一个能够让他们成为守法公民的机会，使警察、检察官和法官在运用其权力时更加负责和公正，也使每一个被告人都能够平等地获得高质量的法律服务的机会。最后，还需建立一个公平、公正的社会秩序。这样的目标将会使目前的"犯罪"司法体系转变为刑事"司法"体系。如果拒绝向这样的方向迈进，社会将会走向另一个极端。

> **问题思考**
>
> 问题一：本章开头的三段引语分别是什么意思？它们是如何适用于美国的刑事司法体系的？
>
> 问题二：建立刑事司法针对犯罪行为的道德制高点的必要条件是什么？
>
> 问题三："无被害人犯罪"是什么意思？为什么作者认为它们不应该按犯罪行为来处置？
>
> 问题四：你是否愿意将你的税收支付给穷人，以便让他们获得高质量的法律服务？
>
> 问题五：美国的财富与收入分配制度公正吗？本书是如何与刑事司法体系的公正联系在一起的？
>
> 问题六：你认为本章中提出的建议可能会被采纳吗？你如何看待美国的刑事司法体系？

附录一

刑事司法的马克思主义批判

——杰弗里·雷曼

在附录一中①，我们将尝试向读者介绍关于马克思主义的理论概述，该理论涵盖的内容非常广泛，从马克思的资本主义理论到法律理论，再到刑事司法理论。这一理论解决了许多问题，这些问题与本书讨论的有关美国刑事司法体系当中出现的问题相同，但是该理论是将这些问题放在与"得不偿失的胜利"的失败理论不同（尽管存在一定程度的兼容）的理论框架之下的，不过它与失败的刑事司法体系的历史惯性解释有一定关联。我们对有关伦理问题的马克思主义分析将不发表任何意见。

刑事司法在社会生活当中具体指的是警察、监狱、法院、手枪和其他方面。但是，对于我们的最终目标来说，最重要的是在资本主义社会当中刑事司法给大众所塑造的特殊形象。这种形象是由某些原则所引导和支配的，这些原则指的是什么行为应该算是违法行为，对于违法者应该给予什么样的惩罚，等等（为简单起见，我们将使用"刑事司法"作为这些原则的简称，这些原则通常指导资本主义的刑事司法实践和执法者，并使用"刑事司法体系"作为指导和支配现实生活实践和实践者的简称）。马克思主义的分析是针对这些指导和支配原则的第一个实例。它的分析的目的是要表明这些原则是"经济实用"的，也就是说，这些原则反映的和支持的是当下的经济制度——资本主义的生产方式（在我们的案例当中）。

刑事司法扮演着支持资本主义制度意识形态的作用，但大多数人并没有

---

① 这是一篇经过修改和压缩的文章，来自于《刑事司法伦理6》（第1卷，1987年冬春季），第30~50页。彼得·达瓦斯对本文也有贡献。

认识到那些指导刑事司法实践的原则是资本主义制度的反映，反而认为刑事司法体现的是一种纯理性的结果。因此，资本主义的刑事司法体系被（错误地）视为是理性本身的表达。马克思的合作伙伴恩格斯写道："法学家认为它是在先验原则（即纯粹理性的）的支配下运作的，然而它实际上只是经济的反映，所以一切都颠倒了。在我看来，很显然，这是一种反转……只要这种现象没有被识别，就形成了我们所说的思想观念。"[①] 作为这种"反转"的结果，刑事司法体现和传达了整个资本主义社会制度的一种误导和党派观点。因为资本主义需要通过法律来赋予某些资本家以某些权利，并使他们由此拥有自己的工厂和物质资源。那些使法学家看起来比较理性的法律使得资本主义也显现得比较理性。

在作进一步的讨论之前，我们有必要先指出一下马克思主义的理论本质。首先，马克思的资本主义理论独立于他所倡导的社会主义和共产主义。马克思提出的关于资本主义的运行规律或资本主义的不公正性或许是正确的，即使社会主义和共产主义事实上只是乌托邦式的梦想也是如此。这一点非常重要，因为人们倾向于认为东欧共产主义的解体和苏联的解体（以及在解体之前东欧共产主义所表现出的令人不愉快的事件）通常会作为驳斥马克思主义理论的依据。这是完全错误的。如果有这种情况的话，那么东欧解体和苏联解体所驳斥的应该是列宁和斯大林关于如何建立共产主义的理论。马克思很少论及这样的事情，他所论及的通常是赞成更加民主的社会主义和共产主义，而不是列宁和斯大林的理论所造成的结果。因此，看看马克思关于资本主义的思想仍然是有用的。

其次，当我们将目光转向马克思的资本主义理论时，我们会看到马克思所用的是一种纯粹的形式来描述资本主义。他这样做不是宣称资本主义是如何存在的，而是展示资本主义无处不在的形象。实际的制度将会是这种趋势（资本主义无处不在）的力量与局部因素、传统、人才、创新、运气、资源以及特定人物的成功或失败等的力量相互竞争的结果。同样，刑事司法的马克思主义分析将表明针对的只是刑事司法体系的纯粹形式，只

---

① 恩格斯：《致康拉德·施密特的信（1890 年 10 月 27 日）》，参见《马克思选集》，V. Adoratsky 编辑，莫斯科：外国工人合作出版协会，1935 年，第 1 卷，第 386 页。

要这个体系支持资本主义的运转即可。实际的刑事司法体系将会与这种趋势逐步接近。当然，它也很显然受到人类行为的影响，而且影响巨大。马克思主义者没有必要否认美国（资本主义国家）的刑事司法体系与智利（资本主义国家）的刑事司法体系存在很大的不同。我们必须声明的是，随着资本主义在这两个国家的发展，它们的刑事司法体系将会越来越倾向于该理论所指向的形象。

我们将试图证明马克思主义是如何导致这种结构理论的出现的，这种结构理论主要是指刑事司法体系倾向于在资本主义制度下运作。在此，我们将给读者尽可能完整地展现整个马克思主义理论的体系（在有限的篇幅内从资本主义的一般理论到刑事司法的具体理论，再到道德评价）。我们将在很大程度上忽略具体个人行为对刑事司法体系的影响。我们希望我们所说的足以表明人类的行为绝不意味着与真实的历史结局无关。

附录一将按照下列顺序展开论述：第一部分勾勒马克思主义的资本主义生产方式理论，并将此作为马克思主义法学理论的必要基础。因为对于马克思主义来说，法律是意识形态的形式，我们将看到意识形态如何在资本主义制度下运作的。由此引申出第二部分，即马克思的法律理论——马克思主义的刑事司法理论。在最后一部分，将论述马克思主义对刑事司法（特别是关于罪与罚）的道德判断的特点，根据马克思主义的理论，这样的刑事司法是合乎规律的。

马克思主义与资本主义

马克思说资本主义是一种强迫性的劳动制度，不管这种劳动看上去是否根据自由契约协议订立的。[①] 马克思所说的关于资本主义和掩盖事实真相的法律意识形态都是真理。要准确理解其工作原理，我们必须考虑马克思在资本主义理论当中所指出的关于"强迫"的本质。

按照马克思的说法，任何商品的价值都是由生产该商品的社会必要劳动

---

① 马克思：《资本论》，纽约：国际出版社，1967年，第3卷，第819页。

时间所决定的。① 在资本主义制度下，工人的劳动能力（马克思称为劳动力）出卖给资本家以换取工资。因为劳动力也是一种商品，其价值相当于生产它所必需的社会平均劳动时间。生产劳动力意味着生产用于维持一个有效工作者所必需的物品，这样，劳动力的价值就相当于维持一个正常劳动能力的工人所必需的物品（食品、衣服、住房等）的社会平均劳动时间（以生活的现行标准为依据）。马克思认为各国之间的不同取决于各国各自的历史（《资本论》，第1卷，第171页）。工人以工资的形式接受劳动报酬，即以货币购买他们所必需的商品。

资本家是通过销售工人在被雇用期间所生产的产品来获得他支付给工人的工资的。如果工人生产的商品价值仅仅相当于资本家支付给他的工资，那么资本家将不会获得任何剩余价值，这样一来，资本家也不会考虑去雇用工人。但是，劳动力具有产生比自身价值更多的价值（剩余价值）的独特能力（《资本论》，第1卷，第193~194页）。工人的工作时间可以比他所获得的工资所必需的工作时间更长。马克思将工人用于生产他的工资的工作时间称为必要劳动时间，将超过工人必要劳动时间的额外劳动时间称为剩余劳动时间，工人在剩余劳动时间里所生产的价值称为剩余价值。当然，剩余价值属于资本家，也是他的利润来源（《资本论》，第1卷，第184~186页）。也就是说，当资本家出售工人生产的产品时，将其销售收入中的一部分支付给工人以作为工人的工资（这相当于工人在必要劳动时间里投入到产品当中的价值），并将剩余的货币收益作为自己的利润（这相当于工人在超过必要劳动时间的剩余劳动时间里创造的价值）。

那么，利润来自于从工人那里获得的无偿的剩余劳动价值。看到这一点，

---

① 需要注意的是，马克思并不认为一件商品的价值相当于生产这件商品所必需的劳动时间的价值。按照这一观点，生产商品的效率越低，商品的价值就越大；相反，认识到一件商品最终的价格并不高于相似商品卖出时的价格，马克思认为商品的价值是由生产该商品的社会必要劳动时间或平均劳动时间所决定的。参见《资本论》，第1卷，第189页。此外，虽然马克思认为商品的价值相当于社会平均劳动时间的价值，但他还是将价值与市场价格作了一个一致的假定，其目的只是为了讨论在《资本论》第1卷当中提到的关于资本主义的基本性质。在后面的几卷内容当中，马克思详细论述了资本主义制度的机制，这种机制促使价格背离价值。即使在理论上，这种常见的误解已经被消除了，但是必须承认，马克思的劳动价值理论在最近几年已经受到了很多人的批评，有很多人，甚至有许多马克思主义者，都对其进行了无情的批判。

我们只需要记得,尽管所有的商品都是由工人的劳动创造的,但仅仅只有其中的一部分商品是工人获得的工资商品(工资只有价值,因为他们可以换取工资商品)。剩余的商品属于资本家,而不会支付报酬给工人。工资商品仅仅补偿相当于工人必要劳动时间的价值。工人创造的超过必要劳动时间的价值就被资本家无偿占有。因此,马克思写道:"资本自我膨胀的秘密(也就是利润的秘密)可以理解为具有处置他人一定数量的无偿劳动的能力"(《资本论》,第1卷,第534页)。

然而,对于马克思来说,资本主义不仅是一种榨取工人无偿劳动的制度,而且还是一种强迫工人提供无偿劳动的制度。工人不仅被欺骗,而且还被奴役了。资本主义是一种"胁迫关系"(《资本论》,第1卷,第309页)。然而,这种胁迫与奴隶制或封建农奴制的特点并不相同。这是一种间接的胁迫,是建立在资本家占有生产资料而劳动者不占有生产资料的基础之上的。生产资料是生产劳动所必需的一些东西,比如工厂、机器、土地和资源等。缺乏生产资料的所有权,工人就不能自己去生产生活资料。根据这一事实,工人被迫出卖自己的劳动力给资本家以换取工资,因为选择(根据情况)是痛苦的或致命的:相对贫困或绝对饥饿。

这种胁迫与工人为资本家工作的事实并不冲突,因为这是自由契约协议的结果。事实上,胁迫劳动披上了自由协议的合法外衣。因为协议是自愿的,协议一方必须提供另一方同意的理由。如果工人提供给资本家的劳动价值与他从资本家那里获得的工资商品大致相当,那么资本家就没有理由购买他的劳动。由此可见,无论是多么自由的劳动协议,只要这种自由协议是与那些拥有生产资料的资本家签订的,那么不拥有生产资料的工人将被迫给资本家提供一定量的无偿劳动。因此,马克思将雇佣工人描述为"被迫出卖自己自由意志的人"(《资本论》,第1卷,第766页)。对工人的强迫是通过产权结构关系进行的:"经济关系的刻板强制迫使劳动者屈从于资本家。经济条件以外,直接暴力仍然在使用,但只是例外"(《资本论》,第1卷,第737页)。

资本家和工人(分别指拥有生产资料所有权的人和没有生产资料所有权的人)分别扮演的社会角色成为胁迫工人无偿劳动的无形力量。社会结构以同样的方式胁迫工人无偿劳动,因为社会结构将生产资料的所有权分配给了一部分人,并因此控制社会整个可用的社会资源。资本家为了捍卫他所拥有的物质资源所有权就必须采取一些必要的措施,所以他并不需要借助超出这些必要性措施以外的力量来强迫工人劳动。事实上,这将通过讨价还价的自由方式有效地进行,其中那些没有生产资料所有权的工人不得不为拥有生产资料所有权的资本家劳动而获取购买生活资料的货币,同时他们也将被迫出卖自己的自由意志。"资本主义"也可以说成这样:一旦其社会角色的结构发挥作用,所有那些必需的因素都是个人的自由选择,从可选方案到每个人各自的角色,再到最符合每个人自身利益的行动方案,以及并不需要进一步采取明显暴力手段来榨取无偿剩余劳动的价值,等等。

资本主义社会与生产资料属于私人所有的社会具有同样的性质:明显的暴力手段通常用于或者威胁用于对资本家的所有权构成挑战的侵犯者。这句话的另一种表达方式是:资本主义国家公开使用武力来保护私人的私有财产。进一步地说,这种暴力通常被用来保护资本家的财产(工厂和物质资料)和工人的财产(他们的劳动力)。这与奴隶社会中使用的暴力有着明显的不同:在奴隶社会,公开使用暴力是正常行使主人权利的一部分;在资本主义社会,公然使用武力通常被用来保护资本家的财产权免受侵害,维护他们对自己财产(无论是生产资料还是劳动力)的处置行为权。因此,这种暴力不是资本家力量的一部分,而是属于第三方,即属于所有的业主——国家。

资本家和工人都在保护他们处置自己财产的权利,这样一来,工人被迫无偿工作的过程就可以快速地进行。这种效果可以在国家发挥中立作用的情况下实现。虽然国家在通常情况下会倾向于资本家的利益[1],但是它可以通过保护资本家和工人自由处置自己财产的权利来为资本家榨取无偿剩余劳动的过程提供服务。因此,国家可以同等地对待资本家和工人,或同等地对待他们所拥有的对自己财产进行处置的"平等"权利。但这也仅仅是表明了资本家拥有的是生产资料,而工人所拥有的是他们手臂上的肌肉。接下来,资本主义自然地表现为拥有平等权利(不平等的财产数量)的人之间自由交流的制度,于是这将我们带进了意识形态的范畴。

---

[1] 威廉·多姆霍夫:《谁统治美国?》第 4 版,纽约:麦格劳希尔出版社,2001 年;格林、法洛斯和兹维克:《谁掌控国会?》,纽约:格罗斯曼出版社,1972 年;爱德华·格林伯格:《服务于少数:企业资本主义和政府政策的偏差》,纽约:威利国际出版公司,1974 年;拉尔夫·密里班德:《资本主义社会中的国家》,纽约:基础读物出版社,1969 年。

资本主义与意识形态

关于社会革命的研究，马克思写道：

> 在考虑这种转变时，关于从事生产的经济条件的物质转换（这可以由自然科学的精确度来确定）与法律、政治、宗教、美学或哲学等学科之间必须要做出必要的区分。总之，人们开始意识到这种冲突的意识形态的形式并进行争辩。①

法律虽是一种意识形态的形式，但这并不是说它仅仅是一种思想。它是以警察、监狱、手枪、法院、立法者和法律书籍等物质形式存在的。关键是这些物质形式是如何建立的，为此我们必须了解意识形态是如何形成的。

意识形态指的是思想的科学，这里的"科学"可以在普遍意义上作为因果关系的研究范畴（回顾第 4 章中关于意识形态的讨论）。在马克思主义理论的背景下，意识形态指的是由生产方式（以我们的观点，是指资本主义生产方式）所决定的思想。但对于马克思主义来说，同样重要的是，这种思想在某些重要方面是错误的。因此，按照马克思主义的理论观点，所谓对意识形态的研究，指的是对资本主义生产方式如何引致人们对社会的错误观念的研究。在《德意志意识形态》一书当中，马克思写道：

> 在意识形态中，正如在一个暗箱里，所有的人和事物好像都是颠倒的，这种现象必然从人们生活的历史过程（正如物像在视网膜上的倒影是直接从人们生活的物理过程中产生的一样）中产生同样多的效果……
>
> 形成于人们头脑中的模糊的东西（意识）归根结底是人们可以通过经验来确定的与物质前提相联系的物质生活过程的升华物。②

正如马克思所表明的，无论是现实存在的还是虚假的思想和信仰，意识形态的研究都需要给予唯物主义的解释。

---

① 马克思：《政治经济学批判序言》，参见罗伯特·塔克主编的《马恩读本》第 2 版，纽约：诺顿出版社，1978 年，第 5 页。
② 马克思、恩格斯：《德意志意识形态》第 1、3 部分，纽约：国际出版社，1947 年，第 14 页。

为了理解这一点，有人认为马克思的唯物主义理论是两种截然不同的观点相互结合产生的，而这两种观点分别是"本体论"和"社会科学论"。"本体论"认为存在的就是物质的，也就是空间中的物理对象。思想和精神在任何非物质的意识当中，都是幻想（"一开始的'精神'是对'负担'与物质的诅咒，它使得'精神'以空气、声音糅合在一起——总之是语言——的形式表现出来。"《德意志意识形态》，第19页）。"社会科学论"认为，一个社会组织存在和繁衍人口必需的物质条件的方式（"生产方式"）在自然和社会事件的发生过程中起着主要（虽然不是唯一的）的作用（"物质生活所需要的生产方式从总体上制约着社会、政治和精神生活的全过程"）。① 按照"社会科学论"的观点，"社会成员的态度在很大程度上塑造了社会"，或者说"社会历史是由逐步发展的知识和观念塑造的"，这样的信念是假的；相反，生产组织决定了人们的态度，逐步发展的生产方式塑造了社会历史。（"也就是说，我们不依赖于人们说什么、想什么，也不以人们叙述的、想到的、构思的观点为依据来达到人们想要达到的目的。我们是以真实的、积极的以及基于人们现实生活过程为出发点的，并且以现实生活过程的意识形态的反射和回声的发展为依据。"《德意志意识形态》，第14页；"不是人们的意识决定人们的存在，而是与此相反，社会存在决定社会意识。"）②

在上述两种理论中，"社会科学论"比"本体论"受到更多的限制。"本体论"仅仅要求我们将意识形态归因于物质现实，无论是大脑、语言还是生产方式。"社会科学论"要求我们在这些物质现实当中，首先将生产方式作为意识形态的主要原因。这就意味着虚幻的意识形态的主要来源并不在于可以感知的主观世界，而在于可以感知的客观世界。这不是一种"主观错觉"（基于人们物质生活条件的错误感知的结果），而是一种"客观错觉"（基于对物质生活条件或多或少精确感知的结果）。③ 观察意识形态的这种方式具有额外的好处，即这种方式所设定的范围刚好能够使意识形态的理论并不排除所有真实信念的可能性，因此这种方式是建立在科学的基础之上的。而意识形态

---

①② 马克思：《政治经济学批判序言》，第4页。
③ "这不是欺骗自己的问题，而是现实欺骗了自己。"见莫里斯·古德利尔的《资本的结构与矛盾》，以及罗宾·布莱克伯恩主编的《社会科学的意识形态》，格拉斯哥：丰塔纳/柯林斯出版社，1977年，第337页。

的唯物主义理论必须证明虚假的意识形态是一种客观的错觉，这种错觉主要来自于对物质生产组织或多或少的精确感知，而不是来自于某些主观的错误。[①] 需要注意的是，这是一个主要侧重于客观因素的问题，但是也不完全排除主观因素。

我们可以通过思考一个非常常见的例子来修复"客观错觉"的观点，即太阳绕着地球转的假象。人们持有的任何错觉、任何错误的观念都可以被认为是一种主观的错误，但并不是每一个错误的观念都是由于主观错误所导致的。有人认为太阳每天早晨都会从地平线上升起，这本身就是一种错误。然而，这种类型的错误与一个患有色盲症的人将红色的灯看成是绿色的灯所犯的错误有着明显的区别，或者是与一个人为了平衡他的支票而将数字由2写成4所犯的错误有不一样的地方。在后一种情况下，错误的观念不仅仅由个人所特有；个人所具有的这种错误在很大程度上应归因于一个知觉能力有缺陷的人或滥用知觉能力的人。这些都是主观错觉。在这些情况下，知觉能力健全的人应该帮助知觉能力有缺陷的人消除这种错误观念。相比之下，太阳绕着地球转的错误观念应归因于某些人不恰当地行使了健全的知觉能力。这是一种客观幻觉。无论是健康的视力还是仔细地观看都不能使一个人纠正这样的错误，也不能使一个人在黎明时看到太阳升起时，就认为太阳并不是从地平线上升起的，而是地平线本身下降所导致的。

资本主义的意识形态是一种错觉，即资本主义是非强制性的。这种错觉与太阳绕着地球转的错觉是同一类型的错觉。在资本主义社会，从地球上看太阳运动所蕴含的意义就相当于资本家和工人之间进行的工资与劳动力的自由交换。马克思敏锐地察觉到，交换的范围是意识形态的客观依据，他写道：

> 在劳动力买卖活动的边界之内的权利实质是天赋人权。这种权利控制着自由、平等和财富。对于劳动力商品的买方和卖方来说，自由只受

[①] 意识形态理论（能够歪曲人们的主观幻想）的例子是法兰克福学派的一些成员试图去解释德国劳工的法西斯主义情感，其方式主要是借助于弗洛伊德叙述的关于不合理的专制意识长期存在，以及一些社会学家试图去追踪现存的意识形态需要具体化保护的神话世界，以防止毫无意义的恐惧。对于前者，请参见马丁·杰伊的《辩证的想象：法兰克福学派和社会研究所的历史（1923—1950）》，波士顿：利特尔＆布朗出版社，1973年；对于后者，请参见彼得·伯格和托马斯·卢克曼的《现实的社会建构》，纽约：双日出版社，1966年。

他们自身自由意志的约束（《资本论》，第1卷，第176页）。

在交换过程中的正常感知引起了意识形态的幻觉，即资本主义是非强制性的。这并不是因为自由交换是一种幻觉。事实是，马克思说，资本主义的运行只是在于交换的瞬间通过资本的不断循环来实现和完成的，这是一种真正的自由。

因此，货币所有者要将他的货币转化为资本，就必须在市场上与自由劳动者进行交换。这是具有双重意义的自由：一方面，一个自由人可以将他的劳动力作为自己的商品进行出售；另一方面，他没有其他的商品可供出售，且缺乏实现自己劳动力价值的必要因素（《资本论》，第1卷，第169页）。

上面指出的关于自由的第二个意义是指劳动者对自己生产资料所有权的自由处置权，并不否认第一个意义的现实性；如果没有这样的意义，那么我们的社会将是奴隶社会或封建社会，而不是资本主义社会。

在交换过程中，资本家所具有的超过工人的权利从人们的视线当中退去了。如果我们区分这两类权利——一类是隐瞒自己商品直到最终提供最好东西的权利；另一类是对命令的服从并以暴力支持某一行为的权利。那么，很显然，在交换的范围内，后一种权利通常是不运行的，而所有的因素都集中到前一种权利的运行过程中。前一种权利是各方参与商品平等交换的权利。因此，资本家和工人之间的不平等权利在他们之间进行的商品交换过程中就被掩盖了，所以看上去是平等的，同时由于他们各自所拥有的财产存在差异，这就显示了他们社会地位的不平等。马克思关于商品拜物教的名言是："在人们眼里，人与人之间的社会关系表现为事物之间关系的荒诞形式。"（《资本论》，第1卷，第72页）

如果在商品交换过程中的这种准确的感知是用来解释资本主义的非强制性的，那么，我们就需要了解在整个资本主义社会当中，商品交换的范围（仅仅是资本主义的一部分）是如何成为意识形态的主要来源的。为什么应该是由商品自由交换的经验决定着资本主义社会成员自然而然的观念，而不是（比如说）由资本主义生产线上工人的工作经验所决定？商品交流的代表性观点是如何被推广成为整个资本主义社会的观点的？

马克思提供了一条线索来回答这个问题，他说这是商品拜物教的结果，因为"生产商之间并不相互接触，除非他们进行商品交换"（《资本论》，第1卷，第73页）。商品交易是资本主义社会的一些经济行为实施者进行社会交往的关键点。他们强调资本主义社会关系。在资本主义生产方式发挥作用的个人之间进行的每一次社会互动都始于这样的交易（比如出售劳动力以换取货币的工资合同的签订），并且也以这样的交易方式结束（比如工资合同的解除）。每一次这样的开始和结束都被赋予了一定的特点，即拥有权力的任何一方都不会要求另一方无条件服从，并使用暴力来强迫交易。每一方都知道，他可以进入或退出任何资本主义社会的交易行为，而不会屈从于该命令或其他明显的暴力。能够束缚他们的东西看上去好像只有他们所碰巧拥有的生产资料，这自然会表现为自己是否好运的情况，而不是其他人强制实施的条件。因此，资本主义社会成员的所有社会互动，不只是交易本身，似乎都可以被认为是拥有不同生产资料的平等主体之间的自愿承诺。

基于准确感知的商品交换，然后在资本主义社会广泛普及，并引导工人相信他们是自由的，尽管他们的大部分时间都是在工作中度过的。因此，资本主义意识形态的错误观念产生于商品交换的准确感知程度。关于资本主义的其他因素，在默认情况下，被认为大部分都是相同的。法律体系就是按照这样的模式运行和延续的。

意识形态与法律

马克思在《哲学的贫困》一书中写道："法律仅仅是官方承认的事实。"[①] 对于资本主义的法律来说，事实就是商品交换。资本主义的法律是官方承认的经济关系的事实。在这种关系当中，商品交换的双方会发生角色转换。这种深刻的见解（这将指导刑法的唯物主义解释，以下会展开论述）要归功于苏联的法学理论家帕舒卡尼斯，他的《法律与马克思主义的一般理论》（俄文版）于1924年出版。[②] 他在著作当中讨论的问题是，法律是资本主义的产物，

---

① 马克思：《哲学的贫困》，莫斯科：进步出版社，1955年，第75页。
② 帕舒卡尼斯：《法律与马克思主义：一般理论》（英译本），伦敦：Ink Links 出版集团，1978年。

它在社会主义国家没有合法的地位。当斯大林把苏联牢牢控制并认为应该用法律来巩固其政权时，帕舒卡尼斯最终失去了斯大林统治集团对他的信任。他在一定程度上撤回了他的观点，但已为时已晚。直到1937年，他被宣布为人民的敌人，此后不久就"消失"了。最近，帕舒卡尼斯的著作被西方马克思主义者又重新发现。起先他的著作是人们吹捧的对象，而后又受到严厉的批判。本书并不打算支持和维护帕舒卡尼斯的整个理论。他的目标是法律的一般理论，对于他仅仅提到的关于刑法的几点意见，才是我们在这里要重点关注的。本书试图表明，帕舒卡尼斯关于法律与商品交换之间关系的基本认识，可以被发展成为对刑法内容和与刑事司法相关的宪法保护的一种解释。马克思的观点是：

> 交易双方的行为必须遵循这样一种方式，即一方不能侵占另一方的商品，除非是经双方同意做出的行为。因此，他们必须彼此相互承认对方私有财产的所有权。通常以合同形式表现的法律关系是两种意志之间的关系，对于这样的合同关系是否是成熟法律体系的一部分在所不论，这种法律关系是两者之间的真实法律关系的反射（《资本论》，第1卷，第88－89页）。

交易者必须不强迫那些与他们达成商品交易行为的对方，包括与他们进行商品、服务和货币的交易行为。这一事实的正式承认需要授予交易者对自己财产的"私人所有权"。因为这种承认关系到资本家与劳动者之间进行商品交易时不能感受到资本主义强制性的意识形态，只要不公开使用暴力或威胁，交易行为在法律上就可以被认为是双方自由意志的行为。因此，交易者将另一方作为"自由主体"来对待。这里的"自由"可以理解为自由处置财产而不受他人干涉的权利。

按照马克思的说法，资本家和工人所拥有的生产资料之间的差异使得强制关系可以通过商品的自由交换而再现。如果遵循意识形态的法律代表了非强制性的商品交易者之间的关系，那么法律必须是从这种差异（资本家和工人所拥有的生产资料之间的差异）当中提炼出来的，并且交易双方都拥有同等的权利来处置自己的财产，不管他们所拥有的财产是什么样的财产。法律在形式上反映了这种观点。财产的法律权利是一个空置的表格，可以填写不同的内容，这主要取决于一个人所拥有的财物。资本家和工人拥有相同的财产权利,他们只是拥有不同的财产而已。碰巧的是,有些人拥有的是工厂,而有些人拥有的是自己的身体,但是他们所拥有的这些东西的财产权是相同的,他们对财产进行自由处置的权利也是一样的。[1] 因此,交易者将对方视为拥有平等的财产权利(也就是说,法律意义上的平等的自由主体是人)。[2]

我们在前面一节当中看到,意识形态是不容易被理解的,因为它仅仅是一种主观错觉。意识形态反映了资本主义社会当中的交易主体从事交易的真实路径。同样的道理,法律意识形态的本质反映了商品交易者之间的真实关系。成文法,甚至是法律制度(从立法者到执法者),都不是法律的渊源。它们反映了资本主义社会成员之间的真实的、客观的关系,可以这么说,这种关系首先在实践当中运作,紧接着以成文法或法院判决的形式出现。而这正是恩格斯所提出的"反转"所发挥的意识形态的作用。尽管法律是商品交易主体之间的关系的反映,但现在看来,法律是理性本身的表达,其结果是交易者之间的关系看上去都非常好。

然而,马克思唯物主义理论在这里出现了一个问题:如果法律是经济主体之间实际交易行为的反映,那么法律是如何作为一种规范来发挥作用的?一个简单的反映将会代表所发生的一切,因而其不能识别某些违规行为。唯物主义者如何才能解释法律(作为对经济关系的反映)的规范和标准?

这个问题的答案是:法律不仅仅是对经济关系的反映,而且也是一种理想化的反映。实际交易行为将会具有全方位的侵害和偏差行为的特点,从不遵守约定的期限到使用暴力或胁迫手段征收税费等。这种侵害行为往往会破坏和阻断交易双方再次交易,因为人们的长远利益通常需要保持稳定的贸易关系,而人们的利益通常需要消除这类侵害行为。因此,随着时间的推移,绝大多数的交易行为,特别是在那些具有持续交易关系的主体之间,会倾向于消除侵害行为。交易的核心特点是,没有暴力和欺诈以及协议的可靠履行等,这些都将成为常态。法律通常代表这样的规范。

由"通常会发生什么"到"规范是什么"的这种倾向性,是人类社会各

---

[1] 恩格斯写道:"劳动合同是由双方自由订立的。但是自由订立合同的前提必须是法律已经确认双方具有平等的法律地位。由于双方阶级地位的不同,权利被赋予了其中的一方,这样一来压力就需要由另一方来承担(依据双方真实的经济地位)。"参见恩格斯:《家庭、私有财产和国家的起源》,纽约:国际出版社,1942年,第64页。
[2] 帕舒卡尼斯:《法律与马克思主义的一段理论》(英译本),第112-113页。

个不同历史阶段所具有的一个共同特点。人们往往把通常发生的事情作为应该发生的事情来看待。由统计标准（人们一般可以预料之中的事）到道德标准（人们期望发生的事）的这种倾向性，可以在早期文明（例如，自然法和道德法并不相互区分）过程中发现，也可以在先进文明（例如，商业行为通常由法院作为依法强制执行的义务来实施）过程中发现。

这给我们带来了第二个问题（这似乎是定律），即反映交易行为（甚至是理想化的行为）的法律不仅包括刑法，而且还包括我们通常理解的合同法或民法。对商品交易行为进行探索的法律理论是如何通过其特殊的内容和独特的补救措施来解释刑法本身的性质的？

要回答这样的问题，首先我们要注意，刑法和民法的内容存在相当多的重叠之处，比如盗窃和殴打等犯罪行为也可以引起民事责任。然而，这样的重叠在很大程度上又是不对称的。事实上，几乎所有的犯罪行为都可以成为民事诉讼的原因，但只有一部分民事违法行为会受到刑事法律的追究。这就表明，刑事法律更多的是承担着一种保护性的补救功能。一般情况下，刑事诉讼的目的是对犯罪行为进行惩罚，而民事诉讼的目的是从侵害者那里获得补偿和赔偿。根据唯物主义理论，这两类法律（刑法和民法）代表了正常交流的"基本核心"，旨在纠正偏离这一核心的违法或越轨行为。因此，解释刑法本身的性质，我们必须说明为什么只有一部分偏离正常人际沟通或交流的违法行为会被作为"犯罪行为"来处置，即受到惩罚。因为惩罚通常是一个比损失补偿更为严重的问题，我们应该期待刑法解决那些在正常人际沟通过程当中出现的比较严重的问题，而民法可以解决所有的违法行为。

违反正常人际沟通或交流的行为可以被区分为以下几种形式：（1）一些违法行为是通过剥夺他人处置自己财产的能力，进而对自由沟通或交流的可能性构成威胁。（2）其他一些违法行为不仅对自由沟通或交流的可能性构成威胁，而且还成功地满足了商品交易主体的愿望。对自由交流的可能性构成威胁的是那些故意阻止个人行使其自由意志的暴力行为，以及故意忽视个人的财产是如何被处置的盗窃行为，还有对受害者造成同样效果的欺骗行为。这些行为对社会造成的危害非常严重，因此必须予以事先预防——需要长期的惩罚威胁。根据以上观点，刑法针对的主要是暴力、盗窃和欺诈行为。[①]

[①] 帕舒卡尼斯赞同亚里士多德的观点，即"犯罪是不由自主订立的合同"。参见帕舒卡尼斯：《法律与马克思主义的一段理论》（英译本），第169页。

不太严重的违规行为与自由沟通或交流的存在并不矛盾，但在某些方面却导致自由沟通或交流缺乏主体的合法预期。这些违规行为在很大程度上还没有达到以法律条文明确规定的程度，或者是没有达到有合同明确规定的程度。这样的行为可以通过要求侵权方负责或赔偿的方式予以纠正。这些都是民法的适用对象，对于较为严重的违规行为，可以通过适用民法来弥补损失。

因此，从整体上看，虽然资本主义的整个法律反映了人际正常沟通或交流的条件，但刑法的内容却是由那些威胁到自由沟通或交流可能性的行为构成的。这些行为都可以被贴上"犯罪"的标签。此外，因为自由沟通或交流的正常关系不仅是理想化的，而且还推广到了整个资本主义社会中（在上一节当中提到过），这样的关系将会塑造超出人际沟通或交流范围的正常预期。因此，宪法针对政府官员确定了一定的限度，这种限度主要用来约束和质疑政府官员发现和起诉罪犯的工作，维护法院诉讼的形象，惩罚犯罪的关系，以及对罪犯自由意志的强调，等等。因此，通过追踪法律及其来源，我们至少可以解释刑法的一般内容和刑事司法体系的一般框架，以及该体系在宪法限度之内的运行情况。在这里，为了便于识别，我们对本部分的主要内容进行简要的概述。

第一，正常人际沟通或交流的前提是人们对其所进行交易的任何财产都具有财产所有权，这里的财产不仅包括商品，而且还包括人们自身的身体。对工人而言，工人的劳动力是工人与资本家交易从而获取工资的必要条件。而犯罪就是一个人对另一个人的财产所有权（任何财产，包括身体）进行侵犯的行为。这就解释了为什么刑法主要针对的是暴力、盗窃和欺诈行为。此外，由于刑事法律所保护的是个人所拥有的身体（而不是因为该身体是不朽灵魂的世俗容器），所以这样的法律重点关注的是违背受害人意志而对其身体造成伤害的行为——否则，这种伤害行为并不违背个人对其身体的所有权。这就解释了自由主义原则所蕴含的自愿的一方不受损的含义（只要是自愿的，就是公平的）。总之，在资本主义社会，对于"无被害人犯罪"或"道德领域的罪行"都倾向于非犯罪化（或降低其重要性）。

第二，这种解释也告诉我们，在资本主义社会当中，法律不太可能按照"犯罪"来处置的行为，是缘于遵从行为主体行使其固有财产所有权的权利。因此，对于在工作场所出现的一些可以预防的危险所导致的死亡事件来说，大家一般会发现对于这类事件法律不会按照谋杀罪来处置，因为如果将这类事件按照谋杀罪来处置,就会被假定为工人在某种程度上是那些拥有生产资料私人所有权的老板强迫工人进入工作场所的。而正是资本主义社会当中的无形力量,工人被认为是自愿做这样的工作并自愿接受这样的风险的。因此,当按刑法规定要求企业主消除职业危害时,那些不消除职业危害的工厂主就会被认定为是暴力罪犯。如果刑法按照这样的目的来发挥作用,那么相关法律部门就可以作为一种适用于企业主的监管机构,同时也可以作为一种最有效的方式来大幅减少由于职业危害和职业疾病所导致的社会成本。尽管有大量的人由于那些可以预防的职业危害而失去生命,但是现行法律对企业主造成的安全事故处置还是比较宽松的,并不将这种行为按照犯罪行为来处置。在资本主义制度下,服从于某个人虽被看作是随意的,但具有非法胁迫的性质,因而服从于资产阶级根本就不会被人们所察觉(此处的内容用来告诉读者马克思主义理论是如何解释本书所讨论的现象的,以及如何对历史惯性理论做出解释)。

第三,刑法的另一个方面——限制法官追究犯罪嫌疑人刑事责任的自由裁量权(例如,《权利法案》)——同样反映了人们对自己的身体和财产拥有所有权的广义概念。因此,我们发现刑法保护犯罪嫌疑人的财产免受法官的侵犯(例如,《刑法第四修正案》保护犯罪嫌疑人免受不合理的搜查和扣押),同时也保护犯罪嫌疑人的身体或心灵免受侵害(例如,《刑法第五修正案》反对犯罪嫌疑人自证其罪)。此外,这也解释了为什么体罚(在封建社会和奴隶社会是普遍现象)在资本主义社会当中逐渐消失。奴隶的身体完全被他们的主人所拥有,地主对他的农奴拥有天然的权威。在这种情况下,体罚符合过去的社会关系。在资本主义制度下,雇主和雇员满足了他们各自对自己财产的所有权,因此体罚看上去越来越不合时宜。

针对执法行为的这些不同的限制证明了马克思主义的法律观包括对法律职能的识别,这种职能不仅可以约束工人阶级的行为,而且也可以限制统治阶级的行为。事实上,从马克思的观点当中还可以看出,正是因为这种平等保护每一个人财产(包括身体)的法律制度通过限制执法人员和社会公民侵犯其他公民身体(或其他财产)的权利,刑法有效地维护了工人阶级将自己的劳动力出售给拥有生产资料的资本家的目标——这两类人都处于法律的保护之下,以至于没有人能够干涉他们处置自己财产的权利。

第四,由于犯罪侵犯了人们的正常交易行为,所以惩罚被认为是同一模式下的等价交换形式。"惩罚是一种针对受害方遭受的损失进行等价补偿的形式。"① 商业模式并不仅仅局限于此。法庭上的对抗制度再现了这一现象。"公诉人要求犯罪嫌疑人付出'更高'的代价,也就是说承担更严厉的刑罚,而犯罪嫌疑人则恳求宽大处理,即恳求'打折',最后法院做出公平的判决。"② 犯罪主要是通过采用武力而非支付的方式来进行交易,并丑化交易行为,而惩罚则主要是通过对罪犯使用武力来抵消其实施暴力的行为,从而达到恢复交易的目的。这就是所谓的报应型理论。法院是一个特殊的市场,在这里对这种非同寻常的交易进行谈判。法官的权力范围与商人的权利范围相同。

第五,因为只有当一个人自愿选择为交易对象提供商品或服务时,交易才会给这个人带来回报,所以只有当罪犯自由选择实施应当受到刑罚惩罚的犯罪行为时,刑事司法才能对罪犯进行相应的惩罚。因此,惩罚责任受制于一定的条件,即与履行合同义务的责任相一致的条件。一个人并不会受到他没有自愿签订的合同的约束,或者说,虽然他签订了合同,但是由于他精神失常或者对合同内容无知等,那么他就不会受到合同的约束。同样,只有犯罪实施者在自愿、理智和故意的情况下实施犯罪行为时,他才是一个真正的罪犯,应当受到刑罚的惩罚。同样的逻辑,法律一般禁止刑事责任溯及既往的效力,因为一个人不能自由选择去实施还未通过立法的违法行为。

通过上述,我们了解到了商品交易的一些内涵,虽然在某种程度上它是理想化的和宏观的,但是在资本主义社会商品交易条件下的平等主体成了刑事司法主要框架确立的依据。正如本章在开头所指出的,这只不过是一个框架而已。这个框架的目的并不是去解释任何特定的刑事司法体系的全面而完整的细节。在现实社会中,实际存在的且与资本主义的其他生产模式相关联的刑事司法体系,受到人的各种复杂行为的相互作用的影响,所以实际的体系在这种基本框架的基础上呈现出的是一种独特的表现形式。刑事司法体系在消除"道德犯罪"的过程中会显得效率低下,但在处置职业危害行为时较为严厉,而在废除或保留死刑方面又有不同的执行标准,等等。③ 这些具体的结果都是各种社会团体(比如宗教组织、工会、学术界、新闻界等)在特定

---

① 帕舒卡尼斯:《法律与马克思主义的一般理论》(英译本),第169页;艾伦·诺里:《帕舒卡尼斯和'商品形式理论':回复沃灵顿》,载《法律社会学国际杂志》第10期,1982年,第431-434页。
② 帕舒卡尼斯:《法律与马克思主义的一般理论》(英译本),第177页。
③ 乔治·罗斯奇·奥托·基希海默尔:《惩罚与社会结构》,纽约:拉塞尔出版社,1968年。这是关于刑事政策与劳动力供需之间关系的一项经典的马克思主义启发式的历史研究。

国家的特定历史时期的各种社会功能的反映,这些功能在很大程度上具有不可预知的特点,是它们决定了法律的内容和机构背后的资金之间的博弈结果。尽管如此,依照马克思的观点,资本主义国家的刑事司法(原则和制度)终将会趋于上述我们所勾勒出来的外在表现形式。

法律与道德

如果马克思主义的解释是正确的,那么我们现在就来探讨一个与资本主义国家的刑事司法相关的道德立场问题。马克思将资本主义描述为一种剥削制度,这意味着工人被迫为资本家无偿劳动。马克思主义者认为这是典型的剥削,因此资本主义是不公正的和不道德的。从广义的角度来看,马克思主义者一般通过以下三种观点来对此进行谴责。第一种观点认为,资本主义剥削制度会促使人与人之间关系的对立和疏远,因此这是一种坏的制度。[1] 第二种观点认为,资本主义剥削制度是强迫劳役或奴役的一种制度,因而也是坏的制度。[2] 第三种观点认为,资本主义剥削制度是在财富分配不公的基础上建立的,即生产资料被少数人不合理地占有,所以也是一种坏的制度。[3] 我们将这三种观点分别称为"疏离感指责"、"奴役指责"和"分配不公指责"。这些观点都指向资本主义刑事司法的道德问题。我们可以通过一个简单的事实来确定这个问题,即可以将第二种观点和第三种观点结

---

[1] 例如,这是艾伦·布坎南在《马克思与正义》(托托瓦,新泽西州:罗曼和利特尔菲尔德出版公司,1982年)一书中的观点。

[2] 例如,这实质上是艾伦·伍德在《正义的马克思主义批判》一文当中讨论的观点,来自于《哲学与公共事务杂志》第3期(1972年春),第244~282页。

[3] 这是柯亨在《自由、正义和资本主义》一文当中讨论的观点,来自于《新左派评论》第126期,1981年3月至4月,第3~16页。顺便说一下,关于马克思认为资本主义制度是坏的制度的问题有大量的文献,因为资本主义制度是不公正的,或者说正义是资本主义缺失的部分。参见科恩、内格尔、斯坎伦主编的《马克思、正义和历史》,普林斯顿,新泽西:普林斯顿大学出版社,1980年;尼尔森、帕滕:《马克思与道德》,载《加拿大哲学杂志》第7期,1981年增补版。诺曼·杰拉斯在《马克思和正义的争论》的文章当中所探讨的观点,来自于《新左派评论》第150期,1985年3月至4月,第47~85页。本书作者的观点在《马克思正义理论的可能性》一文当中有所体现,见尼尔森和帕滕主编的《马克思与道德》,第307~322页。

合在一起来看：生产资料私有制是一种财富分配不公的现象（因为它是强迫奴役的一种手段），因而可以与"奴役指责"的观点结合在一起；生产资料私有制是强迫和奴役的一种手段（因为这是少数人的垄断权力），因而可以与"分配不公指责"的观点结合在一起。这样，按照上述的观点，对资本主义的指责可以减少为两个："疏离感指责"和"奴役—分配不公指责"。

那些支持"疏离感指责"观点的人认为，在资本主义社会当中，每个人的幸福感都与其他人的幸福感产生着冲突。因为存在着阶级对抗（通过竞争将产品收益划分为工资和利润），也存在着工人之间的对抗（竞争职位），以及资本家之间的对抗（竞争市场份额）。同时，这种观点的支持者还认为，利益的对抗既不是人类生活的必要特征，也不是一个理想的状态。这是由资本主义所导致的。这些特征在封建社会当中并不明显，如果能够建立一个更加合理的社会制度，那么这些特征在未来就有可能会消失。资本主义社会当中的刑事司法可以被理解为一种用于调节这种利益对抗的手段，因为它假定这种对抗是不可避免的，刑事司法的目的是为了维护资本主义运作的长期性。此外，刑事司法通过给人们灌输一些观念：资本主义社会中的每个人的权利与其他人的权利都是相互冲突的，而不是相互兼容的；人的"自由"的获得来自于对别人自由的侵犯，而不是与他人共同拥有自由，或者是对于其他人所面临的困难并不伸出援助之手。所有这些观念都加剧了资本主义社会的对抗局面。

同样重要的是，基于利益对抗的社会是一个人们自愿付出劳动从而赚取工资且其他人能够因此而获利的社会。当这一切被改变时，工人可能会发现他们所需要的东西很少能够从社会上的其他人那里获的。按照这种观点，资本主义高的犯罪率是由于人们在资本主义社会当中被灌输了自己的利益与他人的利益相冲突的观点，因此他们养成了一种利己主义和忽视他人感受的习性，最终这种基于利益对抗的社会演化成为一种物欲横流和充满不安全感的社会。当社会不能满足一部分人对物质和对安全的需求时，其结果就是社会成员实施犯罪行为（回忆第 4 章中邦格和戈登讨论的观点）。确定罪犯有罪的刑事司法体系需要首先为滋生犯罪的利益对抗制度负责。这种指责的结果是实施犯罪行为的罪犯可以被认为是无辜的——至少不完全是有罪的。按照这种观点，犯罪实施者在很大程度上是由于实施了一些行为而受到了不公正的惩罚，但是这些行为恰恰是由惩罚他的这种制度所导致的。

对于"奴役—分配不公指责"的观点,本书的侧重点在于生产资料私有制的不正当性和强制性。资本主义基于保护个人自由处置自己财产的权利来促进刑事司法体系的发展,但是该体系本身是基于生产资料的不公平的分配,并运用这种不公平的分配制度来强迫他人无偿劳动。按照这种观点,社会主义与其说是通过和谐取代利益对抗,从而达到治愈资本主义的目的,还不如说是通过生产资料公有制来取代生产资料私有制进而达到这一目的。

为了进一步了解针对刑事司法体系的这些道德问题的指责,我们可以在脑海当中想象一幅图景,即我们看到有人从别人的农场里牵走了一只羊。对于这种情况,假设我们做出正常的判断,那么这可能是一起偷盗案件,或者是一次不公正的征税行为。现在我们进一步假设我们已经了解到了农场主在前一段时间里曾亲自从这只羊的主人那里偷走了羊。根据这个新的事实,我们就会改变羊被偷走的这种道德判断的观念。现在我们很可能会说,我们看到的关于羊被偷走的行为,从道义上来讲,并不是一种犯罪行为,恰恰相反,它是受害人理直气壮地行使自己返还原物的请求权。同样,如果我们将生产资料所有权看成是违反正义的缘由(因为它导致不公平的财富分配和不合理的强制制度),那么当我们没有去质疑生产资料所有权的公平时,我们就会看到有些人所实施的犯罪行为比他们所表现出来的行为更加公平。在前述第4章中我们讨论了关于如何判断一个人是否因为实施犯罪行为而有罪,其前提在于他实施犯罪行为时的社会背景是否是公平正义的。依据同样的逻辑,如果我们认为社会背景是不公正的,那么就会削弱对这个人是否有罪的辨识力。

按照"奴役—财富分配不公"的观点,通常被贴上"犯罪"标签的个人会被看作是先前"罪行"(生产资料私有制)的受害者。犯罪实施者可能不会(通常也不会)将自己实施的犯罪行为视为只是受到了资本主义意识形态影响所导致的结果。这种类型的人相较于那些守法的公民并不少。如此看来,犯罪实施者并不是一个不公正的实施者,恰恰相反,他是一个试图通过必要的手段改善自己不公正的生活处境的受害者,因为资本主义制度让他几乎别无选择。根据这种观点,犯罪实施者在道德上并不是真正有罪的,他在很大程度上受到了不公正的惩罚,因为他所实施的犯罪行为是为了对抗资本主义制度对他实施的侵害。

总之,在资本主义制度下,刑事司法的马克思主义批判导致了人们对刑事司法制度的道德谴责。这种道德谴责主要有两种形式,其共同的观点是资本主义刑事司法不公正地惩罚了那些不应该受到惩罚的人。按第一种谴责形式——"疏离感指责",罪犯被认为不应当受到惩罚,因为他们的行为是由对抗他们同胞利益的社会历史条件所导致的,同时也是由于社会不能满足他们的物质和安全感要求,仅仅为他们提供有限的和不稳定的工作机会所导致的。第二种谴责形式——"奴役—分配不公指责",罪犯同样被认为是不应当受到惩罚的,因为他们实施的犯罪行为是针对他们自身条件(从道义上来讲)的合法反应。很显然,同一个人可以赞同这两种形式的谴责。

适用于道德谴责的几个问题值得我们注意。首先,在这两种道德谴责的情况下,资本主义刑事司法体系遭受人们道德谴责的情况反映了人们没有看清楚刑事司法体系所反映的生产方式的路径(在本部分内容开头进行了论述)。其中,"疏离感指责"反映的是人们没能看清楚资本主义刑事司法体系倾向于调节由资本主义导致的人与人之间的对立关系,而是将资本主义刑事司法体系看作是独立而理性的产物,认为这些对立关系是人类生活的自然特性,因此必须予以规范。所以,很自然的,资本主义刑事司法体系并不是为了保护资本家的利益,它似乎只是任何社会和平共处的必要条件。

"奴役—分配不公指责"的观点反映的是人们没有看清楚资本主义的性质是如何表现为一种特定的和道德可疑的社会力量的集合体的。它同样将资本主义刑事司法体系看作是独立而理性的产物,认为资本主义刑事司法体系的目的是为了长期保护人类生活的自然特性。这种观点认为,资本主义刑事司法体系并不仅仅是为了保护资本家的利益,而是为了保护所有人的利益。

其次,更为重要的是,针对刑事司法体系所展开的长期而大量的宣传活动有助于进一步掩盖意识形态的盲点。第一个盲点指的是资本主义制度在导致人与人之间的疏离和对抗态度,以及导致犯罪产生的社会环境方面发挥着重要的作用。第二个盲点指的是资本主义财产关系的道德疑点。

再次,需要注意的是,这两种谴责的伦理问题涉及一个一般性的命题,这一命题在不同程度上满足了实际的犯罪实施者。例如,按照"疏离感指责"的观点来看,犯罪实施者并不是有罪的,因为他们的罪行是由利益对抗的社会制度造成的。在实际情况下,个别犯罪实施者被塑造的程度是不一样的。有一些人在很大程度上可能已经摆脱了这种有害观念的影响,而是出于自私和贪婪去实施犯罪行为。按照马克思的观点,他认为与其他所有的罪犯数量相比，这种类型的罪犯数量还是比较少的。但是，马克思主义理论并不否认在社会上确实存在这种类型的犯罪实施者，也认为他们应该受到相应的惩罚。同样，按照"奴役—分配不公指责"的观点，犯罪实施者一般也被认为是受害者，他们是由于不公正的生产资料私有制导致他们受害的，实际的犯罪实施者因他们所遭受的损害程度不同而不一样，他们实施的犯罪行为被认为是针对这种损害程度而做出的反应。相对特殊的一些人或者是其他一些人实施的犯罪行为与他们的阶级地位关系不大（例如一些强奸犯），这些人可能比一般的罪犯更为有罪。相对于社会结构对某一个人的犯罪行为的实际影响，马克思主义者认为应该将责任（和负罪感）作为影响个人行为的因素来看待。

最后，上述所讨论的这两种关于犯罪行为的观点并不会成为任何形式犯罪的"原始创新"，因为在某种程度上这是马克思主义的观点。依据"疏离感指责"的观点，犯罪实施者最好能够被免除罪责，因为他们的行为是由利益对抗的社会制度造成的，并且他们的命运是由那种不能满足他们物质和安全感需求的社会制度所掌控的，再结合他们所具有的反社会的态度，最终导致了犯罪的发生。依据"奴役—分配不公指责"的观点，犯罪实施者其实是一个受害者，因为他们是生产资料私有制所导致的不公正的胁迫和剥削行为的对象，他们实施的犯罪行为不是针对使他受到伤害的社会制度的反叛行为，而是常见的狭隘的利己主义的行为，是用来对抗阻碍他们获取生活必需品的制度的行为。对于这两种谴责，马克思主义者认为应该减少或者根本就没有必要去追究大多数罪犯的责任，当然这也并不意味着应该对罪犯实施的行为进行喝彩。尤其是因为犯罪行为的大多数受害者都是其他受到剥削的普通民众，而这些人已经成为或者将要成为工人阶级中的一员。因此，犯罪和犯罪行为必须按照马克思主义的观点整体地被放置在资本主义社会的社会成本当中，按着贫困、失业、环境污染等序列进行排列。

附录二

哲学与犯罪学之间的关系

——杰弗里·雷曼

虽然本书被频繁地纳入到犯罪学的课程当中，而没有被纳入到哲学课程当中[1]，但是却明显地提出了一个哲学问题——这或许是犯罪学的核心哲学问题——什么是犯罪？本书的目的是利用这个问题来揭示美国刑事司法体系独特的一面，但是我怀疑几乎所有的刑事司法体系都具有这样的特性。[2]

我想以此作为切入点来探索哲学与犯罪学之间的关系。然而，鉴于犯罪学的多学科性质，许多人认为犯罪学已经包含了哲学。因此，从严格意义上来讲，本书要探索的是哲学与犯罪学的非哲学层面内容之间的关系，也就是说哲学与作为一门社会科学的犯罪学之间的关系。这就是本书提到犯罪学时所要表达的意思。

本部分内容将给读者一个关于从哪里开始论述的提示。犯罪学需要哲学，不仅仅是在形式上，而是一切事物（任何事和任何人）都需要哲学，并且它会以一种特殊的形式表现出来。例如，本书认为犯罪学对哲学有一种特殊的需求，因为犯罪学作为一种社会调查模式具有不同寻常的地位，它的核心概念是，"犯罪"是由政府正式定义的。这些天我们听到了很多关于政治的知识及研究成果，但都是些咄咄逼人的政治。很显然，政治已经公开地渗透进了

---

[1] 本文是我的一篇同名文章的修订稿，发表在《法律期刊》杂志上，参见《法律期刊》，2004年，第一期，第42~58页；同时又是我于2004年4月1日在"加拿大第二届犯罪学学会"上的主题演讲的修改稿。
[2] 加拿大刑事司法与其具有相关性，例如，参见亨利·斯图亚特的《加拿大法律委员会的讨论稿'什么是犯罪'，以及对权力问题的评论》，该篇文章于2003年11月19~22日在美国丹佛犯罪学年会上进行了讨论。

犯罪学的核心内容当中。政治制度给犯罪学提供了一个准备充分的研究议程。所以本书认为，犯罪学需要对犯罪概念进行哲学思考，以便于建立其独立的知识体系，这相当于宣告其作为一门独立的社会科学的地位，而不是社会控制的代理商，是重要的而不是从属的，是阐明的而不是鼓吹的。

然而，这并不是本部分内容将要开始论述的提示，相反，论述将从一连串同心圆的最外圈开始，即哲学假设是所有社会科学的必需品。从这个起始点讨论哲学假设对于犯罪学来说是特殊的，也是犯罪学格外需要的。在到达最小的内圈时，本部分内容将讨论一些本书独特的哲学承诺的观点，这些观点构成了本书的理论基础。我们希望沿着这样的思路展开论述，读者们将会认识到自己的一些哲学假设，从而在一个更高的层次上来反思这些假设，并考虑这些假设会涉及什么内容，然后决定是否认可这样的观点或考虑其他的观点。

在论述之前，我们需要搞清楚"犯罪学需要的是什么"的问题，这种简略的表达方式对于连贯地、合理地运用犯罪学的人来说是必需的。此外，比如当我们说犯罪学需要一个犯罪的理论时，我们的意思并不是说它需要一个特定的理论。这也是一种简略的表达方式，在这种情况下，运用犯罪学的每一个人都需要一些犯罪的理论，而不是所有人都需要相同的理论。我们把这一切作为关于"犯罪学需要的是什么"的命题，而不是关于"犯罪学家需要的是什么"的命题。这里强调的是学科和观念的需求，而不是个人和心理层面的需求。

一般社会科学的哲学假设

首先，从事社会科学的人必须相信存在这样一个社会，它可以成为知识的客体。"存在这样一个社会"意味着人类和现实具有一定的社会关系，以及在现实世界里操纵客观物体，等等。可以成为社会知识的客体意味着知识是可能的，当我们获取的时候，我们是可以知道的。总之，社会科学家不能是一个彻底的本体论的怀疑者和不可知论者。[①] 他或她不能将社会假设成为一个

[①] 本体论是关于"本质是什么"的哲学研究。关于社会本体论的怀疑论者质疑社会的存在，关于社会本体论的不可知论者认为人们无法知道社会是否存在。

想法和一种结构,更为甚者,他或她不能将社会假设成为一种错觉。一个社会科学家也不能是一个彻底的认识论的怀疑者和不可知论者。[1] 寻求社会知识就是去假设这样的知识对我们来说是可能的。

按照同样的思路,我们认为社会科学家必须相信着眼于科学客观性是很重要的,而且这样的目标可以适度地实现。有些学者认为,在培根和伽利略时代,人们对于现代科学的发展和科学客观性的探索毫无意义,只不过是遵循一定的规则,以便使科学获得比宗教灵感更高的地位而已。[2] 我们的观点是,即使对科学客观性的探索是这样的,但也不能仅仅局限于此。

没有人可以因为利用客观惯例而不去相信这些客观惯例是获取事物真相的最有效的途径,这就好比一个人可以使用语言交流而不相信一个人是在讨论超出语言范围之外的事物一样;即使是那些将客观性看成是惯例的人也认为这就是客观真理。他们认为他们告诉我们的事情是他们所不希望成为的那样的。这里需要注意的是,我们并不总是在成功地表达自己的偏激的观点。社会科学家必须相信的是,正如这种试图去代表世界的观点(相对于我们希望它成为的那样)一般是可以成功的一样,在许多特殊情况下也是可以成功的。

可以肯定的是,作为社会科学,犯罪学必须预先假定在现实世界中有一些人实施了具体的行为,我们可以从这些人身上获取知识,但是我们并不是要复活这些古老的科学实证模型。我们承认我们研究的事实可能是信仰、语言和物体相互作用的产物。然而,对于那些事实进行卓有成效的研究,其信仰、语言和物体相互作用的过程本身就是一个可以感知的客观现实。那种能够让人们明白作为自己知识状态可能性的理论是一种普遍性的社会理论的哲学需求,也是一个测试;有关后现代主义理论的许多观点,以及相对主义理论的一般性观点,在我们看来都是失败的,即使这些观点的实践者创造了有价值的客观知识且他们能够说到做到也是如此。

---

[1] 认识论是关于"什么是知识,以及如何或是否可能"的哲学研究。关于社会科学认识论的怀疑论者质疑社会科学提供的知识;关于社会科学认识论的不可知论者认为人们无法知道社会科学是否能够提供知识。
[2] 例如,参见朱莉·所罗门的《决策的客观性:弗朗西斯·培根和探究政治》,巴尔的摩:约翰·霍普金斯大学出版社,1998年。

在结束社会科学的一般哲学需求的讨论之前,我们想阐述一个关于价值中立的观点。价值中立与客观性相关,但它们不是一回事。犯罪学需要一定的价值承诺,至少需要一些正义的概念。因此,我们不认为犯罪学是一门价值中立的学科,尽管它应该着眼于客观知识。这并不矛盾。

我们相信对于犯罪的适当研究需要将社会制度的正义性考虑进来,因为社会制度将某些行为按犯罪行为来处置。假设我们弄清楚了我们所赞成的正义的理想,那么这并不意味着我们不再是一个客观主义者。首先,我们可能会尝试去证明正义的理想是合适的,不仅仅因为那些理想是我们所希望的或是为我们的利益所服务的。其次,同样重要的是,一旦表明了正义理想,那么我们就想客观地知道这样的理想是否能够或在多大程度上能够实现。如果我们误解或歪曲了事实,那是因为我们想去证明刑事司法体系是不公正的,同时我们将自己和其他人一同欺骗了。我们不是诚实地致力于实现我们的正义理想,除非我们将其作为客观现实来考虑。

下面我们来讨论犯罪学特殊的哲学需求。

犯罪学特殊的哲学需求

我们将提出三种观点来表明犯罪学对于哲学思考具有一种特殊的需求。首先,犯罪学属于多种学科交叉的研究领域,因此需要一种解释来说明为什么犯罪值得调查和研究。其次,犯罪学需要哲学的政治观点,关于这点在文章开头就有提示。最后,对犯罪及其道德地位的一些判断的相关研究,需要我们进行哲学思考。

首先,我们需要思考的事实是,犯罪学是一个多学科的综合体。传统学科,比如历史、社会学、哲学等,并不受其学科名称的限定。这些学科并不是研究世界上的某些东西、某些问题或问题的领域的,而是从一个独特的角度来研究一切事物的。犯罪学则恰恰相反,它是从各种各样的角度来对犯罪和刑事司法领域的一些问题进行研究。那么,为什么会出现这样的问题?

是什么让犯罪成为一个有趣的研究重点?即便是犯罪行为,或是违反规则的行为,也不足以回答这个问题。为什么不研究那些在纸牌游戏中作弊的人,或与朋友约会中迟到的人,或在转向之前不开信号灯的司机,或态度恶劣的人,或不说话的演讲者,等等?他们都是规则的违反者。这些违规行为都会受到某种形式的惩罚，但是不值得放入专门的学科中进行研究。是什么让"犯罪行为"值得放入专门的学科中对其进行研究？

因为犯罪是一种违反规则的行为而不会受到特殊的对待，同时，它是一种违法行为而不会获得无差别对待。为了解释这种需求，需要回答"什么是犯罪"的问题。这是一个重要的社会问题。犯罪是社会秩序的崩溃？或是通向另一份职业的途径？或是对紧急需求或安全需求得不到满足的回应方式？或是对非正义的反叛？或是一种求助的呼声？或是一种游戏形式、自卫的方式？或是展示自己狂野的一面？或是个人或社会的一种病态体现？或是一种适用于政治目的的标签？如果让你回答"你认为什么是社会"的问题，并给出一些可选项，你会认为犯罪是其中重要一项吗？社会是个体之间的一种理性关联？或者社会是一种冲突的场所或达成共识的场所或两者之间不断协调的场所？或者是劳动力和资源的控制机制？或是阶级之间斗争的场所？或是利益集团多元化的集合体？

我们的意思并不是要表明这些关于犯罪和社会的思考方式具有枯竭的可能性，除非你有一些关于犯罪和社会的诸如此类的想法，否则你没有必要去回答"为什么犯罪是值得研究的"问题，同时你也没有必要去回答为什么应该有一个社会调查机构来专门对犯罪问题进行研究。类似这样的关于犯罪的想法就是犯罪理论，犯罪理论是社会理论的重要组成部分，而社会理论是哲学思考的成果。

其次，现在我们转向该问题的政治层面。我们来考虑这样一个问题：犯罪学家所做的工作与美国联邦调查局编制年度统一犯罪报告（UCR）的工作的区别是什么？两者都在设法收集和传播关于犯罪的知识，两者都在预测其趋势和相关性，但是它们之间也存在许多差异。在我们看来，有一点非常重要，那就是年度统一犯罪报告只接受关于犯罪的法律制度的定义，以及法律制度对其进行的层次划分，除此之外，再无其他需求。事实上，如果这一主旨发生变化，将超出它的使命。但是犯罪学不能简单地接受犯罪的法律定义以及法律制度对其进行的层次划分，因为犯罪学不是法律或法律制度的分支机构。

除非犯罪学家有自己的关于犯罪以及是什么导致犯罪的重要的观点，否则，如果他们只是研究法律制度所划分的不同层次的罪行，那么犯罪学充其量只是接受了政府交给它的研究议程，它就相当于政府的一只臂膀；即使它收集了一些政府不愿意接受的信息，它也是在为国家做工作，其目的是为了收集和传播有关违法行为的知识。

作为一门社会科学，犯罪学需要确认其独立的学术地位，因此犯罪学必须着眼于犯罪，同时对法律定义保持开放的思想。同样重要的是，那些通常影响法律事业的所有正义的信念不会多于全部的真理，或许是一种误导或意识形态。这就意味着，犯罪学必须与法律制度保持一定的距离，而这又要求犯罪学必须自己了解什么是犯罪。为此，我们再次重申确实需要一个犯罪理论，这个犯罪理论是社会理论的一部分，而社会理论是哲学思考的成果。

你可能会认为这种观点仅仅是为了显示犯罪学家需要一些社会理论，这可能是一个有趣的事实，但也不会令人吃惊。你可能会认为社会理论与社会哲学存在一定的区别，社会学家所做的一些事情哲学家不会去做。我们不同意这样的观点，我们认为社会推理是一种哲学思维，但这并不意味着它可以或只能由哲学家来完成。

每一门学科都与哲学存在相互重叠的地方，而这其中出现的问题就变成了哲学问题。当艺术史学家问"什么是艺术"或"什么是美感"时，当心理学家问"什么是精神"时，当政治家问"什么是国家"时，当社会学家或犯罪学家或其他任何人问"什么是犯罪"或"什么是社会"时，他们所问的这些问题就是哲学问题。将这些问题看成是哲学问题的一个明显的理由是，它们具有独特的规范或标准——是什么让蒙娜丽莎如此漂亮？是什么导致了画面的一种精神属性而不是物质属性？在一个国家或社会当中，什么样的行为是刑法应该禁止的行为？可以肯定的是，社会学家和其他一些学者也研究规范和标准，但他们重点关注的是规范和标准的存在和后果。这些独特的哲学问题是有关规范和标准的正当理由。哲学的目的是对这些凭证进行评价，并在这些凭证通过审核以后对规范和标准的有效运用进行维护。

需要明确的是，我们不认为哲学问题只能被人们问或只能被那些拥有哲学博士学位的人完整地回答。我们倾向于认为，回答这些问题的人应该认识到他或她不应再局限于实证科学探索的领域，而应在适当的哲学领域当中从事一些概念和规范性的思考。

我们不会将这样的问题置之不理。还有一个关于犯罪的理论化需求层面的问题，我们认为是毫无争议的哲学问题，即我们通过认识到犯罪是一种违规行为而达到这一层面，这里不仅仅指任何过去的违规行为，而且还涉及不得违规的行为。这里的违规行为不是指某人在纸牌游戏中作弊的行为。

因为犯罪往往是以非常严重的方式影响到了其他人,它是一种与道德相关的行为。因此,你可以说犯罪行为具有一定的道德属性,这将反过来需要人们以道德义务为基础来遵守法律。我们不是说大家必须相信犯罪实施者在道德上是错误的,或违反了道义上的责任,而是必须要有个这方面的立场。我们不能保持中立态度;如果保持中立态度,那就表明我们不可能将犯罪与任何旧的规则冲突进行区分,况且旧的规则冲突造成的危害与犯罪行为造成的危害不一样,因此会对我们的研究对象造成影响。

再次,犯罪本身需要道德评估。为了进行研究,必须确定犯罪是什么,这里包括犯罪的道德本质。即使你不认为犯罪实施者在实施犯罪行为时违反了道义责任,但在一般情况下你或许也会认为许多犯罪行为都是由不道德的行为构成的,毕竟侵害受害者的所有罪行都违反了黄金法则。犯罪实施者针对他人实施的伤害行为是他不愿意去实施的行为。这点很重要。可以这么说,它构成了犯罪的默认的道德状态。假设你认为那些非法使用毒品或卖淫的违法行为并不负有道义上的责任,那么,你可能会认为那些行为就不应该是犯罪行为。这意味着你所认为的应该按犯罪行为来处置的各种行为都是违反道义的行为。

或者,假设你想到一些比较激进的行为,比方说,针对警察的街头暴力行为不是不道德的,因为它是一种合法的自卫行为,或者是一种报复行为。那么,在这里,你正在对犯罪行为的道德状态进行塑造。更为重要的是,将某种行为看作是自卫行为或报复行为,是说这种通常被认为是不道德的行为在道德上是被允许的;假设是同样的行为,如果不是为了自卫或报复,将是不道德的。

这就是我们所说的关于犯罪是违反道义的观点,这其实就是对道德状态的默认。犯罪是违反道德的初级表现,也就是说,它是一种道德违规行为,除非有相反的证据。认为犯罪是一种道德违规行为的观点不仅仅是对犯罪的社会理论进行了肯定,而且是对人类侵害其同胞的道德理论进行了肯定。如果你不是盲目地肯定这样的道德理论,而是反思其有效性,那么你就会公正地看待哲学的研究范围。

还有一种方法可以证明这种观点。许多犯罪学家认为(如我们一样),法律条款当中的犯罪行为在某些方面是存在偏见的,例如,它重点关注的是穷人的行为，而忽视了大多数富人实施的反社会行为。这些犯罪学家（如我们一样）也可能会认为这种偏见在一定程度上削弱了穷人遵守法律的义务。其他的一些犯罪学家可能既不同意存在偏见的观点，也不同意削弱穷人义务的观点，或者只同意其中的一种观点。这是什么分歧呢？

很显然，这是关于什么是犯罪的分歧，同时也是一个规范性的分歧。在关于什么应该是犯罪的观点当中，我们一般不会同意个体之间实施的侵害行为。这是一个关于人与人之间的正义需求的分歧。在关于法律条款当中的犯罪行为是如何影响受害者的道义的观点当中，我们不会同意社会作为一个整体侵害其成员的行为。这也是一个关于社会正义需求的分歧。两者都是关于哲学观点的分歧，根源于我们的社会当中人们试图去阐明什么是真正的犯罪。由于所有的犯罪学家必须相信，要么犯罪的定义是有偏见的，要么是没有偏见的，或者是其中的一些有偏见，而其他的没有偏见，所以他们也必须相信这些偏见能或者不能够削弱道德义务。由此可见，所有的犯罪学家都必须持有什么是犯罪的哲学观点。对于他们相信的这些哲学观点是否有效的反思就是哲学反思。

接下来我们讨论本书具体的哲学承诺问题。

富人更富　穷人进监狱

杰弗里·雷曼在阅读理查德·昆尼的影响深远的著作《犯罪的社会现实》时，从中得出了"富人更富"的观点。[①] 作者在这本书当中指出，犯罪并不是社会上出现的一些真实的、客观的事件，而是一个创造标签的过程，其中关键的步骤是立法者对犯罪所作出的定义。总之，犯罪是一种社会现实，而不是物质现实。更重要的是，这一社会现实是以一种政治偏见的方式被创造出来的。立法者将一些行为贴上"犯罪"的标签，反映了社会权贵阶层的利益是以牺牲其他人的利益为代价的。杰弗里·雷曼发现这个结论非常可信，但是并不满意昆尼的观点。实际上，昆尼认为立法者来自社会中的权贵阶层，而这些立法者往往以自我利益为中心实施立法行为。因此，他们制定的

---

① 理查德·昆尼：《犯罪的社会现实》，波士顿：利特尔 & 布朗出版社，1970 年。

刑法反映的是他们的利益，也就是说，反映的是权贵阶层的利益，而不是社会上其他人的利益。①

这种观点具有一定的说服力，但是也存在模棱两可的缺点。它假定人们往往是以自我利益为中心来行事的，所以，人们便可以得出结论说他们所做的任何事都是以自我利益为中心的。但有时人们实施的行为是违背其自身利益的。他们可能偶尔会为了自己的责任而采取行动，或者是为了他们认为正确的事而做出相应的行为。比如，我们可以想象一下那些冒着自己生命危险或自己家人生命危险的人在第二次世界大战中隐藏犹太人，从而使不少犹太人免遭纳粹屠杀的行为，这样的行为可能是由于人们认为这在道义上是正确的。立法者在制定刑法的时候也可能会实施这样的行为，即使在一般情况下他们往往是以自身利益为主的。

此外，权贵阶层的一些利益并不意味着就不是其他人的利益。也就是说，一个人的利益也可能是其他人的利益，这样，当一个人为了自身利益而实施行为时，也等同于他在为别人的利益服务。从刑法的角度来看也是这样，因为穷人和富人的利益都没有被抢劫和被盗窃。因此，即使权贵阶层为了自身利益而制定法律来反对盗窃和抢劫行为，他们同时也在为社会上其他成员的利益服务。

这种政治上的重要结论也是理查德·昆尼想要得出的，但需要有另外一种观点来支撑。这是什么样的观点呢？在本章内容的前述部分就提出了犯罪学家有必要与刑事司法体系的犯罪条款保持一定距离的观点。这就需要对犯罪的定义进行规范，以便于实际的法律行为能够被评定为公正或存在偏见。本书所定义的犯罪概念是规范的、简单的和没有争议的。刑事司法体系应该保护公民的生命、健康和财产免受侵害，因此法律条文对犯罪的界定应该遵循这一原则。最严重的罪行应该是那些对人的生命、健康和财产安全构成严重威胁的行为，同理，严重威胁人的生命、健康和财产安全的行为应该是最严重的罪行。

根据这种观点，将社会上严重威胁人的生命、健康和财产安全的行为与刑法的犯罪条款进行比较，我们从中可以发现，刑法确实将一些具有严重威

---

① 理查德·昆尼：《犯罪的社会现实》，第 15 页；同时请参见本书第 2 章的部分内容。

胁社会的行为按犯罪行为来处置，但是也有一些具有同样危险或更危险的行为却并没有被视为犯罪行为：这些行为要么没有被贴上"犯罪"的标签，要么没有被贴上与它们所造成的威胁程度相一致的"严重犯罪"的标签，或者即使它们被贴上了"严重犯罪"的标签，但是在实践中却很难按照"罪、责、刑相适应"的原则来处置。而一些被贴上"犯罪"标签的行为似乎根本就不会给社会造成威胁或不会侵害其他人的利益——这里主要指的是"无被害人犯罪"的行为，例如成年人为了娱乐而自愿使用毒品的行为，以及双方同意的商业淫秽行为等。

更进一步地，那些被贴上"犯罪"标签的行为都有什么共同点？以及那些没有被贴上"犯罪"标签的危险行为又都有什么共同特点？我们的结论是：那些被贴上"犯罪"标签的行为（不是所有的危险行为）主要是由社会上的穷人所实施的；而那些没有被贴上"犯罪"标签的危险行为主要是由社会上的富人所实施的。有了这一结论，我们可以表明，理查德·昆尼的观点在很大程度上是正确的，即犯罪的法律定义是为权贵阶层的利益服务的，而这却是以社会上的其他人的利益为代价的。这种观点大致是正确的，因为法律条文当中的犯罪行为主要是指那些威胁到穷人的行为（美国联邦调查局的年度统一犯罪报告中涉及的许多犯罪行为都是这样的），而富人实施的危险行为偶尔也会被视为严重的犯罪行为（正如我们最近知道的关于安然公司的安德鲁·法斯托和世通公司的伯纳德·埃伯斯）。这里的"大致正确"是指有足够的证据支持关键性的结论。

但是，得出这一结论需要反思什么是关于不能满足法律思维或传统观念的犯罪。它必须是一个关于"犯罪应该是什么"的规范性的反思（因而是哲学层面的），以便于将其与现实进行比较，并从中发现不足之处。从"什么样的行为是犯罪"到得出关于"犯罪的法律定义是为了维护权贵阶层的利益"的结论，这样的路径必须通过"什么应该是犯罪"的理论的检验。总之，依据一种不可简化的规范标准对社会进行探究和考查，本书的结论是：刑事司法体系对穷人是存在偏见的，因而属于犯罪的哲学理念。

关于犯罪的这一结论不是随意得出的，它是哲学思考的结晶。犯罪的哲学概念是基于同样的社会哲学观念和政治正义而得出的。法律作为一种强制性的手段，原则上必须对全体公民合理使用。这里有三个方面的原因：

第一，我们的传统和社会秩序都将自由（理智的成年人想做什么的权利）

视为最高价值。自由是重要的，因为人们往往喜欢去做自己愿意做的事，自由是一个人获得优质生活的必要条件，也是一个人感到自豪的条件；没有自由，我们就不是生活的主角。自由作为新的思想和创造力的源泉也是非常重要的，因而也是社会进步的源泉。正是因为如此，自由是一种很重要的价值，因此将那些限制自由的人与那些自由受到限制的人相比，这种做法欠缺一种令人信服的理由。

第二，事实上，对于社会契约的传统来讲，在政治和道德哲学（体现在《独立宣言》当中）领域，任何一种民主思想、国家强制力（包括警察、监狱等）代表了社会成员自己的力量，因而只能合法地适用于社会成员自己的目的，同时这一权力的行使也必须是合理的。

第三，刑事司法体系从道德方面提示社会大众，公民在道德上有义务遵守法律。但是在合同模式下，义务是关于给对方公平补偿所获利益的问题。因此，只有造福于人民的法律才可以获得人民的信赖。最终，遵守法律的义务落在了每个人身上，而大众有没有义务去遵守法律的观点完全是从个人角度出发的。法律必须给大众带来益处，保护大众免受一些危害行为的侵害。这样，对于大众来说，在道德上就有义务遵守法律，而法律也必须服务于大众的利益，并对大众产生道德约束力。因此，公民在道德上有义务遵守法律的观点要求法律必须是公平合理的，因为要考虑到其目的是为了大众的利益。

除此之外，对于大众有益的法律是民主过程的产物，而其效益也仅仅适用于一种假设，即法律将会约束那些不赞同法律的人，或从人们的利益当中发现其效益。比如，我既受益于法律制度本身，同时也受益于我的同胞遵守法律而实施的行为的可预测性和规律性，即使他们对现行法律制度不满。因此，对于大众来说是否有义务遵守特定的法律，回答这一问题必须首先考虑该法律是否能够服务于大众的利益，但是现实情况却远非如此。即使某种特定的法律并没有给大众带来益处，但是一些重要的事实比如民主的立法体系，在一般情况下都是有益的，包括民主制度也如此，并且民主的立法体系和民主制度都要求大众接受法律，即使它们不会给大众的利益带来好处。但是，如果一个法律或整个法律体系显著偏离了为大众利益服务的宗旨，并且以社会上其他人（尤其是穷人）的利益为代价而为社会上另一部分人的利益服务，那么民主和立法的制度的重要性将不足以维护法律的义务属性。如若果真如此的话，那么，那些利益应该受到保护的大众遵守法律的义务就会削减或者根本就不遵守。

　　这是一种哲学反思，它依据的是一个简单的观点，即刑法应该保护社会成员的生命、健康和财产安全。因为它必须服务于全体成员的利益，一个公正的法律秩序必须将那种侵害全体成员利益的行为犯罪化，因此刑法必须遵循"罪、责、刑相适应"的原则来惩罚犯罪。为了保护全体社会成员的利益，它不能仅仅或主要针对穷人实施的危害社会的行为，而忽视富人实施的危害社会的行为（要么不去惩罚，要么给予较轻的惩罚）。这种哲学观点也创建了一种假设，即不赞成"无被害人犯罪"法律的合法性，因为那种将没有明确受害者的行为（有些人反对而有些人接受的行为）犯罪化的法律在社会上肯定会很多，其原因在于多数人仅仅将自己的道德喜好渗透到法律当中，这是一种很正当的理由。大量的社会成员将不认为自己有义务来遵守这些法律，并且按照我们的观点，他们往往是正确的。因此，本书的观点不但可以通过犯罪的规范性理论得到检验，而且该理论本身也是以社会正义的理论为基础的。

　　此外，因为犯罪理论是社会理论的一部分，犯罪概念反映了社会如何运行的概念，因此这也就相当于一个哲学反思。总之，我们认为，美国社会的工作原理大致和马克思假定的那种原理差不多，它主要由资本主义生产方式所支配，并将社会分成了两个重要的阶级，即拥有生产资料的阶级（资产阶级）和不拥有生产资料的阶级（无产阶级）。这样导致的结果是，在一定意义上，无产阶级的成员被迫为资产阶级的成员提供劳动。无产阶级与资产阶级之间的差距意味着这两个阶级之间权力的不平等，这将有助于解释在资本主义社会当中什么样的行为被定为犯罪行为，什么样的行为不是犯罪行为。

　　马克思主义的丰富的理论资源可以用来解释这种法律偏见。它认为资本主义生产方式伴随着一种意识形态，其核心是掩盖了生产资料所有者与非所有者之间的强制性。[1] 而在这种强制性的关系中，资本主义经济的运行遵循的是新古典经济学家（如米尔顿·弗里德曼）所倡导的方式（马克思通常也赞同）。这很好地解释了新古典经济学所取得的成就，不过新古典经济学思想在强制性解释方面却存在盲区，即使它准确地预测出了市场的趋势。

---

[1] 马克思主义理论的这种分析，以及这种分析与资本主义社会当中什么行为被视为是犯罪、什么行为不被视为是犯罪相关联的问题在本书的附录一当中进行了阐述。

生产资料私有制的强制性方面存在盲区的问题并不是根源于当权者主动欺骗的结果。迄今为止，资本主义通常所体现的特性与人们看到的情况一致。资本主义社会中人们自由交易的错觉类似于太阳绕着地球转动的错觉——这正是人们从自身角度出发观察的结果。资本家（而不是封建领主和奴隶主）不会使用暴力让别人为他们工作，而是通过与无产者之间自由交易来达到这种目的。当然，自由对于他们来说是非常重要的，但是他们似乎并不自由。而工人却可以自由选择资本家，毕竟他们为了生活而不得不为某一位资本家劳动（不考虑边际替代方案，如为教会和政府工作、偷盗和乞讨，以及为那些拥有主动权、有牺牲精神并依靠运气从而有可能进入商业领域的少数人工作）。

因为富人给社会上的其他成员造成威胁的行为存在多种方式，比如威胁员工的行为（可预防的职业危害行为），或威胁消费者的行为（提供伪劣商品或故意抬高价格等），掩盖资本主义的强制性使得这种情况看起来好像是企业员工和消费者（当然，他们是同一类人）自愿签订了包含这种风险的协议一样。因此，对这些威胁行为负责的人似乎并不像犯罪的实施者，因为犯罪行为具有给受害者强加危险的特征。但是，由于资本主义的强制性，这种差异在很大程度上是虚幻的。为了所有的意图和目的，职业危害强加给了工人群体（他们必须在现有的职业之间进行选择），以及产品风险和企业财务欺诈风险强加给了消费者群体（他们必须在现有的产品之间进行选择，并且由于企业的欺诈行为而导致产品价格过高时，他们也不得不为此而承担兑付义务）。然而，资本主义法律通过将其注意力主要集中在面对面的盗窃和暴力等犯罪行为上，从而持续给大众传播一种关于职业风险和产品风险等危害行为是人们自愿接受的错觉，同时将那种致命的可预防的职业危害、产品风险以及代价高昂的金融欺诈行为仅仅作为一种监管事宜。因此，马克思主义的理论观点将引导我们去理解和解释关于在犯罪的法律定义方面存在的偏见，即在本书当中所论述的偏见。

需要补充的是，我们对于马克思主义理论的进一步理解主要是在识别两个相互关联的、存在缺陷的马克思主义分析当中获得的。一个缺陷是人们未能看到自由的社会主义也有很多危险。如果生产资料所有制是一个社会当中主要的强制性工具，那么一个人必须要拥有一种非常理想化的观念，并且愿意将这样一种强制性工具放置在一个单一机构——政府——的手中。社会主义有机会成为一种真正自由的社会形态，但在这种社会当中，民主制度必须非常发达，而且其中的社会成员也已经能非常熟练地行使他们的民主权力。

另一方面，有一个很好的马克思主义的理由可以期待资本主义维护个人的自由，即资本主义作为多个生产资料所有者之间相互竞争的制度，它在多个不同的代理人之间分配主要的社会强制性工具。因此，资本主义维护了个人自由的空间，这根源于资本主义本身的物质生产条件。在麦迪逊模式（a kind of Madisonian fashion）* 推行期间，相互竞争的企业主都有能力来抵制其他公司的经济控制，这样一来就能保持市场的普遍开放，政府就能发挥更广泛的作用。此外，资本主义的确实现了巨大的技术进步，正如马克思明确指出的那样，减少了许多不必要的劳动，并增加了工人的工资。马克思认为资本主义导致的贫困其实是工人减少了他们劳动产品的相对份额，因为在资本主义制度下，劳动变得越来越富有成效，相同份额的劳动可以购买越来越多的商品。

可以肯定的是，资本主义也是一个能够产生大量不平等因素的体系，这反过来又赋予了一些有巨大权力的人去决定别人的生活方式。也就是说，资本主义不仅能够使一些人比其他人更加富有，而且也能使得一些人比其他人更加自由。此外，资本主义迫使社会所有成员（但是穷人是大多数）服从于超出大众控制能力的权力和社会发展力量，从而使得大多数成员的生活处于不确定的和充满痛苦的状态。这些事实再加上社会主义制度的缺陷和资本主义制度的自由趋势，意味着马克思主义理论所揭示的，也如温斯顿·丘吉尔所说的，资本主义是所有经济制度中最糟糕的形式，如果没有其他制度可替代的话。

在马克思主义分析当中识别的另外一个缺陷为这一结论提供了另外的支持，对于一些读者来说可能会觉得没有说服力。这里的缺陷指的是没有能够看到进步的资本主义在文化上是如何表现的，也就是马克思所描述的"生产关系"。马克思和马克思主义者清楚地看到，资本主义在生产方式上是进步的，这里指的是节省劳力的技术开发和应用。但是，马克思和马克思主义者都没有看到（尽管马克思比马克思主义者看到的更多），资本主义的生产关系

---

* 麦迪逊模式，是指政府的行政、立法和司法权力相分离，以使任何部门都没有足够的权力来操纵其他部门。——中译者注

在某种程度上也是进步的,这里指的是自由主义价值观和自由主义制度的成长和传播。

由此,我们认为,更大的个人自由(将伤害条件作为限制自由的一个理由,反对"无被害人犯罪",或反对基于信仰、传统以及习惯的其他限制)也倾向于使用理性的标准来评价别人(用优点和行为去评价一个人,而不是种族、性别、信仰和年龄等),同时也积极支持高效的和负责任的政府(倾向于自由选举权,逐步增加投票资格以及自由集会等)。当然,这些也不能完全实现。然而,这并不意味着它们是不重要的或没有效果的。我认为尤尔根·哈贝马斯在将这种进步的资本主义自由文化渗透到马克思主义理论的道路上已经迈出了一大步。[1]

这里所描述的两个缺陷在某些方面存在关联。为什么现有的或近期的社会主义社会不被人们所看好?我们可以这样来理解,因为它们接受了资本主义的技术,却排斥资本主义的自由制度。社会主义者没有意识到社会主义制度本身肯定会存在压迫,除非其委任的官员深受自由主义价值观的熏陶,并且其民众也在同样价值观的熏陶下实行民主问责制度。

但是第二个缺陷也有光明的一面。在识别资本主义生产关系的先进性方面,我们可以看到一个事实,即我们可能在生活当中无法摆脱资本主义,也不可能提供一个更好的机会。资本主义生产的文化工具将会推动资本主义更加公平。让人们更加自由和平等的努力是一场关于资本主义实现其自由主义理想的斗争,而且人们有理由去期望这种斗争能够取得成功,因为资本主义引导的价值观正是资本主义文化制度所推崇的。

而这样的观点存在于本书的哲学空间当中。本书是对美国资本主义刑事司法体系的一个激进的批判,其路径是通过运用资本主义自身的自由主义道德哲学来评价资本主义刑事司法。

---

[1] 例如,参见尤尔根·哈贝马斯的《沟通与社会演化》,波士顿:灯塔出版社,1979年,特别是第4章和第5章。

英文索引

A

Adelphia 147–8
Addiction 38–41, 44, 85
Adjudication 134–6
African Americans. *See* Blacks
Aggravated Assault 36, 68, 71, 86, 88–9, 105, 120, 181
A. H. Robbins Company 83
Air pollution 97–9, 104
Alcohol 38–39, 43, 45, 82
America's Most Wanted (TV show) 77
American Academy of Pediatrics 184
American Bar Association 141
American Cancer Society (ACS) 96, 99
American Enterprise Institute 43
American Journal of Public Health 82, 101, 103
American Legislative Exchange Council (ALEC) 182
American Medical Association (AMA) (See also *Journal of*) 44, 88
American Public Health Association 97
Amputations 91
Andrade, Leandro 155
Angel dust. *See* PCP
Annunzio, Frank 136–7
Antibiotics 94
Antitrust 128, 141
AOL-Time Warner 148
Archives of Internal Medicine 88
Ariely, Dan 197
Arrests
　-discretion and 2, 75
　-blacks and 71, 120, 122–3, 127
　-racial discrimination in 123, 128
　-records of 70
　-socioeconomic class and 8, 31, 119, 126, 128, 135, 161–2
　-Typical Criminal and 69, 71
　-statistics on 29, 31, 43, 69, 71, 74, 121, 124
　-unemployment and 35, 126, 161
　-for white-collar crime 8, 129
　-of whites 120
Arthur Andersen 147, 149, 151, 154
Asbestos 82, 84, 91
Assault 3–4, 8, 82, 84, 120, 128, 162, 181
Assault weapons 13, 37
Association of Certified Fraud Examiners 129
Attica prison riot 160
Auditing 147, 154
Australia 36
Auto theft 142

B

Baby boom 29
Bail 121, 134–5
Bailout Nation (Ritholtz) 156
Baldus, David 141
Baldwin, James 207–8
Baltimore, MD 214
Bandow, Doug 39
Bankruptcy
　-of Adelphia 148
　-of Enron 143, 146, 149–50, 155
　-EPA and 99
　-fraud 132
　-of Global Crossing 150–1
　-of GM 195
　-Lehman Brothers 157
　-health insurance and 105
　-of WorldCom 152
BAT Industries. *See* British American Tobacco Company
Bazarian, Charles 145
Beebe, Herman 145
Belgium 25
Bell, Johnny Lee 136
Bennett, William 69
Bias
　-bonus of 184, 190–192, 199
　-criminal justice system and 6, 75, 77, 106, 124, 127, 138, 159, 177, 179, 198
　-economic 5, 120–4, 126, 128, 143, 159, 199
　-racial 103, 120, 123, 126
Biden Jr, Joseph 137
Big Money Crime (Calavita, et al) 145
BJS. *See* Bureau of Justice Statistics
Blacks
　-arrests and charging 119–20
　-bail for 121
　-cancer and 104
　-capital punishment and 141
　-economic class and 122
　-differential treatment of 122, 125–6, 128, 190
　-driving while 127
　-employment of 32, 84, 122–3
　-health care and 103
　-incarceration and 15, 35, 120, 160–1
　-juvenile crime by 21, 126
　-media and 76
　-policing and 20, 42
　-poverty and 102
　-racial discrimination 186
　-sentencing and 138–140

-toxic waste dumps and 99
-Typical Criminal 68–9, 71
-wrongful convictions and 141
Black-on-black crimes 121
Black Panthers 193
Black, William 158
Blodgett, Henry 148
Blumstein, Alfred 21–2, 37–8, 40, 46
Bonger, William 189
Bonnie and Clyde 188
Boston Tea Party 186
Bourgeoisie 192–3
Brady Bill 37
Braithwaite, John 31
Bratton, William 20
Brazil 44
Bribery 132
British American Tobacco Company (BAT Industries) 100
Brockovitch, Erin 97
Brown & Williamson Tobacco Corporation (B & W) 100
Brown lung. See Byssinosis
Bullard, Robert 99
Bureau of Justice Statistics (BJS) 9, 15, 34, 41, 43, 134
Bureau of Labor Statistics (BLS) 87
Burglary 8, 41, 68, 128, 142, 181
Bush, George H. W. 37, 99
Bush, George W. 13, 15, 32, 35, 37, 97, 143
Butch Cassidy and the Sundance Kid 188
Byssinosis 91

C

California
-crime reductions 20
-Department of Corrections 15
-drug sales in 127
-gun production in 36
-homicide rates 27
-prisons 15–16
-sentencing in 139, 218
-S&L in 144–6
-white collar crime and 88, 97, 138
Campaign contributions 154, 182
Canada 17, 25–7, 36
Cancer
-air pollution and 97–98, 102
-chemicals warfare and 96–7, 101–2
-in children 97
-from food additives 101–2
-health care and 92
-hotspots 98
-occupational exposure and 82–3, 87–8, 90, 96

-racial difference in 104
-socioeconomic status and 103
-survival rates 104
-from tobacco or smoking 40, 99, 102
Cancer Prevention Coalition 88
Capital Punishment 12, 26, 135–6, 140–1, 191
Capitalism (See also Marxian theory) 33, 49, 148 189, 192
Capone, Al 188
Carnival Mirror 65, 67–72, 75, 106, 119, 162, 178, 192, 196, 250
Carpal tunnel syndrome 91
Carter, James (Jimmy) 12
Cato Institute 40
CCA. See Corrections Corporation of America
Cedent 147
Cellular phone fraud 132
Centers for Disease Control 37, 92
The Challenge of Crime in A Free Society 9, 24, 70, 85
Chambliss, William 15
Charging 124–34, 162
Check fraud 130, 132
Chemical warfare 96–102
Child labor 84
Child pornography 14
Children
-degrees of culpability and 80
-guns and 37
-health and 22, 88, 97, 100, 102, 104
-of inmates 19, 35
-male role models for
-poverty and 32, 102, 198
-reducing crime and 33, 45
-television and 184
Children's Defense Fund 37
Christianity 192
Cigarette smoking. See Tobacco
Citigroup 147, 157
Civil Rights Act 12
Civilian Complaint Review Board 20
Class. See Socioeconomic class
Clear, Todd 33
Clinard, Marshall 129, 133
Clinton, Bill 12–14, 37, 44, 154
Cloward, Richard A. 187–188
Coal dust and tar 82, 90, 91
Coalition Against Insurance Fraud 131
Cocaine 14, 21–2, 39–43, 45–6, 139, 155, 214
Colonial Realty 149
The Color of Crime (Russell) 69
Columbus Marin S&L 146
Commission for Racial Justice 99
Commission for the Dissuasion of Drug Addiction 44

Common Cause 100
The Communist Manifesto (Marx) 192
Computer crime 130, 132
Congress [U.S. House and Senate]
  -Blue Cross Blue Shield and 93
  -chemical food additives and 101
  -criminal justice spending and 144
  -disgorgement law and 154
  -financial deregulation and 145
  -financial frauds and 143
  -members of 193
  -"100-to-1" disparity and 139
  -OSHA and 91
  -SEC and 159
  -tobacco control bills and 100
  -TSCA and 97
Congressional Budget Office 32
Congressional Research Service 130
Conklin, John 20
"Contract with America" 20
Conspiracy theory 6, 178
Controlling Cocaine: Supply versus Demand Programs (Rand Corporation) 46
Constitution 15, 213, 219
Consumer deception 71
Conviction
  -Brady Law and 37
  -criminal 4, 75, 134–6, 162, 183
  -plea bargaining and 135
  -wrongful 141
Cook, Philip J. 20
COPS (TV show) 76–77
Corporate Corruption (Clinard) 129, 133
Corporate crime and violence
  -arrests and charging of 129
  -bonus of bias 190
  -cases of 146–153
  -chemical warfare and 96–102
  -conviction of 136
  -Defenders and 76–86
  -Financial Meltdown of 2008 156–60
  -health care and 92–96
  -incarceration for 132
  -law violations 133
  -occupational 86–92
  -sentencing and 142, 154–5, 211–12
Correctional officers 160
Corrections 2, 15–16, 181–3, 214–5
Corrections Corporation of America (CCA) 182
Corruption 38, 42
Council on Environmental Quality (CEQ) 96
Countrywide Financial 157–8
Cox, Christopher 157
Cox, Thomas 158
Credit card fraud 130, 132

Cressey, Donald 120
Crime. (*See also* Uniform Crime Reports and Victimization)
  -American dream and 187–8
  -carnival mirror and 67–72, 75
  -cost of 26–7, 46
  -cyber 130
  -definitions of 65–6, 68, 74–75, 105–6, 162, 186, 199, 246
  -drugs and 26, 38–45, 85, 139
  -Durkheim and 47–49
  -economic 40
  -FBI index 68, 71, 86
  -fear of 8
  -Foucault and 49–51
  -guns and 36–8
  -incarceration and 17–20, 34
  -juveniles and 23, 29, 32, 122, 125
  -media and 76–8, 135, 160, 184–5
  -one-on-one model 92
  -police and 20
  -poverty and 31–3, 105, 183–4, 190–2
  -race and 69, 120–1, 126–7, 138, 140–1
  -rate 1–2, 11–12, 14, 16, 18–19, 25, 28–30, 44, 73, 75, 179, 182
  -reality of 7, 67, 70–1, 73, 75
  -recidivism and 3
  -reduction of 4–6, 15, 21–31, 45–6, 45–6, 69, 162, 177, 179
  -socioeconomic class and 5, 33, 50, 117, 123, 128, 134, 142, 162–3
  -sources of 7, 25, 30–45, 189
  -statistics of 89–90, 124
  -Typical Crime 76, 78–79, 84, 119, 190
  -Typical Criminal and 68–9, 78, 119, 190
  -victimization of 121, 180–1
  -violent 13, 16–17, 21–2, 27, 29, 36, 38, 42, 69, 83, 184, 186, 210
  -war against 5, 23, 45, 51, 177, 192
  -white-collar 8, 88–9, 91, 102, 129–32, 134, 136–7, 142, 144, 147, 154–5, 157–9
Crime and the American Dream (Messner and Rosenfeld) 187
Crime control/prevention 11–51
Crime in the United States. *See* Uniform Crime Reports
"Criminalblackman" 69
Criminal Justice System
  -carnival mirror and 1, 47, 65, 68, 71–2, 106, 162
  -class biases in 77, 127, 159, 179, 190
  -costs of 189
  -crime definitions and 105
  -crime rates and 18, 22
  -crime reduction and 23–24

-criminal focused 207
-Defenders and 78
-drugs and 44
-expansion of 25
-failures of 2, 4, 6, 8, 11, 46–8, 178–184, 199, 209
-Foucault on 49–51
-harmful actions of 86
-homicides and 95
-ideological function of 186–9, 198
-justice of 207–9
-Marxian critique 224–40
-media and 85
-one-on-one model and 92
-plea bargaining and 135
-poverty and 74, 134, 160–1, 183–4, 191–2, 210
-promoting justice and 217–20
-protecting society and 210–16
-punishment and 21, 82
-Pyrrhic defeat theory and 5, 47, 76, 179
-race and 120, 122, 139, 186
-reality of crime and the 70, 75
-reforms of 208
-regulation and 79
-rehabilitation of 209–210
-repression function of the 7
-social order and 35, 187
-socioeconomic status and 3, 51, 74, 118–119, 123, 128, 137, 162, 183, 193
-white-collar crime and 67, 83, 133, 148
Criminal justice-industrial complex 25, 181, 183
Criminology (Sutherland and Cressey) 120
Criminology 2, 21, 106, 243–55
Criminology & Public Policy 46
Cullen, Mark 88
Culpability 81, 88, 94
Curran, Frank 193
Currie, Elliott 16, 20, 27, 30, 45
Curtis, Lynn A. 17
Cybercrime 130

D

D'Alessio, Stewart J. 138, 217
Dalkon Shield 83
Death penalty. *See* Capital punishment
Deaths
 -chemical warfare and 96–102
 -firearm related 37
 -from medical treatment 92–96, 105
 -occupational 66, 77, 82–3, 86–92, 163
 -from poverty 102–5
 -from tobacco and other drugs 39–40, 99
Debs, Eugene V. 118
Deceptive practices 130–32, 149
Decriminalization 26, 44–45

Defender of the Present Legal Order 65, 78–86
Deferred Prosecution Agreements (DPAs) 133
Delinquency 49–50, 124–5
Delinquency and Opportunity(Cloward and Ohlin)187
Democrats 154
Denmark 27
Department of Commerce 129
Department of Health and Human Services 103
Department of Health, Education, and Welfare 41
Department of Justice (DOJ) 9, 14, 35, 89, 127, 133, 146, 154, 157, 161, 193, 212
Department of Labor 67, 87
Deregulation 32, 144–5, 156
Deviance 47–9
DiIulio, John 18
Discipline and Punish (Foucault) 49
Discretion 3–4, 140, 217–8
Discrimination
 -double 140–1
 -economic 105, 124
 -gender 85
 -legal 121, 139
 -racial 85, 120–1, 138, 140, 187
Disgorgement 154
Disproportionate Minority Contact (DMC) 120, 126
District of Columbia v. Heller 37
Diverting Children from a Life of Crime (Rand Corporation) 45–6
Division of Labor in Society (Durkheim) 47
Dodd-Frank Wall Street Reform and Consumer Protection Act of 2010 159
Dole, Bob 13
Domestic tranquility 23–4
Dorm Room Dealers (Mohamed and Fritsvold) 127, 136
Dred Scott (case) 209
Driving While Black 127
Drug czar 43, 69
Drug Enforcement Administration (DEA) 15, 39
Drugs
 -addiction 85, 155, 213
 -corruption and 42
 -cost of 45
 -criminalization of 39, 213
 -Foucault and 49
 -homicide and 82, 95
 -illicit 39, 40, 44, 51, 122
 -prescription 94
 -pharmacological consequences 38
 -policy 11, 14, 43, 100, 183, 214
 -race 69, 127, 138
 -sentencing and 159

Drugs (*continued*)
-trade 1, 21–22, 38
-treatment 40, 44–46
-use 3, 19, 25–6, 38, 41, 44, 179
-war on 15, 18, 44, 127
Due process 159
Du Pont [Chemical] Company 98
Durkheim, Emile 7, 24, 46–48, 51
Dylan, Bob 155

E

Ebbers, Bernard 152, 250
Economic Crimes Unit (FBI) 131
Economics 7
Eighth Amendment 215
Eisenhower, Dwight 182
Elders, Joycelyn 44
Electrical Equipment cases 141
Embezzlement 71, 132, 142
Empey, Lamar T. 124
Employee theft 131
Engels, Frederick 65, 192
England 26–7, 65, 101, 194
English Law 85
Enron
-Arthur Andersen and 149, 154
-auditing for 154
-bankruptcy of 143, 149–50, 152, 155
-enablers 146
-financial scandal of 83, 131, 140, 146–7, 157, 163
-task force 156, 158
Environmental Protection Agency (EPA) 22, 97–8, 101
Epstein, Samuel 87
Erickson, Maynard 124
Erikson, Kai 7, 24, 46–8, 51
Ex-offenders 3, 46
Europe 22, 25, 27, 33, 43, 101

F

Fair Sentencing Act of 2010 139
Families Against Mandatory Minimums 218
Fastow, Andrew 150, 155, 250
Federal Bureau of Investigation (FBI)
(*see also* Uniform Crime Reports)
-crime rates and 16
-computer crime and 130
-Economic Crimes Unit 131
-Richard Quinney and 193
-savings and loans scandals and 144
-terrorism and 157
-on white-collar crime 129, 158
Federal Reserve 33, 44, 143, 156, 197

Federal Savings and Loan Insurance Corp (FSLIC) 144
Federal Sentencing Reporter 155
Felony 20, 37, 67, 77, 128, 135
Ferguson, Colin 66
Financial Crisis of 2008 12, 15, 32, 102, 131, 156–60
Financial deregulation 145
Financial fraud 143–60
Florida 20, 27, 39, 138, 140
Florida Center Bank 145
Florida Department of Corrections 138
Flushing Federal S&L 145
Food additives 97, 101–102
Food and Drug Administration (FDA) 101
Forbes 33, 140, 182, 197
Fortune Magazine 133, 144, 146–7, 155
Foucault, Michel 24, 46, 49–51
Founding Fathers 23
France 27, 33, 36, 49
Frank, Barney 159
Frank, Nancy 81
Fraud
-with bankruptcy 132
-consumer 76
-of Enron 155
-financial 83, 133, 143–60
-insurance 131
-with Medicaid 138
-occupational 129
-tax 71, 142
-telemarketing 130
"Free consent" 84
Free-enterprise system 141, 188, 195
Free, Marvin 121, 135
Freedom 1, 13, 51, 195
Fuld, Richard Jr 157
Furman v. Georgia 141
Fyfe, James 21

G

Gabbidon, Shaun 186
Gambling 3
Gang Deterrence and Community Protection Act 14
Gangs 21, 35, 38, 43, 78
Garland, David 23
Gender 85
General Accounting Office (GAO) 14, 42, 87, 134
General Motors 195
GEO group. *See* Wackenhut Corrections
Germany 17, 25, 27, 36, 209
"Getting tough on crime" 12
Gettinger, Stephen 135

Gibraltar Federal 145
Gideon v. Wainwright 135
Gingrich, Newt 19
Global Crossing 147, 149–51
Gold, Martin 125
Goldfarb, Ronald 119
Goldman Sachs & Co. 156, 158, 182
Goldstein, Paul 38, 42
Gordon, David 189
Government Accounting Office 144
Great Britain 17, 33
Great Depression 143, 156
Greenwood, James 151
Greenwood, Peter 48
Gross, Hyman 80–81
Guns 11, 13, 17, 20–2, 36–8, 51, 179, 216, 220

H

Habitual criminal laws 132
Hagan, John 142
Halfway house 2, 4
Hamlet, NC 143
A Handbook on White-Collar Crime (Chamber of Commerce) 129
Handguns (*See* Guns)
Harlem 160, 198
Hart, Philip 119
Harvard University 19, 32, 36, 94, 103
Harvard Law Review 126, 128
Hatter, Terry 140
Hawkins, Gordon 85, 214
Hazardous material/waste 83, 98, 97
Head Start programs 45
Health and Human Services, Department of 103
Health care 92–6, 99, 103, 105, 131, 198
Health insurance 104–105
Heaney, Gerald 140
Hellerman, Michael 145
Hepatitis 39
Heroin 38–43, 45, 99–100, 179
Higher education 15–6, 45
Hispanics
 -differential treatment and 122, 126, 128
 -police corruption and 20, 42
 -poverty and 32, 102, 123
 -sentencing and 120, 139–40
Historical inertia 6, 75, 177, 179, 183, 199
Hitler, Adolf 209
Homelessness 45, 102
Homicide
 -arrests 21
 -blacks and 141
 -declining rates of 16
 -drug trade and 100

 -FBI Index and 68
 -guns and 36–8
 -health care and 92
 -industrialization and 27
 -media and 77, 185
 -occupational 81, 83, 89, 102
 -poverty and 8
 -Typical Criminal and 69
 -statistics on 89
Horton, Willie 190
How To Stop Crime (Bouza) 69
Hunter, Beatrice 101

I

Identity fraud 130
Ideology
 -about 192–196
 -criminal justice system and 7, 177, 184–9
 -Marxian theory of 7, 195–6, 224–40
 -nature of 183
 -need for 196–8
Immigration 182
Immunization 103–4
Incarceration. (*See also* Prisons)
 -binge 12, 19, 182
 -blacks and 35
 -crime rates and 19–21
 -crime reduction and 15, 46
 -for drug trade 21
 -international comparison of 11
 -racial discrimination and 121, 123
 -rates of 15, 17–18, 20, 25–26
 -socioeconomic status and 122
 -unemployment and 138
Income. *See* Socioeconomic class
Income mobility 33
Indirect harm 78–9, 83–5, 211
Industrial espionage 130
Industrialization, 28, 179
Inequality
 -capitalism and 189
 -crime and 11
 -criminal justice system and 187
 -economic 33, 103, 191, 197
 -poverty and 31–33
 -racial 12
 -social 12
Institute of Medicine (IOM) 93
Insurance. *See* Health Insurance
Insurance fraud 131–132
Intellectual property theft 131
Investing in Our Children (Rand Corporation) 45

Involuntary manslaughter 143
Irving, J. Lawrence 140
Italy 36

J

Jackson, Jesse 69
Japan 17, 27
Jim Crow 121–2
Jobs 87–91, 98
Job training 2, 4
Johnson, Lyndon B. 12, 24
Johnson, Robert 11, 34, 135
Jolly, Edward Jr. 146
Jones, Nikki 139
Journal of the American Medical Association (JAMA) 92–93, 98, 100, 103–4
J.P. Morgan Chase 147
Just Detention International (formerly Stop Prison Rape) 34
Justice as Fairness: A Restatement (Rawls) 33
Justice Policy Institute (JPI) 14
Juvenile crime 21–2, 45, 125–6
Juvenile justice programs 14

K

Keating, Charles 147
Kerner Commission, 1968 17
Kick, Arthur 145
Kickbacks 132
Kid Safe Chemicals Act of 2008 97
King, Martin Luther Jr. 193
K-Mart 218
Knives 21, 36, 38, 95
Koop, C. Everett 40
Kozlowski, Dennis 151–2

L

Labor movement 194
Lamberth, John 127
Landrigan, Philip 87–8, 101
Larceny 68, 152
Latino. *See* Hispanics
Law & Order (TV show) 76
"Law and order" 12, 25, 180, 190
Law Enforcement
  -agencies 119, 133, 144
  -crime reduction and 14
  -efforts 41
  -officers 2
  -officials 42–43

Laws
  -definition 7
  -crime reduction and 23
  -criminal 31, 35, 40, 65, 67–8, 74–5, 80, 84–6, 118, 141, 185, 187, 189
  -cynicism and 19
  -gun 20, 37
  -habitual criminal 132
  -immigration 182
  -incarceration and 15
  -OSHA and 87, 91
  -poverty and 184
  -self-defense 186
  -sentencing 14, 139
  -society and 192, 194
  -three strikes 155
  -traffic 127
  -violations 133
  -white collar crime 8, 137
Lawmaking 2, 51, 68, 70, 73, 154, 181–2
Lay, Ken 146, 150
Legal counsel 122, 134–5, 218–9
Lehman Brothers 156–7
Life expectancy 103–4
Lippke, Richard 214–15
Lincoln Savings and Loans 147
London 193
London Metropolitan Police Act 193
Lord, Miles 83
Lucent Technologies 147
Ludwig, Jens 20
Lynch, James 22

M

Malign Neglect: Race, Crime and Punishment in America (Tonry) 35
Mandatory minimum sentences 12, 139–140, 181
Manslaughter 65, 86, 138, 144
Manville 82, 84, 212
Marijuana 12, 14–15, 20, 26, 39, 43–5, 99, 136
Mariucci, Richard 145
Marx, Karl 7, 192–196
Marxian theory (*see also* Ideology)
  -of capitalism 7, 51, 189, 194–5, 252–5
  -of law and criminal justice 224–40, 252
Mass murders 66, 77–78
McCarthy, Belinda R. 126, 138
McClesky v. Kemp 148
MCI *See* WorldCom
Means of production 194
Media 70, 74–5, 77–8, 85, 127, 194–5
Medicaid 99, 104–5, 138

Medical treatment
-cost of 95, 97
-deaths from 92–3
-negligence and 71, 85, 93–4
-occupation related 71, 89
-poverty and 15, 103
-for whites 104
Medicare 99
Meierhoefer, Barbara 140
Menninger, Karl 1
Mercury poisoning 97
Merrill Lynch & Company Inc 148, 156, 182
Messner, Steven 187
Methamphetamines 22, 39
Mexico 44
Michaels, David 91–92
MicroStrategy 147
Military-industrial complex 182
Mill, John Stewart 34, 212
Miller, Jerome 126
Milton S. Eisenhower Foundation 17
Mine Safety Act 66
Mines 66–7, 77–8, 81–4, 90
The Mirage of Safety (Hunter) 101
Misdemeanor 34, 91, 137, 141
Model Penal Code 82
Modernity 28
Mokhiber, Russell 211
Mollen Commission 42
Montreal Gazette 213
Moody's 156
Moral beliefs 78–9, 85, 191, 194, 196
Morgan Stanley 151, 156
Morris, Norval 45, 85, 214
Motor vehicle theft. *See* Auto theft
Mozilo, Angelo 157–158
Mukasey, Michael 158
Murder. *See* Homicide
Musacchio, Ted 146
Myers, David 152–3

N

Nacchio, Joseph 151
Nadelmann, Ethan 213
National Academy of Sciences 91, 93, 105
National Advisory Commission on Criminal Justice Standards and Goals 34
National Advisory Commission on Civil Disorders 17
National Association of Criminal Defense Lawyers 136
National Bureau of Economic Research 147
National Cancer Institute (NCI) 96
National Census of Fatal Occupational Injuries 89
National Commission on the Causes and Prevention of Violence 16–17
National Crime Victimization Survey (NCVS) 30, 89, 120
National Drug Control Budget 43
National Guard 194
National Institute for Occupational Survey and Health (NIOSH) 87
National Institute of Justice (NIJ) 9, 182, 215
National Institute on Money in State Politics 182
National Law Journal 43
National Narcotics Intelligence Consumers' Committee 43
National Research Council 36
National Safe Workplace Institute 88
National Survey on Drug Use and Health 22
National Treatment Improvement Evaluation Study (NTIES) 45
National White Collar Crime Center 129–130
NCVS. *See* National Crime Victimization Survey
Negligence 80–1, 86, 95
Nelson, Gaylord 101
Nevada 15
Nevin, David 22
The New England Journal of Medicine 94, 96, 103
New Hampshire 27
New Jersey 98, 127
New Jersey Department of Environmental Protection 98
New York 1, 16, 20, 27, 87, 138, 152
New York City 20–1, 27–8, 30, 42, 194
New York Times 13, 33, 42–3, 66–7, 91, 94, 137, 154, 157
New Zealand 17, 36
Newsweek 93, 195
Nicotine 40, 100
NIOSH. *See* National Institute of Occupational Safety and Health
Nixon, Richard 12, 143
Nonnegligent manslaughter 86
Nonviolent crime 76, 144
Nonviolent offenders 15, 17, 19
Non-Prosecution Agreements (NPAs) 133
North American Securities Administrators Association 131
Norton, Michael 197
Norway 27

O

Obama, Barack 14–5, 44, 139
Occupational disease 71, 87–90, 95
Occupational fatalities 83, 87–90
Occupational fraud 129
Occupational hazards 76, 79, 81, 82–4, 95, 98, 180

Occupational Safety and Health
    Administration (OSHA) 81, 87, 91, 99
Occupy Wall Street 193
Office of Justice Programs 9
Office of Juvenile Justice and Delinquency
    Prevention 9, 37
Office of National Drug Control Policy
    (ONDCP) 42
Office of Technology Assessment 98
Ohlin, Lloyd E. 187–8
ONDCP. *See* Office of National Drug Control
    Policy
One-on-one harm 76–9, 83–5, 92, 179
One in 100 (Pew) 16
Opium 42
OSHA. *See* Occupational Safety and Health
    Administration
OxyContin 39

P

Pacific Gas & Electric Co. 97
The Pains of Imprisonment (Johnson and Toch) 34
Palloni, A. 142
Panopticon 50
Parent training 46
Parole 2–4, 19, 25–6, 120, 139
Paulson, Glenn 98
Payoffs 132
PCP (Phencyclidine) 39, 214
The Peanut Corporation of America 77
Peel, Robert 193
Petersilia, Joan 20, 139
Pew Charitable Trust 16, 34
Pew Environmental Health Commission 104
Pew Public Safety Performance Project 161
Phillip Morris Companies 100
Philosophy 2, 243–55
Pilferage 130–2
Pinkertons 194
Pitt, Harvey 154, 159
Pittsburgh, PA 126
Plague of Prisons (Drucker) 12
Plato 192
Plato's Republic 177
Plea bargaining 135, 150, 153, 155
Police. (*See also* Law enforcement)
    -acts of repression 193–4
    -arrests and charging 68, 120, 124
    -brutality 2, 20
    -corruption of 42
    -crime reduction and 1,11,13,18,20,22, 24,46
    -criminal justice-industrial complex and 183
    -discretion 3, 75, 125, 128, 190
    -drug dealers and 21
    -firearms and 37
    -hiring of 14, 133, 144
    -media and 76, 184–5, 188
    -politicians and 12
    -race and 120, 126
    -socioeconomic status and 127
    -statistics and 89
Police Foundation 39
Policy
    -American Criminal Justice 1, 4–7, 11, 20–25,
        46, 51, 64, 74–5, 86, 123, 134, 177–81, 183,
        193, 199
    -drug 11, 14–15, 26, 40, 42–4
    -evidence-based 11, 15
    -federal crime 14, 18
    -financial deregulation 32, 144
    -firearm 38
    -incarceration and 121, 182
    -military-industrial complex 182
    -president administrations and 13, 32, 97, 190
    -social 30
    -sources of crime 30–31, 73
    -"Tough on Crime" 11–12, 14, 18, 181
Politicians 12, 15, 22–3, 74, 78, 190
Portugal 26, 44
Poverty
    -adjudication and 134
    -arrests and 119, 123, 125
    -bias against the poor 106, 126, 128, 159, 184,
        190, 199
    -children and 198
    -character 177, 180, 191–2
    -crime and 1, 4, 6, 50, 63, 66, 73, 75, 77, 179,
        183–92
    -as a crime source 7, 76, 210
    -death from 102–105
    -fear of crime and the poor 5, 8, 74, 162,180
    -Foucault and 49
    -health 15, 102–5
    -inequality and 31–3, 187, 196–8
    -media and 76
    -prison and 2, 118–21, 160–2, 183
    -probation and 125, 160
    -race and 32, 122, 127, 198
    -sentencing and 142
    -toxic wastes and 99
    -Typical Criminal 69, 71, 119
    -tax cuts and 32
    -unemployment and 123
    -victimization of 9
    -war on 12
    -white collar crime and 129, 155
President's Cancer Panel 96–7

President's Commission on Law Enforcement
& Administration of Justice 9, 24, 69–70,
85, 118, 193
President's Council on Environmental Quality
(CEQ) 96
President's Crime Commission 36, 124
*President's Report on Occupational Safety and
Health* 86
Price fixing 141
Prison-industrial complex 183
Prisons. (*See also* Incarceration)
 -costs of 15–16
 -crime rates and 11, 19
 -crime reduction and 18, 23
 -drug offenses and 42
 -education and 138
 -expansion of 12–13
 -Foucault on 49–51
 -gangs and 35
 -incarceration rates and 20
 -increasing population in 1, 15, 17, 21–2, 35, 43, 161
 -international comparisons and 25–6
 -job training in 2, 4
 -legitimacy of 72
 -media and 160
 -overcrowding in 34
 -poverty and 2, 106, 118–21, 160–2, 179–80, 183
 -privatization of 13–14, 25, 181–2
 -public opinion and 180
 -race and 120–3, 127, 139, 190
 -rape in 34, 190
 -recidivism and 3, 35–6, 48
 -rehabilitation programs and 46, 214–5
 -socioeconomic status and 3, 69, 119, 128, 136, 142, 162, 178
 -source of crime 18, 35, 74
 -statistics on 43–4, 69–71
 -"tough on crime" and 12, 15, 181
 -unemployment and 161
 -white-collar crime and 66–7,143–4,154–6,158–9
Prison construction 12–13, 182
Prison guards 2, 50, 160
Private Prisons 13–14, 25, 181–3
Private Securities Litigation Reform Act 154
Probation 2, 25–6, 66, 69–70, 120, 125, 138, 160
Prohibition 40
Pronovost, Peter 94
Property crimes
 -embezzlement and 71
 -juveniles and 29
 -narcotic addition and 41
 -race and 138
 -rates 24, 28, 181

 -statistics on 27, 41, 86, 123, 130–1
 -Typical Criminal and 76
 -victimization of 180–1
 -white-collar crime and 142, 144
Prosecutors
 -charges by 68, 83, 135, 140
 -discretion and 3, 75
 -narcotics and 43
 -racial discrimination 128
 -sentencing and 66
 -white collar crime and 154
Prostitution 25, 41, 49
Protecting America's Workers Act 92
Prudential Insurance Company 182
Public Interest Health Research Group 92
Public safety 15, 18–20
Pyrrhic Defeat Theory
 -defined 5, 47
 -Durkheim and 7, 24, 48, 51
 -Erickson and 24, 47–48
 -criminal justice system and 7, 11, 25, 49, 51, 73, 178–9, 198–9
 -hypotheses 75
 -Marxian theory and 7
 -television crime and 76

Q

Quinney, Richard 7, 73, 193, 249–50
Qwest 147, 149–51

R

Race/ethnicity. (*See also* Blacks, Hispanics, and Whites)
 -arrests and 125
 -criminal justice system and 122, 128
 -employment and 123
 -health and 103
 -industrial society and 188
 -police and 126
 -sentencing and 121, 138–9
 -socioeconomic status and 103, 198
 -toxic wastes and 99
 -victim-offender relationship 121, 140–1
Rakoff, Jed 157
Rand Corporation 45–46
Rape 3–4, 34, 68, 89, 120, 139, 181, 190
Rapp, Michael 145
Rawls, John 33, 207, 210
Reagan, Ronald 12, 32, 37, 43, 99, 103, 144, 218
Reason 14–15
Reasonable person 186, 189
Recidivism 3, 34–35, 49

Rehabilitation 19, 34, 46, 155
Reiman, Jeffrey 2, 106, 224, 243
Renda, Mario 145
Repeat offenders 45–46, 133, 157
Repetitive motion 91
Republicans 20, 154
Residential Drug Abuse Program 140
Reyes, Jessica 22
Rice, Kenneth 150
Rigas, John 148
Rigas, Timothy 148
Right to vote 3, 35
RiteAid 147
Robbery
  -complex social practices and 4
  -FBI Index component 68
  -international comparisons of 36
  -narcotics and 41
  -race and 69
  -sentencing bias 137, 139
  -socioeconomic status and 128, 142
  -victimization from 120, 181
Rockefeller, Nelson 160
Rosenfeld, Richard 19, 187
Ruling elite 178
Russell, Kathryn 69
Russia 27

S

Safety hazards 79, 83
Safety misconduct 66
Sampson, Robert 125
Sarbanes-Oxley Act (2002) 154, 211
Savings and Loan scandals (S & Ls)
  -about 143
  -cases of 131, 133, 154
  -Lincoln Savings and Loan 147
  -prosecutions of 158
  -roster of 145
  -sentencing and 136, 144
Schlegel, Kip 211
Schmoke, Kurt 44
Schwarzenegger, Arnold 15
Science magazine 104
The Science of Marijuana 39
Segal, Debra 185
Second Amendment 37
Second Chance Act 35
"Secondhand" smoke 100
Securities and Exchange Commission (SEC) 133, 147–8, 150–1, 154, 156–7, 159, 182
Segregation 84, 103
Selman, Donna 182

Senate Committee on Labor and Human Resources 87
Senate Judiciary Committee 137
Sentencing
  -of blacks 120
  -crime rates and 18
  -discretion and 4
  -discrimination in 124, 138, 140
  -disparity in 14, 139, 155
  -guidelines 138–140, 150, 218
  -of Hispanics 120
  -by judges 75
  -mandatory minimums and 140
  -poverty and 137, 162
  -private prisons and 183
  -socioeconomic class and 119, 121, 128, 136–43
  -for white-collar crime 133, 154
Sentencing Project 35, 127
Shapiro, Susan 133
Sherman Antitrust Act 141
Silbergeld, Ellen 22
Silver, George A. 93–94
Skilling, Jeffrey 149–50, 155, 158
Slavery 121
Smith Barney Shearson Inc 182
Smoking. (*See also* Tobacco) 39–40, 97, 99–100
Social class. *See* Socioeconomic class
Social Cost of Drug Abuse 41
Social order 5, 7–8, 49, 183, 186–9, 195
The Social Reality of Crime (Quinney) 73
Social responsibility 185
Socioeconomic class
  -bias and 5, 77, 122, 127, 159, 190
  -capitalism and 192
  -crime and 7, 189
  -criminal class and 3–4, 190
  -criminal justice system and 5, 51, 119, 123, 125, 137, 161, 193
  -delinquency and 124
  -differential treatment 121–122, 126
  -disparities and 196
  -education and 198
  -Foucault and 49–50
  -hazardous waste and 96
  -health and 103
  -income mobility and 33
  -industrialized society and 188
  -legal advantages and 118, 136
  -"law and order" and 180
  -media crime shows and 76
  -police and 128, 194
  -policies and 32
  -poverty as crime source 191
  -prisons and 2, 50, 118, 160, 162

-race and 104, 135, 198
-sentencing and 119, 142
-Typical Criminal and 76
-violent crime 31
-white collar crime and 92, 129, 133, 141, 143, 147
Soft on crime excuse 25–6
Solis, Hilda 90
Sourcebook of Criminal Justice Statistics 9, 121
Soviet Union 209
Special purpose vehicles 146
Speckart, George 41
Spelman, William 19
Spohn, Cassia 120–1, 139
St. Augustine 207
Stalin, Joseph 209
Standard Metropolitan Statistical Areas (SMSAs) 27
Stephens, James Fitzjames 85
Stiglitz, Joseph 158–159
Stigma 2–3, 34–5
Stolzenberg, Lisa 138, 217
Stop Prison Rape 34
Strain theory 187
Substance abuse. *See* Alcohol; Drugs; Marijuana
Sullivan, Scott 152–3
Sunbeam 149
Superfund program 96, 98–9
Surgeon General's Report 39, 100
Sutherland, Edwin 120, 132
Swartz, Mark 151–2
Sweden 36
Switzerland 26–7, 44
Szeliga, Robin 151

T

Tabloid TV 77
Tauzin, Billy 150
Tax cheating/fraud 71, 130, 142, 152, 155
Tax evasion 128, 130
Television crime/violence 70, 76–7, 160, 184–5, 194–5
Terrorist 13, 186
Texas 27, 140–1, 145
Textile dust 91
Theft
 -auto 68, 142, 144
 -criminal law and 187
 -drug addicts and 41
 -economic arrangements and 185
 -employee 131
 -grand 138
 -Medicaid 138

-race 180
-retail 131
-reports of 89, 105
-security 131–132
-socioeconomic status and 141, 181
-statistics on 86
A Theory of African American Offending (Unnever and Gabbidon) 186
Thornberry, Terence 125
Thrasymachus 177, 192–3
"Three-strikes" law 12, 155, 181
Thrifts 143–144
Time Magazine 27, 135
Tobacco 39, 43, 99–100, 102
Toch, Hans 34
Tokyo, Japan 27
Tonry, Michael 35
Tough on Crime 11–12, 14–15, 25–6, 181
Toxic Substances Control Act of 1976 (TSCA) 97
Toxic Wastes and Race in the United States (Commission for Racial Justice) 99
Traffic laws 127
Travis, Jeremy 215
Trebach, Arnold 39, 214
Turner, Lynn E. 154
Turner, Maurice 40
Twentieth century 209
21st Century Crime Bill 13
Tyco 147, 151–2, 154
Typical Crime 77–8, 119, 190
Typical Criminal 68–9, 71, 76, 78–79, 81, 119, 145, 190

U

UCR. *See* Uniform Crime Reports
Underemployment 31
Unemployment
 -as a crime source 31
 -crime decline and 22
 -financial scandals and 146
 -incarceration and 134, 138
 -race and 122
 -rate 69
 -socioeconomic status and 32
Uniform Crime Reports (UCR)
 -arrest rates 120
 -criminal justice system failure and 72, 198
 -death penalty in 26
 -definition 9, 246
 -homicide and 86, 95
 -media and 76
 -Typical Criminal and 68, 71
United Kingdom. *See* Great Britain
United Nations 44

英文索引 291

United States
 -child poverty in 102
 -crime in 13–14, 41
 -criminal justice system failure 178, 199
 -drugs in 38, 42–43, 127
 -financial meltdown in 143, 156
 -handguns and 17, 36
 -health in 92–93, 97–98, 103, 105
 -homicide and 27, 36
 -incarceration and 15, 25, 160
 -industrial espionage in 130
 -occupational disease in 87–88
 -sentencing in 67
 -violence in 13, 16, 25, 194
 -wealth distribution in 33, 196–7
 -white-collar crime in 131
Unnecessary surgery 71, 92–3, 95–6
Unnever, James 186
Upper Big Branch mine disaster 67, 84
Urban Institute 32, 102
Urbanization 23, 27–8, 51
U.S. Chamber of Commerce 129, 131
U.S. Coast Guard 42
U.S. Navy 42
U.S. News & World Report 13, 129–130, 133
U.S. Senate. *See* Congress
U.S. Sentencing Commission 14, 139, 154, 218
U.S. Supreme Court 16, 26, 37, 135, 140–1, 149, 155, 213, 218–9

V

Value systems 196
Vancouver, BC 26
Van den Haag, Ernest 8, 25
Vera Institute of Justice 138
Vicodin 39
Victimization
 -from aggravated assault 89
 -crime decline and 2
 -criminal justice system failure and 45
 -fears of 2
 -guns and 36, 38
 -health care and 85
 -income and 181
 -media and 76–7
 -occupational hazards and 84
 -oppression and 9
 -race and 120–1, 140–1
 -from rape 34
 -socioeconomic class and 6, 8, 49, 123, 180, 188
 -Typical Criminal and 81
 -from violent crime 78, 120, 180
 -from nonviolent crime 78
 -white-collar crime and 79–80, 82–3, 129, 130, 132, 152
Victimless crimes 3, 159
Violent Crime
 -arrests for 69
 -drugs and 21, 25, 41, 46
 -fear of 83
 -handguns and 17, 38
 -incarceration for 17–9, 138
 -media and 76–7, 184
 -metropolitan areas and 28
 -policy and 14
 -race and 120
 -rates of 13–14, 16–18, 20, 22, 24, 27, 29
 -"reasonable person" and 186
 -sources of 31
Virginia 138
Vocational training 46

W

Wackenhut Corrections 182
Wall Street Journal 43, 77, 147, 182
War against crime 5, 177, 192
War on Drugs 1, 15, 42–4, 127
Washington, D.C. 214
Waste Management 147, 149
Watergate 142
Wayward Puritans (Erikson) 47
Wealth
 -crime and 31, 190, 250
 -criminal justice system 6, 177–8
 -disparities 4–5, 49, 180
 -distribution of 32–3, 183, 195–8, 220
 -police discretion and 125
 -race and 122
 -success and 187
 -tax reductions 32
"Weeding out the Wealthy" 118–24, 128, 160, 162
Welfare 15, 31, 41, 191
Welfare-state Capitalism 33
Weltanschauung 196
Western, Bruce 19
Whistleblower 150, 152, 154, 212
White collar crime. (*See also* financial fraud)
 -arrests for 8, 129
 -bonus of bias 190
 -costs of 129–32
 -fear of 8
 -FBI resources for 157
 -incarceration and 159
 -legal advantages for 136
 -offenders and 134, 140, 142, 155

-penalties for 154
-prosecutions for 133
-public opinion of 144
-sentencing for 129
-socioeconomic status and 142
-source of crime and 31
White House 1, 18
Whites
-arrests of 120, 126, 128
-bail and 121
-children in poverty and 32
-drugs and 127
-fear of crime and 69
-health and 103–104
-homicides of 141
-incarceration of 138
-juvenile justice and 125
-in poverty 102
-probation for 120
-sentencing for 121, 139–40
-socioeconomic status and 122, 124, 135
-traffic laws and 127
-unemployment and 32, 123
Wilson, James Q. 39
Wilson, Jerry 44, 214
Winnick, Gary 150
Wintemute, Garen 36

Wolfe, Sidney 92–93
Wolff, Edward 33
Women 84, 98, 104
Woodrow Wilson School of Public and International Affairs 213
Workplace injury 86–92
Working Group on the Economics of Crime 20
World Health Organization (WHO) 97
WorldCom 147, 149, 152–3, 155
Wrongful convictions 141

X
Xerox 147

Y
Young, Francis 39
Youth control complex 127
Youth population 29–30

Z
Zatz, Marjorie 7, 121–22
Zimring, Franklin 19

译后记

　　本书是一部关于美国刑事法律方面的著作，在美国犯罪学领域颇具影响力。

　　该书作者杰弗里·雷曼和保罗·莱顿首先从社会学的角度深入分析了美国刑事司法体系存在的问题，认为美国刑事法律将目光主要集中在穷人实施的犯罪行为上，而忽略富人实施的社会危害行为，因此美国刑事法律对于犯罪的界定存在一定的歧视和偏见。其次，该书作者从哲学角度分析了资本主义与意识形态、意识形态与法律以及法律与道德之间的相互关系，并指出，虽然资本主义社会在民主政治等方面优于社会主义社会，但是美国的刑事司法体系当中存在的腐败、种族及阶层歧视、白领犯罪、意识形态等一系列问题也不容忽视，这说明美国的刑事司法体系在预防和打击犯罪方面是失败的。

　　从该书的内容编排来看，作者主要将穷人实施的犯罪行为与富人实施的危害行为进行了对比，并用具有说服力的数据证明了富人实施的危害行为所造成的损失比穷人实施的犯罪行为所造成的损失要大得多。为此，作者建议从保护社会公平秩序和促进社会正义的角度出发修订和完善美国的刑事司法体系。

　　本书内容主要是以叙述和分析为主，全书各章穿插了许多"名人名言"和美国相关部门统计的真实数据以及表格，既增加了内容含量，也能让读者更直观地了解美国的刑事司法体系及犯罪现状。

　　由于本书所论述的内容涉及美国刑事司法的一些专业思想，特别是犯罪学方面的思想，而且还在其中穿插了一些哲学思想，因此翻译起来颇为不易。

　　幸运的是，在翻译过程中，我得到了妻子焦永霞的大力支持，如果没有她的鼓励和帮助，我是无法完成这部著作的翻译工作的。她还是本书的初校者，本书得以完成，一半要归功于她。

我还要感谢李春雷、李明琪和靳高风老师的教诲。感谢齐典鹏、薛英英、崔富鹏、孙志忠、杨生喜、杨栋、张亚强、贾亚辉、侯凯中、朱孟杰等朋友的帮助和指导。感谢甘肃省政法学院公安分院各位领导和同事的帮助与支持。

最后还要感谢华夏出版社的信任与支持！

译者水平所限，书中定有不足之处，敬请读者批评指正。

孙伯阳
2015 年 6 月 6 日

图书在版编目（CIP）数据

富人更富 穷人进监狱：美国刑事司法制度的双重标准/（美）雷曼，（美）莱顿著；孙伯阳，焦永霞译. —北京：华夏出版社，2016.1

书名原文：The Rich Get Richer and The Poor Get Prison：Ideology, Class, and Criminal Justice, 10E

ISBN 978-7-5080-8543-2

Ⅰ.①富… Ⅱ.①雷… ②莱… ③孙… ④焦… Ⅲ.①刑法－司法制度－研究－美国 Ⅳ.①D971.24

中国版本图书馆 CIP 数据核字(2015)第 183661 号

The Rich Get Richer and The Poor Get Prison：Ideology, Class, and Criminal Justice,10E
Authorized translation from the English edition,by REIMAN,JEFFREY;LEIGHTON,PAUL; published by Pearson Education,Inc., Copyright © 2013
All Rights Reserved. No part of this book may be reproduced or transmitted in any form or by any means, electronic or mechanical, including photocopying, recording or by any information storage retrieval system, without permission from Pearson Education, Inc.
CHINESE SIMPLIFIED Language adaptation edition published by PEARSON EDUCATION ASIA LTD., and HUAXIA PUBLISHING HOUSE Copyright © 2015
All Rights Reserved

版权所有 翻版必究
北京市版权局著作权合同登记号：01-2013-1547

富人更富 穷人进监狱——美国刑事司法制度的双重标准

作　者	［美］杰弗里·雷曼　［美］保罗·莱顿
译　者	孙伯阳　焦永霞
责任编辑	李雪飞
出版发行	华夏出版社
经　销	新华书店
印　刷	三河市万龙印装有限公司
装　订	三河市万龙印装有限公司
版　次	2016年1月北京第1版　2016年1月北京第1次印刷
开　本	720×1030　1/16 开
印　张	20
字　数	327 千字
定　价	58.00 元

华夏出版社　地址：北京市东直门外香河园北里 4 号　邮编：100028
　　　　　　　网址：www.hxph.com.cn　电话：（010）64663331（转）
若发现本版图书有印装质量问题，请与我社营销中心联系调换。